U0085273

修訂三版

社區原理

蔡宏進　著

實務可以驗證理論
理論需要行動實踐
身為社會學者
對周遭的關懷就不能停止

三民書局

Society

國家圖書館出版品預行編目資料

社區原理 / 蔡宏進著.－－修訂三版四刷.－－臺北
市：三民，2012
　　面；　　公分
　　含索引
　　ISBN 978－957－14－4243－3　（平裝）

　　1.社區

545　　　　　　　　　　　　　　　　94005155

ⓒ 社 區 原 理

著作人　蔡宏進
發行人　劉振強
著作財
產權人　三民書局股份有限公司
　　　　臺北市復興北路386號
發行所　三民書局股份有限公司
　　　　地址／臺北市復興北路386號
　　　　電話／(02)25006600
　　　　郵撥／0009998－5
印刷所　三民書局股份有限公司
門市部　復北店／臺北市復興北路386號
　　　　重南店／臺北市重慶南路一段61號
初版一刷　1985年6月
增訂二版一刷　1996年2月
修訂三版一刷　2005年5月
修訂三版四刷　2012年1月
編　　號　S 540110
行政院新聞局登記證局版臺業字第○二○○號

ISBN　978－957－14－4243－3　（平裝）
http://www.sanmin.com.tw　三民網路書店

修訂三版序

　　拙著《社區原理》一書承蒙讀者厚愛，自民國七十四年初版迄今，已發行近二十年。其間經過增訂及再刷，但並未有修訂。因鑑於其中若干內容所用資料略嫌陳舊，乃有修訂之必要，使其較具新意，並更臻完備。

　　本書定名為《社區原理》，全書以闡述社區的原理與概念為主，故必要修訂的資料並不很多，僅在幾處有必要更換較新年代的資料而已。較重要的修訂部分有四處：在第三章增添社區的發展理論與修正乙節，在第十五章臺灣鄉村社區發展的檢討與展望第二節現況的檢討與分析部分補充最近臺灣推動社區發展成效的資料，第十六章臺灣漁業社區現代化與休閒漁業發展第五節部分作了若干補充，以及在書後增列一項附錄。修訂時增添的資料不多，乃也因感全書篇幅已長，若在修訂時增補太多新資料，會使讀者增加負擔，並不適宜。

　　有關社區的研究並不因為全球化的流行而減低其重要性。在各地普遍強調放眼世界觀念的同時，立足本地或社區的觀念也同樣越突顯其重要性。近來我國各種社會經濟建設也都以能落實在社區層次為重要目標，尤其在九二一地震災區的復建工作上，更是以社區為單位進行規劃與行動。政府實施的多種社會福利措施及民間推動的社會工作，也常以社區為推行單位。但願本書所闡述的各種原理，能有助讀者對社區組織性質的了解，並認識熟悉社區發展事務及建設的工作。

蔡宏進

謹識於臺中健康暨管理學院

民國九十四年五月

初版序

本書的主旨在提供有關社區分析的社會學性理論概念,並將之應用於對社區實務之了解,故當有助一般人認識社區的性質,並適當參與社區事務及社區發展工作。對於修讀社區研究、社區組織或社區發展的社會學系、社會工作學系、社會教育學系或社會福利學系的學生及專家而言,可將本書當為一本教科書,作為研究有關社區原理的專門知識之參考依據。

作為一本社區原理的教科書,本書已大致涵蓋了重要的範圍及內容。從社區的基本意義與類型、研究方法、理論體系、影響因素、組織及文化內涵、社區的變遷、問題與發展而至經驗性研究的實例都作了詳細的說明與分析。雖然並非毫無遺漏及可再擴充之餘地,但因限於篇幅及顧慮學生如要對社區中較詳細的社會組織與制度,如包括家庭的、宗教的、政治的、教育的、經濟的及衛生的等作周全的了解,則不難從相關的書籍中獲得,故本書暫將社區中各細項社會組織與制度從略。

本書的理論概念不得不由參考國內外有關社區研究、社區分析或社會研究等專書或論著中得來,其中參考外國的論著尤多,乃因國內的相關性理論研究實在相當貧乏。但考慮理論應能儘量適合國情,且能啟發讀者,故作者對不少理論概念不無加入個人的思考與心得。至於書中對社區實際情形的說明,多半都使用本國的資料,其中多半是經作者親自整理完成者,希望讓讀者閱過本書之後能覺得對我們的社區現象少有隔閡,藉此向實現社會科學本土化的理想目標推進。

為顧及不使讀者受艱澀無味的專有名詞所苦,本書將必要介紹的名詞儘量簡單化,且儘量將其意義在文中作清楚的交代,使不至於妨害讀者的閱讀與理解,文字也儘量講求明白易懂。故即使未受過社會學專業訓練的學生,應也不難順利讀完本書,並了解書中的內容。

　　本書之完成先得助於三民書局之熱心推動，且因有機會經常與國內社
會學界同好們相互切磋與勉勵。教學上課前之準備工作也逼我乘機閱讀不
少相關之文獻，課堂上與學生的討論，也引發了書中許多觀點與概念的形
成。協助我寫出最後一章社區研究的實例者，包括多年前我在國外修讀學
位時的指導教授群。我的研究助理們長期幫我謄抄文稿，至為辛苦，在此
一併致謝。

蔡宏進

序於國立臺灣大學

民國七十三年二月

目　次

第一章
社區研究的重要性、涵義、性質與社區類型

第一節　社區研究的重要性

當代社會學家把社區研究看為一個重要課題，乃因認為社區研究具有客觀的價值。美國各大學的社會系及研究院大多設有**社區** (Community) 的課程。有關社區研究的教科書及論文數量也已有不少。國內的社會學歷史已有數十年，自在大學中設立社會系及研究所以來，社區研究也成為社會學系及研究所的一門重要課程，雖然至今國內社區學專家為數已有不少，此類的研究論文為數也漸多，社區研究呈現發展之趨勢。

社區研究被認為有價值的理由過去少有學者加以探討及說明。即使最有興趣研究社區的社會學者也少見有對這問題加以闡明者，或許因為問題太根本因而被大家視為當然之故。然而我們若不知其價值及重要性，就不能確知花了時間與精神去鑽研這門學問是否浪費。

不少社會學者及其他的專家對社區研究的重要性都用過心去思索，其重要性甚為明顯。作者於此提出個人的思索，目的除與讀者共同切磋外，也期望能加強大家對社區研究必要性的信念，由之藉以提升大家從事這種研究的興趣並促進此類學問的發展。

一、天下眾生無一不位處在社區之中

社區研究之所以受人重視，且被認為有了解其外形及內涵的性質之必要，其最基本的原因乃是天下間無一人不位處並生活在社區之內。一個人可能沒有家庭，卻很難脫離社區而生活。某些人雖然可能到處旅行與漂泊，而無一固定的住處，但他們都有一個想歸屬的社區。這個社區可能是他的出生地，可能是他的第二故鄉，也可能是他住得相對較久或比較喜愛的地方。他的一言一行與活動也都與他心理上所歸屬的或實際上所位處的社區密切的關聯著，自然他會放眼注意社區的一切活動與性質，尤其會關切與自己的生活最有密切關係的那部分社區事項或活動。因此即使一個非為社會學者的社區分子，也都會覺得能了解與認識社區，是件重要的事，因為認識社區有助自己適應社區的生活。社會學家對這種大眾置身處地且生活與共的社區，乃更肩負研究及探討的使命，一來可以幫助其他社會工作者，二來也可以幫助大眾了解社區性質蘊涵的意義。

二、社區的數量眾多，分布無所不在

依據社會學家對社區所下的定義，則社區是一種有一定地理範圍的結社，可以是一個村、一個鄉鎮、一個都市或一個都會。這樣的社區數量眾多，分布可說無所不在。就以臺灣地區而言，約共有六千多個村，兩百多個鄉鎮及三十三個都市，總共即有近萬個社區。在更大的國家或社會內，社區的數目更為眾多。社會學者對這麼眾多及普遍的社會實體，乃有必要加以了解，大家對其結構、組織、制度、功能、行動、變遷及發展等社會性質，更有加以研究的必要。

社區數目眾多有利於研究之進行，不論是供作選擇各種研究的樣本、供作不同類型社區間的比較、或供為大多數單位的計量分析，在選樣取材上都無甚困難，研究之後也可供廣泛應用，由是學者乃樂於就這種範圍加以鑽研。

三、社區具有社會的大部分特性

社區的範圍雖較社會為小，兩者在基本性質上也有差異，但卻具有社會的大部分特性，故可作為各種社會研究的樣本對象。社會學之父法儒孔德把家庭當為社會研究的單位，固然有許多方便之處，但畢竟家庭的規模太過狹小，組織也相對簡單，不能涵蓋社會的許多複雜結構現象及問題，這種缺點社區就遠比家庭為少，故社區也遠比家庭更適合供做較廣泛及較複雜的社會研究之單位。大社會可能發生的現象幾乎都會在社區中發生，在社區範圍內即可尋找到各種社會研究的對象與題材。何況社區遠比大社會較有確定的地理範圍，在社區內搜集資料及觀察現象時反而比在廣泛社會中摸索與尋找較為容易，研究者因而較有把握獲得結果。

四、社區問題變化多端，乃引起學者研究之興趣

近代人類社區的變遷極為快速，各種變遷對人類生活方式與品質的影響非常深遠，遂使大眾注意到探討社區及其變遷的重要性。尤其是社會學家、社會工作者及社會行政人員，對社區及變遷的問題更不能掉以輕心，他們都負有探討問題性質或進而尋求妥善控制方法的使命。

晚近工業化及都市化快速進行的過程中，鄉村社區及都市社區的結構與功能千變萬化，社會學家對兩種社區內的問題之研究乃非常熱衷，不留餘力。在都市發達的已開發國家，如美國，學者對都市社區問題的研究遠較鄉村社區問題熱衷，因之都市社區研究的專書及論文乃層出不窮。反之在開發中國家，農村生活及農業生產還是主要的社會經濟活動，故有關鄉村社區的研究自然乃遠超過都市社區的研究。在東南亞許多國家，如印尼、菲律賓、馬來西亞以及印度等，學者們對鄉村社區問題及農業問題研究所用的心力，更遠遠超過都市社區問題研究。

五、社區研究的應用價值極高

社區的社會研究結果，可被應用於解決社區問題。這種功能可以通過幾個途徑達成：第一、對社區問題所做的科學研究有助於對問題真相的了解，進而可助有效對策的擬定。第二、社區研究的結果可供預測未來社區問題的演變，以便進而及早作適當的預防及適應。第三、有關社區發展或社區行動的研究結果，可被直接應用於社區發展與行動的計畫上。

雖然迄今社區學者對社區社會學性研究的應用價值與使命仍有爭論，有人認為研究工作是歸屬科學工作的範疇，不應太注重解決現實問題的功用，不過實際上許多研究仍由問題的存在所引發，研究的結果必然會被用為解決問題。因有這種實用價值，社區研究乃更能引起社會學者的興趣。

六、經由社區研究可以建立或修正社會學理論

社會學者的努力目標常為建立新社會學理論或修正舊社會學理論

(Poplin, 1977, p. 249)。因為社區之內包含大部分的社會事實，從事社區研究與社會研究無異，其結果也能理論化。社會學者藉社區研究建立社會學理論的方法，主要是根據研究過程得來的社會事實，作為證明或推翻理論假設的依據；經過經驗研究所證實或所支持的理論，便能被大家所信任。社會學者建立理論後，既可增進社會學的新知識，也可提高個人在學界的聲望與地位，這種聲望與地位都是社會學者所追求的。

第二節　社區的涵義

一、重要涵義

「社區」一詞是由英文 "Community" 一詞翻譯而來的，原是社會學上的一個專有名詞，後來也被用於行政事務上以及日常生活的言談之中。譬如在民國六十年代我國政府機構推行基層建設時，就把其中的一些工作稱為社區建設或社區發展，甚至有人把基層社區建設簡稱為「社區」，自此大家對「社區」一詞乃逐漸熟悉。雖然至今不少人對社區的真義仍不十分了解，但已不再非常陌生。

社會學界的各派各家對社區的說法不盡相同，綜合各家所說的觀點，其扼要的涵義可說是指一定地理區域內的人及其社會性活動及現象的總稱。這種社區的概念至少包括三個要素：⑴一群人，⑵一定的地理範圍，⑶人的社會性，包括其社會意識、關係及活動的總稱。

在這種定義下的社區其範圍可大也可小。過去曾有社會學家把很小的**鄉村聚落** (hamlet) 稱為社區，也有人把很大範圍的國際性組織稱為**國際社區** (international community)。從最小的聚落社區到最大的國際性社區之間，社區的類別可依次分為村 (village)、**鄉鎮** (town)、**市** (city)、**都會** (metropolitan) 及**國家** (nation) 等，其中除國家社區較少用外，其餘都常被使用。

西方社會學者有時也把社會團體或職業性組織稱為社區。譬如有所謂**軍事社區** (military community)、**宗教社區** (religious community)、**學術社區**

(academic community)、黑人社區 (Negro community)、中國人社區 (Chinese community) 及猶太人社區 (Jurish community) 等的說法。這種社區的說法與前面所講最慣用的社區定義之間，最大的不同之處是其較不注重地理因素而重社會因素。事實上與其把這類社會組織稱為社區，不如將之稱為團體或集團為宜。

總之，社區是**社會實體** (social reality) 的一種類型，這種社會實體與其他類型的社會實體之間有密切的關聯，但性質上卻不甚相同。嚴格說來「社區」一詞是不能與**團體** (group)、**結社** (association)、或**社會** (society) 等視為同義的。而應當把它看為社會之下，團體及結社之上的社會組織或社會實體。其間包括的人數及地理範圍的差距都很大。

二、各家的說法

以往社會學者對社區的意義及性質已有頗多的闡明與詮釋。由於各家的著眼點不同，理解的方向不同，對社區的意義及性質的解釋及說明也不同。如下列舉數位曾為文討論社區的涵義及性質的社會學者，就其對社區要義的看法扼要說明如下：

1.柯夫曼的社會互動概念

美國鄉村社會學家柯夫曼 (Harold F. Kaufman) 早已為文闡明社區具有互動性的概念。他於回顧以往有關探討社區定義的論文之後，指出多數社區研究者都認定社區是指「包括一個地理區域內有社會互動關係的一群人，以及維繫這群人的連結網 (Kaufman, 1959)。根據這種社區的定義，這群住在一起的人具有同一個社會單位的性質，他們在生活上有密切的關聯，彼此間互有往來，且有共同的行為目標與共同的行動。

2.韋伯對都市社區的看法

對於都市的社會性質，韋伯 (Max Weber) 曾從社會過程的角度加以解釋。如果我們能將都市看為社區，則韋伯所說的都市性質也即為社區的涵義。韋伯把都市社區看為是商業交易性的聚居地。在都市社區內物品及金錢的交易過程是最主要的社會過程。

3.齊默爾的社會心理學觀點

齊默爾 (George Simmel) 從社會心理學的角度對**大都市** (metropolis) 下定義，認為這種大都市社區可由都市環境及其居民的心理經驗來看出其特性。其主要的特性包括緊張、刺激、精明及重視金錢、時間與享受等。

4.麥其微的社區關係說

麥其微 (Robert M. MacIver) 由分析社區與大社會的關係，來辨認社區的概念。他認為社區與大社會之間並不是相互衝突的，大社會可以照應小社區而不致破壞其特性。然而當社區的規模擴大並變為複雜時，便會發生問題。小社區與外界接觸後，更易顯出其社區特性，而成為一個社會單位。

5.派克的人文區位學觀點

派克 (Robert Ezra Park) 從人文區位學的觀點對都市社區的生活特性作了長久深入的研究。他把人類的都市社區看為是一群居民與此特殊環境所形成的自然經濟關係體，正如植物或動物群與其周圍環境所發展出來的關係相類似。派克認為都市社區發展出來的主要關係模式為分工。他進一步認為社區中的人與環境的關係雖可能達到平衡狀態，但經常會發生變動。這種區位的變動包括**競爭** (competition)、**支配** (dominance) 及**延續** (sucession) 等。當這種變動發生過後可能再達到一種新的平衡境界。

派克於指出生物性的社區概念之外，又指出了文化社區的概念。人類的社區與動植物的社區是有不同之處的，主要的差異在於人類社區具有文化性，而動植物社區則無此性質。人類社區的行為模式除與區位經濟因素有關外，也與文化價值與社會控制互為影響的。

6.沃斯的都市社區生活特性說

沃斯 (Louis Wirth) 任教於芝加哥大學社會系時，對都市社區生活的特性提出了有系統的理論，他把都市社區看為是範圍較大、密度較高、人口異質性也較高的社區。這三種基本特性交互影響之後遂演變成較複雜的都市特性及問題。重要的都市問題涉及到市民收支水準、住宅計畫、衛生設施與服務、行政效率、治安控制及交通整頓等方面。

7. 龍諾頓的區位遊戲說

龍諾頓 (Norton E. Long) 從政治學及區位學的觀點，把社區內的活動看成一連串**互有關聯的遊戲** (interrelated games)。據他看來，在社區內的層次上確有特定的社會體系存在。這些體系之間不經意的相互關聯並彼此支持著。社區的地域及區位系統有秩序的存在於社區中，社區內的人在社區中合理的居住並克盡社會功能。

8. 瓦納的縱橫軸說

瓦納 (Roland L. Warren) 探討各家對社區的概念及理論後，提出了他的新理論。他把社區的結構與功能解剖成**社區的水平軸** (horizontal axis) 及**社區的垂直軸** (vertical axis) 兩個層面來了解。前者指社區內個人與個人之間或團體與團體之間的關係層面，而後者乃指個人與興趣團體之間或興趣團體與區域組織、州組織或國家組織之間的關係層面。重要的社區發展傾向於加強社區的縱軸關係而減弱橫軸關係。

9. 巴特的公共及私人活動結社說

巴特 (Hans Paul Bahrdt) 把都市社區看為是由**公共活動** (public activity) 或**私人活動** (private activity) 所形成的社會結合體。他把公共活動看成一個**開放的體系** (open system)。

10. 派森思的社區結構說

派森思 (Talcott Parsons) 將社區看為一個社會分析的單位，因為它可以表現社會集體現象的某些層面。派森思還把社區看為社會系統中的一部分。這種系統包含人及其活動的**地域場所** (Territorial location)。

11. 阿林斯保把社區看為目標或樣本

阿林斯保 (Conrad M. Arensberg) 一方面把社區看為一個社會實體，本身即構成一個可供為了解與研究的目標；另一方面又將社區看為可用來研究某種特殊社會現象的樣本。

如上摘要各家對社區所下的定義，從中可以看出各家的著眼點不盡相同，故其說法也不完全相同。他們並未對社區作很有系統的定義，但都點到了社區的重要性質，這些看法都甚有助於我們對社區涵義的了解。

第三節　社區的社會性質

　　社會學者研究社區的主要旨趣乃在探討社區的社會性質，從中尋出社會學性的意義。社區具有多方面的社會性質，由前節所列各社會學者對社區的看法即可看出不同的社會學者分別說明了社區的一項或多項社會性質。本節綜合各家的看法，把社區的重要社會性質再加整理並說明如下：

一、社區是指包括人口、地域及社會關係的社會實體

　　所謂社會實體可說是具體的社會單位。把社區看為一種社會實體即是把社區看為一個具體的社會單位。這種社會單位與家庭 (family)、團體 (group) 或結社 (association)等社會單位同樣包含了人及社會關係的要素。

但是其著重的地域要素卻是其他社會實體所不特意強調的，因而這種地域的要素或基礎可說是社區的特徵之一。這種地域要素可能是指一個村、一個鄉鎮、一個都市或一個都會的地域範圍。

圖1-1　社區是一個共同體，因為地理性的相近而結合成。圖為日治時代的阿里山社區。

　　社區內所包含的人包括生物性的人及其心理性的意識 (willness) 兩個不同層次的涵義。生物性的人指人的男女性別、高矮或黑白膚色等不同生物性質。一個社區人口的生物性可能劃分成許多不同的類別，但其意識卻都有某種程度的共同性，這種共同的意識稱為社區意識，也即大家把自己看為是社區內的人、且把自己的社區看為是自己所歸屬的地方的意識。

　　至於社區內的社會關係則是非常錯綜複雜的，社區的範圍越大，社會關係可能越趨複雜。但在複雜的社會關係中，社區居民之間，某種程度的合作關係、共生關係及分工關係等，則是構成社區所不可缺少的條件。

二、社區是一種社會組織單位

社區的另一重要特性是其具有社會組織單位的性質，意指社區是一個內部各部門之間互有密切關係的結合體。所謂密切的關係乃包括各部門之間的功能相互依賴性，職責相互牽連性以及體系層次相互架疊性等。社區內某一部門的動作及行為，都會隨即影響到其他部門乃至全社區。這種密切的組織關係，使其與其他的社會組織體並存於社會之中，且能持久不散。在這種組織單位體之內，人們可以過著較有效率的社會生活。

把社區看為是一個社會組織單位的性質，除了因為它包含許多互有密切組織關係的個體之外，也因這個組織單位能不必倚重外界的支持而過著某種程度的獨立自主的活動，而另一方面卻又可以自主地與外界相為互動或相為結合。

三、一個社區是一個社會體系

一個社區的社會體系，是指社區中所包含的有關係及有秩序的社會成員、角色、地位、架構、界限、規範、互動結構以及平衡概念等。社區內的社會體系是相當明顯的，它所包含的社區分子通常是在有秩序的情況下相互往來及互動。社區中的角色與地位架構也是很明顯的，長期社會互動的結果，使社區中形成了許多不同的社會角色及社會地位，有的處於領導角色，有的是被領導的，有的是在高地位上，有的則是在低地位上。社區的界限除了有形的或物理性的之外，還包括了社會性及心理性的。物理性的界限常指地理界限等，社會範圍則常指共同的社會性質，而心理界限則是常指彼此間可以接受及分享的心理感受與滿足等。

社區的規範體系大致也可分成民俗、民德與法律等不同嚴格程度的類別。這一體系是指用為引導社區內的人之行為方向，以及用來控制行為不使越軌的一套工具。社區內的互動結構是指社區內的個人與個人之間、團體與團體之間或個人與團體之間的相互關係網。在社區中，這種互動結構是相當複雜的。

社區的社會系統中，平衡概念也是重要的一項。這一概念的主要涵義是指，體系中的某一單位改變，必引起其他單位的改變與調適，終而又會達到一個各部門可以互盡功能的新平衡狀態，到那時整個體系也就停止變動並穩定下來。

四、社區是一個心理文化單位

由於共同的地域、人口特性、以及經久過著密切社會生活的關係等因素，遂使社區成為具有共同心理及文化特性的結合體，也即具有心理及文化單位的性質。一個具有共同心理及文化特性的社區，人們之間通常都有共同的信仰態度、價值觀念、歸屬感覺、理想目標、生活方式及風俗習慣等。

譬如一個濱海的漁村社區，其心理及文化性質可能會因為地處河流下游或臨近海域以及居民同以捕魚及養殖為業之故，而會同為河流污染及颱風侵襲，以致無法養殖水產及出海捕撈而共感煩憂；反之則也可能因海上魚群的來臨而共同喜慶豐收。他們除了在生產方式上具有共同的心理感受外，在生活用具、儲藏物品、炊煮方式以及飲食內容等方面，也可能都有相同的風土氣味，居民的特殊技能往往也都與海水、河流或鹽產等脫離不了關係。在這樣的社區中，居民崇拜的神明通常也都與海洋及水流等有密切的關係，甚至他們所迷信或所懼怕的妖魔鬼怪往往也是大致相同的，都脫離不了其與熟悉的自然環境有關的色彩。

在如美國般人種複雜的國度裡，不同種族背景的人往往聚集生活在同一城市或城市中的同一角落，因而也容易形成色彩鮮明的小社區。其中最令中國人注意的，就是各大都市內的唐人街。這種地方雖然只是大都市社區中的一小部分，

圖1-2　美國舊金山的唐人街。

卻頗具心理及文化單位的特性。在南洋地帶有些都市社區華人所佔比例特高，其構成華人共同心理及文化單位的特性也就特別濃厚。在唐人街裡或華人為主的都市，不難找到中國人一向講究的家規、孝道、節慶、禮俗等傳統心理特徵及文化模式，這種心理及文化上的特色，往往是非華人社區中尋找不到的。

第四節　社區與大眾社會的差異

要了解社區 (community) 的真義與性質，也可由比較社區與大眾社會 (mass society) 的差異而得之。社區與大眾社會在性質上有若干重要的差異，茲分別說明如下：

一、社區的地域範圍較小

社會學者往往把社區看為是大社會的內圍組織。表面觀之，前者的地域範圍往往比後者為小，但兩者之間的深層關係卻也頗為複雜。微立奇 (A. J. Vidich) 及斑斯曼 (J. Bensman) 在其《大眾社會中的小鎮》(*Small Town in Mass Society*) 一書中指出，社區中的人，透過社區中的思想觀念與風格，而與外界的社會組織相連結。故社區扮演著使個人與大社會相連結的橋樑以及把門者的角色。

就社會組織範圍，由小而大、由內而外來分，大致可分為團體 (group)、結社 (association)、社區 (community)、社會 (society)、國家 (nation) 及國際組織 (international organization) 等。其中社區可說是位於社會之下、結社之上的一種組織，其範圍往往也較社會為小。我們可把全臺灣稱為一個社會，而這個社會中則包含了許多的社區，一個社區內卻又包含了許多的團體。

二、社區較有共同的心理特性

美國社區學者曾從心理上的特徵考慮社區的性質，他們認為社區往往有較強烈的意識，而大眾社會則較缺乏這種意識。他們進而把兩者的差別

作了如下的比較 (Poplin, 1977, p. 6)：

⑴社區居民普遍有強烈的共同歸屬感，而大眾社會的分子卻僅將歸屬感寄託在社會中自己認為較有意義的團體。

⑵社區成員間常有共同追求的目標，而大眾社會的成員之間大家所追求的目標差別很大。

⑶社區分子大多都置身於團體中並熱烈參與團體的活動，而大眾社會的分子則少有意義的歸屬團體，因而也不強使自己參與團體的活動。

⑷社區成員彼此間較能誠懇相待，都把對方看為目的，並欣賞對方的價值；大眾社會的分子大多把他人看為手段，且僅片面地與人交往。

總結以上可知，在社區中，人與人間在心理的感受上較接近，也比較關切彼此，因而大家較容易獲得他人的關懷與溫情。反之在大眾社會中，人們相處較為冷漠，因而在心理上較易感到空虛及疏離，也較缺乏充實感與安全感。

三、社區的人際關係較親密

德國社會學者滕尼斯舉出人類組織的兩種不同類型，一種為 "Gemein-schaft"，另一種為 "Gesellschaft"(F. Tonnies, 1887)，前者被譯成社區或氏族社會，後者被譯為社會或結社。據滕氏的原意，社區中人際關係與社會中人際關係比較起來顯得頗有不同之處，前者較為親密，較為和諧，較能相互了解也較能彼此關照。朱岑樓教授將兩者的差異作了如下所列的摘要：

「杜（滕）氏謂『社區』是由具有共同價值體系的純質人口所組成，其生活是親密的，出入相友，守望相助，疾病相扶持。他們的關係擴大言之，非親即故。無論對個人或團體，總是情意綿綿，藕斷絲連，誰也不能斷絕一切關係。某人為社區之一分子，非由於他之選定，而是由於他生於斯，長於斯，友誼聯繫發展於斯。縱使個人與家庭的經濟能夠自給自足，但彼此仍然互相了解與合作。他們所最關心者是保存團體及團體價值，而非保存個人及個人利益。反之『結合』（社會）由具有不同價值體系的雜質人口所組成，分工非常細密，人與人間之主要聯繫是出諸自願的契約，建立在合理追求一己利益的基礎之上。人與人之發生關係，非由於『必如此不可』或『自然而然』，而是視之為達成某一目的的有效手段。雖然他們彼此互相依賴，若脣之與齒，但各個人、各家庭之間卻互相敵對，因為他們的行動均以自己的利益為出發點……」（朱岑樓撰，社區，雲五社會科學大辭典，第一冊，60 年，69 頁）。

由朱氏的編註可以看出，滕氏所指社區中的人際關係，是出於自然意願性的，而且是相當強烈的。在現實的世界上恐不易完全找到這種類型的群體。反之，在滕氏所指的社會或「結社」中的人群關係，則是出於理性意願的，也就是相當具有選擇性的，這又是另一種極端型態，也不容易找得到。事實上社區與社會間的人際關係，並不如此涇渭分明，社區中有某種程度的自然及利害關係，社會中也有某種程度的公而忘私及相互親密的關係。只不過就大致上而言，社區的社會關係性質較傾向滕氏所說的 "Gemeinschaft"，而大社會的社會關係性質大致又較接近滕氏所說的 "Gesellschaft" 而已。

第五節　社區的類型

一、建立社區類型的用途及性質

㈠用　途

不少社會學家曾對人類的社區或其他社會實體建立類型性的概念，例如涂爾幹 (Durkheim) 將社會分成有機的 (Organic) 及機械的 (Mechanical) 兩種類型，滕尼斯 (Tonnies) 又將社會組織分成氏族社會 (Gemeinschaft) 及結合社會 (Gesellschaft) 兩大類。齊默門 (Zimmerman) 也將社區分成地方性社區 (localistic community) 及世界性社區 (cosmopolitan community) 兩類。學者建立社區類型與建立其他事項的類型都有其目的或用途。茲就建立社區類型的重要用途先說明如下：

1.有助了解社區的性質

　　建立社區類型的首要用途，是為能便於尋找並清楚了解同樣類型或階層的社區之通性。若不加以建立，便難將社區的共同性質加以歸納，因而對於社區性質之理解也倍加困難。分類之結果可便於將同類型社區間的共同性質逐項歸納列舉並辨明，終有助於對社區性質作透徹的了解。建立類型之後，也可在不同類別之間相互比較，由比較不同類型社區的差異，便可能了解不同類型社區的特性。

2.有助了解社區變遷的過程與趨勢

　　不同類型的社區分別代表不同演化的階段，故從比較不同的社區類型也可理解社區變遷的一般過程與軌跡，進而也可以預測社區發展的趨勢。從一個社區在類型上的蛻變，也可看出它變遷與發展的過程與趨勢。

3.有助發展及建立社區理論

　　社區類型的建立與分辨，包含了對許多社區函數之間關聯性的認識；由了解社區類型的性質進而了解各要素之間的關聯性之後，便有助社區理論之建立。譬如由比較鄉村社區與都市社區之間、或是小社區與大社區之間的性質差異，而理解社區的人口數量、密度及組合性質與社區的其他許多社會性質，如社會關係、社會組織與制度等之間的密切關係，進而可以建立人口要素與其他社會要素之間關聯性的理論概念。理論的建立，是學術發展的崇高境界，藉由理論的引導，有助於大家對事物現象作更深奧的認識與了解。

㈡社區類型的一般性質

　　學者們所建立的社區類型和其他事物的類型一樣，都具有下列的若干重要性質：

1.簡化性與誇張性

　　類型的概念都有簡而化之的性質。在歸納同類的事物時，特取相同的性質並加以強調，使該類特性更為突出明顯。為達此突出特性的目的乃不得不將原來不便標明、或標明之後反而使同類特性不易顯明之部分，略而不提或捨棄。

2.選擇特性而不涵蓋所有細節

為便於突顯出社區類型的特徵，乃必要將社區中重要的變數加以描述並誇大，而不計較細節，以免掩沒類屬特性。被選為描述類別特性的變數都為同類型社區所共有者。如農村社區中所共有的農業生產活動或都市社區中所共有的服務業，都常被用作分別農村社區與都市社區的性質。

3.強調極化現象

為使類型分明，建立社區類型的學者都把不同類型的社區置於極化地位，強調不同類型社區間的差異性。以鄉村社區與都市社區的分類為例，學者常指出兩種類型的社區在人口及行動的性質上，有同質與異質之分，即鄉村社區的人口較同質，都市社區的人口則較異質。又在社會組織上，前者較重家庭組織，而後者較重非家庭組織之別。在活動的性質上，鄉村社區與都市社區也分別有傾向傳統及傾向理性的差異。

二、社區定性及分類的重要基礎

社區性質的認定與分類，究以何種變數為基礎，不同的社會學者各有不同的看法與概念。其中最為常見者，是以社會關係特性、地理範圍、主要生計方式或功能、及綜合各種指標或變數，作為分類的指標。茲就數位國內外社會學者對社區特性及分類所強調的要素，分別說明於後。

德國社會學者滕尼斯根據個人與他人產生關係的**意願** (will) 的性質而分辨**社區** (Gemeinschaft) 及**結社** (Gesellschaft) 的差別。前者指個人間**自然意願** (natural will) 的結合，後者則指**理性意願** (rational will) 的結合。這兩種人類的聚合型態是以個人的意願為決定的重心，其他性質上的差異也因這重要基礎指標或變數而引申延展 (Poplin, 1977, pp. 115–121)。

美國的社會學家**麥其微** (Robert M. MacIver) 在為**社區** (community) 與**結社** (association) 作分辨時著重在兩者內分子間社會關係的異同。所謂「社區」的分子間有許多共同的興趣與目標，為達成共同目標，大家彼此工作在一起，個人與社區結合在一起。然而「結社」中的分子只為滿足某些特殊的興趣或達成某些特殊目的，故個人與結社之間只維持部分的或片面的關係 (Poplin, 1977, pp. 121–122)。

齊默門 (Carle C. Zimmerman) 根據地理範圍的概念將社區分成**地方性** (localistic) 及**世界性** (cosmopolitan) 兩類，地方性社區內的人把社區看成**我屬團體** (we group)，認同感很強烈，人與人間的關係建立在多層面的基礎上，包括朋友、鄰居、親戚關係等，故彼此的關係非常密切，且很牢固，大家都較不喜歡變遷。反之，世界性的社區範圍較廣，分子間關係也較片面且薄弱，很少存有朋友及鄰閭關係，大家著重對自己目標的實現，少有社區歸屬感 (Poplin, 1977, pp. 123–125)。

雷得飛 (Robert Redfield) 注重以**生活方式** (life ways) 作為分類社區的基礎。依據這種基礎他把社區的性質認為介於兩大型態之間，即在**民俗型的** (folk) 及**都市型的** (urban) 之間成**連續性** (continuum)。他以實際資料證明有些社區較民俗性，有些則較都市性。而同一社區有逐漸從民俗型演變至較都市型的性質。雷得飛在討論民俗型與都市型社區間的連續性時就五個重要變數的層面去加以觀察與分析，這五個層面連續的兩極端是(1)人口的同質性與異質性，(2)居民的孤立性與移動性，(3)文化的組織性與解組性，(4)社會的神聖性與世俗性，(5)行為的集體性與個人性 (Poplin, 1977, pp. 126–134)。

賽喬伯 (Gideon Sjoberg) 依據都市社區的**區位** (ecological)、**經濟** (economic) 及**社會組織** (social organization) 等的條件而分成**工業前的都市** (preindustrial city) 及**工業性的都市** (industrial city)。就區位性質的差別看，前者人口的分布較分散，不同階級的人住處的分離較分明，活動的重點在行政及宗教上，而後者則人口分布較集中，不同階級的居民較少有隔離現象，且活動較著重商業性。就經濟組織看，則工業前的都市少有工業性及技術性的生產，少有競爭，而工業性都市的生產方式則較大規模及較機械化。就社會組織看，則工業前的都市社會階級分兩層，即領導者與低階層的人，並無中產階級的存在，且家庭及氏族關係極強烈。而工業性的都市則中產階級成為大多數，而氏族關係變弱 (Poplin, 1977, pp. 134–138)。

希勒立 (Hillery) 以社區特質 (trait) 作為分類的依據。依各種共同性組織 (commual organization) 的特性，可歸納成村落 (villages) 和都市 (cities) 兩種重要類型。而兩類社區的重要特質可從空間、合作及家庭等三方面的要素見之。村落的家庭是基本的經濟、階層、社會化、行政、宗教及娛樂的單位，但在都市社區則不然。都市一切以合作團體 (cooperation) 為重要單位。他把鄉村及都市兩類含有領土範圍的組織同稱為社區 (vill)，此與公社組織 (commual organization) 不同，後者包括家庭、鄉閭、國家等不強調空間因素的社會組織單位。

瓦納 (Roland L. Warren) 以社區自主性的有無及大小為分類根據。他將社區分成自主性 (autonomy) 及非自主性兩類。與外界關係較深者，他稱為社區的垂直軸 (vertical axis)，其自主性卻較低。而與外界較少關係，若有關係僅限於地方系統者，他稱為社區的水平軸 (horizontal axis)，其自主性則較強 (Poplin, 1977, pp. 141–142)。

以上所列舉的各社會學家在對社區分類時所依據的變數各有不同，他們所舉出的類型在社區的分類上卻相當有代表性，但其代表的背景卻也各有不同。顯然他們的分類依據並不能涵蓋社區分類的全部。如下再從別的觀點就鄉村與都市兩種重要社區加以細分，以助讀者對社區分類有更清楚之認識。

三、鄉村社區的分類

鄉村社區是世界各地重要社區類型之一，數量之多與分布之廣遠甚於都市社區。眾多的鄉村社區 (rural communities) 可按其性質而歸納成各種不同類型，重要的分類依據，不外以規模的大小、行政區域概念、主要功能、與大都市距離之遠近或有無經過計畫性之發展過程等。茲就根據這些方面的指標，將鄉村社區的分類列舉並說明如下：

1.就規模的大小而分

鄉村社區類型之最基本分法是依其擁有人口數量之多少或包含的地域範圍之大小而分成大型的社區或小型的社區，通常人數的多少與地域範圍的大小也呈正相關。在鄉村社會學上從最小的聚落社區到最大的鄉鎮社區之間，約可分成小村落 (hamlet)，村落 (village)，鄉鎮街 (market town)，及鄉鎮 (township)。其中的小村落是指數戶人家聚居一起的情形，為數最少。村里聚落的規模比小村落為大，在臺灣一個村里普通都從數十戶至數百戶不等。鄉鎮街具有半都市半鄉村的性質，但大致看來仍座落在鄉村社區之內，其中如為鄉街，其性質就較接近鄉村地區，但如為鎮街就具有較濃厚的都市社區色彩。這類社區的人數與戶數都遠較一個孤立的村里社區為多。鄉鎮則是指包括一個中心鄉鎮街及其附近一群村里的範圍。鄉村社會學者常把這樣的範圍看成具有社會學意義的鄉村社區，與當前政府在推動社區發展工作時把村里當為社區單位的概念不同。鄉鎮社區的範圍通常包括數十個村里，人口通常為數萬人，也有多於數十萬者。

2.就行政概念而分

當前我國政府在推行社區發展工作時，仍把鄉鎮行政體制下的村里當成社區來處理，一般的情形是一個村里社區都是一個顯明的聚落區。但因在行政體制下有將一個大聚落區劃成兩個村里者，故也隨之被認定為兩個社區，另也有合併兩個以上較小的聚落成一個村里或一個社區者。大聚落被分成兩個以上村里社區的情形較常見於本省的西部平原地帶，而合併數個小聚落成一社區的情形以山區散村地帶較為常見。

3.就主要功能而分

多數鄉村社區的功能都是生產性的，且是初級生產性的，但在若干特殊地區，其主要功能也可能是非生產性或以非初級性的生產功能為主。總之就其主要功能而分，約可看出如下的幾種重要類型：

(1)農村社區：是指以農耕為主要生產功能或生計方式的社區，這種社區中的居民大多以農耕及其副業為生。

(2)游牧社區：在人口較稀少的邊疆地帶，這種社區較可能存在。其主要生計為放牧，或飼養牛、馬、羊、鹿等較需要廣大長草土地之畜牧業。

(3)林業社區：主要的生計是伐木與造林。在我國通常存在於山地林區，在外國的林區卻也有分布在平原地帶者。

(4)漁業社區：包括濱海的小漁港區及養殖漁業社區。這類社區以打撈
海產、魚苗及養殖魚蝦為生，且有賴買賣水產為主要生計者，其中
也有兼農及晒鹽為生者。

(5)鹽村社區：主要生產功能是晒鹽。在臺灣主要分布於西海岸自嘉義
縣東石鄉以南，沿布袋及臺南縣的北門、將軍、七股至高雄縣的茄
萣一帶。除晒鹽外，也兼營農業、漁撈及養殖水產。

(6)礦村社區：主要生產功能為開礦。在臺灣重要的礦業生產種類包括
煤礦、油氣礦、石礦，以及少量的金屬礦等，主要分布在山區。

(7)娛樂社區：以提供遊樂設施及服務的非生產性功能為主，各地開放
性的重要風景區是為重要的娛樂性社區。此外也有非以風景而提供
娛樂功能者，如以特產、資源或其他特殊服務而吸引並娛樂顧客者。

(8)鄉村工業社區：在民國六十年代至七十年代之間，政府在臺灣地區
規劃並發展不少鄉村工業區，使鄉村地帶也有工業性社區之形成。
至目前臺灣的工業區已共有數十個，其中不少分布在與都市相距頗
遠的鄉村地區。

(9)軍事型的社區：在備戰的國家常把重要的軍備設於相當偏遠的鄉村
地帶，包括軍營及駐防部隊等，也形成相當特殊型態的鄉村社區。

(10)公共工程建設的社區：在公共建設積極推動的國家，政府常在鄉村
地帶設置重要的公共工程，於是也形成相當特殊的工程建設社區。
如由發電廠、水庫、公路及新建港口等工程人員所聚合的社區等。

(11)稀有文化的社區：世界各國常有少數民族的存在，由少數民族所形
成的社區，在近代社會國家更具保有稀有文化功能之性質。臺灣地
區的原住民社區及美國印第安人社區即屬此種類型的鄉村社區。

(12)混合型社區：即是指社區的功能包括兩種以上不分高下的社區。其
中以農漁、農牧、漁牧、漁鹽，及農漁牧混合的情形最為常見。

以上所列各種不同類型的社區，因其主要功能或生計方式各有不同，
乃影響其人口的成長、組合，及社會經濟組織或文化性質也有所不同。唯

其因為都分布在距都市之外的鄉村地帶，故都屬鄉村社區，因而也都具有鄉村社區的社會、經濟及文化的共同性質。

4.就距離大都市的遠近而分

鄉村社區乃與都市社區相對照的概念，故學者或政府人員在細分其類型時，也常以其和都市的相對關係作為分類的依據，而其中重要的關係脈絡是兩者間的空間距離。依此方面的概念，則可將鄉村社區的類型依其與重要都市的近遠依序分成：近郊、**通勤區** (commuting areas)，通勤範圍外的鄉村，及**偏遠** (remote) 的鄉村社區等。

5.就有無經過計畫性之發展過程而分

國內外的政府都多少推行過有關鄉村社區的建設計畫，但不是所有的鄉村社區都受過特殊性發展計畫的影響。然而受過這類特殊建設或發展計畫影響的鄉村社區常冠以特殊紀念性的名稱，以資分別。譬如以前行政院農發會就推行過「農村綜合發展示範村」，「吾愛吾村」等計畫，實施過的社區也以這些名詞來稱呼。我國社政系統多年來所推行過的社區發展計畫下之社區數量為數也不少，民間也常以有無接受過這項計畫之援助來分辨村里社區的性質。已實施過者稱為「社區」，其中成效最好者常被列為「示範社區」。

在國外如印尼，政府正在推行移墾計畫，在這計畫下形成許多**移墾社區** (transmigration communities or areas)。這些社區即是由新移民所聚合而成的新農村社區，分布於原來沒有開發的叢林地帶，以**加里曼頓島** (Kalimantan) 及**蘇門答臘島** (Sumatera) 分布最多。

四、都市社區的分類

都市社區與鄉村社區同為世界各地很普遍存在的重要社區類型。在經濟發展程度越高的國家，都市化的程度也越高，都市社區所占的份量也相對越重要。因為都市社區的分布極為普遍，又其關聯的層面相當廣泛，且性質也非常複雜，向來不少社會學者投入相當大的心力對都市社區作了深入的研究，都市社會學乃成為社會學中的重要支門之一。有關都市研究的書籍及專論不計其數。綜合以往學者在對都市社區作定性及分類時所根據的重要指標或因素等，包括規模大小、行政階層、區位結構、功能特性、位置、及發展程度等。茲就這幾方面的分類情形，列舉並說明於後：

1.就規模大小而分

都市的性質受人口數量及空間的大小影響甚大，故都市的類型常以人口數量及空間範圍大小而劃分。

就人口數量多少而分，即有大型都市、中型都市及小型都市之別。至於多少人數才算大型、中型或小型，則依每個國家對都市的定義、都市數量及各都市人口數量的分配情形而定。一般的情形有上百萬人口的都市都可稱為大型的都市，而數萬人的都市則可稱為小型的都市，人數居間者或許可以稱為中型的都市。

就都市的空間範圍看，也有空間廣泛及狹小之分。一個都市的範圍最小最大雖與人口數有關，但也並不全然相關，有些都市範圍不大，但人口數多，必然也就會形成高密度的都市。另一些都市人口數不多，但分布範圍廣闊，其密度必然就低。以空間範圍論規模，固然常以面積的大小而定，但也常以都市的直徑、半徑或從頭至尾所需的交通時間來衡量。

2.就行政階層而分

都市常為行政的中心，故都市的分法也常配合國家的行政系統，自上而下依次約可分為首都、院轄市或直轄市、省轄市或特別行政區轄的都市、縣轄市，及集鎮等不同的階層。一國之內有一首都，但卻有多個院轄市，一省之內有多個省轄市，其中一個可能為省都。一縣之內的縣轄市有者多於一個，有者卻連一個也沒有。

3.就區位結構而分

過去都市社會學者或人文區位學者在分別都市的社區類型時多半都是從區位結構的角度著眼，就大的方面而分有**都會社區** (metropolitan community) 及**都市社區** (urban community) 之別。前者係指一個大都市及其四周圍數個小都市所合成的大都會範圍。在一個都會區內又大致分成**內圍都市** (inner city) 及**衛星都市** (satellite city) 或**外圍地** (outskirt areas)。在內圍都市內又常包含數個不同種類的小社區，如**市中心商業區**（central business district，或簡稱 CBD）、**住宅區** (residential areas)、**貧民區** (slum areas) 及風化區等。

區域計畫者則常配合區位結構與計畫原理將國家的都市從高層到基層分為**國家性都市** (national cities)、**區域性都市** (regional cities) 及區域內生活圈的中心都市等不同的層次及種類。

4.就功能特性而分

多數都市的功能是綜合性的，但每個都市卻有其或多或少的功能特色。依功能特性而分，則可分成政治性的都市、商業性都市、工業性都市、宗教性都市、文化性都市、教育性都市、交通要道的都市、觀光性都市、農產品集貨都市及手工藝都市等。其中交通要道都市又有海港、河港、湖港、空港、或陸路交通的都市之別。

5.依位置而分

各都市所在的位置可分為絕對性的地理位置及相對關係的方位位置等兩種。就前者言可分成平原上的都市、高原都市、港口都市等不同位置類型。就後者言可就在全世界或在一國之內之相關方位分成北方的都市、南方的都市、東方的都市、西方的都市及中央的都市等。

6.就發展程度而分

一般都市的發展程度都與一國的工業化程度有關，因而也常以工業化程度為劃分類型的標準。都市工業化的程度則又與時間有關。過去最常依發展程度而分類的都市類型為**工業前都市** (preindustrial city)、**工業後都市** (postindustrial city) 等兩大類。前者以中世紀時代歐洲及早前中國的宗教性及政治性都市最具代表性。而後者則包括現代已開發國家的多數都市。

總之都市可分成很多種類，不同種類的都市都有其特殊的形成背景，也具有其社會經濟及區位特性。學者由了解不同類型的都市，也可加深對都市社區的認識與了解。

本章參考文獻

1. 《雲五社會科學大辭典：第一冊，社會學》(1971)，臺灣商務印書館。

2. Arensberg, Conrad (1969), "The Community as Object and as Sample, " In Roland, M. Warren (ed.), *Perspectives on the American Community*, Chicago: Rand McNally & Company, pp. 104–111.

3. Bahrdt, Hans Paul (1969), "Public Activity and Private Activity as Basic Forms of City Association, " ibid, pp. 78–85.

4. Kaufman, Harold F. (1969), "Toward an Interactional Conception of Community, " In M. Warren, Roland L., ed., *Perspectives on the American Community*, Chicago: Rand McNally & Company, pp. 88–103.

5. Long, Norton E. (1969), "The Local Community as an Ecology of Games, " ibid, pp. 54–68.

6. MacIver, Robert M.(1969), "The Co-ordination of Localities, " ibid, pp. 25–30.

7. Park, Robert E.(1969), "Human Ecology, " ibid, pp. 31–43.

8. Parsons, Talcott (1969), "The Principal Structures of Community, " ibid, pp. 86–87.

9. Poplin, Dennis E. (1977), *Communities: A Survey of Theories And Methods of Research*, USA: Murray State University.

10. Simmel, George (1969), "The Metropolis and Mental Life, " In Warren (ed.), *Perspectives on the American Community*, Chicago, Rand McNally & Company, pp. 13–24.

11. Warren, Roland L. (1969), "Toward a Reformalation of Community Theory, ", in Warren (ed.) Perspectives on the American Community, Chicago, Rand McNally & Company, pp. 69–77.

12. Weber, Max (1969), "The Nature of City, " in Warren (ed.) Perspectives on the American Community, Chicago, Rand McNally & Company, pp. 10–12.

第二章

社區研究方法

第一節　社區研究方法的特性

社區研究需要講究方法才能有效達成研究目標。社區研究在本質上是一種社會研究，故一般的社會研究方法都可應用於社區研究上。重要的社會研究方法則包括觀察法、檔案法、個案法、圖示法、調查法、量表測度法及歷史法等。由於社區研究是社會研究中一種特殊種類，這類研究的方法也有其特點，本節乃先說明社區研究方法的特性，進而於本章的後數節再說明常用的幾種研究方法。以下是值得注意的幾項社區研究上的特性。

一、社區生活的變數在研究架構中占一重要地位

社區研究與非社區研究的最大差異是前者在研究架構上都將**社區生活的變數** (variables of community life) 當為研究架構上的重要變數之一，而後者則付之闕如。也即是說社區生活的變數在研究架構上都占一重要席位。這些社區生活的變數可能被當為應變數或自變數。如果研究設計著重在探討社區個案的性質時，社區因素可能不被當為自變數也不被當為應變數，但這種研究卻把社區當為整個研究的前提，也即將社區要素的地位置於整個研究架構所包含的變數之上，研究中所討論的各要點都被看成發生或存在於社區內之事。總之，稱得上社區的研究在概念上及方法上都強調了或包容了社區的變數。

二、在研究架構中常將社區變數當為應變數

正宗的社區研究應常把社區變數當成**應變數** (dependent variable) 來處理，也即把社區的生活、結構或過程等社區的內容當成社區研究的焦點，而把其他的社會變數當成自變數。然而在許多有關社區性的研究中，研究者也常把社區當成自變數來處理，這類的研究常把社區的大小及性質當成影響其他社會變數，如社會行為、態度及價值等的因素。雖然這類研究也勉強與社區研究有關，但嚴格說來卻不能視為社區研究，因為研究者真正

感到興趣的是社區因素所影響的其他社會變數，而非社區變數本身。譬如在一個有關社區大小對生育行為的影響之研究中，研究的焦點常是生育行為，而非社區大小的性質。

如果一個研究的設計正好是倒過來，看重生育水準對社區內生活中的教育活動、婦幼衛生服務及商業前景等的影響，則此種研究就可稱為社區研究，而非生育研究了。

三、社區研究可用多數或個案社區

與大社會比較，社區有較確定的範圍，一個社會中通常含有多數的社區，故社區研究可從多數量的分析入手。但每個社區常有其特性，故社會學家或人類學家也常喜歡選擇一個或少數幾個社區作為個案的研究。由此可見社區研究可用多數社區也可用個案社區。

對多數社區的研究常是對於許多社區內同一社會內容或層面的性質或問題作量化的分析，譬如研究者同時對多數的鄉村社區或都市社區中的人口移動率或家庭平均支出等性質或問題作計量的研究及分析。又個案性的社區研究則是指針對某一社區的某些事項或生活內容作質的或量的分析等。過去曾有不少外來及本地的人類學家或鄉村社會學者，對本省的某些村莊或鄉鎮作過人口移動、工業發展、農業經營、婦女問題、就業與勞動參與或宗教禮俗等社會經濟或文化內容或層面的個案研究。學者進行社區個案研究時必須選擇一個可以代表多數社區的個案，藉由個案性的深入研究來反映或代表其他許多同類社區的共同性質或問題。不過學者在從事個案社區研究時，對該社區的特殊性質，也不能忽略。

四、社區研究所用的資料分為全社區性及部分社區性

研究某一社區的資料中，有時會概括社區的全部，有時只涉及社區中的一部分。這種研究資料涉及研究對象的全部或部分的性質，與一般社會學研究相同，不過社會學研究比較常只取社會中一部分單位體的資料作為研究資料，但社區研究使用全社區資料的情形，則相當普遍。

　　社區研究取用社區內所有個人或家庭等單位體的資料作為研究材料，其必要性及難易程度往往與這個社區所包含的個體數量有關。當個體數量越多、且收集普及性的資料越困難時，使用樣本個體資料的可能性也就越大；反之，如果社區的範圍很小，包括的個人及家庭個數都很少時，要搜集全社區資料的困難不大，使用全社區資料作研究的可能性因而就越高。

　　因為全社區性的資料收集費用相當昂貴，故一般這種資料都由政府辦理普查或登記的過程來搜集。這種普查或登記資料大致也都有持續性，故社區研究者不僅可用來研究一個時期的社區現象，且可用來研究不同時期的社區變遷。臺灣政府經常辦理人口及農工商等產業的普查及登記，這種資料的範圍常涵蓋全社區，故為重要的全社區性資料。當研究者無法從這種全面性的普查或登記資料中獲得所需要的材料時，往往就僅抽樣調查社區中的部分個人或家庭，取得樣本性的資料。

五、多種的社會研究方法也都為重要的社區研究法

　　社會學者至今為止所發現或創造出來的多種重要社會研究方法，也都是重要的社區研究方法，這些方法包括觀察法、調查法、檔案資料分析法、個案法、圖表法、態度測量法、歷史法、統計分析法及數學模型法等。

　　不同的研究法乃配合不同的研究目的、不同的研究內容及不同性質的研究資料而使用，不能死守單一方法。上列幾種可能被應用於社區研究的方法，可大略劃分成資料收集方法及資料分析方法這兩種不同的層次。觀察法、調查法、檔案法等是屬於資料收集層次的方法，而其餘則屬資料分析層次的方法。社區研究者於設計研究架構時，就可決定使用何種收集資料及分析資料的方法，但如果收集資料的方法是檔案法，則研究者往往需經查閱所要使用的次級資料的性質之後，才能決定應用何種合適的分析方法。如果資料是自己搜集得來的第一手資料，則於搜集資料時就應注意與分析的方法密切相互呼應與配合。以下將概略說明三種重要社區研究資料收集方法的性質。

第二節　觀察法

　　觀察法、調查法及檔案法是三種重要的社會資料收集方法，也是三種重要的社區研究資料收集方法。這些方法普遍被用為研究社區的結構及過程，包括社區生活的靜態及動態等多方面的現象及問題。以下茲就這三種方法的要義、使用時機、使用過程、以及在使用時取長去短所應知的事項，分別說明。

一、觀察法的要義與性質

　　這是一種簡單但有系統地以肉眼去透視社區的社會事實並收集社會資料的方法。這種方法通常是比較沒有結構性的，也即是比較有彈性而不呆板的。觀察者可以透視的層面相當廣泛，只要是他所能覺察到的都包含在內。如果他的眼力足、時間夠，他可看盡社區中的大大小小的現象與事實；但由於許多社區中的事實或現象是隱藏不露的，觀察者頗不容易透視與察覺，因此在觀察時不能不用點技巧。

　　觀察者為能有效獲知社區中的社會事實，不能不講究與社區中被觀察的人與事務保持適當的關係，也即不能不講究應持何種適當的角色來進行觀察。一般說來，一個觀察者與被觀察的人或事務之間，大概可把持兩種關係，一種是觀察者保持一種局外人的身分與角色來觀察他所要研究的人物或事物，另一種是觀察者將自己與所觀察的人或事物密切的融合在一起，也即把自己置身其中。前種觀察的方法稱為**局外觀察**或**非參與的觀察** (non-participation observation)，後一種方法則稱為**局內觀察**或稱**參與觀察** (participation observation)。許多社區研究者在進行觀察社區事項時並非處於絕對非參與或完全參與的情況，而是多少有點參與的情況，只是參與程度有不同而已。社區學者曾把完全不參與的觀察與完全參與的觀察之間再加上兩種不同參與程度的觀察，一種為**觀察的參與者** (observer-as-participant)，另一種為**參與的觀察者** (participant-as-observer)。前者的角色較接近完全不參與的觀察者，雖對社區活動有點參與，但不很深。後者的角色則較接近完全參與的觀察者，其參與的程度則較深 (Poplin, 1977, p. 281)。

另有社會學者把社會及社區觀察的方法分成**非控制觀察** (non-controlled observation) 及**控制觀察** (controlled observation) 兩種。前者指觀察者未用任何工具或方法去設計所要獲得的資料或去鑑定所得到的資料之正確性。反之，控制性的觀察則是使用某種工具、儀器或方法去安排或製造觀察的條件或環境，使其符合特殊需求的情境。一般前種觀察法相對較為普遍，後種觀察法原來較少被使用，但晚近則也逐漸流行 (Young, 1954, pp. 157–164)。

二、觀察法的使用時機

觀察法的特點是簡單方便，故在社區研究上可使用的時機相當多，幾乎任何時刻都可使用。研究者一到要研究的社區放眼便可觀察所要了解的社區生活現象。不過這種方法使用的頻度及講究的程度卻也因為研究者本身的角色與條件、社區的性質及所要研究事項的性質而有差別。如下就從這三個角度來系統討論使用一般觀察法及特殊觀察法的時機。

㈠就研究者的角色及條件言

就研究者的角色及條件看，一般人類學者比社會學者較喜用觀察法來研究社區現象。又人類學者中對社區泛文化研究有興趣的學者，又比局限於某一社區層面或事項研究的學者更常使用觀察法，且常為這種人類學者所唯一使用的資料搜集方法。人類學者最常使用觀察法的原因，與其較習慣從質的方面去了解社區生活與文化性質的觀點有關。因此過去的人類學者對需要再經計算才能理出研究報告的調查方法，都較不感興趣。人類學家常處理的社區生活及文化課題，常牽連到極複雜的問題，用結構性的調查法往往無法深入問題的核心；使用觀察法，反能較有效搜集並處理這種複雜關係的資料。

不過近年來接受過新式調查法及統計法的人類學者越來越普遍，能夠使用這種研究法的人類學者也越來越多，觀察法在其搜集及研究社區資料的過程中所占的比重乃越來越減弱。儘管如此，這種方法至今仍是重要的社區研究方法之一。

在社會學者或人類學者當中觀察力較敏銳的人，通常也較喜歡使用觀察法收集社區資料及研究社區生活現象及問題。常使用這種方法的人，自然也較能訓練出敏銳的觀察力，而觀察力強的學者能較輕易的將深入的社會事實掘發出來，此種方法對這類學者而言可說如形之附體，兩者相得益彰。

對同一研究者而言，如果他對所要收集資料的內容尚未有確定的方向與結構，就很可能採用觀察法來進行。這時使用這種方法較有彈性，故較能探搜有意義的研究方向及重要的研究課題。事實上當研究者在未有十分明確的研究方法及結構時，其準備工作也都尚未十分充實，此時通常也只能以觀察法來進行收集資料與研究。反之若要使用其他方法如調查法及檔案法等，則需等其擬好問卷或弄清各種存檔資料的性質之後才能進行。

㈡就社區的性質言

被研究社區之性質，也常是決定是否重用觀察法的重要因素之一。通常研究者在較原始、較落後及較保守的社區從事研究時，都較適合使用觀察法。社區的原始性、落後性及保守性，常是相互關聯的，到這種社區從事研究的人類學者往往比社會學者為多，必然較傾向採用其擅長而習慣的觀察法。此外也因這種社區的檔案資料十分貧乏，若有，正確性也低，可被參考的價值不高。這種社區居民通常也較保守與落後，這種性格也常阻礙調查方法的進行。因為調查法常要使用正式的問卷，這種方法常為保守的社區居民所顧忌，因而較不能接受。且調查法中常會問及若干量化的問題，較落後的社區，居民常不能容易正確回答。在這種社區使用觀察法的重要性因而提高。

㈢就研究事項的性質言

社區研究者所研究的各種社區事項之中，有者較適合用觀察法去收集資料並加研究，有者則較不適合使用這種方法去處理。其中較複雜性、較不可預見性以及較屬於質性的事項都較必要使用觀察法來進行。複雜性的問題往往無法以問卷上有限的問題就可探問清楚，有必要從廣泛及深入的角度細加觀察。較不可預見性的事項，結構性及倚賴設備性的調查法也較難以奏效；持較有彈性的觀察法，反可收到較良好的效果。

　　屬於質性的事項，通常也較不需要經由調查法去收集多數量的個案資料。以觀察法來觀察質性的事項，反而因可易於隨風轉舵，而運用自如。

　　過去社區研究學者常使用觀察法的研究項目，除了原始社區的綜合文化外，還包括偏差性的副文化、複合性組織、社會運動及非正式團體等(Poplin, 1977, p. 276)。二十世紀中葉以後，不少政治學者也常使用這種方法，來研究開發中國家的選舉活動或民主運動。新聞學者為能在極短時間內了解所發生的社會事故，常不得不使用這種簡單便捷的方法，以獲取所需的新聞資料。

㈣非參與觀察法及參與觀察法的使用時機

　　非參與及參與的兩種觀察法各有其合適的使用時機。一般當使用觀察法有效但觀察者又不便參與時，即是使用非參與觀察的良好時機。但當非參與觀察失效時，往往就需改用參與的觀察法。扼言之，使用非參與觀察的重要時機有如下數種。第一，當觀察工作要在較隱密情況下進行之際，為的是避免觀察工作受阻或變質。第二，當觀察者剛進入社區作初步了解情況之際，此時也應謹慎從事非參與的觀察而不可貿然置身參與。第三，當觀察者與被觀察者間的身分、立場及目的顯然懸殊時，此時研究者很難參與被觀察者的活動，故只好以非參與的觀察法收集資料。第四，當要觀察社區中較易被觀察的有形事物時，也通常較多使用非參與觀察法。第五，觀察者為保持較客觀立場時往往不作深入參與，而僅用非參與觀察法。

　　當非參與觀察法失效之時，觀察者就要改變方法使用參與觀察法。使用這種方法的重要時機也可分成數種：第一，為深入了解錯綜複雜的社區現象時，常需要進入社區作較長時間的停留及參與。第二，當要觀察的事項會被強烈防禦時，觀察者常不得不參與其事，以便獲得不容易獲得的資料。第三，為了解比較思想性、心理感受性及行為意義性的事項時，研究者也較必要使用參與觀察法，設身置境去體會。總之非參與觀察及參與觀察各有其優劣點，其適當的使用時機，應是其優點可以儘量發揮、而缺點可以儘量避免之時。

三、觀察法的實施程序

　　社區研究使用觀察法的過程大約可分成兩個不同的階段，第一階段是指在研究題目及架構設定前，所進行的探索性觀察，第二階段則是指於研究題目及架構設定後，為收集資料所進行的較深入的觀察。第二階段一般較第一階段觀察所用的時間更長，設計也更周詳。以下所談的觀察過程主要指第二階段而言。

㈠設定觀察的主題與綱要

　　有效率的觀察需要先有一中心主題為依據，且在主題之下也要限定觀察的綱要。觀察者根據這些擬定好的主題與綱要去觀察事項，一來可以集中眼力及心力以便詳細且深入地獲得所需要的資料，二來也可不致遺忘或失漏所要觀察的項目。

　　在觀察的過程中主題或許不應改變，但綱要卻可隨時修正。隨時可以增添新的綱要，使觀察的範圍更廣更深，觀察資料更加豐富。

㈡整理及辨明觀察到的資料

　　觀察者於初步搜得資料後必要適時作概略的整理與辨明，以便能及時補缺填漏並矯正偏失。如果觀察者是到遠地從事觀察工作，此一步驟的工作尤其必要。觀察者於離開觀察地返回研究室之前若能完成補充及更正資料的程序，即可避免日後再花費高昂的成本重返當地觀察。

　　整理及辨識資料的原則，仍應以研究主題及綱要為主要依據，與主題及綱要對照後發現缺漏及貧乏的部分，即應隨時加以補充。對令人起疑的資料，也有必要即時加以旁敲側擊，以辨認真偽。

(三)記錄觀察的心得

　　為能備忘，觀察者需要隨時記錄觀察的心得。心得的記錄方式有多種，可使用筆記本、卡片或錄音。記錄時也要講究原則與技巧，以能便利日後撰寫報告時的參考為原則。良好觀察記錄的作法也應注意詳簡適度、標題恰當、前後連貫，供使用者閱之能容易得一完整的概念，且能容易獲得更多的聯想。

(四)藉用照相等視聽器材加以記錄

　　觀察者對所看到的珍貴實景，有必要藉用照相或錄影器材與技術加以攝取，供為日後存證之用。此種記錄方法除可增加觀察資料的信度外，也可增加觀察報告的趣味性。不過至今許多學術性的社區研究報告仍以不插圖景為多，故攝影記實只適用於口述性或特殊性的觀察報告中。

四、使用觀察法時如何取長去短

　　觀察法的最大優點在於使用起來方便，且可觀察的事項相當廣泛。但這樣的方法卻也容易陷入主觀與錯誤。故講求有效敏捷收集到豐富有用的資料又能使收集的資料客觀而正確，是一個優良的觀察員所應注意的守則。為能有效而敏捷收集到豐富的資料，觀察者首先應具備與擬定觀察事項有關的豐富知識，且在進行觀察時又能充分使用前述的各種補助器材及技巧。至於要能把握正確客觀的長處及避免主觀錯誤的短處，則觀察者亟需熟稔如下幾點要領。

1.要時時省察自己

　　多省察自己，不使因情緒化而陷入主觀與偏見，否則對所觀察的事項便不能給予持平的理解與詮釋。

2.洞察被觀察者的文化特質

　　當觀察者在觀察不同文化背景下所表現的行為時，若不能洞察其文化特質，便不能對其行為表現作正確的理解。因此觀察者必須能了解被觀察者行為的文化意義，包括了解其行為所隱含的價值及規範，如此才能客觀地了解其性質。

3.多與其他觀察者對同情況的觀察結果作比較

特別應多與有經驗且公正的觀察者的觀察結果作比較，進而檢討自己與別人的差別心得，去除自己的偏見，如此可使觀察結果更趨正確。

4.對所觀察事物有關的資料及現象作反覆的思索與過濾，從中判斷其真實性質與意義

能把握以上幾個要領，則使用觀察法時，將可把主觀與偏見的缺點減到最低程度。

第三節　調查法

一、調查法的要義與性質

社區研究的調查法是指以客觀的態度，與系統而科學的方法，經調查訪問社區，以獲取有關社區情況或問題等資料之方法；此法是社區研究者最常用的資料收集方法之一。一般調查者在使用時常先製好問卷或調查表，在表中確定調查的範圍及方式，而後才進行調查。經過調查得來的資料，常可用作統計處理。但有時社區研究者為深入了解情況與問題，常作參與的調查，這種調查的對象通常不是大數量的，且調查者也不使用問卷。

社區調查種類依其涵蓋範圍的大小而分，可分成**全面調查** (complete survey) 及**選樣調查** (sampling survey) 兩種，前者係指對社區內所有的居民、所有家庭或所有的其他社會類屬，作全面的調查，目的在能將被調查者涵蓋周全。後者指從社區的所有居民、家庭或其他社會類屬中選取一部分加以調查，目的是在省時、省錢及節省人力的情況下也同樣可以達成研究目標。樣本的大小，依母群體大小及所需資料規模的大小而定。

二、調查法的使用時機

調查法在社區研究上使用的時機很普遍，凡是要對某一社區或多數社區收集多數量的研究資料以便統計分析社區事項的性質及問題之用時，都需使用此法。唯研究者要使這種方法能發揮良好的效果，卻要等到適當的時機。構成良好的調查時機，包括以下諸點：

㈠為研究有關社區居民的意見性及行為性的資料時

最適合使用調查訪問法來收集社區資料的時機，是當要調查有關社區居民的意見及行為時。重要的調查項目，常包括社區居民的社會參與、社會互動、社區服務及社會態度與認知等。這類資料很難使用其他方法收集得到，故有必要使用面對面的調查與訪問獲得。

㈡在定期收集例行性的社區資料時而作調查

社區調查的另一種重要時機，是於定期作例行調查工作之時。常見者有戶口普查、工商與農漁普查等。這類調查常有定時性，而調查的範圍則常包括全國中的每一家戶或某一社會類屬的全部，自然也包括某一社區的全部與某類屬的家戶。

㈢社區中發生某種重大變化或事件時

通常當社區發生災害之後或在計畫進行某一公共建設之前，常需要分別對社區中的損失或對社區資源作一清查，也常對社區居民的意見作一調查。

㈣社區研究者為某一特殊研究旨趣而需作調查

社區研究者或其他的社會研究者為某一特殊題目作研究時，需從調查或訪問社區住戶或居民去取得資料。這類調查通常都需要使用問卷或調查表，而調查的對象通常僅以抽選到的樣戶為限。

以上四種使用時機，是就研究的環境及用途來介定的。若由與調查工作有關人員的情況來看，適當的調查時機則約可再加上以下三種：

㈤當研究者對要調查研究的主題有相當程度的認識且對調查內容也有相當充分的構想時

如果研究者對於研究的主題尚未有相當程度的認識，就不能提出有足夠意義與有深度的問題，調查的結果也不會太好，此時尚不適合進行調查。通常有效率的調查訪問，需待一份良好的調查表或問卷製成之後。

如果研究者對所要調查研究的主題尚未有相當足夠的認識與了解，就匆忙草率從事研究，則很難得到肯切的資料。倘若對調查內容未有充分的構想，就貿然進行調查，也很難得到周詳的好資料。

㈥調查工作要配合研究計畫的進度來進行

不論是政府或學者所做的社區調查工作，都有研究的計畫為基礎，調查工作的時間就不得不密切配合研究計畫的進度。通常都在研究計畫期間的前頭階段進行調查工作，如果一個研究計畫的時間為一年，通常調查工作都在計畫開始後一兩個月進行，此時研究人員對所要調查的課題與內容已有點初步的了解及籌備，且經費也已有著落，進行調查便能較有頭緒，且調查之後也還可保留有足夠的時間來整理資料及撰寫研究報告。

㈦配合調查員及被調查者方便的時間進行

調查工作的進行相當費時，應該在調查者及被調查者都感到合適的時間來進行，雙方方便，調查的結果也會較為良好。以大學學者所做的學術研究調查而言，最好的調查時機是學校放假時，因為調查員常是在學的學生，於放假時從事調查，才能方便外出。但若就被調查者的立場看，較好的調查時間則是工作閒暇之時。以農村調查看，因對象是農民，故農閒時比農忙時更合適接受調查，夜間也比白天更合適，中午休息時間又比上下午下田時合適。

三、調查法的實施程序

常用的調查方式是以採用調查表的方式進行，這種調查工作的整個過程包括如下數點： 1.設計調查內容，主要是**製作調查表或問卷** (questionaire designing)， 2.進行調查訪問， 3.整理調查資料。經過這三大步驟，調查工作便告完成。就這三大步驟的內容及要點略加說明於下：

㈠調查內容的設計

調查內容的設計可經由製作調查表而表達出來。一份良好調查表的設計，必須經過如下幾個過程。

1.調查表內容應能配合研究目標之所需

基本上，調查表應根據研究目標而製作。調查表中所問的每一問題，都應與研究的目標有關，以便供研究者驗證假設，說明事實或分析問題。為顧及能調查到重要的資料，調查表中尤不能遺漏與研究目標有關的重要問題。至於調查表中問題的製作方式，則可考量所需資料的方式及被問者回答的可能方式，而分成**結構式** (structured) 及**非結構式** (non-structured) 兩種。前一種問題都比較有引導性及重點性，回答者常可用是非、選擇或填充的方式回答；而後一種問題則較具開放性，回答者在回答時較無標準可循，也較不易受回答方式的限制而能暢所欲言。調查表中不論使用那一種方式的問題，都應把握住一個重要原則，即可收集到的資料對研究主旨應有用且重要，且也應能與分析的方式相配合。

2.調查表的長短要適中

若是為能收集豐富的資料，當然調查表的長度是越長越好，但過長的調查表使用起來既費時也費錢。反之，調查表太短，雖有省時省錢之好處，但藉此收集的資料常失之貧乏。故調查表的適當長度以既能收集到重要資料，又能不浪費時間及費用為理想標準。經過多人使用調查表調查的經驗累積，咸認定面對面調查的表卷以不超過一小時完成者為佳，而用為郵寄徵答的問卷，則長度應該更短，通常以十五分鐘就能完成者為宜。

3.調查表的問題要清楚

調查表中的問題切忌含糊不清，力求直接了當，否則很容易被曲解或誤解，以致答非所問，收回之後很難作整理與統計。故在製定調查表時應將問題問得清楚，使回答者能容易給予清楚的回答。良好的問題通常在用語上都很中肯，問題之間也很有連貫性與系統性，且文字也簡潔易懂，儘量避免艱澀難懂的名詞。

4.經試查修改後才定稿

調查表若不經過試查後再加修改，而一稿便成，常會失之草率，往往會遺漏重要問題或問到不切實際的問題，這些缺點皆可經試查過程而發覺並改進。

㈡進行調查訪問

調查表擬定之後，便可進而擇時進行訪問調查。調查方式如係以郵寄方式訪問或調查，即可將問卷及說明信一起寄出，請受訪者協助合作並於填妥後寄回。若係實地調查則需經過幾個重要的工作步驟，將之逐一扼要說明如下：

1.抽選受訪樣戶

除非調查對象為全社區的家戶或居民，否則若係抽樣調查，便需事先選定樣戶。樣戶的數量與選定方法視調查的性質，以及母群體的結構與分配情形而定。可用分層比例的系統方式，也可用隨機抽選的不系統方法。抽樣的原則以能符合研究目標為最高準則，而抽選步驟通常於調查之先完成。

2.取得有關機關或人員的合作

調查訪問工作需要實地相關機構或人員的合作與協助才能順利進行。重要的相關機構包括地方行政組織、民眾團體或學術單位等。聯繫的方法包括出公函、行書信，或以電話連絡等。聯繫的重點除需求對方合作與協助，並表明調查內容概要外，也包括約定進行時間。

3.調查講習

調查訪問前的另一重要過程是集合調查員給予講習，使其熟悉調查表的內容及一般的調查訪問知識與技巧。調查員必須對調查表中的每一問題都能清楚了解，才能得到正確的訪問結果。

4.實地調查訪問與督導

調查員於接受完講習並準備好必要的費用與裝備後,即可到實地調查，調查期間研究人員則有必要隨行督導，以便隨時糾正失誤，提高調查的正確度。

㈢調查資料的處理

經過上述四種調查訪問過程後，當可預期能獲得有用的資料。接著調查研究工作需再進行的重要步驟是整理資料，這個過程包括以下幾點重要的細項步驟:

1.過錄與打卡

當今較大樣本的調查研究，在處理資料時都藉由電腦計算。過去資料輸入電腦前還需先經由過錄與打卡的步驟，打卡為將調查表上的資料依電腦使用規則變為可以與電腦溝通的表達方式。更進步的過錄資料方式又逐漸以光碟片或磁碟片代替卡片。

2.設計程式輸入電腦計算

量化的資料於打入卡片或磁帶之後，接著就得按研究的需要設計合適的統計程式,將資料輸入電腦計算。計算的結果即可供為研究者說明事實、分析問題或驗證假設之用。

3.按統計結果分析資料並撰寫報告

經電腦統計後，即可進行分析資料並撰寫研究報告，至報告寫成，調查研究工作就告全部完成。分析資料的方式及深淺程度則視研究者的需要及其統計素養而定。

四、如何截長補短

調查訪問的方法有許多好處也有不少缺點，調查者與訪問者要能把握其長處並去其短處，才能做好調查訪問工作，並達到良好的研究效果。如下扼要說明這種方法的若干長處及短處，以及調查者及訪問員應如何截長補短。

1.直接與受調查者會談而了解其想法

調查訪問工作通常是面對面的進行，故訪問者可以直接體會並了解受訪者的想法、動機、意見及情緒的反應。這種心理反應的資料，不易從檔案法或不經會談的觀察法研究中獲得。由調查訪問方法所獲得的這種資料，有助對調查主題的相關課題作更深入而周延的了解。

為能掌握這種良好調查效果的長處，調查者在調查訪問中除需取得被調查訪問者的好感、信任與合作之外，也要具備技巧與耐心，與受訪者充分會談，探知其內心的感受。

2.資料可以量化，便於驗證假設

因為調查訪問法都事先設計好問卷，答案較為劃一整齊，可便於作統計整理，統計的結果也較適合作驗證假設之用。因為一般理論假設都包含兩個以上的變數，常由計算這兩個以上變數的相關性來驗證假設。由調查得來的量化資料，正可便於作這種量化的驗證假設之用途。經此過程常能進而建立新理論或推翻舊理論，使研究的境界達到更高層次。

要使調查資料能作成良好的統計並供驗證假設之用，調查表的設計及填寫工作需要相當用心，一來設計內容與方式要能配合用途，二來調查訪問時的填寫工作也要能力求正確。此外，資料統計分析者本身必須具有良好的社會統計素養及技能，才能獲得良好的效果。

3.調查方法最可慮的缺點是收集到不確實的資料

若被訪問者有意或無意改變事實，調查者又缺乏洞察實情的能力，便可能收集到錯誤或不確實的資料。不確實資料也可能因調查者不夠認真與虛心，或因被訪問者的認識與價值偏差所造成。常見調查者或訪問者過分看重調查工作的報酬，導致因趕工而降低調查的正確性與品質。為避免與減輕這種人為的缺點，一方面調查訪問者必要做好心理建設，增強敬業的態度及專業技能，另一方面主持調查者也得慎選調查人員，並給予嚴格的督導與糾正。

第四節 檔案法

一、檔案法的要義與性質

檔案法是指借用已經由他人整理並存檔的資料重新加以整理使用供為研究材料的方法。各種社區的檔案資料都或多或少的存在，有時存於社區內，有時則存於社區外。後種情形可用一個個村里社區的資料存放在社區外的市鎮公所為例說明。

檔案資料可分為公務性及非公務性兩種，前者通常由政府機關所收藏，而收藏的資料大半是有關行政事務性的，後者則指私人機關所保存的非公務性資料。另外還有一種資料是半公務性的，例如當前本省各鄉鎮農會或水利會等民眾團體所保存的業務資料，雖非全為行政公務性，但也非完全私人性，而是介於兩者之間。檔案資料可分已出版及未出版兩種，要使用前種資料研究者不必到實地去收集也

圖 2-1 要使用檔案法了解一個社區，可以從鄉鎮區市公所或縣市政府處等公務機關的檔案室開始著手。

可較易獲得，但要使用後種資料則非到社區實地檔案中去查詢不可。

各社區保存的檔案資料多少不一，有些社區的檔案資料相當豐富，但有些社區的資料則很貧乏。一般在愈開發的社區，檔案中所收集與保存的資料都較豐富，反之在較落後的社區，檔案中所存的資料則較貧乏。各種

社區之間，對於公務行政性的資料的收集與保存都較整齊劃一，對於非公務性及行政性的資料有無保存及保存的方式則較不一致。

　　各社區所保存的檔案資料都是有歷史性，但資料保存的長短則視各社區對歷史資料珍惜程度及其保存能力的大小而定。本省各基層社區保存較完整的檔案資料之項目包括：戶籍、人口、土地、產業、兵役及教育等種類，此與這些業務乃屬地方政府的工作要點有關。總之，社區研究過程中是否適用檔案法，主要視社區所存的檔案資料是否足夠供研究之用而定。

二、檔案法的使用時機

　　從檔案資料的性質，可以了解適用檔案法來收集研究資料的時機有二，(1)作歷史性的研究時較適用，(2)對有豐富檔案資料社區的研究也較適用。茲就這二個使用時機，再作進一步的說明如下：

㈠作歷史性的研究

　　因為檔案法的最大長處是保存歷史資料，有關過去的資料，除非檔案中有保存而可從中查考，否則很難用其他方法獲得。故通常要分析歷史性資料，尤其要作變遷研究時，常必要使用檔案法。若非作歷史研究，則還可用檔案法以外的方法，如調查法等，去搜得所需資料。

㈡有足夠的檔案資料可供研究

　　不是每一個社區都有豐富的檔案資料，也不是每個有檔案的社區都有各方面的資料，更不是各方面的資料都很豐富。沒有足夠檔案資料時，此法便不能使用。筆者在印尼叢林原始村落進行研究時，當地的檔案資料便非常貧乏，鮮有可供從事社區研究的檔案資料。反之當一個社區存有足夠的某類檔案資料時，研究者便能使用此種方法來做社區研究。

三、檔案法的實施程序

　　檔案法使用的主要過程，茲可分為以下三個步驟說明：

(一)尋找存檔機構及資料的內容

使用檔案法的第一個步驟，是先了解存檔機構何在，並進一步去了解該機構所存的資料內容，再取得使用的許可。一般有關社區資料多半由公務機構及私人機構兩類的機構所保存。前者機構不只一種，同一社區內不同功能的機構便可能分別存有不同種類的資料，有些資料則存置在社區所隸屬的高層公務機關中，譬如要尋找村里社區的檔案資料，就常必須到村里所屬的鄉鎮區公所，甚或縣市政府檔案室，才能獲得。

使用資料者於尋得存檔機構並獲得其准許使用後，即要進一步了解檔案中資料的內容及性質，按照資料內容的性質，決定是否以使用檔案法為唯一的方法。

(二)檢視資料的特性及品質

了解資料存在之後，另一個重要步驟是檢視資料的特性及品質。檢視的要點包括資料的完整性、真確性以及適用性。因為存檔者常不是專家，對資料的重要性常不能有充分的了解，也未有充分的處理技巧，加以保存資料的補助財力、工具、設備及人力常有不足之處，以致保存的資料常缺乏完整性。故研究者在收集及使用時，需先檢討資料的完整性，對於不夠完整但卻重要的資料，需以截長補短的方法加以解決。

因為檔案資料通常都先經過人為處理後才存檔，故難免因人為疏失而造成錯誤，因而使用者必需先加以檢視並分辨真偽後，才能加以取用。對於重要的資料，若發現有明顯的錯誤時，則應作合理的修正與調整。研究者在收集查閱檔案資料過程中，通常不是每種資料都加以取用，而是只取其合適有用之部分，才不致浪費時間、金錢及人力。但如何才能攫取合適有用的資料呢？這就必需先經過用心的規劃及仔細的檢閱，而後取捨，才能恰到好處。

(三)重新整理編纂資料

因為存檔者與研究者的訓練背景不同、目標不同，故由前者保存的資料，常不能完全合乎後者的用意。後者要使用時，常須按照自己的目的，對檔案中的資料重新加以編纂與整理，譬如重新再經電腦處理計算，才能將資料變為有用之物。

四、截長補短的方法

檔案資料多半是屬於過去的，研究者可以藉檔案資料彌補無法回頭重新收集歷史資料的缺點，這也是檔案法的最大長處。這種存檔的歷史資料雖很可貴，但因常由非專門的人才整理之後所保存，錯誤也在所難免。使用者必需知道如何避免誤差，並於矯正之後再加使用，才能發揮所長，去其所短。

使用檔案法常因其資料不夠完整，以致無法完全滿足研究的需要，此也為方法的缺點之一。碰到這種狀況時，研究者必需藉用其他方法，如調查法或觀察法等，來加以之輔助。

▶▶▶　本章參考文獻

1. 張曉春 (1978)，〈樣本調查研究〉，楊國樞、文崇一、吳聰賢及李亦園等編，《社會及行為科學研究法》，東華書局，228–258 頁。

2. 文崇一 (1978)，〈問卷設計〉，楊國樞、文崇一、吳聰賢及李亦園等編，《社會科學研究法》，東華書局，407–435 頁。

3. 李亦園 (1978)，〈自然觀察研究〉，楊國樞、文崇一、吳聰賢及李亦園等編，《社會科學研究法》，東華書局，135–158 頁。

4. 龍冠海 (1963)，《社會調查概述》，文星書局。

5. 龍冠海主編 (1968)，《社會研究法》，廣文書局。

6. Arensberg, Conrad M. (1969), "The Community as Object and as Sample," in Warren, Roland L. (ed.), *Perspectives on The American Community, A Book of Readings*, Chicago: Rand Mcnally & Company, pp. 104–111.

7. Poplin, Dennis E. (1977), *Community: A Survey of Theories and Methods of Research*,

pp. 275–304.

8. Young, Pauline V. (1954), *Scientific Social Surveys and Research* (3rd ed.).

9. Hayman, Herbert H. (1954), *Interviewing in Social Research*, Chicago and London: The University of Chicago Press.

10. Payne, Stanley L. (1951), *The Art of Asking Questions*, Princeton, New Jersey: Princeton University Press.

第三章
社區理論

第一節　建立社區理論的目的及一般性質

所謂的社區理論，是指有關社區的邏輯性概念或命題。而此種合乎理論的概念或命題，通常是由包含並串聯兩個或兩個以上有關係的**變數** (variables) 而成。因為社區研究是社會學的一支門，故社區理論所串聯的相關變數，都是社會性的變數。

一、建立社區理論的目的

社會學家建立社區理論的基本目的，與建立其他的社會學理論之目的大致相同，茲將重要的目的分成以下幾點加以說明。

㈠一般的理論把現有的知識系統化與科學化

科學家建立理論的首要目的，是把知識系統化、簡單化與科學化，避免知識過於零亂與散漫。簡單化、系統化的知識也可使讀者易於理解並整理，進而方便應用，社區理論的建立也具有此種效果。將有關社區的知識加以系統化與簡單化後，便可使有志研究社區的人易於了解與運用。

㈡能合理並深入解釋或說明社區現象

社區理論的另一大好處，是用來合理並深入地解釋或說明社區現象。各種社區理論並非都針對社區現象作解釋或說明，但能夠成立為理論者所作的解釋或說明，都是經過驗證的，故通常也是合理的。反之，經不起驗證的解釋或說明，其合理性即值得懷疑，故也很難成為理論。各種理論都涉及到兩個或兩個以上變數之間的關係，通常是較複雜而深入的，不是簡單而淺顯的敘述或說明。其中越是經過嚴格驗證之後所建立的理論，越具有深度。

(三)理論可引導對社區實際問題的研究

通常社區理論的涵義都是比較抽象的，而這種抽象的概念則可作為研究實際問題的引導。有理論作為引導或根據的實際研究，通常都較有中心思想，也較有條理。以理論做引導的有關社區實際問題的研究可分為數種不同的型態，第一種是為支持或發揚理論而尋找可以佐證事實之研究，第二種是為否定現存理論所做的求證研究，第三是為修正理論所做的實際研究，第四是受理論啟發並為再尋求新事實而建立新理論之研究。上列不同的研究方式與已知的理論之關係都不相同，其受理論之影響而所做的社區實際問題之研究方式與內容也都有差異。

反之，缺乏理論引導所做的社區實際問題之研究常失之缺乏中心思想及邏輯，也顧不了變數之間的關係現象，故也常失之成不夠深度的敘述。

(四)理論可以引導研究方法的發展

社區理論有助於社區研究方法的發展，這項長處增多了一分建立理論之必要性。為建立新理論或為支持、否定、修正、擴展已形成的理論而做驗證性研究時，需按研究的性質而使用多種研究方法。包括經由各種不同的途徑而收集資料或分析資料。近年來因為電腦技術的發展，當社會學者從事有關社區及其他方面的社會學理論之研究時，都曾使用到各種相當深奧的社會統計方法，較常用者有**複迴歸**分析法 (multiple regression analysis)、**路徑分析法** (path analysis)、因子分析法 (factor analysis)、**多變數分析法** (multivariate analysis) 以及晚近的**對數直線分析法** (log linear analysis)。至於從質性的角度來收集社區研究資料或分析社區的技術，也因社區理論的發展而需要不斷被應用。常被使用的此類方法包括儀器記錄、投影技術、調查訪問、內容分析法、Q 技術（研究程序的技術）等。

上列的各種量化及質性的各種分析方法，都是用來描述或衡量多種變數之間的關聯性。為了探討或建立更精深的社區及其他的社會學理論，社會學界不斷的創造並使用各種新穎的研究方法或分析技術。

(五)理論可供為預測未知知識或現象的參考依據

已成立的理論統合了已知的知識並貫聯了變數間的關係，當可供為推測許多未知知識或現象的依據，因此理論實具有預測工具的性質。預測的步驟大致可分為三：第一，參照理論中變數之間的關係，第二，進而觀察理論中所包含的某一變項之間的相同或類似變項的實際狀況，第三，推論在已知變數的條件下可能產生或出現的相關現象。例如我們可根據黎艾瑞 (Ivry Lee) 的人口移動理論中有關「對個人具有吸引力的社區條件可影響人口移入社區內」一節的理論，進而預測，在某一計畫新開闢的工業區，必會因為可以提供吸引勞工的就業機會，而吸引來自外地的移入人力或人口。

二、社區理論的一般性質

社區理論受幾個重要因素所影響，這些影響因素是：(一)一般科學理論的性質，(二)社會學理論的性質，及(三)社區的性質等。茲就社區理論在這三方面的性質，分別說明如下：

(一)社區理論的科學理論性質

社區研究為一種科學性的研究，故社區理論也為一種科學理論。一般科學理論的性質可從多方面加以認定及理解：(1)就其適用的範圍看，理論常是可以放諸四海而皆準，可通用於同類事物的現象，而非僅限於某一特殊的案例。(2)就其本質看，理論既重實證也合乎邏輯，而不是空洞的論調。(3)就其建立的過程看，包括經**演繹法** (deductive method) 而獲得的理論及經**歸納法** (inductive method) 而獲得的理論兩種；前者是指根據已知的原理來推論未知的理論，或指從一般性的原理來推論特殊性的原理；而後者是指將符合多數的個別性或特殊性的原理，歸納成一般性的理論。

(二)社區理論的社會學理論性質

由於社區研究是社會學研究的一部分，故社區理論也具有社會學理論的重要特性，綜合重要的社會學理論特性可分為如下幾點說明：

1.理論所涉及的主題都是社會學研究的重要課題或概念

各種社會學派所探討的各種社會學理論都可能被應用到社區的層次而發展出既是社區性的也是社會性的理論。當今社會學理論的派門，較重要的類別有**實證有機派** (Positivistic Organicism)，**衝突學派** (Conflict Theory)，**形式學派** (Formalism)，**社會行為學派** (Social Behaviorism)，**功能主義學派** (Functionalism) (Martindale, 1960)，**社會體系學派** (Social System Theory)，以及**人文區位學派** (Human Ecological School) 等。各學派的專論或其次論都可能適用在社區的層次，故也可能成為社區的理論。

再就不同社會學者所探討的社會事項來看理論的種類，則更加五花八門。隨著學者感興趣的議題及其研究方向的不同，則有關的社會事項或主題之理論發展情形也不同。越是被社會學家所重視並努力研究的社會事項，其已發展的相關性理論就越多，譬如社會學研究中有關社會組織、社會心理、人口、都市、犯罪、家庭、社會階級、變遷與發展、種族問題等，都是較多學者關心的熱門課題，故已發展的相關性理論也較豐富。

2.理論所包含的兩個或兩個以上的變數都是社會變數

任何一個社會性的社區理論，都包括兩個或更多的變數，這些變數必然也都具有社會性。有時變數也會涉及到社會性以外的概念，如時間或地點等，但當這些概念被使用在社會性的理論上時，也都被賦予了社會特性。

3.理論涵蓋的範圍有大小之分

有些社會理論的著眼點是注意社會全面性，而有些理論則只注意社會體系中的一小部分或某一層面。前者如有關於社會現代化的理論，後者如有關團體動態的理論。這種涵蓋範圍的差別也可分為**巨視理論** (macro-theory) 與**微視理論** (micro-theory)。

(三)社區理論必具有社區的特質與概念

畢竟社區是社會的一部分，屬於社會的理論不一定全部適合為社區理論。屬於社區的理論必具有社區的特性，而在多種社區的特性當中最重要的是其具有地域性，也即在大社會中據有一定的地理範圍。這種特性使其一方面成為一個具體的社會體系，另一方面又為大社會體系的一部分。從其含有具體性的社會體系性質看，則在社區內部個人與個人之間或團體與團體之間都有密切的關係，而這些關係乃成為社區的重要結構，這種結構正如美國社區研究學者瓦納所稱之**社區的水平軸** (horizontal axis)。又就其具有大社會體系一部分之性質看，則社區內的個人或團體與社區外的區域，州或國家的組織間相互聯結，這種聯結性又被稱為**社區的垂直軸** (vertical axis) (Warren, 1966)。由此觀之，則社會學性的社區理論，既要顧及社區內社會單位間的關係，也應顧及社區內的社會單位與社區外社會單位的關係。

第二節　社會體系理論

　　從社會學觀點看，社區實具有社會體系的性質，故社會學理論中的社會體系理論也適用於社區理論的建立，實際上社區理論家也將社會體系理論當為社區理論之一種 (Poplin, 1977)。本節先將社區當為社會體系的意義再加說明，而後對社會體系的重要概念與理論作一系統性的闡明。

一、社區為一種社會體系

　　社區應可當為一種社會體系，主要的理由是社區具有社會體系的性質。而所謂社會體系的重要意義是指一個含有兩個或更多的個人或團體且彼此間具有社會意義的關係之高度組織體 (Poplin, 1977)，例如一個家庭，一個市政府，一個教會，一個學校等都可被視為一個社會體系，社區自然也可當如是看。於此特別要注意「**高度組織性**」及「**社會意義**」這兩個性質，缺乏這兩個性質的社會關係體都不能說是社會體系。因為缺乏高度組織性之社會關係通常存在的時間都較為短暫，或雖有組織之名也無密切關係之實，這種關係或組織很不穩固，也不健全，故成不了社會體系。又一種缺乏社會意義的關係體或組織，實際上也不是社會組織，頂多只屬於有機體之類，自然談不上具有社會體系之性質。

當為一個社會體系的單位，社區在本質上是一個由許多關係密切的個人或團體所組成的，其中的各種社會關係是有長期持續性的，且是有一定的範圍性、結構性、互動性及關聯性，就這幾點社區社會體系的重要性質，再分別作更詳細的說明。

二、體系、界限的確定與維護

一項社會體系通常要有一定的範圍，包括物理的、地理的、社會的及心理的等。有了確定的範圍，一方面可便於體系內各單位間關係的持久與穩固，避免與體系外的社會單位混淆不清，不使社會體系受到侵害或干擾而混亂，或無法成為穩定的結構與互動關係。

社區的社會體系之界限與範圍，視體系的種類及性質而定。就整個社區的物理範圍而言，則應包括社區內的所有土地、地上物及社區內的人口等。又以社區內任何一個次級單位如家庭看，則其物理範圍應指家庭所擁有的土地、建築物、組織成員以及家庭所豢養的各種家禽、家畜等副產品。

再從社區的社會範圍或界限看，則包括社區內各種團體、個人及這些團體與個人之間相互關係的結合體。由此觀之，通常在一個社區內的最大社會界限之下，還包含許多較小範圍的社會界限。

一個社區的心理界限，係指社區內的人在各種心理層面上接納的範圍；而所謂社區內次級團體系的心理界限，則指社區內的小團體成員所能接受的各種心理界限。以社區內的人之**我群感覺** (we feeling) 的心理範圍為例，通常社區居民僅接納在社區內居住較久的分子，對新來的移民常加以排除。社區內家庭次級體系的我群感覺之範圍則更為狹窄，常僅限於家人而已。

社區內各層面社會體系的界限會有變動，譬如地理範圍就會因更改行政版圖而有所變動。臺北市的都市社區曾於民國五十七年時擴大了市區的範圍，改變後的新版圖，將原來屬臺北縣的景美、木柵、南港、內湖、士林及北投等鄉鎮包含在內，新地理範圍擴大不少。由於地理界限的擴大，其社會及心理範圍也隨之擴大。反之，社區的各種範圍也可能有朝縮小方向變動的情形發生。

　　當社區的界限訂立或變更之後，都需維護並使之持久，如此體系的結構才能更加穩固，體系內的各種社會關係與連結也才能更有持續性，而社會體系才能變得更為穩固。

　　維護社區界限的途徑很多，其中最重要者是經由立法或制定規則的程序，將社區體系及各次級體系的物理、社會及心理的範圍加以明確的劃定，不但規定其範圍，且也規定其不可變動性。如此規定可使體系鞏固，但也可能導致體系的僵硬與老化。故為使體系活絡地運作，也不適合對各種界限都作太明確的規定。

三、社區結構的建立

　　任何一個社會體系都有相當穩定的社會結構，形成社會結構的主要元素或部分包括**角色** (role)、**地位** (status)、**團體** (group) 及**機關** (institution)。角色與相對的地位之間，某一角色與其他角色之間，團體與團體之間，以及機關與機關之間，都應密切的相互關聯著。一個社區是由各種地位、角色、團體及機關所構成，而在各種構成社區結構的元素之中，角色與地位是最基本的結構單位。所謂的社會角色，是指處在某個社會位置上所應有的行為表現；而地位則是指扮演某種社會角色的人所占有或享有的社會位置。在社區結構中，是由多種社會角色與地位構成一個團體，故一個社會團體中包含了多種的社會角色與地位。而所謂的團體，則很明顯是指由一群有關係的社會角色與地位所構成的組合體。

　　社區內的社會機關，層級在團體之上，往往是由數個社會團體組成一個社會機關，或說一個機關內往往包含了許多互有關係的社會團體。但不同的機關所包含的團體類別等性質，也可能有所不同。

　　按照社會體系學派的理論，社區內的個人、團體或機關，是不能獨立存在的，必須要互有關聯，否則會產生孤獨無援、不方便或無效率等問題，終使社區無法存續而解體。至於各元素間的關聯性質，其差異與變化頗大，有處於平等關係者，也有成為上下關係者。社區內部各元素間的關係型態不同，其組織架構也不同。

　　社區之社會體系中的角色、地位、團體與機關的類別很多。就以角色為例，按其人口特質及社會功能而分，則包含男、女、老、少、父、子、夫、婦等不同角色等。又就團體的構成人數而分，則可劃分成大團體與小團體。再就功能性質的差別而分，則可分成政治性團體、服務性團體、治安性團體、商業性團體、生產性團體、文教性團體、宗教性團體及醫護性團體等。機關的分類性質也一樣，可按大小、功能、設立時間的長短等指標或因素來加以分類。團體的類別也常按團體內分子關係的性質而劃定。社會學上常用**非正式團體** (informal group) 及**正式團體** (formal group) 來加以分別，前者指團體成員的關係較非正式性、較親密性、較全面性也較不受規則所限制，反之後者則較按部就班、較為正式、較不親密、較片面、也較規則性，自然也就較為呆板而缺乏彈性。

四、體系之間及內部的互動性

　　社區的社會體系理論很強調體系與體系之間或體系內各部門之間的互動性。社區內的互動關係可能包括個人與個人之間、團體與團體之間及機關與機關之間等數種不同層次。而社區間的互動則牽涉到兩個或兩個以上的社區間的相互關係，或社區與上層的縣、省、國之間的互動關係等。

　　各社會實體之間的互動關係有者是面對面的，有者是間接性的。一般社區內屬個人層次的互動關係較有可能是面對面的，而面對面的互動關係越有可能在較小的社區內發生。社區內團體與團體之間的互動，常由雙方團體中產生的少數代表人物所行使。雙方團體代表之間的互動較有可能是面對面的，其餘非代表性的團體分子之間的互動，往往不屬於面對面性的互動。今日社區內次級體系間之間接性互動也越來越普遍，其中有些互動是經由各種傳播工具進行的，包括公文、布告、新聞、雜誌、收音機或電視等。

　　社區中各次級體系之間或各單位之間的互動關係，常有類似投入產出的關係性質。也即某一次級體系或單位都從其他單位獲得他所需要的事物，對其本身而言是一種投入，對付出的一方而言則為產出。當一方要提供產出的事物時可能對所要提供的事物須先加以調整或改變，以便使所提供的事物更能符合對方的需要。當另一方接受到對方給予某種事物之後，本身也可能需要加以調整或改變。總之雙方在互動過程中，都需經自我調整，但也可能要求對方先作調整。

　　一般互動的方式有幾種不同的類型：(1)強制性的要求對方互動；(2)雙方爭議性的互動；(3)雙方循規蹈矩而融洽的正當互動。各種互動方式依互動者雙方間相對位置之情況及力量之不同而定。不論互動方式如何，雙方都有進有出，有取也有予。

五、體系內各部門及各單位之間的關聯性

　　社會體系學派對社區的研究也甚強調社區內各分子間及各部門間的關聯性。就社區內某一部門或某一體系而言，社會關係可存在於部門或體系內各更細部門或各更小分子之間，也可存在於某一部門或體系與其他部門或體系之間。前者稱為體系的內在關係，後者稱為體系的外在關係。社區的外在關係，也就是整個社區的體系與外界體系的關係等。

　　體系學派非常強調體系內各部門或各單位的關聯性，同時也特別強調各有關聯的部門或單位間的**平衡性** (equilibrium)。提出此一觀念的學者包括**派森思** (T. Parsons),**何曼** (C. Homans) 及**金斯利・戴維斯** (Kingsley Davis) 等人。此一平衡概念的主要涵義在於有關聯的體系部門或體系單位之間，常整合地連結成一平衡的狀況，由是各部門或各單位之間都能互盡功能。但當體系內的某一部門或單位發生變化時，必引起其他相關部門或單位之變動，直到一個新的平衡體系之建立後，各部門之間又能互盡功能，至此變遷才停止，而體系也回復穩定的狀態 (Poplin, 1977, p. 166)。也因為此一學派太強調體系平衡的概念，故不無受到批評之處，識者咸認為體系內各部門間的關係不可能隨時保持那麼平衡的關聯性，強調此一平衡關係的概念未免將社會互動的現象看得過於理想化。

第三節　結構功能理論

一、結構功能理論與社會體系理論的關係

社會學理論上的**結構功能理論**（Structural Functionalism，簡稱功能理論或學說）與社會體系理論的關係甚為密切，兩者相輔相成。體系學派強調社會組織單位間的結構關係，但未強調這種結構關係何以能引起並存在。功能學說則特別著重對結構關係之原因與後果之探討。

以社區中的某一部門或次級體系如宗教為例來說明兩學派著眼點的差別：體系學派所著重的是宗教組織的型態如何？不同宗教派別之間的組織型式有何不同？宗教組織與其他社會組織的關係如何？組織內各部門的關係如何因外來要素的影響而發生變化？但是功能學派對於社區內宗教部門所著重的探討角度是：為何社區中會有宗教組織的存在？這種組織對於社區體系有何貢獻？如果社區內的宗教組織發生衝突或解組等問題時，對社區生活會發生什麼影響？

可見功能學派與體系學派之間，關係雖然密切但著眼點並不相同，功能學派對於社區的研究，著重在社區內各社會單位的內容、活動、運作、存在理由、貢獻、作用及影響等，而體系學派對社區研究所著重的是社區內各社會單位與其他單位的關係之型態，互動情形及平衡性等。

二、功能理論的幾個基本概念

結構功能學派對社區的社會現象與性質的研究，強調幾個重要的基本概念，第一個概念是功能性的需求，第二個概念是結構中各部門存在的必要性，第三個概念是功能的代替性。茲就這幾個基本概念和涵義及其性質，再作進一步的說明如下：

1.功能性的需求

此一概念的涵義是指社區內任何一個社會體系或部門都要滿足某種特

定的需求，這種特定的需求也稱為功能性的需求，此一需求能獲滿足，各體系或部門才能盡功能，也才能生存並持續下去。故這種特定需求的滿足是維持社會結構及使結構中各部門或各單位盡功能的必要條件。

2.社會結構中各部門功能的必要性

功能學派的第二個重要概念是社會結構中各部門存在的及其功能的必要性。社區中須有各種不同的功能，故也必要有可以盡這些功能的社會組織、結構或體系。通常一個社區要有政治、經濟、教育、宗教等功能，故也必須有可以盡這些功能的結構、系統或部門的存在。

3.功能的代替性

社區中某項部門或次級體系所盡的功能常可由其他的部門所取代，因為某一部門所能盡的功能常包含兩種以上，因而各部門所盡的功能之間也常有重疊的現象。不同部門所盡功能有重疊的部分都可互相取代。譬如教育的功能一向是教育機關如學校能盡且應盡的主要功能，然而家庭體系也能盡此功能，故有時學校的教育功能便被家庭所取代。這種功能的代替性，可以增加社會體系或結構的韌性。

4.外顯性功能與隱含性功能之分

功能學派把社會結構中各體系或各單位能盡的功能，分為**外顯性功能** (manifest function) 及**隱含性功能** (latent function)。前者指各社會體系或單位蓄意達成的功能，故此種功能是外顯的；後者則指各社區體系或單位無意達成、卻終於達成的功能，這種功能通常是不被正式承認的，故也是不公開之隱含性的。

5.巨視功能 (Macro-Function) 及微視功能 (Micro-Function)

當代美國的社會學理論家**馬騰雷兒** (Martindale) 把功能理論分成巨視及微視的兩種不同類型，這種界限主要是按盡功能的社會體系之規模大小而分的。巨視的功能是指規模較大的社會體系或次級體系所盡的功能，而微視的功能則指規模較小的社會體系所盡的功能 (Martindale, 1960, p. 464)。前者較注重人類社會的文明及其他較大型社會組織的功能等，而後者則較著重社會中個人的行為、人格及其他較小的社會團體之功能等。故前者與人類學觀點較為接近，而後者則與心理學觀點較為接近。

三、社區次級體系的功能

功能學派對社區功能的研究除把社區當做一個社會體系而研究整個社區的功能外，也按社區各種次級體系的主要功能而分成政府、經濟、教育、宗教、家庭等幾類的次級體系及次級功能。其中政府體系可說是社區中最複雜的一項次級體系，也是一種最複雜的次級功能，以一個鄉鎮或市的社區為例加以觀察，政府結構與體系中包括民政、財政、兵役、消防、警察、衛生、工務、建設等各種不同的部門，這些不同的部門分別盡各種不同的特殊功能，故其整個政府組織結構的功能相當複雜。在民主體制下的政府組織，其多種複雜的功能之中當以提供公共服務及設施最為根本，故為其應該著重的功能。

社區中的經濟體系也是另一種重要的次級體系，此種體系的實體包括各種生產及消費機關等，例如各生產合作社、農場、工廠、公司及餐館等。這些機關或部門的重要功能在提供社區內外各個體或團體所需要的生產工具、糧食、原料、日常用品與服務等。社區中的教育體系的實體為各級學校及其他教育訓練機構，這些機構的主要功能為促成個人的社會化，包括使個人學習各種知識、技能及價值觀念等文化特質，藉以發展其能力、信心及群性。社區中的宗教體系其主要實體是教堂、教會、寺廟等機關或組織，這些機關或組織的主要功能則在於導人依附社會規範或道德，並促進其人格的穩定及健康；對於社區的主要貢獻則在促進社區秩序的穩定性。晚近的宗教機關也甚注重發揮教育社區內的民眾，包括教育民眾的各項生活技能，有時也試圖突破傳統及規範，以達到發展信仰者之自我發展及發展社區的功能。家庭體系也是社區的一種重要次級體系，其主要的功能在於繁衍生命、穩定情感、教育下一代及促進個人社會化，使其分子易於受到看護、安全及滿足等，因之也具有促進社區安定與進步的作用。

四、主要的功能理論家及其理論要點

近代社會理論學家中屬於功能理論學派的主要人物有馬林諾斯基 (B. Malinowski)，萊德克列夫 (A. R. Radcliffe-Brown)，勒溫 (K. Lewin)，查內奈基 (F. Znaniecki)，費斯汀格 (L. Festinger)，派森思 (T. Parsons)，墨頓 (R. K. Merton)，何曼 (G. C. Homans)，貝里斯 (R. Bales)，李維 (M. J. Levy)，戴維斯 (K. Davis) 及墨爾 (W. Moore) 等人。於此茲就其中較重要的理論家，派森思，墨頓及戴維斯，墨爾的重要理論，扼要說明如下：

1.派森思的社會功能論

派森思的社會功能論所注重的層面包括體系的功能及行動的功能等兩大方面。就體系的功能方面言，派森思首先認為要能達成體系的功能，體系內的成員必須都能有效的扮演好其社會角色。此外，他還強調社會體系中個別社會次級群體自給自足的重要性，而要達到自給自足，則必須由社會、個人及文化因素共同運作。此外，派森思在社會體系的功能論方面還強調社會體系的穩定性、整合性與均衡性，並以這些概念為中心論點。

派森思也由社會行動觀點來看有關功能的概念，要點有如下諸項：(1)社會行動者是有目的性的，(2)目的之獲得受到另一種因素所影響，其中社會規範是一項重要的準則，(3)行動體系分成人格、社會及文化等三個不同的層次，三者都為影響行動的因素，(4)行動者選擇行動或互動關係共有五種模式變數可供參考，即普通性對特殊性、狹窄性對擴散性、情感性對非情感性、品質性對成就性、私利性對公益性，(5)行動體系具有四種不同的功能，簡稱為 "AGIC"，即**適應環境 (A)、獲得目標 (G)、整合體系 (I) 及維護控制模式 (C)**。

總之，派森思理論的內容比在此所指出的更詳細更複雜得多，其理論性質固可看為功能論的觀點，但也帶有體系理論及社會行動論的性質。

2.墨頓的功能論

墨頓把功能分成五種不同意義，(1)公眾的突發事件或聚合，(2)職業，(3)在某一社會職位上被指定的活動，(4)數學函數，(5)用來協助維持體系的生物或社會過程。墨頓對其中的第(5)種意義認為最恰當。進而墨頓把功能看為是客觀的結果而非為主觀的動機或目的。他對功能的分析建立在幾個假設上，即(1)把社會活動及文化單位標準化，將有助於社會及文化體系的整合，(2)各種社會及文化單位可促進社會功能，(3)各種社會單位的存在也是必然避免不了的結果。

對於各功能單位的性質，墨頓也有他的特殊看法，包括(1)功能單位脫離不了經驗的證明；(2)每一功能單位可為某些團體盡功能，但卻為其他團體盡反功能 (dysfunction)；(3)各單位當中有者有多重功能，而同一功能也可由不同單位來完成；(4)各單位有其特殊功能的性質；(5)社會個體所盡的功能有者是其刻意要達成的，故為其所承認的外顯性功能 (manifest function)，有者則為其原先所不願達成的，故也為其所不肯承認的隱含性功能 (latent function)。

墨頓的功能理論當中還有一點重要的觀點，即是他對社會規範與偏差行為的關係之看法，他把個人對文化目標及社會規律的適應分成五種不同方式即(1)遵從，(2)創新，(3)形式主義，(4)退縮，(5)反叛。遵從者是指以合乎社會規律的方法來達成合乎文化目標的適應途徑。創新者則是目標合乎文化規範，但方法不符合社會規律。形式主義者是目標不符合文化規範，但方法卻合乎社會規律。退縮者的目標既不合乎文化規範，且方法也不合乎社會精神。反叛者則可能在目標上合乎或不合乎文化規範，而方法上也可能合乎或不合乎社會規範；但不論合乎與否，此種人都企圖找新目標，並且使用新方法。

3. 戴維斯─墨爾 (Davis-Moore) 的理論

戴維斯及墨爾同為派森思的學生，他們在功能理論上的主要貢獻是提出社會階層的功能性。其主要論點認為社會階層的存在無法避免，對社會是有用的。在他們看來，階層地位的安排可激勵人們工作的動機。人們因為可以獲得社會地位作為報償而願意工作，人人都願工作社會秩序才能維持。由是可以將維護社會秩序看為形成社會階層的原因之一，但此外還有二個重要原因，一為不同地位的社會功能不同，二是不同的人才適合不同的職位（蔡文輝，1979 年，110–114 頁）。

戴維斯及墨爾更進而以宗教、政府、經濟、科技及知識等各項社會次級體系來說明其階層功能論。在這些方面的社會結構中，能盡較重要功能者，都居較高層之位置。

第四節　社會行動理論

與其他學派的觀點加以比較，社區理論的社會行動學派比較注重社區的社會動態，也較注重對實際問題的解決。因此這一學派也比較注意社區的領導力、決策過程及社會參與等。如下先將此一學派對社區性質與現象所提出的理論要點加以分析。

一、指出社區行動的社會關聯性

社區行動論的中心要點在於強調社區行動的社會關聯性，把種種社區行動視為是各種社會行動中屬於社區性的部分。此學派基本上把社區看為是一個複雜的社會互動單位體，社區中包含了認同社區的人及屬於社區性的活動，而所謂社區性的活動則具有如下幾種特性：(1)此一活動乃受社區的因素影響而形成，(2)某一社區行動也將影響社區內的其他行動，(3)社區行動必關係到社區中的許多人，(4)此種行動也為社區中多數的人所參與。

二、社區行動的類型

社區行動理論家把社區行動的型態分成**自發性的社區行動** (spontaneous community action)，**習慣性的社區行動** (routinized community action) 及**創始性的社區行動** (initiated community action) 等三種，茲就這三種行動的意義及性質，分別為說明如下：

(一)自發性的社區行動

此種社區行動常是突發性的，不可預見的，故也是無組織性的。在美國，此類行動常見於種族的暴動或學生示威遊行。在我國的情形迥異，較常見到的偶發性的社會行動則為圍觀火災及車禍現場。偶爾我們社會中也會因礦坑災變或公共政策處理不周而引發救災或抱怨行動。

　　一般發生自發性的社區行動時，社區居民大多會受到相當程度的震撼，短時內社區也會缺乏適當的應對措施。而於行動發生之後，社區行政單位都會應變處理，若處理適當，則社區行動可能迅速止息，否則可能愈引愈大，造成禍端。

㈡習慣性的社區行動

　　所謂習慣性的社區行動是指例行的正常性社區事件，這種事件常由社區中多數人所共同行動的。我國社會的各種社區行動常與舊禮節的儀式有關，如在每年特定時日集體放煙火、划龍舟、猜燈謎、燒龍船、或齋醮及拜拜等。近來新式禮儀節慶的社區共同行動也漸多，如逢國慶節日的慶典、閱兵、遊行及舞龍舞獅等活動。

　　這種習慣性的社區行動是可預期的，故也成為社區居民生活過程中的重要部分。對社區居民生活的鼓舞作用較大，傷害性較少。但是在居民較缺乏理性行為的社區，有些有傷社區居民元氣及財力的陋俗也經久不衰，無形中也阻礙社區的進步。

圖3-1　神明繞境的活動已有許久的歷史，是居民生活的重要鼓舞，至今猶存。

㈢創始性的社區行動

　　所謂創始性的社區行動是指前所未有的社區性行動，故不是習慣性的，但也不是非計畫或不可預期的偶發性行動，而是經人設計而成的。此類創始性的行動常為解決現存問題而發生，參與的方式也常是志願性及民主傾向的。此種社區行動也異於社區中集體行動，因為後種行動中的個人已失去獨立自主性，而只能隨群眾的行動而起舞。

　　常見於我們社會中的創始性社區行動也有多種，都市中的各種自願團體如獅子會、扶輪社及青商會會員等社團，便常透過募捐方式來創辦各種地方建設。在鄉村社區中較創始性的社區行動，則以和農業生產及農產運銷等業務有關的農場共同經營或共同運銷等行動最為常見。

　　一般創始性的社區行動都經過幾個顯然不同的發展階段，最初階段的主要內容是形成興趣；第二階段則是建立具體的目標及行動體系；第三階段則針對目標建立更具體的行動方案，包括制定規則等；第四階段則為實務的執行或參與行動；最後階段則是行動的完成、檢討與改進等。總之至一種創始性的社區行動完成後，此一行動便已失去創始的性質，此後類似的行動即成為重複性或例行性的社區行動。

三、社區領袖常為社區行動的關鍵人物

　　論社區行動不能忽略引發行動的領導者。不是所有的社區領袖都會引發社區行動，但能引發社區性行動的人物則必具有社區領袖的特質，故也可稱為社區領袖。在社會行動過程中，社區領袖的類型及功能甚值注意。所謂的社區領導者，泛指對社區事務及行動具有影響力的人，其型態大致可歸納成三大類：第一類是自然發展的非正式領袖，也常被稱為**草根性的領袖 (grass root leaders)**；第二類是**制度性的領袖 (institutional leaders)**；第三類則是**權力優秀分子 (power elites)**。茲就這三類社區領導者的性質，及其在社區行動中扮演的角色，分別說明如下：

㈠草根性的領袖 (grass root leaders)

1.性　質

　　此類領袖也可稱為**自然領袖 (natural leaders)** 或**非正式領袖 (informal leaders)**。這種領袖形成的主要條件是具有本地性的基礎，也即具有受基層民眾擁戴的基礎。這種基礎的形成常是因為領袖本身具有優於他人的學識、能力、性格、及道德等，故能為人所信服。其領導地位之獲得是出於自然

而非刻意製作的，是因他人給予而獲得的，不是自己強求得來的。

2. 種　類

在中國傳統的鄉村社區中，重要的草根性領袖有德高望重的族長、長老之類，也有學問見聞過人的私塾教師或術士，此外也有武功過人的掌門師傅或財力雄厚的地主富農等。在近來變遷中的臺灣鄉村社區中，擔任政府機關的公職人員，在農會水利會等民眾團體擔任職員的人，企業界較成功的工商人士以及受過較高教育的學校教員等，都很可能成為社區中的自然領袖。

在都市社區中，屬於全社區性的草根性領袖已漸不易產生與存在，而草根領袖或自然領袖多半只存在社區中的某一種志願性團體，如各種學會、協會或公會等，而這些團體中的領袖都是具有影響力的人。

近來都市社區中新興的志願性團體中，屬於興趣性的團體比屬於服務性的團體為多，故草根性或自然性的領袖也多半由興趣性團體中產生。各種俱樂部之類的社團，即為典型的興趣性團體，這類團體中的領導者也常是自然性的。

3. 領導功能

草根性的領導功能多半是屬於人身方面的影響，且是單方面的，也即在單項目的人身事務上起領導作用，但也有少數情況是屬於綜合性及多面性的。草根性的領導功能通常也僅限於地方性，其領導力或影響力較少能超出社區的範圍外。這類領導功能常見於村中較年高且較有聲望的長輩出面為村人排難解紛，或仲裁社區中分歧的意見。近來農村社區中較有眼光及見解的農民也常被推選為農事研究班或共同經營班的班長，由他們帶動左舍右鄰的農戶，響應政府的農業發展及農村建設政策。

草根性的領導者通常較常見於年紀較長者，但年輕人的群體中也會出現屬於同年齡的非正式領袖。由青年農民所組成的四健會或康樂團就常隱藏若干較熱心服務他人、做事也較明快的領導人物，這些領導者常不支薪地進行義務性的服務，故是非正式的義務領導者。經由他們的奔走推動，團體性的事務才能進展。

　　草根性領導功能的發揮，對促進社區的和諧及發展，常有很大的作用。一件很難溝通的意見或難以解決的問題，常因有影響力的草根性領導者出面而迎刃解決。

㈡制度性的領袖 (institutional leaders)

1.性　質

　　這種領袖的產生與形成，是按組織規則與制度而來的。在一般正式性的組織中，都設有各級的主管位置，這些主管人物的產生、任期、權責、待遇等，都有明確的規則與制度可循。要改變這些領導的產生方式、任期或權責，常需經由正式性的管道，改變組織的規程或制度。

2.種　類

　　屬於全社區性的制度性領袖包括社區委員會的理事主席、理事、幹事或村里長等。因為社區可分成多種次級體系，各種次級體系也各有其組織系統與制度，故在各次級體系下也分別設有不同種類的制度性領袖。如在社區中的學校組織內所包含的重要制度性領袖有校長、教務主任、訓導主任及學生班長等。都市社區行政體系下的重要制度性領袖則以市長、局長、科長、股長等一系列的行政單位主管為是。再看社區中企業公司之類的商業組織，其重要的領袖職位則為董事長、總經理、總務課長、業務課長或廠長等。總之不同社區次級體系的領袖職位之多少及名稱可能有別，但其共同的性質，即是這些領袖職位是按制度與規則而產生並行使其功能。

3.功　能

　　制度性的領導功能是制度化的，故也是較正式性的，某種主管對分內的事應該管，但對分外的事就不該管也管不著，故這種功能也是較固定且較缺乏彈性的。

　　為使制度性領袖能充分發揮領導功能，在制度上都賦予領袖或主管某種法定的權威，使其有權力可以行使領導權，使屬下有義務服從，否則就可以給予懲罰。各種不同的制度性領袖的領導功能之間具有分工性質，因此極需有協調性或連結性的制度，使各種不同制度性的功能之間能適當結合，成為一體。制度性的領導功能常有規則與往例可遵循，故常是習慣性的。

(三)權力優異分子 (power elites)

1.性　質

這種領導者是指少數不尋常的權力人士，其手中握有充分的權力資源，如有雄厚的經濟資本或軍事及政治實力，足以令別人心甘情願或不得不服從。所謂政治實力，包括其與高層政治領袖的良好關係，或對民眾具有特殊的政治魅力。這類領袖的影響力經常是很大的，故其影響範圍也常是全社區性的。

2.種　類

常見的社區權力優異分子，有屬於社區上層機關的權力人士、但住於某一社區中而成為社區公民者，各國首都社區中就經常住著名氣顯赫的全國性政治及軍事領袖，如總統、部長、或軍事司令等政治權力分子。我們社會中也有中央新村之類的社區，住民都是國家級的中央民意代表等政治權力分子。

愈是低層而偏遠的鄉村社區，屬權力優異型的領導人物相對愈少。在鄉鎮社區中，甚至鎮長、縣議員或較大型工廠的老闆之類的人物，就可能成為重要的權力精英或優異分子了。

3.領導功能

權力精英分子的領導資源有者是因真本事得來的，有者是靠先天的社會關係而獲得的。故有些領導力或影響力是受社區民眾所承認且具有聲望的，但有些則沒甚麼聲響可言。然而不論是有無高等聲望的領導者，一旦具有權力優異分子的條件，則其影響功能是絕對的，且是相當可觀的。

社區中權力優異分子間的相處有時和諧一致，有時則非常分歧而衝突。如係前種情形，則權力優異分子間對社區建設的領導功能將趨強化；如係後者，則領導建設的功能便會相互抵消。

四、社會參與 (social participation) 為一種主要的社區行動方式

社區居民參與各種社區中的活動 (activities)，表示對社區事務的關切與興趣。一個人參與某一種社區性的事務或活動，表示其投入了社區的一種行動，而社區中多數人參與同一社區的事務或活動，則表示這種事務或活動具有社區的代表性。有關社會參與的理論概念，可分兩大方面加以說明，即：㈠有關基本涵義方面的理論與概念，㈡有關影響因素的理論與概念。茲將兩者的重要理論概念，分別進一步說明如下：

㈠社會參與的基本概念與理論

有關社會參與的若干重要基本理論概念，大致建立在若干基本的問題上，茲將這些基本的問題逐一列舉，則除影響因素一項之外還包括：(1)何人較會參與？(2)對何種事務較願參與？(3)有何種不同的參與方法與種類？(4)參與程度與決策方式的關係如何？(5)不同方式參與的後果如何？茲就有關這些問題的理論概念或經驗研究的結果，扼要敘說如下：

1.何人較會參與

多數參與情況中,都以社區的中上階層人士對社區事務較為熱心參與,因為中上階層的人對社區大眾的事務較有權力過問與決策，因此也較有興趣參與。反之下階層人士較少有權力過問與決策，因此也較少樂意參與。不過也有例外情形，如遇到所討論或行動的事務與下階層的關係較大時，則下階層人士參與的興趣反而更高。

2.對何種事務較願參與

通常社會中的單一分子所參與的事務與活動有多種，其中有些人的參與程度較深，另一些人的參與程度則較淺；有些人較常參與，另有些人則較少參與。一般人對於與本身較有切身關係的事務或活動都會參與較深，對與自己少有關係的事則參與較淺。在與自己有關的事務當中有些是自己覺得較新奇或較有興趣者，通常也都有較強的參與動機，故會花費較多的

時間與精神去參與；反之對於感到枯燥乏味的事務或活動，則少有參與的興趣。

　　有時參與是一種被迫的行為，自己毫無興趣，但因受到某種要求、限制或脅迫，而不得不加入其行列、投身參與。義務性的現役軍人、黑社會幫派分子或服刑中的犯人等，做事常不能出自己願，參與是出於受到要求、控制或脅迫的。這種類型的參與常與願違，對某些事務參與程度之深淺，視落在身上的要求或壓力大小而定。

3.有何種不同的參與方式與種類

　　美國鄉村社會學家**切爾賓** (Chaping) 指出五種不同程度參與的方式，由淺而深由低而高依序是(1)會員，(2)參與會議，(3)貢獻財力，(4)加入委員會，(5)占一席領導地位。如果社區事務的決策與行動完全由社區內的人所掌握，則如上五種參與方式與實際參與程度之間極可能成正比；但如果決策操之在外來的力量，則實際上位居高位的領導者，所參與的程度可能也很低。不過一般參與程度的高低，與上列的數種不同方式是有關聯的。

　　在民主方式的社區中衡量個人參與程度的高低，常以其在開會時是否常出席、出席時是否常發言與表示意見、以及是否參與投票決策等表現而判斷其參與程度。

　　由社會心理學觀點來看社會參與，主要著重在參與的態度及行為上。而由社會組織學觀點來看社會參與，則著重在參與者對於組織的貢獻或影響，也即把參與行動的個人看為是社會組織的一部分，於是強調對**社會角色** (social role) 的分析與研究。基本上把社會角色看為構成社會組織的最小單位，而此角色必須按既定的社會組織而行動，其在組織中必獲有一個位置。(Olson, 1968, pp. 103–108)

4.參與程度與決策方式的關係

　　社區中不同社會類屬或團體分子,對社區事務與活動的參與機會不同，實際參與的程度也不同。一般較有權力且較富有的上等地位人物或家庭，其參與的程度都較深，也掌握了決策的大部分機會，故所做的決策大致也較偏護自己所屬階層或團體的利益；反之較貧窮及低下階層的居民因少有參與決策的機會，因此較不能獲得決策後的利益。

5. 不同參與方式的後果

因為參與方式會影響決策，而決策又會影響社區的結構、發展與變遷。故不同的參與方式於影響決策之餘，也終究會影響到社區結構的安全性及發展性。

一般的社會參與方式有兩大不同的類型，一種是完全民主式的全民普遍參與，另一種是只由社區中的權力優異分子的少數參與方式。這兩種不同參與方式的結果，必會影響決策的內容與性質。一般的情形是，普遍參與的結果較能顧及社區整體的利益，不同團體與階層的人都能享有較平等的權利與好處；又因為不同團體與階層的人的目標隨時都在變動，彼此間的關係也無時不在變遷，故全民參與方式必使社區的結構變遷較為快速，因而結構也時常需要調整，以便適應現實的情勢。

反之，由少數權力優異分子控制參與機會與決策機會的社區，決策的內容與性質通常都較保守，也都較偏向高階層與權力團體的利益著想，因之都較拒絕變遷，以便維護權力團體的既得利益。這樣的社區結構通常都較穩定，但變遷與發展的速度則較緩慢 (Nelson, Ramsey, Venner, 1960, pp. 252–253)。

(二)影響社區參與的因素

有關影響社區參與的因素，是討論社區參與的另一個重要課題，不少研究指出社會參與率與某些社會經濟因素有特定的關係，在不同的社區其關係的性質也可能不同。重要的影響因素很多，職業、收入、教育、年齡、性別、婚姻狀況、居住時間等是重要的個人因素，而團體的性質，包括領導方式等則是重要的非個人因素。茲就這兩類因素的性質，分別說明如下：

1. 職業因素

在都市社區，職業類別常是影響社區參與的一種重要因素。但在鄉村社區，因為職業分化較低，眾人大多以農為業，故職業因素並不重要。在都市中各行各業常會設置學會、協會、或俱樂部等的組織，這些組織的會員都是同行，故活動的內容較能為同行的會員共同感到興趣，也較能吸引其參與活動。當前我們都市社區中的商人除加入企業所屬的公會外，又常見參與多種業餘的組織與團體活動；最常見的是加入獅子會、扶輪社及青商會。各級政要及民意代表除常參加各種正式的重要會議之外，也常出席參與各種熱鬧場面的婚喪禮節及各種慶典。一般公務人員除必須參與機關團體所舉辦的種種正式活動外，也分別於業餘參加各人所喜愛的團體活動，包括登山、釣魚、打太極拳或晨舞等。

農村中的成年人大多以農業為主業，故其最普遍參與的團體性組織與活動，都是農業性的。當前他們最重要的社會參與是加入農會組織，及參與農會所輔導的各種有關農事改善或農村生活改進的種種訓練活動。

2.收入因素

收入水準也與參與程度或水準有關，一般的相關性是高收入者參與的程度較深。形成這種相關的原因有多種，第一，許多社區活動的參與需要有良好的收入作為基礎，譬如捐款一事，低收入者便常無能為力。近年來，參與競選活動者必須投入的資金與費用越來越龐大，非收入優異者莫能與之。第二，高收入者的教育程度通常都較高，職業種類也較良好，並較有地位；他們參與了社區的團體性活動，都能享有較好的地位與報償，故也較能引發參與的興趣。第三，低收入的居民通常需要耗費較多時間在謀生的工作上，少有閒暇去費時費力參與業餘的各種社區事務與活動；反之高收入者較能在生活無慮情況下，撥出較多工作外的時間來參與社區的事務與活動。

3.教育因素

教育程度與參與程度的關係是正向的，且這種關係的程度也很高。通常社會組織中的領導人物是社會參與程度最高的人，因為領導人物策劃並帶動各種團體事務與活動，而各種社會組織的領導人物通常是受較高教育的人。

教育程度較高的人其所以參與程度較高並較易產生領導功能，乃因高程度的參與或領導能力必須由後天學習得來。從教育過程中可以學得這種重要的能力，不經過教育過程即難獲得這種社會性的知識與技術。故通常受較高教育者，都較有能力勝任領導職務，並參與較高程度的社會性活動與事務。

4.年齡因素

因為年齡因素關係到個人的心理狀態、社會能力及生活方式，故也與社會參與有關。一般年紀較輕時除參與同儕的遊戲性質活動外，對於較具正式性質的社會活動，都沒太大的參與興趣。及至二十餘歲或三十出頭的年紀，社會參與率急速增高，因為這年齡層的人口個個精力充沛，且能力也漸充實。及近四十約至五十歲之間，參與水準維持相當穩定情形，這時對於社區事務參與程度不低，有不少人可以直取領導地位。超越五十以外，參與程度因精力逐漸衰老而漸走下坡。超越六十歲以後，進入老年期，對於社區事務的興趣大減，故其參與水準也劇減。

在不同的社區或社會，同一年齡層的人口，其社會參與的程度也會有所差別。在較保守的社會或社區，老年人口群會有較多參與的機會，因而也享有較多參與的好處；反之，在較開放或急進的社區或社會，老年人口參與的機會就較少，故其參與的程度也較低。

5.性別因素

男女兩性的職業結構不同，兩者在家庭及社會中的角色地位也不同，故其社會參與類型及程度也不同。在我國社會，一般男性的社會參與機會較多，參與程度也較高。不論在鄉村社區或都市社區，兩性人口的社會參與程度都有差異。一般在鄉村社區中，男性參與相對較高的情形尤為明顯。

不同性別人口社會參與的性質有別，過去不少研究發現，婦女對於宗教性儀式及活動的參與相對較多，對於政治性的參與程度則相對較少。一般婦女加入組織成為會員的情形，也較不普遍。

6.婚姻狀況

一般已婚的人對社會活動的參與率較高，尤其是有子女在學的父母，對社區內學校事務的參與最為熱心。已婚且有家庭的人，不少社會參與都與子女的事務有關，而單身的男女，其社會參與則多半是屬個人嗜好性的活動。

7.居住時間長短

　　一個人在社區中居住時間的長短，與其社會參與也有關係。居住的時間越久，個人對社區的認同也越強，對社區事務乃越表關切，因而參與意願相對會較高。且居住的時間越長，事業與財產的基礎也越穩固，因而參與能力也越高。

　　然而不同的人對社區的整合速度不一，有些人在短時間內即可作良好的調適並整合，因而也能很快速投入較高程度的參與；另一些人則調適整合的速度較慢。通常教育程度高、能力強、經濟條件好的人，調適與整合的速度較快，因此在較短時間內即可作較深的社會參與。

8.團體的因素

　　個人對社區性社團或活動參與程度的高低除受上述各種人身條件的影響外，也受團體的條件所影響。團體中領導者的作風及能力，以及各成員之間社會性質的異同與社會關係的遠近等，都為重要的團體因素。領導者的親和力大，則將影響成員參與率高；各成員之間的社會性質相接近或社會關係較密切，也都有助於提高成員參與的意願。

第五節　社區的人文區位理論

一、人文區位學的起源

　　社區研究可從多種角度著眼，如從社會組織學、人文區位學、人口學等。持人文區位學觀念者對社區的研究，著重對社區的空間組織及區位因素間成長的互動關係等。最早期的人文區位研究，便以都市社區為研究領域，尤其著重在都市的人口成長、地理分析結構及社會制度等因素間的相互關係及其重複發生的型態等。

　　人文區位學 (Human Ecology) 的名詞創於一九二一年由派克 (Robert Park) 首先創用。但是早自一八二五年，法國學者奎利 (M. de Guarry) 及強

甫諾夫 (de Champnouf) 就注重對犯罪的空間分布的研究，可說是西方創立人文區位研究的雛型。後來涂爾幹 (Emile Durkheim) 及哈布瓦濟 (Planice Halbwachs) 等曾著重社會型態學研究 (Social morphological approach)，可說是人文區位學的先驅。人文區位學的發展到二十世紀的初期，約在一九二〇年至一九三〇年代之間，由芝加哥大學諸位學者努力而趨於完備。首先是派克創設許多基本概念，他的努力刺激許多後繼者不斷建立人文區位的概念、理論與研究方法。初期的人文區位學者，都注重對都市社區的研究。

二、古典的人文區位學說

　　重要的人文區位學說有古典學理論、正統學說 (classical)、新正統理論 (neo-orthodax)、社會文化學派 (socio-cultural) 及社會地區學說 (social area) 等多種。四種學派對社區內的人文區位現象，各有不同的研究重點。本節先概略介紹古典學說的要義，進而介紹其他的學說或理論。

　　所謂古典的人文區位理論也就是派克、麥堅如 (Roderick D. McKenzie) 及蒲其斯 (E. W. Burgess) 等先驅者的理論。三人的理論各有所專，茲將之分別介紹於後。

㈠派克的生物及社會層次組織說

　　派克首先將人類社會或社區分成生物及社會等兩個層次的組織。生物的組織是指生物群體之間互相依賴的關係體，此等生物群體包括植物與動物等；派克認為人類社區也會有此等類似生物間的依賴關係。此外派克等人認為人類社會或社區內，還具有其他生物界所沒有的社會性組織關係。社會性的組織，是指人與人間的關係而言；而人類的生物組織，則是指生物體的自然結合，社區往往就是這種結合體的具體單位。在這結合體內，人與人相互依賴，如同生物界個體間的相互依賴關係一樣；此外生物層次的結合型態，也由競爭過程所自然形成。相反的，所謂社會層次的組織，是指由人與人間有意識的交通互動所結合的組織型態。社會內人們經過長期有意識的鬥爭交通等過程，往往形成某種空間架構關係。譬如有錢人占領都市社區中的黃金地段，窮人則聚居在較惡劣的地段。

　　派克等古典的人文區位學說一再強調競爭是決定社區內的空間組織的主要因素。古典的人文區位學者觀察，都市社區內的人與團體相互競爭使用土地的結果，造成社區**空間組織** (spatial organization) 的特殊型態。都市中某一片土地究竟會發展成為何種用途，乃經過使用土地的人們、團體或機關如商業、工業或公務等組織或機關之間的競爭之後所決定的。競爭的結果往往是優勝劣敗，有力量者占領都市中心的高價值地區，其他的團體或機關則座落到其他地區。這種強者占領優越地段的現象，古典區位學說中稱為**優勢的原則** (principle of dominance)。

(二)麥堅如的區位過程說

　　古典學派的理論中也注意**區位過程** (ecological process) 概念的闡述。此派元老之一麥堅如補充派克的觀念，於競爭過程之外增補**中心化** (centralization)、**集中化** (concentration)、**隔離** (segregation)、**入侵** (invasion) 及**延續** (succession) 等區位過程。所謂中心化是指在都市社區發展過程中商業機構集中在交通運輸最便捷的地段的過程。在這地段往來的人口眾多，商業機構林立，形成如臺北市西門町的**商業中心**（Central Business District，簡稱 "CBD"）。商業中心的發展初期往往吸引原來分布零散的商店集中於一地，後來商業中心地區的範圍擴大，商業中心的勢力也逐漸擴大到都市社區的邊緣地區。譬如在美國都市的邊緣地區，往往也設有購物中心等商業機構。在本省大都市商業中心的商店向邊緣地區擴展的現象雖較不多見，但其吸收顧客的範圍也有逐漸增廣的現象，都市外圍的顧客也都逐漸集中到商業中心交易。

　　集中化 (concentration) 是麥堅如所指出的第二個重要的社區過程。照麥堅如的解說，所謂集中是指人口由都市外地區向都市集中的過程。此外，這一概念也含有在都市社區範圍內，人口集中於某一地段之意，集中的結果，將使該地區形成過分擁擠的現象。照麥氏的說法，人口集中的程度受集中地區的資源及地區使用者的競爭程度影響。都市人口集中的結果，形成都市人之間的競爭劇烈；最明顯的競爭現象，反映在地價及房價的上漲。

　　麥氏提出的第三個區位過程概念是**隔離** (segregation)。隔離的過程是指不同的社會團體或機關之間分離座落於都市社區的不同地段之意。譬如都市中的富人集中在某一地段，稱為高級住宅區，而窮人聚居在另一地段，這種由窮人所聚合占用的地段，則常被稱為貧民窟，高級區與貧民窟之間涇渭分明。在美國的都市社區中，白人與黑人的居住地點往往也有明顯隔離的傾向，即使在白人的區域內，富有者與較中下階層的人往往也分地而居。

　　麥氏提出的第四種區位過程是**入侵** (invasion)，這種過程是指一種社會團體或機關侵占另一種團體或機關所擁有並使用的地盤。入侵的過程往往是指由地理上相鄰的某一類社會團體向另一團體地域範圍擴張的現象，但也有由非相鄰團體入侵的現象。常見美國都市社區內黑人區向白人區入侵的情形發生，在我國的都市社區內則常見商業團體與機關向住宅區入侵，而住宅區也向農業區入侵。

　　麥氏所提出的第五種區位過程是**延續** (succession)。所謂延續是指入侵的完整過程。當一種團體入侵到另一團體所占有或使用的地區，並將原來團體驅逐並取而代之，入侵的過程即已完成，入侵者便在被侵者的地方持續居住下去。常見美國都市原來的白人區有完全被黑人取代的情形。在我國的都市內也發生住宅區完全被商業區取代的情形，這種現象都是為延續的過程。該過程往往需要耗時多年才能完成。

　　形成上述麥堅如所指五種區位過程，最主要的因素是人口增加。人口增加之後造成人與人間、團體與團體間產生競爭的現象，競爭的優勢者集中商業中心或市區的優良地段，並結合成一股力量抵制劣勢者進入，因而形成隔離現象。在美國，黑人入侵白人區的情形意義，則稍有不同：都市社區內的黑人雖然往往是競爭過程中的弱者，但因晚近黑人移入都市人數眾多，在原來的白人區一旦先有少數黑人移入，白人即自動移出，其他的黑人乃隨後遷入；黑人繼續進行入侵之後，終至達成黑人區的延續過程。在這種黑人向白人區入侵的過程中，黑人雖是經濟競爭的弱者，但由於其人多勢眾，敢作敢為，最後往往造成強大的社會力量，逼使白人退處於被動地位。

㈢蒲其斯的都市圈帶說

　　古典區位理論者除創設上述的區位過程論及兩種層次的社區組織理論之外，還創有**都市圈帶的學說** (The concentration zone hypothesis)，首創此說者為**蒲其斯**。都市圈帶說的基本理論是指一個都市自中心區到最外圍，往往可被劃出五個顯明不同的社會經濟性圈帶。最内圈是商業中心區，往往座落各種辦公性的高樓大廈、百貨公司、火車站、汽車總站、大飯店、大戲院、博物館、市民集會中心等。這一地帶是市民商業、社會、文化、藝術等活動的中心。這一中心地帶的形成，必須經過中心化及集中化等過程。

　　第二圈稱為**轉型區** (Transition zone)。在美國這一圈帶往往是由新移入都市者及貧民所占有，主要的建築物為陳舊的住屋，也夾雜一些小型的工廠之類。住在這一圈帶的人往往是競爭上的失敗者。他們所以住在這圈帶内因這帶房子老舊，房租較便宜，到市中心工作需要花費的交通成本也較低。在美國這一圈帶内除住有低收入人口及座落小型工廠外，也往往夾雜一些簡陋的旅館、酒吧、妓院等。一旦市中心的商業大樓繼續擴建，這一地段有被商業機關入侵並持續使用的可能，因之被稱為轉型地帶。

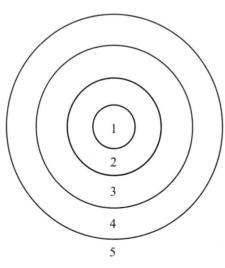

1. 商業中心區
2. 轉型區
3. 工人的住宅區
4. 高級住宅區
5. 通勤區

圖 3-2　蒲其斯的都市圈帶模型。

第三圈是工人的住宅區，由工廠工人及商店僱員混合居住。這一圈帶的居民往往是由第二圈帶搬移而來，當他們搬離第二圈帶時，表示脫離貧民窟而住到較舒適的房子，然而居住本地帶的工人尚無能力住到最好的郊區地帶。

第四圈是高級住宅區，居民大多為專業人員或商人，其一般收入水準都較第三圈居民的收入水準高。在這一圈帶也往往座落一些大型的百貨店、電影院、餐館及旅館等。

最外圍是通勤區，這一地帶可稱為道地的郊區。住在這一圈帶的居民白天通勤到市內的工作場所工作，晚間返回鄉下的住宅享受自然安靜的情調。在廣大的郊區地帶也往往構成若干小型的購物中心，這些購物中心也往往發展成小鎮。由這些小鎮及鄰近住家構成的社區成為都市外圍的衛星社區。住在最外圍的居民通常收入較高，住屋的庭園也較廣闊。社會經濟地位高的人物住到都市最外圍，這是晚近美國都市成長過程的普遍現象。這一最外圍的形成可說是都市分散化的結果。

㈣派克等人的自然地區論

有鑑於蒲其斯都市圈帶論的缺點，古典區位學者如派克等人，又提出自然地區論。提出這一論說者認為蒲其斯的圈帶論太過簡略，照圈帶理論的說法，同一圈帶內居民應屬同性質，而不同圈帶中的居民則具有不同性質。事實上同一圈帶內包含不同特質的人口，譬如在第二圈就往往夾雜或分布黑人、非黑人的移民及工廠等。古典區位學者注意到都市社區內也分成許多小範圍的獨立自然區，這些小地區可能由人為障礙如道路、公園等分割而自然形成，每一自然地區內的居民近乎同質，各地區具有其特有的傳統風俗禮節甚至語言等，如唐人街就是美國都市中之一顯明自然區。古典區位學者對自然區位的社會文化特質有豐富的研究成果。

㈤古典區位學說所受的批評

古典人文區位理論發展到一九三五年已趨於完備。至此為止，重要的

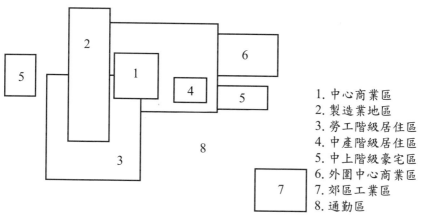

1. 中心商業區
2. 製造業地區
3. 勞工階級居住區
4. 中產階級居住區
5. 中上階級豪宅區
6. 外圍中心商業區
7. 郊區工業區
8. 通勤區

圖 3-3　自然地區論模型。

理論概念共包括：⑴生物性與社會性組織的兩分法，⑵都市同心圈帶假設，⑶區位過程，及⑷自然地區理論等。同時這一派的學者一致認為，競爭是影響都市空間結構的主要因素。這些理論概念雖曾受到支持，但也遭受到相當嚴屬的批評。批評要點主要包括對其理論效度及其經驗發現的懷疑。其理論上遭受的較嚴屬批評有如下幾點：⑴**阿里汗** (Milla A. Alihan) 批評古典區位學者本身也不能對生物性組織作有意義的區分。⑵**葛蒂斯** (Warner E. Gettys) 認為所謂生物性的組織不僅含有生物性的決定論，且也含有地理性的決定論，但後者卻被忽略了。⑶**哈林謝** (Angust B. Hollnyshead) 批評生物性及社會性組織的劃分甚為不當，因為社區的空間組織及區位事務都受社會文化系統所影響，無所謂絕對生物性的組織存在。⑷**阿里汗**認為古典區位學者強調競爭為決定都市空間結構的基本過程也甚不妥，此種結構也受合作、衝突及模仿等社會過程所影響。⑸**哈雷** (Amos Hawley) 也批評古典區位學者缺乏技術去觀察多項過程的運作，故也不能衡量競爭的作用。⑹**戴維斯** (Manrice R. Davis) 實際研究康州**新哈芬市** (New Haven) 後，發現蒲其斯的圈帶理論不能被證實。⑺**哈特** (Paul K. Hatt) 研究西雅圖市後，認為派克等所創的自然地區論也不能合乎實際。因為這一城市內的各部分未能全部列入各小自然區。且所用的區隔標準不同，各自然區的範圍也不同。⑻**漢森** (Asall T. Hansen) 用區位學理論去驗證拉丁美洲的都市，所得的都市結構與區位學派所指出的美國都市結構不同。

三、新正統的區位學說

古典區位學說發展到一九四〇年代時遭受嚴厲的批評。奎恩 (James A. Quinn) 及哈雷兩人一方面仍甚同情古典區位學者的理論與處境，另方面則致力於革新區位學理論，他們針對古典區位學理論加以批評並修正。此兩位新正統的區位學者所提出的最重要批判有：(1)人文區位學者不能僅以研究都市的空間結構 (spatial structure) 為足，(2)不應僅視競爭為決定空間結構的唯一因素，實際上影響因素應更為複雜，(3)反對古典區位學者將人類組織分成生物性與社會性兩類。以下將進一步說明兩人的重要理論。

1.奎恩的區位互動論

奎恩的理論與古典區位學者觀點的最大差異是，他將人文區位學視為社會學之一支，因之他認為此門學問應著重對人類互動方面的研究。但人文區位學所研究的人類互動與社會學者所著眼的互動應有不同。社會學者著重的互動是人與人間的有意識的象徵性互動，而區位學研究的互動是著重人經由增減環境因素而間接影響他人的互動。具體言之，奎恩假定土地資源與職業等區位變數為影響社區的空間架構或人與人關係的重要因素。他一再強調區位互動是人文區位研究的重點。由是他甚注重社區內分工的研究，因為分工是人與人及副社會團體間的關係之具體表現，也顯示人對環境調適的重要層面。奎恩進而創立了都市空間結構決定於區位互動型態的學說。他進而提出了決定社區內區位單位的四個因素，這四個因素是：(1)最小成本，(2)最小區位距離，(3)中位位置原則，及(4)最密集使用原則。

所謂最小成本是指，一個區位單位的大小，往往趨向使其向其他區位單位之間的調適成本達到最小程度。區位距離最小的意思是謂，各區位單位之間的距離可能趨向最小。中位位置原則是指，要使任何一個區位單位與其他單位之間交通運輸最為有效，其最適當位置是此一單位與各單位所構成的地理範圍之中心點。最密集使用原則的意思是指，當兩個區位單位互爭一地點時，應由占用後能服務最多民眾並獲得最多利潤者的區位單位所占有。

2.哈雷的社區研究論

　　哈雷的區位研究觀點較前人為廣，他取社區當做人文區位學的研究單位。人文區位學者研究社區的範圍應包括社區結構的性質、類型及變遷與發展的結果等。依哈雷的看法，社區結構研究之所以重要，乃因對結構的了解是了解社區的第一步，而分工是構成社區所必要的工具或方法。哈雷針對蒲其斯的圈帶理論補充他的看法，他認為都市社區大體上有一商業中心區的傾向，但實際上除了一個中心區外，尚有若干小商業區圍繞其中。他的理論多半是針對前人理論的修正。

四、鄧肯的人文區位結叢論 (human ecological complex model)

　　鄧肯 (Ottis D. Duncan) 是美國的一位人文區位學家，也是人口學家，他針對人口區位學的性質提出**人文區位結叢** (human ecological complex) 的理論架構來加以說明。他認為人文區位的問題可用四個概念及其間的關係來加以解釋、分析並說明，這四個概念分別是**人口** (population)、**環境** (environment)、**技術** (technology) 及**組織** (organization)，四者簡稱 "**POET**"。他把四個概念間的關係畫成以下的圖形加以表示。在這關係圖型中，他特別強調人口與其他三項因素的關係，茲將之進一步說明如下。

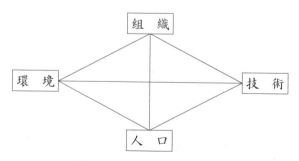

圖 3-2　人文區位結叢理論

　　人口生存於環境之中，通常占有一特定的地理範圍，依賴其占有範圍內的環境資源而維持生命。人口占有並開發使用環境的結果，終究會改變環境，引發環境變遷。環境變遷之後，人口必會改變利用的方式以資適應，使兩者關係趨向合理化，而這種關係的調整不斷地在進行與運作。

　　人口在利用並適應環境的過程中，與其他的生物不同——人能運用其文化的特性來調適。人類的文化，包括組織及技術，也即使用各種有利的組織方式及技術，來更有效地從環境中獲取維生的資源。

　　人為能有效利用及適應環境，必要經過組織來應付各種不同情況的環境，由多數人口所形成的組織方式也會有不同。但不論是那種形式的組織，都含有分工合作的功能。同樣的道理，由於人面對的環境條件不同，以及累積的文化不同，致使人口所使用的技術方式及素質也不同。隨著環境改變，人口的社會組織方式及所使用的技術也會改變。

　　總之人口、環境、組織與技術四種人文區位要素之間，是相互作用的。而這四者之間不可能停留在一種完全靜止平衡的狀態，而是不停地往平衡的目標運作。這種人文區位結叢或複合關係最能在**社區** (community) 的地理範圍內表現出來，故社區經常被看為是一種人文區位結叢運作的地理單位。然而社區並不是一個完美的單位，有時這種複雜性的人文區位關係在運作上所牽涉到的地理範圍常超乎社區之外，而存在於社區間的**區域性** (regional)。

　　鄧肯教授提出的人文區位結叢的概念為社區研究及人文區位理論及研究開拓了廣闊的新領域，後來不少人文區位學者或社區研究者應用此一理論概念，延伸到研究結叢中所包含的四因素中任何兩種或兩種以上因素間的關係，且可變換不同觀點與角度，任取其一為自變數或應變數，而加以研究與分析。

五、懷利等人的社會文化區位理論

　　新正統文化區位學家雖修正了古典區位學家的理論及觀點，但其本身的觀點尚有若干可被批評之處，人文區位學的後起之秀如**懷利** (Walter

Firey) 等人,即對新正統區位學者的理論與觀點提出修正。首先,他雖不反駁新正統學派區位個體的地點受最低成本及最高利潤與滿足所決定的理論,但他認為區位個體的地點也受社會文化因素所決定。首先,他認為理性選擇的地點,含有文化的意義,更含有感情上及象徵性的社會意義。

六、謝奇、維廉斯及貝爾等人的社會地區分析論

晚近區位學者如謝奇 (Eshref Shevky) 維廉斯 (Marilyn Williams) 及貝爾 (Wendell Bell) 等創立了社會地區的觀點與理論。這種觀點或理論的要義是指,在都市內同一社會身分或性質的團體,常居住在同一地段,稱為社會地區 (social area)。人文區位學常取這些地區為範圍,以研究特殊社會團體的社會特性。美國人口普查局便常以此種社會區,當作普查時的小區域 (census tracts),用以分辨這區域內居民社會經濟地位、都市化程度、隔離狀況等特性。這種地區分析研究法的最大目的在於,能藉此了解都市的空間組織及區位變遷。因之也可用此方法去比較不同都市間空間組織的差異,或用此方法對一個市區內的某一社會區域做深入的研究。

七、總 結

由上論述可知,在不同時期的人文區位,其研究方向不同,發展出來的理論也不同,但研究重點仍離不開都市社區的空間組織及都市成長的區位互動。任何一種區位理論要能成立,必須能適合於所有都市,不能僅以適合於某一都市為限。

第六節 社區的發展理論與修正

一、前 言

社區發展原是一種以推動社區的發展為目標的實務工作,但經學者的努力,也發展出不少較概念性的理論。有關社區發展的實務性質,在本書

第九章有較詳細的說明。在此只對學者在早期建立的理論作些介紹，進而再論述理論面對的挑戰背景及需要修正的原因，並再介紹經挑戰後修正的有關新理論。

二、傳統的理論

社區發展的概念或理論約始於一九五〇年代。一九五〇年時美國學者**波斯通** (R. Poston) 發表《小鎮的復興》(*Small Town Renaissance*) 一書，強調社區居民自動自發復興當地社區的理念，啟動了社區發展的討論。後來**貝滕** (Batten, 1957) 及**拜鐸與拜鐸** (Biddle & Biddle, 1965) 也相繼對此種概念加以發揮。之後**艾林斯基** (Alinsky, 1965) 注意到社區組織衝突性，**羅伯特** (Robert, 1979) 則重視成人教育，**查奇** (Chekki, 1979)，**斑德** (Bender, 1978)，**凱瑞** (Cary, 1973)，**布萊克利** (Blakely, 1979) 等人也都相繼在《美國社區發展學會期刊》(*Journal of Community Development Society*) 發表論文，共同建立了更宏觀的社區發展理論。重要的論點包含了三方面的社區發展策略，即是：(1)**自助** (self-help)，(2)**技術援助** (Technical Assistance)，(3)**衝突** (conflict) 等。此外還包含有關社區發展的其他重要議題，即：(1)公民的參與，(2)對需求的評估，(3)對成長的探討，(4)對成果考評的研究，(5)對服務的探討，(6)對專業角色的論述，(7)對專業訓練的討論等。綜合這些議論，可說社區發展的定義與理論觀點涵蓋相當廣泛的角度與範圍。以下茲再補充說明其他幾位重要學者之理論，以助讀者進一步了解。

山德斯 (Sanders,1958) 將社區發展分成四種型態，即：(1)是一種過程，(2)是一種方法，(3)是一種計畫，(4)是一種運動。**聯合國** (1963) 將社區發展看為是由人民結合政府權力來改善社區的經濟、社會及文化條件的努力過程。**鄧柏** (Dunbar, 1972) 將社區發展視為一序列經由不同社區團體努力的社區改善事務。**達比與墨利斯** (Darby & Morris, 1975) 將社區發展看為是運用教育方法，使社區團體提升解決自己問題的覺醒，增進其自信與能力。**羅恩** (Long, 1975) 也認為社區發展是一種教育過程，用為幫助社區的成人經由團體決策與行動，來解決本身的問題。**德畢** (Durby) 及**史多文** (Stowers)

將社區發展視為是一定地理範圍及環境中多數人，經由負責任的社會決策，以增進生活機會的過程。**佛斯** (Voth, 1975) 指社區發展是社區中的團體，基於鄰閭或地方社區，經由自己的努力，並運用外來的專業及金錢援助，來改善其經濟情勢的情況。**普洛奇** (Ploch, 1976) 將社區發展視為是由自願介入來改進社區生活的過程。**費氏** (Huie, 1976) 認為社區發展是指由本地人為改善社區，使其成為較佳居住及工作地點的決策及設定發展計畫的過程。**威金森** (Wilkinson, 1979) 指社區發展是人們開啟並維護社區團體間的溝通及合作的行動。**魏侖** (Warren, 1978) 指社區發展是幫助社區居民分析社區問題，運用自主的方法來增進個人、團體對社區認同的過程。**雷維茲** (Ravitz, 1982) 認為社區發展是社區的人對其有興趣計畫的活動。**考利** (Cawley, 1984) 則將社區發展視為是研商民主方式的發展活動，來解決共同性的問題，增進共同的好處 (Christenson & Robinson, 1989, pp. 11-14)。

綜合上列各家對社區發展所提出的定義及理論，吾人可將傳統的社區發展理論的中心論點看為是社區中的人，使用社會行動的過程，來發展或改進社區的經濟、社會、文化及環境情勢，並改善社區居民的生活條件。

至於理論中所指的社會行動首重組織行動，包括社區居民經由組織來分析討論社區問題的性質、解決問題的適當方法及有效的策略，並以社區居民的團體力量來解決問題，實現決策。

至於理論中所指的經濟情勢，包括生產、加工、運銷及消費。生產種類則包括初級生產、次級生產及三級性的服務產業等。社區的社會情勢則包括社區的多種社會層面，重要者有社會組織、社會領袖、社會規範、社會風氣、社會角色、社會結構、社會分配等。而社會情勢的改善或發展則涵蓋增加能量、增加分工、增強理性及加強正義與公平等。重要的文化情勢包含物質文化及非物質的技術、價值觀念、心理態度與行為模式。文化發展與改進的意涵是指文化情勢或內容更加充實、水準更為提升、條件更為改善等。

環境情勢包括自然物理環境，及非自然及物理的社會環境。環境情勢的發展，指情勢更加安定與安全，更適合社區居民居住與活動，也使社區居民居住及活動其間更能順心與滿足。

三、理論修正的必要性

㈠時代的驟變與傳統社區發展理念的失落

二十世紀後期世界各地社會經濟情勢驟變，工業化、都市化與全球化快速進行並不斷轉型，二十一世紀中此種驟變仍將持續。處在快速變遷的時代，「社區」與「發展」的概念都有很大的變化。過去強調由地方的居民發起行動、運用本地資源，以解決地方問題的傳統社區發展理論，已漸難與時代的背景相配合，必須重新調整。茲先就當代社會的驟變與傳統社區發展理論的不適應性，分別加以說明如下：

1.工業化的影響

工業化的生產方式對於地方發展條件的依賴，遠不如農業生產方式的依賴之重——原料可以取自他地，大量的生產品也大部分以外地為銷售目標。雖說工業生產所用當地勞工，可使此種生產與地方社區資源相連結，但實際上今日各地的工廠工人，也可能是來自他地的遷移勞工。經工業化影響的農業生產，一般規模也都較大，生產也更有效率，此種農業經營常超越地方性，其機械化大規模生產的農產品，也都以外地為銷售對象。總括來說，工業化的社會變遷，降低了地方性社區經濟發展的概念，也降低了社區單位在發展上的重要性與實質意義。

2.都市化的影響

近代社會驟變的另一重要面相是都市化。都市的數目增多，都市的腹地擴大，都市人口增多，其中包含許多來自別地的外鄉移民。在都市社區中居民的共同意識薄弱，自發性同心協力發展社區的意願與能力也低。

在大都會或都市範圍內，小型社區林立、相互競爭，有如在都市內分裂成許多類型社區，都市的整體性難以構成，都市發展端賴行政手段與過程來達成。近來在臺灣都市中雖也設立社區發展委員會的組織，其背後支持的力量，主要便來自行政資源。一個包含許多社區發展委員會的都市，本身很難聚合成一個整體性的社會組織或團體，都市的發展也不易由都市居民自發自治或自力更生的途徑來達成。

　　大都市逐漸喪失自立自主性的社區性的另一原因是，其與其他都市與鄉村建立密切關係，這些關係主要是建立在交通與貿易的層面上。都市間的密切交通與貿易關係，也容易使個別都市失去自主性與自立性，逐漸成為包含許多都市網絡中的一部分。原來都市社區自立自主發展的模式，也不再多見。

3.全球化的影響

　　二十世紀末期，世界長期和平，交通便捷，政治門戶開放，大量生產的方式及人民物質需求水準提高等因素，促成全球化的快速進行。國與國之間關係密切，不同國家人民之間往來也密切。跨國界的商業及旅遊活動頻繁，國際間的合作與交流也興之不衰。全球化的結果使人民心中不再重視地方性，對社區的概念與意識更形轉弱。

　　全球化的國民重視國際語言與訊息，企業家、商人都重視國際市場，學者專家重視國際文化交流與合作，政府官員重視國際關係與支持。發展要國際化，標準要世界性。社區成為國際體系的一環，對外是開放性的，逐漸失去其特色與獨立性格，也漸少為人民所依賴。反而對外的依賴程度增高，居住及生活在社區內的人逐漸感到只有世界的存在，並無社區的存在。在全球化前提下，社區本來就不團結，促成社區團結的事也不為個人所在意與關懷。

(二)傳統社區發展理論的問題

　　當社區的概念面臨問題時，社區發展的概念與理論也面臨問題。傳統的社區發展理論中所注重的幾項重要概念與理論，也因社會驟變所造成的衝擊而逐漸受到挑戰，乃至不能成立。本節茲就社區發展理論所遭遇的衝擊，挑戰與質疑分析說明如下：

1.社區的發展理論難以建立與形成

　　當社會在驟變的情況下，社區發展情勢深受時間條件及外在的社會環境所影響，較少受社區條件所影響。因此社區的發展理論與社會經濟發展理論在本質上少有差異，不易建立只適合社區條件的發展理論。

2.社區發展理論對引導社區發展實際的作用不大

　　劇烈的社會經濟變遷會影響社區發展理論，但因變遷的速度太快，實際發展行動等不及創出或形成理論來引導，因此理論引導發展實務的作用不大。

3.理論與實務容易脫節或分離的問題

　　除了時間上社區發展理論與發展實務不能容易配合之外，也因傳統重視地緣因素的社區發展理論，於今因為空間概念的擴大，致使理論不能有效解決實際的發展問題。當今社區經濟發展過程中，社區人民所掌握的生產地點往往與社區分開，社區因素乃不再是重要的發展因素。

四、修正的社區發展理論

　　面對社會經濟環境的驟變，傳統的社區發展理論受到挑戰，合理性岌岌可危，自今而後的社區發展理論，必需作若干的調整與修正。新興的社區發展理論，強調幾個重要的特性與概念，也注入若干重要的因素。首先是將社區納入社會系統之中，也即不再突出社區的獨特性與重要性；第二是以整體性與綜合性的觀點來看待社區的發展，而不再僅只強調某一方面發展的特殊性；第三是注重發展的經濟性及工具性。至於修正或調整的理論所注重的因素則包含：㈠組織與團體，㈡規劃，㈢共同價值與倫理。經由注入這些重要概念及因素，則修正後的社區發展理論因注重的要點不同，也有多種不同的情形。以下茲將這些理論及其要點，再作進一步說明：

㈠將社區當為發展經濟的工具論

　　此種理論是將社區當為孕育經濟發展的場所或基礎。在促進經濟發展的意義上，社區如同一個企業體系，故社區必須面對市場及商業競爭，社區在經濟領域上串聯個人、家戶及實際的企業體等。一方面要與這些相關單位互動，又要應對外界環境，展現其潛力，達成發展目標。

　　抱持此種理論者認為，社區的經濟發展可促成全面的經濟發展，且社區的經濟發展也是促成社區其他方面發展的基石。而社區的經濟發展則是結合社區的自然資源、勞動力、資本、企業家、交通運輸、工業組合、技術、人口數、外銷市場、國際經濟情勢、政府的花費及政策等因素或條件而成。

㈡新古典發展理論

　　此一理論是將大型經濟體系模式，應用於社區範圍內。此理論提出平衡 (equilibrium) 及流動 (mobility) 兩個重要概念。也即是說各種經濟體系會趨向平衡，動態性的經濟活動，比起限制性的經濟活動，會形成更佳的經濟成果。

　　新古典的發展理論家認為，取消管制的環境，有利於社區的資本與資源流向最有利的地方；商業氣候最佳的社區，在自由市場上將最有利。新古典發展理論家也反對限制企業，過度限制將使資本離開社區與國家，搾乾企業家，社區即失去競爭性。當企業失去市場性工人時，會不可避免的使經濟體改組成不良的結構。

　　新古典理論應用到社區時，有幾點不利的地方。此一理論極少提供有關資本流動的訊息，對社區如何能達成經濟成長的競爭力，也不能自圓其說。但此一理論卻含有若干社區發展業務的實用概念：第一、各社區是經濟競爭的單位，第二、競爭性的資源比賠償性的補助重要。地方要發展也需要與外地競爭，注重競爭潛力也是社區發展的要素。社區是競爭經濟的單位，社區發展的目標在建立財富。

㈢社區的社經與經濟基礎理論

　　此種理論將社區視為是一種社經或經濟體系，該體系在自由市場環境下運作。社區間相互交易與妥協，社區的交易圈及成長條件受外界對社區財物與服務的需求所決定。

　　社區的發展要靠內部的力量，也要有對外攝取資本的能力，當前特別注重社區高科技企業的發展。社區藉由投資高科技企業，將能產生可觀的地方財富。在此一理論的概念下，社區發展與經濟策略計畫息息相關，主要的觀念是組織社區資源，使社區中產生企業體。此一理論與早前的社區資源發展模式不同，當前的理論較注重社區規模、利用本地資源、及趨使經濟穩定。

㈣發展原因論

此一理論的重點，在尋找社會經濟變遷時地區或鄉村地區落後的原因。所找出的重要原因常在國內及國際市場上交互運作，此種原因使優劣地區間發展的差距加大。市場的力量使資本、專家及資源都遠離不利的社區，結果使衰敗的社區更加衰敗，其與外界競爭能力及其再活絡的潛力都逐漸減低。

此一理論也找出影響落後地區就業的因素，除就業市場條件外，也包括勞動者的生理條件及心理狀況。為了有效發展落後地區，此派理論家主張應由增加當地就業、改善商業及住宅所有權、及維護或取得社區內部收入等途徑來達成。此外由合作組織提供資本，以及由重建制度及社區的經濟架構來促進地方的發展，也為重要措施。

㈤社區吸引理論

此項理論的要點在藉由增進社區的吸引力，吸引外資及人口等，以促進地方社區的發展。社區可以吸引外界的力量或因素包括商機、工業區位優勢、良好大學或其他教育機關、及良好的居住環境等。這些具有吸引力的因子，可能被選為發展政策的重點，先藉這些因素或條件吸引人口，再繼而吸引人力、資金、技術、產業與服務等，來促進地方社區的整體與全面發展。

㈥地方主義的社區發展理論

此一理論重點是在強調本土地方性在發展上的重要性，由強調本土社區的概念，安慰社區中個人及家庭的失落與空虛。社區中的個人雖可心繫全球，但在參與發展行動時仍應能立足本地，以地方為起點，注重地方的發展需求，並考慮使發展的成果為地方人民所享用。

㈦社區網絡的發展理論

所謂網絡是指利益的交叉點。個人網絡的形成是為取得權力與資源，也可透過網絡互相提攜，可說是一種應對老問題的新方法，幫助人們達成自己預期的目標。網絡也可用來解釋社區內部或社區間的關係，從網絡可看出協調性活動。網絡是有組織性的，透過網絡的組織也可發揮由集體方法來供給個人的需要。透過網絡的關係與運作，可使社區結構與能力為之改變與增強，終至促成社區的發展與成功。

㈧社區充權或社區營造理論

此種理論同源自英文的 "Community Empowerment" 一詞。此種概念或理論約起於一九九〇年代。"Empowerment" 一詞譯為充權時，是指充實社區整體及社區內個人的權力，強調在貧窮、失業及苦難的社區，增進社區的權力，創造長期持續的經濟發展及社會條件的改善。社區充權的途徑有多種，例如改善教育、衛生健康、經濟環境、社會結構、社會制度與社會政策，及推動社會工作並提升社會福利等都是有效的途徑。

亦有學者將 "Community Empowerment" 當為社區營造解釋。依據**梅優 (Mayo)** 於一九九五年所編印的專書，可將之當為是一種現代社區運動。此種運動肇始於兩大傳統，一是偏向實質空間的現代城鎮規劃運動，二是起源於以提供社區福利與服務為目標的社區鄰閭組織。當前臺灣社區營造運動的內容，即涵蓋社區的實質建設、產業文化發展、社區服務與福利等多方面甚或全方位的改善，故也稱為社區總體營造。

㈨社區社會體系的實際運用論

透過網絡的影響與作用，社區內的人可以增進關係，產生感情與共同意識，建立社區的社會體系。由網絡的運作也可尋找社區的社會體系，並增進能力來填充個人及集體的需要。這種社區發展技術也需要從社會體系的運用策略中找出目標與過程，使社區中的個人與運用策略相連結。

㈩社區的綜合性與現代性理論

綜合性是指社區系統內各團體系統，或各部門的相互關係，這種發展理論建立在社會系統中的互動過程及社區型態上。社區成為整個體系中的一部分，社區發展必須注意到社會經濟體系中各團體的關係。

此理論協調網絡及體系的動作，社區發展的新理論由人們的互動及個人及機關網結合而成，社區發展理論建立在社區過程與變遷的條件上，也即建立在當前現實的條件與情況上。此理論包含幾個動態流程，即：(1)倡導的理論，(2)發展技術專家的理論，(3)網絡設計與發展的理論，(4)地方行動者理論。茲將之逐一說明如下：

1.倡導的理論

社區社會體系的轉變需要新反應的制度,而此新制度是新情境的產物。社區要發展必須處理社區中的各種問題，如吸毒、犯罪、少年女子懷孕等，這些問題的解決及經濟的發展也都需要有組織來促成。社區若要發展，就需要有組織與制度來加以處理或維護。

2.發展技術專家的理論

社區發展理論中需要有資訊技術，資訊技術可當為發展的分析手段與方法。發展專家可利用資訊，當為促進發展的工具與策略。

3.網絡設計與發展的理論

社區發展有必要透過網絡設計來促成。網絡的結構以個人間共同興趣為主要基礎，而非地理因素。透過個人間的網絡來解決社區問題，有助於社區的發展。

4.地方行動者理論

社區在發展中的角色，是經由行動來維護其價值。發展專家尋找並塑造有關發展的價值與觀點,使此價值與觀點在發展過程中產生作用與影響。

四、總　結

社區發展的實務與理論在轉型中，社區發展專家在建造理論上也在轉變中。在後工業時代，建立社區發展理論的思考頗有別於農業時代的思考模式。在以往，社區發展的觀念都著重由團結社區力量來促成，今日則轉為注重工具性的發展概念。本文討論社區發展理論，則是基於應對環境變遷而思考，寄望能由嘗試建立新社區發展理論，有助於更實際推動社區發展實務。

 本章參考文獻

1. 楊懋春 (1981)，《當代社會學說》，國立編譯館主編，黎明文化事業公司。

2. 蔡文輝 (1978)，《社會學理論》，三民書局。

3. Chin, Robert (1969), "The Utility of System Model and Development Models for Practitionars, " In Blnnis M. G. Benne, K. D. and Chin, R. (ed.), *The Planning of Change*, Rinehart and Wilston Inc., pp. 297–312.

4. Christenson, James A. & Robinson, Jr. Jerry W. (1989), *Community Development in Perspective*.

5. Duncan, Otis Dudley (1959), "Human Ecology and Population Studies, " In Duncan, Otis Dudley and Philip Hauser (ed.), *The Study of Population*, The University of Chicago Press, pp. 678–716.

6. Hawley, Amos (1950), *Human Ecology: A Theory of Community Structure*, New York, The Ronald Press Company, pp. 1949–1953.

7. Levy, Marion J. (1952), *The Structure of Sociology*, N. J.: Princeton University Press.

8. Loomis, C. P. and Beegle, J. A. (1957), *Rural Sociology: The Stratege of Change*, N. J.: Prentice-Hall, Inc..

9. Martindale, D. (1960), *The Nature and Types of Sociological Theory*, Houghton Mifflin Company.

10. Merton, Robert K. (1957), *Social Theory and Social Structure*, New York: The Free

Press: A Division of the Mcmillan Company.

11. McKenzie, R. D. (1968), *On Human Ecology*, Chicago, London: The University of Chicago Press.

12. Nelson, L., Ramsey, C. E. and Verner C. (1960), *Community Structure and Change*, New York: Mcmillan Company.

13. Olsen, Marvine (1968), *The Process of Social Organization*, New York: Holt, Rinehart and Winston.

14. Poplin, O. E. (1977), *Communities: A Survey of Theories and Methods of Research*, Marry State University.

15. Theoderson, George, A. (1961), *Studies in Human Ecology*, New York: Harper and Row Publishers.

第四章
社區的人口及人性因素

第一節　人是構成社區的主體

社區是由人口、人心、地域環境及技術等因素所構成，其中人口與人心是構成社區結構的主體。社區中的人口及人心處於主動地位，由人來利用、控制或適應自然地域環境，以及技術要素而形成或改變社區的形貌或性質，並非由自然地域環境及技術來決定人或控制人去形成社區，進行組織。即使自然地域環境及技術條件可以影響人口的聚散及人心的變化，但終究要經由人的同意、接受或拒絕，而表現在喜惡居住於一地的態度及聚散於一地之行為。

社區發展之初，乃由一定數量的人口過著共同性的活動而形成。共同性的活動是指眾人為生活而互相借貸物品及金錢，共同抵禦動物及其他外來力量的侵害，合作挖井修路，或建設其他更為複雜的設施等措舉。由不同數量與不同性質的人所結合的社區，其社會結構、功能必然會有不同，變遷的情形也會不同。

聚居在一地的人口，不斷運用各種自然環境條件及各種技術，因而得以不斷地創造出團體性的關係型態，即形成社會組織或結構。團體組織與結構，又影響團體生活的內容與性質。影響社區結構與變遷的人之因素，可細分為數量成長、密度、結構品質、及人性等數種。其中除人性因素外，其餘均為人口的因素，以下茲先就各項人口因素對於社區結構、功能及變遷的影響作簡要的說明，最後再就人性因素對社區發展的影響作進一步的說明。

第二節　人口數量的影響

構成一個社區的人口數量可多可少，多者如一個千百萬人口的**大都會社區** (metropolitan community)，少者如山區或叢林中只有數戶人家的**小聚落** (hamlet)，全部的人口最多也不過數十人而已。人口相差如此懸殊的這兩類地區，雖然都可被稱為社區，但因人口多少不一，社區結構、功能及變遷的性質也極不相同。以下茲就社區的數量對社區結構功能與變遷的影響，再作進一步的說明：

社區人口數量的多少，將會直接影響社區結構的複雜程度。人口越多的社區，人們的生活內容越趨於分化，社區結構乃越趨於複雜化。

社區內的人口數量眾多，是促使社區內社會組織種類及數量繁多、且規模大型化的主要條件。如果沒有眾多的人數做基礎，就不易發展出一個由多數人的共同興趣或共同需要所形成的組織。任何一個組織，所包含的人數如果太少，便不容易由成員集合足夠的資金與費用，也不容易就成員當中分派出各種專才來擔任各種不同的職位與角色，故無法使組織展開活動並行使功能。這種情形尤以經濟性及服務性的組織為然，因為這兩類型的組織特別需要一定數量以上的基金及人力，才能順利運轉。

足夠數量的人口，是構成社區內任何組織能夠分工的一項重要條件。組織的人數愈多，分工便可愈精細，結構自然就愈複雜，組織的功能與效率就會愈高，個人就能從組織中獲得較多的好處，組織的生存與發展的可能性也較大。社區內任何一個組織的結構與功能受人口數量的影響如此，整個社區的結構與功能受人口數量的影響也是如此。

從相反的方面來看，如果整個社區或社區內的一項社會組織的人數太多，多至無法給予良好的安排與控制，則必不能有良好的組織結構及分工合作的功能；如此眾多的人數也非絕對有好處。故超乎適量人口的社區或社區內的組織反而會導致結構混亂，甚至也有崩潰的危險。

一個社區或社區內的組織之得以形成並生存，主要得力於內部分子間能有良好的互動關係。如果社區的人數過多，對於分子間良好互動關係的建立並無助益。主要是因為每一分子對於其他多數分子的態度與行為無法了解與預期，當然對其信任的程度也不大，久之也必失去與之互動的興趣，終致易使個人對整個社區漠視甚至背叛。

在人口眾多的社區或組織中，很容易發展出許多小團體或黨派。在小團體或黨派內，人與人之互動相對較為頻繁，關係也較為密切且較容易團結。然而小團體或小黨派的產生對於整個社區的整合是一危機現象，小團體的存在使個人與大社區或大團體的直接依賴關係趨於淡薄。各小團體或小黨派的內部過分團結，也容易造成團體與團體間或黨派與黨派間的分裂，致使大組織或整個社區發生解組的現象。

社區的人數過多，需要有龐大的公共服務系統與之配合，譬如需要加多行政人員，增加學校、醫療、交通、消防等等設備。但結果常會落得供應不易，配合不良，及管理不周等問題，也為其缺點。

由上面的分析，可知社區組織所包含的人數應以適度為宜，所謂適度的社區人口數量，是指一方面不致少至使社區居民在生活上感到不便或提高生活成本，但另一方面也不致多至使社區不易維持良好的結構與功能。不同的社區因為自然環境不同、資源不同，居民的生計與生活方式也不同，故即使在兩個地理範圍相同的社區，其可包容或承載的人口數量因而也不相同。一般在鄉村的社區，主要生計為農業，每人所需要使用的土地面積較大，故在一定地域範圍內可承受的人口數量，就相對較少。反之，在都市社區，居民的主要生計為工商業或服務業，每人不需使用太多的土地，故單位土地面積上可承載的人口數量就較多，於是總適當人口量也較多。

社區的人口數量會影響到社區內的社會組織數量與結構，一般在人口較多的社區，社會組織的數量也較多，因為少量的組織不能滿足居民的需要。在一個有數千居民的鄉村社區，有一所小學就可以滿足村內兒童就學的需要；但在一個數十萬或上百萬的都市社區，得設立數所或數十所學校機關，才能滿足居民接受教育的需要。人口較多的社區，不僅同種社會組織的數量較多，社會組織的種類也較多。在臺灣地區，人口較多的都市社區內，學校機關的種類都較多，除了幼稚園及小學以外，還包括中學、職業學校及大專；但在人口很少的鄉村社區，若有學校之設置，也常以小學或幼稚園為限。在鄉村中除了小學以外，偶而也可看到派出所及農會辦事處等機關，但除此而外，絕少可再看到其他的社會組織或機關；反之，在人口眾多的都市社區內，則各種社會組織幾乎應有盡有。

在社區內的任何一個組織，參與的人數愈多，分工可能愈精細；組織愈嚴密、愈複雜，每個人的職責也愈專門。因此組織的結構、規則與功能也愈繁複。這樣的社區，通常也較可能創造出更精深的技術，以及更高品質的物質生活材料；但這並不能保證社會秩序也愈良好，不良的社會生活現象反而可能更普遍，其中重要者包括競爭劇烈、人情淡薄、社區的凝結力低、社會關係虛浮，以致容易導致人與人間彼此欺騙或暗中侵害的情形發生。

相反的，在人口稀少的社區，通常可以避免上列各種人口眾多社區的缺點與弊端，但這種社區也有其特殊的缺點，最大的缺點是因為無法精密分工及缺乏競爭，致使社區的生活水準容易停留在簡單落伍的狀況下。此外，由於人口數量少、建設能力低，故每一單位建設的社會經濟成本都偏高。因為每一個人或每一家庭對於用水、電力、道路、學校、醫院等公共設施的負擔都很昂貴，因此建設進行不易，已完成的建設利用與維護起來也不容易。在美國，平均約在七萬人口以上的社區，才有足夠的能力與條件設立醫院、圖書館、及較好的中小學、教堂及廣播站等基礎公共設施。在臺灣，約在每鄉鎮社區內才設有一所國中、鄉鎮公所、農會、民眾服務處、郵局、電信局及市場等，平均一個鄉鎮內的人口也約為數萬人。

社區人口的多少，與社區變遷的速度也極有關係。一般人口較多的社區，各方面的變遷會較為快速，因為其接受外來訊息的能力較強，故內部求變的慾望會較高，能力也較大。人口多的社區不僅變遷的速度快，變遷的層面也較為廣泛。在一國之內，都市的變遷通常都比鄉村的變遷快。近代史上，世界人口分布的一大潮流，便是朝向都市集中，於是都市社區普遍都因人口的驟增而加速變化，包括建築物急速增多、增高，道路拓寬或加高，外形的結構更可說瞬息萬變。影響所及，都市內的人心及

圖4-1　社會變遷越快，當地的景觀變化也越快。上圖為臺北火車站日治時代的樣貌，與今日的景觀已大不相同。

社會秩序也快速的變化。大眾急於追求利益以謀求過更舒適的生活，結果使都市的社會秩序愈變愈亂，甚至亂到無人遵守交通規則，也不按都市計畫的規則興建住宅，結果車禍頻傳，違章建築到處可見，垃圾亂倒，違規的小販與黃牛到處都是。

第三節　人口成長的影響

從大處著眼，社區人口的成長可分正負兩大方向說明。正向的成長表示人口數量增加，負面的成長表示人口數量減少。而影響人口增加或減少的因素可分成三大部分，即出生、死亡，及移動。其中出生的後果有助社區人口正方向的成長，死亡的結果則有助人口的負成長，移動對人口成長的影響正反不定，視移入人口與移出人口何者為多而定。如果社區的移入人口多於移出人口，也即人口有淨移入現象，則有助人口朝正向的成長。反之，如果社區的移入人口少於移出人口，也即有人口淨移出現象，則有助人口朝負向成長。綜合社區人口的出生、死亡及移動的結果，有的社區的人口出現正向成長，有的則出現負向的成長，也即呈減少的趨勢。一般在人口外移不很嚴重的社區，人口數量都會呈正向成長。但在人口外移嚴重的社區，人口數量也有呈減少趨勢的可能。計算晚近臺灣各社區人口成長的資料，發現人口呈正向成長的社區數相對較多，呈負成長的社區數相對較少。從民國五十四年至七十一年之間，在臺灣的 318 個鄉鎮市社區中，共有 230 個社區的人口數量呈增加趨勢，但有 88 個社區的人口數量卻在減少之中。在這十七年之間，幾乎在所有的都市及各大都市郊區的衛星鄉鎮，人口都在增加，其中增加最多者為臺北市，約增加 120 萬人。其次為高雄市，約增加 66 萬人。反之，在同期間內，人口數量淨減的社區，大致都為較偏遠的農業鄉鎮，也有位處山區或濱海之域者。如將各縣按人口淨減的社區數量多少加以排列，則依次是臺南縣共 15 個鄉鎮社區，嘉義縣 14 鄉鎮，苗栗縣 8 鄉鎮，臺北及雲林縣各 7 鄉鎮，南投及臺東縣各 6 鄉鎮，新竹及澎湖縣各 5 鄉鎮，彰化及花蓮各 4 鄉鎮，高雄縣 3 鄉鎮，宜蘭及屏東縣各 2 鄉鎮。在這 88 個人口淨減的鄉鎮社區中，減少相對較多的 10 個鄉鎮，其減少人數都在 5,800 人以上，其中以臺東縣卑南鄉占第一位，共減少 26,000 人，其次是嘉義縣的六腳鄉，共減少 9,000 餘人。這些人口淨減數多的社區，多半也是人口外流較為嚴重的社區。然而近年來臺灣各鄉鎮市社區人口數量的變化，必然會有與以前不同的情形。

　　人口正負成長對於社區的結構、功能與變遷，分別會有不同的影響，以下茲先就正面成長的影響加以說明，隨後再說明負成長的影響。

一、人口增加對社區結構、功能及變遷的影響

　　社區人口數量增加的結果，將使社區內的社會結構與功能趨於分殊化及複雜化，變遷的速度也會加快。前節對於人口較多社區的社會結構、功能與變遷的性質已有諸多說明。社區人口數量增加之後，影響社區逐漸脫離人口較少的社會特性，而趨向人口數多的社會特性。明顯的變遷趨向，包括社區的建築數量增多，各種必要的公共設施也增多，社會機關組織與活動數量增多，種類加多，內容也複雜化。人與人的關係愈趨於片面化，各種規則也愈嚴格化。

　　隨著人口增加，社區的主要生計方式也逐漸脫離初級性的方式，而趨於次級性或三級性。一般隨著人數增多，社區內的商業活動與服務業的活動及生意會逐漸增多。

　　因為人口數量增多的結果，將使社區的人口密度提高。於是在高密度情況下可能發生的種種社會病態與問題也會逐漸出現。主要者有公共設施不足使用，交通紛亂，空氣及水污染加深，失學者眾多及犯罪層出不窮。

　　一般人口增加較快的社區，有一大部分是由外地的移民而來，移民的結果將會影響本地的社會階層與流動，原來的社會階層結構因外人之加入而逐漸失去其穩固性，會有加速變遷的可能。一般由鄉村到都市的移動人口當中，屬於低階層者遠多於高階層者，這些人口移到都市社區的目的地後，多半僅能從事低收入的下階層工作。由於新移民的加入，影響當地低階層人口增加提升地位的機會，這種情形也可能發生在國際移民的現象上。

　　移民在目的地社區，常會自成一種特殊人口群，來自相同原居地的移入人口，常會形成同鄉會之類的組織。在臺北市就有各式各樣的同鄉會，包括由來自臺灣地區以外人口所組成的他省同鄉會，以及來自省內其他縣市或鄉鎮移入人口所組成的同鄉會，也有由外國移民所組成之同國人的聚會組織等。這類由外移人口所形成的社會團體或組織，在目的地的社區結構中都占有一席重要地位，其在社會結構及功能上的影響至為深遠。常見同鄉會的組織對於政治競選發生舉足輕重的作用；可以影響政治競選，就會直接或間接影響政策的形成及運作，因之也會影響社區的變遷與發展。總之，社會的各層面，不論是好的或壞的，都會因人口的增加而加速變化，人口增加速度越快，社會變遷的速度也可能越快。

二、人口減少對社區結構、功能與變遷的影響

　　社區人口數量之減少，多半係由於人口嚴重外流所引起，而容易外流的人口，多半又為青壯年與受較高教育的人口，故也即為社區重要人力的外流，其對社區結構、功能與變遷的影響也至為深遠，其影響面也含有好壞之兩面。先就好的影響看，人口減少可以降低人口之密度及壓力，如果這種社區為農業社區，則此種人口變遷會有利單位耕地面積之擴大，也可以減緩社區對公共設施如學校等需求之壓力。但一般人口減少的社區都會呈現衰敗現象，負面的後果遠比正面的效果大。

　　人口減少對於社區結構的主要負面影響，是使許多社會組織解體或無法形成。常見農村社區的四健會之類的組織，因青年人口減少而解體或無法組成，許多鄉村小學也因人口減少而逐漸減班或合併。各種社會組織規模縮小的結果，常會妨礙其發展與進步。

　　在人口減少的社會，商業及服務業的活動多半會呈現較緩慢甚至衰落的現象。農業經營也會面臨人力缺乏之難題，各種政府等機關的業務也會受到影響而逐漸衰微不振。一般在這類社區，居民的士氣會比較低沉，變遷與建設的速度也會趨於緩慢，這些都是較為重要的負面影響。

　　人口減少最為嚴重的社區是全社區的人口由有變到無。這種情況可能

發生在生活資源完全枯竭或嚴
重減失的社區,也可能因為發生
不可抗拒的天災地變摧毀原來
社區居民的生命及財產而造成。
前者最常見於礦村社區,礦產資
源被挖竭,人口隨之盡散;同樣
的情形也會發生在原為落後的
鄉村地帶,因耕地稀少又貧瘠,
居民不足以謀生而遷移;後者也
可見於被水災沖毀的村落中。

圖 4-2 過去金瓜石也是有名的金礦產地,礦
藏採盡後便告沒落。圖為當年金瓜石
還產金時的礦坑口。

　　在這種人口完全消失的社區,其社會的結構與資產也隨之完全消滅,
種種社會組織與活動也隨之停頓沉寂。雖然有時在人口盡失的社區還留有
空無人住的房屋及牆垣,形成所謂「鬼鎮」的景象,但若沒人再加以整修,
終會屋塌牆倒。這種社區在美國地廣人稀的大原野地帶,便常有所見。

第四節　人口密度的影響

一、人口密度的衡量方法

　　人口學界衡量人口密度的主要方法有三種:⑴每單位土地面積上所居
住或承載的人口數:我國常用每平方公里土地上的人口數作為衡量的指標,
美國或其他歐美國家則常用每平方英里(哩)的人口數作為衡量的標準;
每單位土地面積上的人口數越多,表示人口的密度越高,反之表示密度越
低。⑵該地區每單位住宅所居住的人口數:此種計算人口密度的方法較著
重在人數與住宅設施的關係上;在這種定義下的鄉村地區人口住宅的密度
可能會很高,雖然在這種地區,人地的密度較低;反之在都市社區,人口
與住宅的密度可能較低,但人地密度則較高。⑶某地的**人口潛力** (population
potential):在此定義下,某一地點的人口潛力相當於該地點及附近各其他

地點人口之總和，除以附近各其他地點與所要衡量地點之距離；用這衡量方法得出的結果，一般大都市的人口潛力都較高；美國人口潛力最高的地點是紐約，在臺灣則是臺北市；此定義所以定為人口潛力，乃因顧及某一地點附近其他地點的人口都具有往此一地點移動的潛在性，故由此方法衡量出來潛力較高的地點，也是未來人口密度可能較高的地點。

二、臺灣各社區的人口密度

就臺灣各社區間人口密度大小加以觀察，一般以都市社區中的古老地段最高，而以山地鄉的人口密度最低。根據民國六十八年的人口統計資料，則臺北市建成區的人口密度最高，每平方公里為 48,917 人。此外，每平方公里高達 4 萬至 5 萬人之間者還有高雄市的新興區及臺中市的中區。而每平方公里在 3 萬至 4 萬人之間者計有 7 個區或市，在 2 萬至 3 萬人之間者計有 5 個區、市或鎮，而在 1 萬人以上至 2 萬人之間者計有 13 個鎮市區。上列全臺灣共有 28 個區市鎮社區，其人口密度都高達每平方公里萬人以上。這些高密度社區大部分分布在大都市內，也有少數為大都市附近的較小都市社區，如三重市、永和市、中和市及板橋市等。反之臺灣地區內也有不少的山地社區人口密度極為稀少，每平方公里僅在 10 人或以下的山地鄉共有 10 個，這些人口稀少的社區依次是桃源鄉每平方公里僅 5 人，海端鄉 6 人，南澳鄉 7 人，卓溪鄉 8 人，茂林鄉 8 人，秀林鄉 9 人，金峰鄉 9 人，大同鄉 9 人，延平鄉 10 人，三民鄉也為 10 人。由此可知雖然整個臺灣地區的人口密度很高，但在不同的社區之間，人口密度差異極大，可見人口分布也極不平均。目前各都市社區的人口密度仍高，但原住民鄉人口密度仍然很低，少有增加的趨勢。在民國九十二年底時，27 個原住民鄉中，除烏來、瑪家及蘭嶼三鄉外，其餘各鄉的人口密度每平方公里都未超過 50 人，其中每平方公里未達 10 人者，共有 8 個鄉。

三、高低人口密度的社會後果

一國之內各社區之間人口密度高低不一，其間的差距很大，據此討論密度高低的社會後果時，很難將其作適當的分組去加以分析並比較。大致將其分為高密度及低密度兩大類型，討論起來較為容易。以下茲就這兩類社區的重要社會後果，分別加以說明。

(一)高人口密度的社會後果

分析高密度的社會後果，可從其對社會整體的結構與功能的影響，及對社會中個人的影響兩方來看。關於前者，於本章第一節討論社區人口數量的影響時，大致已有提及。通常在人口數量較多的社區，人口密度也較高。又不論要分析對社會整體的影響或對個人的影響，都可從好壞或正反兩方面加以分析。

高人口密度對社會結構及功能的主要好處，包括組織的形成較為容易，人數較多，分工較為精密，因此創造效率也較高。但壞處也不少，包括社區結構都較為鬆懈而不穩固、社會秩序較難維持、環境較易遭受破壞等。

就高人口密度對於社區中個人的社會後果言，利弊各有。就好的方面看，主要是容易找到與同興趣的他人相結合成為團體或組織；此外因受較大的競爭力的衝擊，個人被迫必須創造更多生活的方法與技能。同時，個人也較容易從社會中獲得所需要的事物。相反地，這種社區對個人也有諸多不良的影響，包括人與人的關係易趨於片面性與表面化，初級的人群關係變淡，個人在心理上反而容易覺得孤單。美國有名的都市社會學者**沃斯** (Louis Wirth) 及**懷提** (William F. Whyte) 等，都持有這種看法。

此外，**懷提**、**楊恩** (Michael Young) 及**威瑪特** (Peter Willmott) 等人還進一步指出，如果在高密度的地區，其人口是為異質性，則社會的病態就更嚴重 (Heer, 1975, pp. 40)，因此個體犯下偷竊、傷害等罪行，以及遭受這些不良行為之為害的可能性，都會增加。

(二)低人口密度的社會後果

社區的人口密度低，可避免高人口密度的種種缺點與弊端，是為其優點。但人口密度太低也有諸多缺點，最主要的缺點有三：第一、人與他人接觸不易，形成孤立與寂寞的狀況；第二、不易獲得所需要的服務；第三、各種建設的成本過高。茲就這三種缺點，再作進一步的說明於後：

1.人與他人接觸不易，形成孤立與寂寞

一般人口過度稀少的地區，都是地形、地質或氣候不良的地區，特別以山間或濱海等偏遠的鄉村地帶最為明顯。在熱帶，尚有大片未開發的叢林地區，人口密度也很稀疏。住在這些地區的人，日常接觸的他人都為數很少，對象也很固定。人口很稀疏的地區，家戶往往孤立地存在著，日常能接觸的人實在少之又少，成日與鳥獸、樹木、花草等天籟為鄰，精神上不無孤單之感，生活也極單調而乏味，談不上有何社會生活之可言。即使能與鄰近少數人聚會，來往也極單調，缺乏新奇與變化。這種生活實在很難與人口密集地區多彩多姿的社會生活方式相比擬。

2.不易獲得所需要的服務

在人口極為稀疏的社區，人與人之間互相見面已不容易，要彼此提供對方所需求的服務，更為困難。在這種地方，外地的生意人難以進入，故商品的數量及種類極為有限，當地人經常必須依靠本身的力量或本事，製作自己所需要的器物。而在這種地區，每人的能力大同小異，己能為者他人也能，己不能者他人也難以為之，彼此間可交換的服務極為有限。故一般經濟服務行為極為簡單，若有商業交易，通常也以日常使用的商品交換當地土產的方式最常見。除了基本的日常用品外，絕少可以買到來自外界的精緻器物。交易行為通常以物換物的方式進行，很少使用錢幣。

3.建設成本偏高

在人口密度稀疏的社區，要建設任何一項公共設施，社會的或經濟的成本，往往都比人口較為密集社區的建設成本高。一來因為種種建設材料都得運自人口密度較高的地方，這種地方很可能是各種材料物資的生產或加工地；二來因為人口密度低的社區，可分攤建設成本的人相對較少。

過去臺灣地區人口稀疏的鄉村裝設電話的費用，就比人口密集的都市地區昂貴。如民國五十年代在都市地區的臺北市，裝設一具電話的保證金為 16,000 元，而在人口較稀的許多平地農村，裝設電話的保證金要高達二

倍之多，也即 32,000 元；在鄉村裝設電燈的費用，也往往比都市地區的裝設費要高。人口稀疏地區因為各種建設或服務的單位成本較高，影響所及，對各種必要的建設也無能為力，例如醫師、醫院與自來水設施等之缺乏，電燈、電話及學校等設施之不足。這些問題的發生實因為當地人口密度太稀，以致難以分擔與支付成本費用之故。

第五節　人口年齡組合的影響

一、年齡組合的性質

　　社區的人口組合性質關係其人口的品質，因而也影響社區的組織結構、功能、變遷與發展。社區的人口組合包括年齡、性別、教育程度、行職業及健康情形等。這些方面的組合情形，對於社區的影響甚為深遠。

　　就年齡組合情況言，社區人口年齡結構的性質不僅對於社區的人力供應、生產能力、消費型態等經濟結構與功能會有影響，對於社會組織、人口成長、家庭結構與制度、政治型態與功能、以及社會心理等，都會有所影響。大致言之，社區人口的年齡組合可分成三大組別來加以說明，即十四歲以下的小孩人口組，十五歲以上至六十四歲的勞動人口組，及六十五歲以上的老年人口組。社區人口中這三組數量的比率不同，對社區許多社會經濟層面的影響也會有所不同。人口學家綜合這種社區人口組合的種種型態之後，將之歸納成兩種主要型態，一種是從最年輕人口數至最年老人口數呈**急速減少** (rapid decline)，另一種是從最年輕人口數至最年老人口數呈**溫和減少** (gentle decline) 的型態。若將兩者繪成人口金字塔，則前者呈現較寬底的型態，後者則呈較狹底的型態。一般前者多出現在出生率高，人口成長快的國家、社會或社區，而後者則出現在出生率低，人口成長慢的國家、社會或社區。這兩種人口年齡組合的型態都可說是世界各地人口年齡組合的正常型態，但仍有少數地區人口年齡組合呈現不規則形狀，譬如在中間的某些年齡層人口特別多或特別少，繪成的人口金字塔則呈現中間

特別凸出或下凹。這種人口年齡組合，多半是因嚴重的人口遷移或戰爭等
不尋常因素而造成。

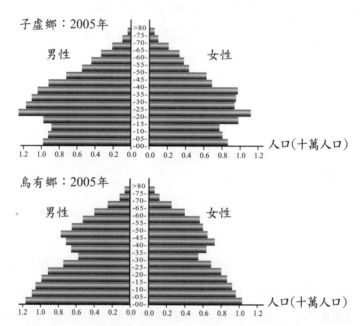

圖4-3　某年齡層凸出的人口金字塔（子虛鄉）及某年齡層下凹的人口金字塔
　　　　（烏有鄉）

　　衡量社區人口年齡組合的重要方法有三種。第一種方法是計算各年齡
層人口占社區總人口的百分比。而為能詳細了解起見可將各組男女人口所
占比率分開計算，第二種方法是以人口金字塔來表示，方法是根據各年齡
組男女人口占全人口百分比而組成，通常以五歲為一年齡組而加以計算，
塔底為最小年齡組，塔尖為最高年齡組。第三種方法是計算人口**依賴率**(age
dependency ratio)，計算的方法是以未滿十五歲的小孩人口與滿六十五歲的
老年人口加總之後，除以滿十五歲至六十四歲的有工作能力的人口，再乘
以一百。所得數字越大，表示社區內有工作能力的人口所需承擔的無工作
能力人口之比重越重。

　　後續茲就社區人口年齡組合型態的不同，對於經濟結構功能、人口成
長、社會組織、家庭制度、政治結構及社會心理等各方面的影響，再作進

一步的說明如下。

二、對於經濟結構與功能的影響

　　社區人口年齡結構的性質對當地經濟結構與功能的最主要影響，是在生產人力資源的供應，及消費者的型態兩大方面。一個社區滿十五歲至六十四歲人數所占比率越高，其人口的年齡依賴率必然就越低，其生產能力通常也會較高；反之此一年齡組人口所占比率越低，年齡依賴率必高，社區的生產能力相對會較低，人口結構趨向較為消費型態。在有勞動能力的人口群當中，如果平均年齡相對較輕，則其工作範圍或幅度會較有彈性，但工作經驗則相對會較差。

　　社區中不同年齡人口的數量及所占比率不同，其消費結構型態也會有所不同。如果兒童的人數多，所占比率高，則奶粉等嬰兒食品的消費量便會較大；就學年齡的人口數多，所占比率高，則教育費用所占的比率則較大；老年人口多，所占比率高，則醫療費用相對就會較高。

　　年齡結構的性質對於工資水準也會有影響。一般進入勞動市場的年輕人口越多，常易迫使工資水準低落；反之進入勞動市場的青年人口少時，工資水準提升的可能性就較大。工資水準受年輕勞力供應量多少影響，較重要的理由是，該年齡層的勞工供給彈性較大，轉換職業的可能性較大，加入及退出勞動市場的可能性也較大，故對工資高低與升降的影響也較大。

三、對於人口成長的影響

　　社區人口的年齡組合性質，對於全社區人口成長內涵的出生、死亡及移動的水準，都會有所影響。一般年輕人口較多的社區，其出生率會較高，移動率也較高，但死亡率則會較低。反之，老年人口所占比率較高的社區，死亡率則會較高。其中道理至為明顯，因為人生的重要生育及移動時期，都在二十幾至三十餘的青壯年時期。然而年齡越高，生命的危險機率也越高，因而死亡機率也越高。

四、對於社會組織的影響

年齡因素會影響個人參與社會組織興趣的大小，且會影響個人較喜歡參加的組織種類。一般二十歲以下的年輕人，對於參與同儕遊戲性質或嗜好性的組織與活動，會有較高的興趣，但對於較正式性或服務性的社會活動，則較缺乏意願。二十歲後至三十歲間，參與社會組織的興趣會快速提升。而後至五十歲之間，參與率趨於穩定。進入老年期之後，一般人的社會參與率都會因體力衰退而下降。總之，不同年齡層人口對社會組織參與程度的大致變化情形是，先依年齡增加而提升，而後隨年齡之增加而減少。年少時參與率低，乃因其少不更事；至年老時參與率又低，則因其行動不便所致。青壯年期往往是社會參與率最高的時期。

不同年齡層人口感到興趣的社會組織也各有不同，與其在人生不同階級的不同需求及不同的生理、社會、經濟等條件的不同有關。常見年輕人的聚會較傾向動態，而年老人的聚會則較以靜代動，兩者的組織特質頗為不同，其活動的內容及組織的功能也不同。

由於不同年齡人口的社會參與率不同，其喜歡參與的社會組織種類又不同，故不同社區之間若年齡人口組合性質不同時，其社會組織結構也會有所不同。在年輕人口較多的社區，屬於年輕人所需求與喜愛的社會組織，會相對較為普遍，反之，在老年人口相對較多的社區，則為老年人所需求與喜愛的社會組織，也會相對較為常見。

五、對於家庭制度的影響

年齡的結構因與人口的生育、死亡及移動有關，因此會影響個人對於組成家庭的方式、婚姻的難易、婚姻年齡的早晚、家庭人際間的關係、乃至對於祖宗神位的祭拜等家庭結構功能等事項。一般男女婚姻的年齡關係，多為男大女小，如果男女兩性的年齡結構，正好是某一年齡層男性人口量與低數歲左右的女性人口量正好相當，則兩性間的婚姻機會就較大；否則如果年齡結構不相配合，則兩性結婚的機會就會較低，其中較難婚配的一方勢必有部分人口延後結婚年齡。

　　近年來，臺灣鄉村地區因青壯年人口大量外流，乃出現年老人口留鄉的情形相當普遍。外移年輕人口與留鄉年老父母間經常會保持社會往來，在過年過節時常有外地兒女返鄉團聚的社會現象出現。及至留鄉父母過世，家族祖先的神位往往也就遷移至都市的長子之家供祭。

六、對於政治結構的影響

　　不同年齡的人，其政治觀念及行為常會有所不同，通常年紀較輕的人口，政治觀念及行為都較激進；反之，較年老的人，其政治態度與行為則較趨向保守。因此社區間人口年齡結構不同，彼此的政治態度及行為會有差別。在年輕人口相對較多的都市社區，往往表現得較為激進，改革之聲也必較為強烈；反之，在老年人口相對較多的鄉村社區，則常會表現較為保守或穩健。

　　除此而外，年齡結構不同的社區，推舉出來的代表性政治人物的性質也會有所不同，故其代表的政治主張，往往也有所不同。在年輕人較多的社區，政治人物必然需要多為青年人口的利益效命；反之，由老年人口較多的社區所推出的政治代表人物，就必須多為老年人口的利益發言。

七、對社會心理的影響

　　對於社會心理，除可從態度與行為是否激進與保守去了解外，還可從動機、需求、人生觀、理財意見及享樂意願等許多層面去了解。一個人在這些方面的心理性質，必會受年齡因素而有重大的影響。由是也可推知在不同的社區中，因人口年齡組合不同，其社會心理的性質也會有所不同。

　　在年輕人口較多的社區，除了上述在政治的態度與行為上會表現較為激進外，在事業的動機上通常也會表現得較為積極，對財富的追求也會表現得較熱衷，對現世價值的評價也必超過對來世價值的評價。一般而言，這樣的社區也顯得較趨向物質主義，眾人所追求的享樂目標屬較物質性或感官性，而較少是心靈性的。反之，在年老人口較多的社區，通常不在乎謀求新事業的發展，一般也較為重視來世的價值。居民對於金錢財富的追求漸為意興闌珊，享受的方式也漸逐步轉為重視心靈感受。當然每一社區的人口並無絕對是年輕人或年老人者，故其間社會心理的特性也無截然非常分明之處。不過社區人口中年輕與年老者所占的比率不同，其社會心理特質多少會有差異。

第六節　其他人口組合的影響

人口的組合除年齡一項外，較重要者還有性別、教育、職業及宗教等。茲就這些方面的組合對社區性質的影響，擇其重要者說明如下。

一、性別組合對婚姻及相關問題的影響

性別組合常以性比例表示，性比例則以每一百名的女性中的男性數表示。一個社區間兩性人口平衡與否，與其婚姻的性質關係最大。性別組合越平衡的社區，婚姻狀況越正常；兩性結婚機會較高，結婚年齡的配對也較正常。反之，在兩性人口組合不平衡的社區，婚姻現象顯得困難或奇特的情形也就較為多見。

致使社區內兩性人口組合不平衡的原因，主要為移民的選擇性或戰爭事故。二次大戰後，歐洲適婚人口中顯得極不平衡，女多於男的現象相當突出，女性結婚機會相對較低，是乃引發了戰後歐洲遷往美國的新娘移民潮。戰後自大陸移民來臺的人口中男多於女的現象也極為突出，於是形成許多社區人口性比率偏高，尤以都市社區為然，當時男性的移入人口結婚的機會也就相對較少。晚近臺灣鄉村人口大量快速移往都市的結果，造成不少原住民社區人口的性組合極不平衡。筆者曾計算民國六十八年臺灣各鄉鎮市人口性比率，發現不少原住民鄉或近山的較偏僻地區，男性人口偏高的情形相當嚴重，其中有 10 個鄉鎮社區，其人口性比率相對較高，依次是綠島鄉 167.6，和平鄉 142.5，玉里鎮 138.8，卑南鄉 136.1，壽豐鄉 130.8，五峰鄉 130.4，蕪巢鄉 130.2，大同鄉 129.6，泰安鄉 129.3，獅子鄉 128.4。

上列 10 個鄉鎮中的綠島、和平、五峰、大同、泰安及獅子等，都為原住民鄉。原住民鄉的此種人口組合不平衡現象，與其當時年輕男子與年長的離婚或喪偶婦女結婚消息頻傳的現象，有很大的關係。

從民國八〇年代起，若干鄉村地區中便有部分上了年紀的莊稼漢因村中年輕女子外流嚴重，配偶難求，乃有人穿針引線，從印尼等地泊來婦女當外籍新娘的情形。

二、教育組合性質對社區發展之影響

人口組合的另一個重要項目是教育組合，最常使用的教育組合衡量方法，是計算滿 15 歲人口中，受各等學校教育人口所占的比率。以臺灣地區各鄉鎮市社區人口組合加以比較，則以首善之區的臺北市人口受較高等教育者所占比率最高，而一般越偏遠的社區，受高等教育的人口所占比率越低，平均教育程度也較低。

各社區之間因受各級教育的人口所占比率不等，對社區的發展及生活方式的影響也不同，在此先論其對社區發展所造成的不同影響。

如果社區的人口之中受較高教育的人口所占比率越高，社區的職業結構就越分化，用腦的工作人口所占的比率也越高，對社區的發展及社區生活的改善，都較有能力去構思並實踐。都市社區的發展速度一向比鄉村社區的發展速度快，都市社區的生活改善速度也較快，此與都市人口中受高等教育者所占比率相對較高有關。社區中有相對較多的受高等教育的人口，則對社區發展的設計與行動都較有效。這些設計與行動包括提出建設與發展的構想，爭取政府對社區發展的費用支援，提高本身的收入水準及生活改善的慾望與動機等。

反觀受低等教育或未接受教育人口所占比率較高的社區，居民對社區的發展既乏構想，也無財力，生活水準落後，社區設施也極簡陋貧乏，這類的社區多半都是較為偏遠的鄉村社區，一般居民的狀況真應驗了「愚、貧、病、私」的窘狀。

三、行職業組合性質對社會性格的影響

個人的行職業與收入水準、地位高低、生活方式、社會參與及社會性格等有關，可見社區人口的行職業結構與社區的許多社會變數的性質之間，也都互有相關性。於此不擬多做廣泛的申論，僅就行職業組合對社會性格的影響，分別加以說明。

先就社區的行業結構加以分析，大致上可分為第一產業、第二產業及第三產業等三類。其中第一類產業包括農、林、漁、牧及礦業等，第二類主要為工業，第三類則以商業及服務業為主。就社區內職業而分，種類繁多，但大致可分成白領職業及藍領職業兩大種類。於下分析社區行職業組合對社會性格的影響時，僅就這些概略的分類所構成的組合差異加以說明。

一般以第一產業，即農、林、漁、牧、礦為主要行業的社區，經濟活動都較原始，社會變遷的速度較慢，居民較不靈活，也較不精明但卻較為平實誠樸，也較安分守己，社會問題較少。

在第二產業為主業的社區，一般都為工業城或工業區，社區居民中年輕人所占比率較高，生活方式較靈活，較新潮較革命性，且較具叛逆性，社會衝突性也較高。

第三類產業為主業的社區，一般都為都市社區，社會學家對於這種社區的社會性格曾多有研究與說明，重要者包括人口較為異質性，社會關係較為次級性、表面性與契約性，創造能力較高，物質文明較為發達，娛樂場所及活動較為普遍。但是精神生活卻較為緊張，故精神疾病相對較多，犯罪率通常也較高。這種性格的養成與人口眾多而密集有關。眾多而密集的人口無法靠直接生產過生活，需以買賣及服務為主要職業，自然容易養成不講究誠實與信用的罪犯，或以高明的手段及技巧作為獲取收入的主要方法。

四、種族組合對社會整合的影響

有的社區人種複雜，在美國都市社區中的人口經常混合白種、黑種、黃種及其他各種不同膚色及混血的人種，這些不同人種的原始國家背景也

極為繁多與複雜，來自世界不同的角落。我國人口的種族則較為單純，大致同為中華民族的炎黃子孫。但若是嚴格而分，也可分為來自不同的省籍或縣別。從語言的性質上加以區分，則可分成閩南、客家、山胞與其他方言語系等之差別。此外每個較大的都市，多少也住有些許外國人口。

　　社區人口的種族別越複雜，彼此間語言的溝通、意見的交流及利益的協調都較困難，也即歧見會較多，衝突會較大，整合的程度會較低。為了促進社區內不同種族人口的整合，社區中的多數民族需要多分給較少數民族一些福利與服務，對少數民族的意見與要求，也應給予較多的尊重。因為社區中的權力與決策通常都掌握在多數民族的手中，少數民族吃虧的情形較為普遍，故需特別給予尊重與保護；但如果實際情況不是多數民族掌權，就另當別論。總之，不同種族之間若有意見上及利益上的衝突，就需經由建立共識來促進和諧，長久的整合策略應以促進種族的同化為最高目標。在做法上可由切割各族背景的根源，通婚的途徑，以及使用共通的語言來達成。

第七節　人口分布及影響

一、社區中人口分布的情形

　　一個人口眾多的社區地域，範圍都較為廣大。在這種社區內，人口的分布頗為複雜，但往往都有規則可循。人文區位學家頗為注意社區中人口地理分布的結構性。這方面的研究首先見於蒲其斯的都市圈帶假設。此外麥堅如所提出的入侵、延續與隔離等的區位過程概念也涉及社區人口分布的性質。**薛奇 (Sherky)、威廉斯 (Williams)** 及 **貝爾 (Bell)** 所提出的**社會地區分析 (social areas analysis)** 概念，也關聯到都市社區內特殊社會文化團體人口的地域分布。由這些人文區位學者的理論概念，我們可以了解在地域較廣大、人口較眾多的都市及都會社區中，人口分布頗有規則性。居住在這些社區中的不同地段上之人口，其社會文化性質會有不同，也可說不同性質的人口有分別居住在社區中不同地段的趨勢，這種人口分布的法則在較小的鄉村社區並不明顯存在。

社區中不同地段的社會經濟性質乃反映這些地區中人口的特性。一般社區中由於不同性質人口所形成的特殊區域，有以下幾種：(1)**商業中心區**（Central Business District，簡稱 CBD），(2)文教區，(3)高級住宅區，(4)郊區，(5)觀光區，(6)貧民區及(7)風化區等。不同地區，社會文化性質特殊，包括活動方式、生活水準、社會風氣、人群關係，及外在的景觀都很不一樣。就各區的人口特質及其對社會、經濟及文化影響略為分析與說明如下。

二、商業中心區的人口特質與影響

都市社區中的商業中心區是指商業最繁華、人口最密集的地段而言，這種地段通常也是全市交通的總樞紐。就中外各大都市的商業中心區加以列舉，則如紐約的第五街、東京的有樂町或新宿區、舊金山的電街車起站附近、臺北的西門町及高雄的鹽埕區等。這些地區的商業都鼎盛，人口都以從事各種生意為主要職業。重要的商業種類包括百貨公司、飲食店、旅館、娛樂場所如戲院或酒吧、咖啡店等。來往的人口都以購買衣物、飲食及各種娛樂消費為主要目的。

在一天之內不同的時刻裡，商業中心區人口數量的差別很大。商店開門的時間，人潮洶湧，但打烊之後卻顯得十分冷清。各國都市開市及打烊時間不同，在我國開市的時間約為早晨十時以後至半夜前後。西方都市的中心商業區的打烊時間，則較早一些。

來往這種地區的人口五花八門，極為複雜，除一般的本地顧客之外，也有來自外地的旅客。此外，還有不少黑社會的不良分子出沒，故在熱鬧與刺激之中，也帶有幾分危險性。危險的層面包括性的誘惑、欺詐、搶劫及兇殺等。

這種地區的建築物，常是新穎的百貨公司與老舊的房屋相互混雜；後者雖很老舊，但可用為繼續營運生意，屋主乃捨不得改建。在這種地區街道都較髒亂，範圍內缺乏綠地、花草及樹木。商業氣息濃厚，物慾橫流，氣氛極差，是賺錢的好地方，卻是最不宜修心養性之處。

三、文教區的人口及其影響

在這種地段之內各級學校林立，日常行動及出入的人物以和文教有關的學生及教師為主。一般人的教育文化程度都較高，生活方式較簡樸，書香味重。在學校附近也常設有書店及文具店，此外也常見不少出售廉價食品的小吃及冷飲店。

美國哈佛大學附近的劍橋地區，加州大學所在的柏克萊市，臺大校總區及法學院附近，都可說是重要的文教社區。在文教區內，也常見設有不少教堂或小型戲院等適合學生活動與休憩的場所。這種地區內的住宅並不豪華，只屬於中等水平而已。區內居民利用學校開放操場賽跑打球者，為數也相當不少。

這種地區，往往是社會創新及社會運動的重要發祥地。學生在思想上自由開放，故常有較為新奇的行為出現。一九六〇年代美國嬉皮運動，大多就以有名大學附近文教區內的大街小店，作為主要的聚集及活動場所。

四、都市郊區的人口及其影響

所謂都市郊區 (suburban) 是指圍繞在都市四周人口比較稀疏，土地比較寬闊，但與都市中工作地點仍可由通勤方式達成的地區之謂。在美國居住在這種地區的人口都是工作條件較好、收入程度較高的白領階級。在臺灣的情況並不相同，住民往往都是來自鄉村的新移民，移民住在這種地區可支付較低的房租，到附近工廠工作也較方便。

美國郊區人口的特性影響這種地區的住宅條件較市中心的住宅條件優良，每單位住宅占地較為廣闊，普遍也都設有相當美化的庭院，房屋四周的樹木花草都極美觀優雅。反觀我國因為人口過度密集，大都市的四周仍為衛星都市，而衛星都市的公共設施及住宅環境反而比之中心都市的條件差，可用臺北市四郊的三重、新莊、板橋、中和、永和與新店等衛星都市為例說明，這些郊區衛星都市內住民的平均收入大致都比臺北市內居民的收入水準低，住宅條件及公共設施也相對較差。近年來在臺北市的郊區，也發展了若干較高級的住宅區，唯範圍較為有限。形成上述中美之間都市郊區發展型態不同的主要原因是，臺北市的四周環山，便捷交通系統缺如，人口也過度密集。

我國大都市郊區衛星市鎮，往往是較低收入者及新移民的安身之地，故房屋住宅普遍都不甚高級。地下經濟活動如攤販等則甚普遍，犯罪率也偏高。因為這些地區的警力不如市中心充足，故許多無法立足在首都都市或中心都市的行業，都蠅集在這些郊區的衛星市鎮。

五、觀光區的人口特性及影響

各國都市中的主要觀光區通常是文物古蹟、公園、博物館或較奇特的建築與風景區的分布所在。住在觀光區內的大多數居民在品質上並無特殊之處。唯其中少數賴觀光生意為生的小商人，往往養成不良的敲詐惡習，予人十分負面的印象。

一般觀光地區的居民，因有較多機會接觸外來的觀光客，使其視野拓廣，故有助於其生活感受的領域及眼光。但也可能養成對外人產生較為強烈的反應，譬如過度媚外或對外人的敵視。一般觀光區附近的環境衛生，都能因為社區居民的警覺及政府的管理，而維持較良好的水準。

六、貧民區的人口及影響

一般較大的都市社區內，都存在或多或少、或大或小的貧民區，或稱**貧民窟** (slum area)。住在這種地區的人多半是低收入戶，往往也是新來的移民或老弱殘障者，也很可能屬**少數團體** (minority group)。在美國都市商業中心區附近，往往留有一片房舍古老的貧民區，住在這地區的人口往往就是上述的低生活品質人口。此外都市中心的黑人區，也是重要的貧民區。亞洲的各大都市內，普遍存在違章建築區，這些地區內也常是最重要的貧民區。

由於住在貧民區內的居民，收入水準都相對較低，其住宅外貌也都較破落、空間較為擁擠、設施也較簡陋。四周環境及區內街道都較髒亂，規矩秩序也較混亂，外人進入此種地區的危險性較高，被搶劫及被殺傷的可能性都較大。這種地區也往往容易隱藏違法行業與交易，例如販毒、娼寮及銷售贓物等。

七、風化區的人口及影響

至今世界上幾乎每個大都市中，都還存有最古老傳統的色情行為，這種行為的集中地區，就稱為風化區，有的都市內甚至存有不只一處的風化區。在美國的許多都市中，這種區域都與老唐人街並存或相鄰。在國內都市中的主要風化區，也都分布在較古老的社區。

在風化區內不僅分布了公娼，也通常存有暗妓，更有依附娼妓為生的黃牛或皮條客。這類人口的出沒，對該地區的風氣影響極為負面。對區內或四周一般家庭的成員，也易有不良之影響，譬如常易遭遇到性騷擾，或對怪事見怪不怪，久之對於有違大眾倫理風俗的事物也視為平常。該地區的孩童在心理發展上，也易產生不良的後果。

第八節　人性因素及其對鄉村社區發展的影響

本章前面數節先從人的數量方面之因素，也即人口的因素對社區的影響加以分析，本節再從人心或人性的因素及其對農村社區發展的影響，再加分析，以使讀者能對社區的「人」的因素及其作用，有較周詳的了解。在分析農村社區發展的關係人及人性因素時，首先借用美國社區研究學者瓦納的社區結構功能概念，也就是社區的水平軸及社區的垂直軸，分析農村社區發展的關係人種類，檢討各關係人會阻礙鄉村社區發展的人性因素與其性質，最後再指出可以協助各關係人化除心理障礙的協調人，及其可預期的化除功能。

瓦納鑑於其他社區理論的缺點，乃提出一項修正性的理論。他認為社區的結構功能變遷可從**水平軸** (horizontal axis) 及**垂直軸** (vertical axis) 兩方面來分析。所謂水平軸面是指社區中個人與個人之間或團體之間的關係，而所謂垂直軸面是指個人與興趣團體之間或地方團體與區域性、州級乃至全國性組織之間的關係 (Warren, 1969, p. 70)。瓦納的這種理論概念啟發學界了解，與農村社區的變遷及發展有關的社會單位及個人很多，不只包括鄉村社區內的每一個人而已，且還涉及到鄉村地區以外的許多人。本節將先對這些關係人及其他鄉村社區發展的重要關係面，作初步分析，以助讀者了解人的因素在鄉村發展過程中的重要性及複雜性。

社區組織學上，常把人分為人力及**人性** (human being) 的因素，看為是影響組織目標能否有效達成的重要因素，故談人的因素在鄉村社區發展中的重要性時，也不可忽略人力的因素及人性的因素。由於人力的因素已在前文中談了很多，本節乃特別強調一向較被忽略的人性因素。重要的人性因素，乃指需要、意願、興趣、認知、動機及意識等較屬心理層面的概念。本文討論這些人性因素時，無意將所有關係人在這些因素上，對鄉村社區發展的正面功能作瑣細、累贅的說明，僅針對各類重要關係人有礙鄉村社區發展的人性因素加以檢討，以便尋出有助改善鄉村社區發展功能的出路。

一、阻礙鄉村社區發展的人性因素

參考瓦納的縱橫軸的社區結構概念，則與鄉村社區發展有關的人除包括鄉村社區內的居民外，也包括鄉村社區以外的許多人，故總共的數量非常眾多，幾乎涵蓋天下所有蒼生。但其中較重要者約可歸納成四類，即：(1)一般鄉村社區居民；(2)鄉村社區的領導者；(3)各階層的鄉村工作者，及農業行政與服務人員；(4)國家上層機構中直接或間接籌謀與鄉村及農業發展有關的決策人士。以上各類重要關係人中，均可再分為個人及群體兩個層面，故檢討其阻礙鄉村社區發展的人性因素或心態時，也可分為個人層次及團體層次加以分析。

㈠一般鄉村社區居民的阻礙性心態因素

當前一般鄉村社區居民的心理意識中，固有不少可以助長鄉村發展的部分，譬如追求物質生活改善的動機普遍很強，即是重要的一項；然而若干想法對於鄉村發展，卻頗有阻礙性。其中許多的個人，尤其是年輕人，厭倦辛苦而枯燥的農業及鄉村生活，這樣的心態導致大量移出農村的行為，終於使許多鄉村社區的發展遭受嚴重的破壞。這些年輕人大多有強烈謀求上進的需求，但卻也大多把這種需求寄望在都市社區來實現。除非重振部分鄉村青年留戀鄉土的意願，否則鄉村社區的發展前途不無可慮。

就一般鄉村居民的團體性的心理意識層面看，其有害地方發展的部分也許以派系衝突意識最為嚴重。近年來由於政治選舉等因素的影響，在各村莊之內或各鄉鎮內的各村之間形成派系分明、立場對峙的局面相當普遍，導致許多村莊或鄉鎮在建設事功上很難取得一致的意見，實際的鄉村發展事務因而也深受阻擾。

㈡地方領導者的阻礙性心態因素

於此所謂地方領導者，特指正式組織中的主要負責人，以及各級地方民意代表等。此中雖有不乏以地方發展為重之人，但以個人的名利為重者卻也相當普遍。看重名利的地方領導人物，一旦面臨領導角色與個人角色中謀前途與利益的部分相衝突時，常不易把持領導原則。往往對私利及政治前途的考慮，遠勝過正義感與服務心，於是領導地方發展的功能乃大打折扣。

本來在鄉村社區社會分化的程度較低，利益團體立場對峙的情形通常較少，然而在臺灣鄉村社區，經由劇烈的政治性活動過程而獲得領導地位的人，很少不捲入相互對立的派系或利益團體者。致使一般地方領袖在處理地方發展事務時，常受制於背後利益團體的意旨，而難作公正客觀的主張，地方建設因而容易偏失方向與失去效率。

㈢各階層鄉村工作及農業行政與服務人員阻礙性心態因素

自鄉鎮以上至中央各階層，其鄉村工作及農業行政與服務人員的心理與作為，影響鄉村社區發展的效果至鉅。這類人員一向與鄉村居民的心理距離相對較小，其中不少中基層的工作人員甚至兼有鄉村居民或農業生產者的身分，基本上對鄉村發展事務並無摒拒的心理，但卻普遍顯得被動與消極。多半的人都僅做到奉命行事，卻不願進而過問不合理的規定或規定外的建設事項。一般向上層反映地方問題的動機與勇氣也很缺乏，故其對地方建設與發展的貢獻僅能侷限在上層交辦的範圍。下焉者甚至連這種規定內的職責也辦不到，乃至有存心將業務上的細節加以隱藏的現象，藉以滿足不該有的意圖。少數工作人員的此種心態，常會導致受害人對地方建設的政策與方案失去信心，終至損害建設的成果。

㈣上階層決策人士的阻礙性心態因素

與鄉村發展有關的各種重要方案，多半都由上層的相關權力人士所決定，決策人士位居各部門，不僅限在農業界。不同的決策者在考慮訂定與鄉村發展時，若有正面或負面關係的政策，由於認知不同、立場不同，想法與作法也就不同。一般農業界的人士若能參與決策，對於有助鄉村社區發展的策略或方案都較能支持到底，但農業以外部門的決策人士在進行決策時，難免會以本位為重，較不能堅信鄉村社區或農業發展政策的當然性與必要性。本來國事複雜，不同立場的決策者多為自己的部門謀發展策略，乃是無可厚非之事。惟因在重要決策階層上代表農業及鄉村部門者為數相對較少，地位也相對較弱，導致長年以來鄉村社區及農業發展方面，一直有失衡之現象。

探討部分決策者所以會有忽視鄉村社區及農業發展的心理，發現重要的障礙面有二，其一是由於經濟成長至上的想法所引起的障礙，其二則是其與鄉村居民間的生活與心理差距所形成的障礙。主張經濟成長至上的決策者，常把農業發展看為與工業發展相剋相爭，也認為謀經濟成長必須強調工業而非重視農業。甚至也有進而視都市建設遠比鄉村發展較為合理與經濟者。

決策者與鄉村居民，尤其是農民間有心理差距是必然的，因為兩種人日常的生活內容不同，關心的事項也不同，由是決策人士在決策時就鮮能設身置境地以農民之喜好及利益為前提；甚至所擬定的一些決策，還會嚴重傷及鄉村居民與農民的福利。民國七十年代對進口大宗農產品的政策性決定就是一例。當時政府決定開放大豆、小麥及玉米等農產品大量進口，影響本地農產品的價格甚鉅，從而使農民遭受經濟收益的損失。如果決策者與農民的心理差距能夠縮短,便能研擬更多有助鄉村及農業發展的政策,或制定更少會損及鄉村及農業發展的政策。

二、重要的「除障」專業角色

　　如上所述數類與鄉村社區發展關係人的障礙心理性質,都非短期內所形成的,要當事人自動去消除,不是件容易的事。其中許多人對本身的障礙心態與鄉村發展間的不良關係很可能尚不自知,故有必要經身外的除障者給予指點後化除之。那麼誰可以或應該協助各種人對鄉村社區發展的阻礙性心態加以去除呢?適當的人選類別也許不只其一,其中有資格及有能力去協助鄉村居民消除障礙者,為數可能相對較多,但能夠協助上層決策人士消除障礙心理因素的人,相對上就較少了。唯因很少人能有資格勸說上層的決策者,故決策人士只好多從探討民隱及輿論反應以求改進,至於較能協助最基層鄉村居民做好心理建設的人,則包括地方行政人員、推廣教育人員、社會工作人員以及非正式的地方領袖等。其中前三者可說是一般鄉民的正式領袖或管理者,故可多運用其專業性的地位及角色,啟發鄉民發展鄉村的意願,並助其設計及推動有效的發展方案;後者則可運用其非正式的影響力,指導鄉民多做點化消社會衝突,並提升發展意願的工作。

　　應該協助鄉村地方領導者消除或減弱其私利感及權力慾、以增強其對地方發展的貢獻者,以各級黨政工作人員最為重要。因為地方領袖對權與利慾望的形成與擴展,多半都與其政治活動有關;而這種活動,是深受黨政工作的指導人員所影響的。

　　能夠協助各層鄉村及農業行政及服務人員,去除其對參與鄉村社區發展工作所表現的被動與消極的心理障礙者,應以各級行政主管最為主要。如果各主管能夠善定升遷與獎懲的制度來管理部屬,則各工作人員或許就能轉被動及消極的工作態度,變為主動及積極。

▶▶▶▶　本章參考文獻

1. 國立臺灣大學人口研究中心 (1975),《人口問題與研究》。

2. 中央研究院經濟研究所 (1975)，《1975 年臺灣人口與經濟發展會議論文集》。

3. 朱岑樓譯 (1980)，《社會學》，三民書局。

4. 謝高橋 (1982)，《社會學》，巨流圖書公司。

5. 蔡明哲 (1981)，《都市社會發展原理》，鄉土建設研究叢書。

6. 蔡勇美、郭文雄 (1984)，《都市社會學》，巨流圖書公司。

7. 蔡宏進 (1984)，「人口問題」，收錄於楊國樞、葉肇政編，《臺灣的社會問題》，巨流
   圖書公司，67–98 頁。

8. Betrand, Alvin. L. (1958), *Rural Sociology*.

9. Hawley, Amos H. (1950), *Human Ecology*, New York, The Ronald Press Company.

10. Heer, David M. (ed.) (1968), *Readings on Population*, Englewood Cliffs, N. J.: Prentice
    - Hall .

11. Heer, David M. (1975), *Society and Population*, Englewood Cliffs, New Jersey: Pren-
    tice- Hall Inc.

12. Nelson, Lowry, Charles E. Ramsey, Coolie Verner, (1965), *Community Structure and
    Change*, New York, Toronto, Ontario: The Macmillan Company.

13. Ng, Larry, Strart, K. Y. Mudd (eds.) (1966), *The Population Crisis*, Bloomington &
    London: Indiana University Press.

14. Peterson, William (1969), *Population*, New York: Macmillan.

15. Tsai, Hong-Chin (1978), *The Impact of Internal Migration on Changes in Population
    Composition in Taiwan: 1969–1974*, Ann Arbor Michigan, U. S. A., London, England:
    University of Microfilm International.

16. Thompson, W. S. D. T. Lewis, (1965), *Population Problems*, New York: McGraw-Hill.

17. Warren, Roland L. (1969), *Perspectives on the American Community*, Chicago: Rand
    McNally & Company.

18. Wirth, Louis (1968), " Urbanism as a Way of Life, " In Fava, Sylvia Fleis (ed.), *Urban-
    ism in World Perspective*, New York: Thomas Y. Crowell Company, pp. 46–62.

第五章

社區的自然環境因素

構成社區的重要因素除人口一項外，還包括自然環境、技術及社會意識等。其中自然環境因素又可分成地理及資源兩大項，兩者對於社區的結構、功能及變遷都有顯明的直接影響。本章旨在先說明社區的自然環境因素之性質，而後討論其對於社區的結構、功能及變遷的影響。

第一節　自然環境因素的性質

社區的自然環境可分成地理及資源兩大類，每一大類之下又可細分成許多小類。本節先就重要的地理及資源因素的種類，先作完整的說明。

一、地理因素的內涵與種類

社區的較重要地理因素為地點、地勢、地形、氣溫、雨量及風性等。先就地點而言，可從大區域的相對位置加以劃分；也即可將小社區在大區域內的位置，大致分成東、南、西、北、中等不同位置。此外又可就社區與主要都市距離的遠近，分成中心都市社區、衛星都市社區、都市近郊社區及偏遠的鄉村社區等。又就社區所在周圍環境的性質而分，則可分成位於山地的社區、位於平原的社區及位於海濱的社區等。

基於社區的地勢性質之不同，又可分為起伏不平的社區及平坦的社區。後者又可細分成地勢較高的平地社區及地勢低窪的平地社區等。就地形的性質看，在平原上的社區多半呈輻射性的形狀，也有因受河流或山岳等天然界限的影響而形成長條或其他不規則的形狀者。

就社區的氣溫性質而言，大致可分成寒帶、溫帶及熱帶等不同的社區。不同氣溫類型的社區，年平均溫度不同，在同期間同季節內，各地的氣溫也不同。

就降雨量的多少看，則可分成多雨潮濕的社區及少雨乾旱的社區。最後就社區內的風性而言，則大致可分成常有颱風及足以造成其他風災的社區，及風勢平順的社區等。

以上在不同地理指標之下的不同類型社區，因其天然地理因素不同，對社區各方面社會經濟條件的影響也不相同。

二、資源因素的內涵與種類

　　社區內的重要自然資源，包括土地資源、水資源及礦產資源等。其中水資源貯存量的多少，與降雨的有無及多少有密切關係，故可歸納在地理因素中的雨量因素一併討論。於此所指的自然資源，乃特別著重土地資源及礦產資源兩大項目。

　　社區的土地資源，可依其地質、地力、用途等指標加以分類。就地質方面而分，土地資源大致可分成岩石地、泥地及沙地等。再就地力而分，大略可分成適合與不適合農耕等兩類，而適合農耕的土地則可分成地力好與壞或高與低的差別。就土地資源的使用類別看，種類繁多。依我國土地用途的分類，共有十餘種之多，這些種類包括水田、旱田、養魚池、池沼、山林、鹽田、建築基地、雜種地、寺廟及宗祠用地、墳墓用地、鐵道用地、道路用地、溝渠、溜地、原野、公園地、堤防及未登記地等。

　　再就社區中可能蘊藏的礦產資源種類而分，則較重要者包括煤礦、油礦、金礦、石礦及油氣等。社區中各種礦產貯藏量及開採量之有無及多少，與社區內居民的生活方式與水準都有密切的關係。

　　上列各種社區的地理條件及資源因素，都是影響社區結構功能、變遷及其他性質的重要因素。於此難於一一加以分析與說明，僅摘每項因素的重要影響面，加以扼要的分析與討論。

第二節　社區位置的影響

　　社區的位置關係其與重要資源所在地點的遠近，也關係其發展的條件與問題。俗語說「近山吃山，近海吃海」，充分顯示社區所在地點不同，可用的自然資源條件也不同。又社區所在的偏遠程度，也關係其對於外界消息接送及物品運輸之難易。本節先針對社區位置因素的重要影響面，加以分析與說明。

一、社區相關方位的影響

在不同的國家，不同相關方位的社區，表示其所屬的區域位置不同，因而也代表其他的自然條件，如氣溫、雨量及風勢等的性質不同，除此而外也表示其與首要都市及其他資源所在地的距離不同。

在一個大國之內，位在東、西、南、北、中等不同方位的社區，其自然條件往往相差很大。就以美國為例，位於北方的社區，冬天的氣溫極為寒冷，而南部的社區，即無此一現象。反之，南部各社區到夏季天氣炎熱的程度，比之北部社區的熱度，就有過之而無不及。位於東西兩個方位的社區與海洋的距離較為接近，反之，中部地帶則與海洋距離遙遠。前者受海洋的好處自然較大，然而後者所受到好處則較少。重要的好處包括降雨量較豐沛，氣溫較調和，至濱海處遊玩的機會較大，海鮮較豐盛，與外國人或外來品的接觸機會也較多等。

臺灣的地方很小，不同方位上的社區之間，氣候的差異不大，故天然的氣溫對於社區結構、功能、生活及變遷的影響也不大。但是社區所在區域內的地形、資源與產業條件仍頗有差異，故影響社區間的結構、功能與變遷，也有不同。北部區域內的各社區，位處與臺北都會距離較近，與北部桃園、龜山、中壢、八堵等各重要工業區的距離也較近，故受都市化及工業化的好處也較大，包括不動產價值升高，兼業機會較多，各項消息傳播較快，日常物品及生產品的運輸費用較低，社區建設較受政府重視。

反觀，較偏遠的東部區域的各社區與重要都市距離較遠，且多分布在山區，交通、運輸及通訊都較為不便，生活程度相對落後，發展的速度也較緩慢。位於離島的社區，如澎湖島上的各鄉鎮及村里，與大都市的距離更遠，交通運輸因受海洋之隔而更為不便，建設上的困難也較為嚴重。由於島上海水不調，用水非常不足，故有計畫由臺灣本島接管路經海底送水，這種設施即使能成，成本也很昂貴。

二、與主要都市距離遠近不同位置的影響

　　社區位置的意義除了相關方位的概念之外，另一重要的概念是與主要都市距離的遠近。因為主要都市對於附近其他的社區具有優勢或**支配**(dominance) 的態勢，對於附近社區的許多層面都會發生支配的作用。根據此一社區位置的概念，則不同的社區可歸納成主要都市的中心社區，衛星都市社區，近郊的社區及偏遠的鄉村社區等四大類，依次與主要都市的距離由近而遠。各社區與中心都市的距離不同，其受中心都市支配、控制、及影響的程度也有不同。由近而遠受中心都市的影響與支配程度也由大而小，成為階層結構的性質。中心都市對於衛星都市、近郊及偏遠鄉村的支配與控制範圍包羅萬象，從政治權力的運用，消息的控制與傳播，商品的分配，物質的占有與使用，交通運輸的運轉及精神文明的發展等，都以主要都市為總樞鈕。由中心都市制定政策，並發號施令。中心都市將見工作人口分散在附近的衛星都市及郊區，這些附近的社區同時為中心都市提供了住宅及補充性的背景設施，郊區的綠地還為中心都市生產必要的花卉及蔬果等。

　　鄉村的社區受中心都市的重要支配面，包括操縱重要的政治決策與消息，以及商品供應數量與價格。即使在鄉村地區所在地的各種農產品，價格也都操縱在都市批發商人的手中。此外，都市對於鄉村人力的移動，也具有支配性的影響作用。晚近臺灣地區都市的建築業及其他商業的發展，吸引了不少鄉村人力遷往都市工作及居住。然而當都市商業發生不景氣現象時，也會將部分勞力推回鄉村社區。

　　臺灣的都市支配鄉村的現象，還可見於資金及技術知識的供應及傳播上。農村中的資金來源主要得自都市，農業金融機關的總部如農民銀行、土地銀行、合作金庫的總行，都設於臺北市。不少農家子弟，也由都市寄回收入的一部分，供為留鄉家人的生產及生活費用。重要的農業技術研究及試驗機構，如大學農學院、農業委員會及農業試驗所等機關，也都分設在臺北及臺中等都市，這些機構是農村地區重要農業新知與技術的主要來源。

　　都市支配鄉村的另一重要現象，表現在流行與時尚的傳染上。一般比較新奇的思想上及行為上的流行或時尚，包括對於衣著及頭髮的款式、住宅的裝設、旅遊的嗜好、現代化物品的使用、以及對生育與人群關係的態度與行為表現等，都深受來自都市的新觀念及新知識所影響。影響之後，鄉村居民在態度行為上都逐漸有所變化。

　　於此需要再一提的是，都市化也支配了鄉村的土地利用方式。近年來我們社會的都市發展速度很快，都市範圍不斷擴展，先是影響都市附近鄉村的土地，由原來的農業用地變為建築用地，包括興建公寓、別墅及工廠等。較遠離都市的鄉村社區，農業用地被侵用為建築用途者相對較少，但土地上生產種類卻大有變化：凡是可以在都市消費市場售出較好價格的農產品種類，逐漸為農民所重視並增產；反之，不適合都市消費者需要的農產種類，乃逐漸被淘汰。

　　鄉村社會學家如**雷德菲** (Redfield) 等，曾提出**鄉村都市間的連續性理論** (Rural-Urban continuum theory)，意指從最鄉村至最都市中心地區之間存有許多的社區，如鄉鎮街及郊區等；在這些不同的社區內許多社會經濟性質連成一線，越接近都市中心的社區，乃含有較濃厚的都市色彩及氣息；越接近農村一端的社區，農村的色彩及氣息則越濃厚。這表示社區受都市中心支配與影響的程度，與其和都市中心距離遠近成正比。此種區位現象，乃因各社區與都市中心的距離及關聯位置所引起。

第三節　氣溫的影響

　　寒熱程度不同的社區之間，社會結構文化模式與生活方式都會有很大差異。就以商業結構的差別而言，熱帶社區買賣的若干物品，與寒帶社區買賣的若干物品，便迥然有異。發展程度較高的熱帶都市社區，對冷氣機的需求量相當高，故買賣冷氣機的生意在電氣商業中占相當重要的分量。反之，在發展程度較高的寒帶社區，對於暖氣設備及取暖所需的油、煤氣等需要量相對較多，這類商品的消費與買賣，乃成為重要的商業活動。

　　熱帶的社區賣冰水等冷飲店極為普遍，此與寒帶社區普設提供暖身的咖啡店、火鍋餐廳及酒吧等的消費場所，異曲而同工，設立原因都是起於居民為適應氣候而產生的特殊需要。

氣溫對於社會組織的意義，包括影響社區規模的大小、組織的種類及活動方式等。氣溫宜人居住的地方，容易形成密集的社區；世界上的人口及社區，主要便分布在溫帶及亞熱帶。美國西岸加州一帶人口及社區的數量與規模膨脹的速度比別處快，便與加州氣候較別處為佳有關，既無北部各州的冰雪寒冬，也無南部及沙漠地帶各州的逼人炎夏。在加州之內，舊金山的夏季特別涼爽，此也為造成其成為大都市社區的重要因素之一。

氣溫對於學校組織與制度的影響極大，寒帶的學校冬天活動較為困難，故一般寒假的期間較長；反之，熱帶暑期溫度太高，不宜學生讀書，教學效率欠佳，故學校機關的暑假期間通常也較長。又寒帶有些特殊社會組織與活動是熱帶所少見的，如有關溜冰之運動團體與組織即是；在熱帶也有其特殊的社會團體組織與活動，譬如各種有關水的團體組織與活動，如遊艇俱樂部之類的組織等。熱帶社區的重要社會組織與活動，也可能存在於溫帶或寒帶社區的夏季；反之，寒帶社區的重要特殊社會組織與活動，則較少可能發生或存在熱帶社區的冬季，因為熱帶地方幾無冬季的存在。

氣溫對於社區的文化層面，也有廣泛的影響。社區中的食、衣、住、行、育、樂及行為、態度模式等物質或精神的文化內涵，都與氣溫有所關聯。就食的品質及方式看，處於寒帶或寒冷季節的社區居民較偏好食用可供禦寒的食物；反之，生活在熱帶或熱季中的社區居民，就較喜歡清涼的食品。衣物質料及式樣對於反映氣溫最敏銳，大衣是寒帶或寒冷季節的主要衣飾；薄衫、迷你裙、熱褲及露背裝，則是熱帶或熱季的主要服飾。

社區中房舍的建築式樣與材料，也甚的明顯受氣溫影響，寒帶社區的房舍結構中免不了要有暖氣或爐火的設備，熱帶社區的房舍則常附設冷氣設備，或考究隔熱、散熱的結構與式樣。在熱帶回教國家如印尼，清真寺頂端都呈圓尖型，主要的效能是藉以集中室內的熱氣於屋中的頂端，使地面的溫度減低。

就行的方面受到氣溫的影響而言，以冬天冰雪季節不利於行的情況最為突出。在汽車普遍的國家如美國，在冬季為了維持公路上汽車暢通無阻，必須以除雪機開路，汽車裡也需有暖氣設施。反之在熱帶，交通上受到的阻礙相對較少，唯此種地帶風雨較多，容易形成大風水，造成塌方、斷橋以致斷絕交通的情形。此外在熱帶地方，汽車及火車裡通常都設有冷氣裝備。

在不同氣溫下生活，人的情緒及行為態度觀念都會有所不同。寒冷容易使人少作戶外活動，因而增加室內聚會的機會。炎熱的溫度卻易使人疲乏懶散，情緒上也較易浮躁不安。在冷熱不同的氣溫之下，人所想的重要事物與需求會有差別，故其創造與發明的成果也會有所差別。一般在氣溫適宜的地方，有利於文化與文明的創造與發揚，故歷史上全世界的重要文化與文明的發源地，大多分布在溫帶與亞熱帶。

第四節　地勢與地形的影響

一、平坦地勢對社區的影響

社區多半發展於平地，一般平原地帶也存在為數較多的社區。在平原上的社區中，道路大半呈縱橫交錯的形狀。若社區性質為都市者，主要交通道路往往由市中心向四面八方作等幅度的延伸，道路之間分布著住宅等建築物，整個社區乃呈輻射的形狀。

在平原地帶此種形狀的社區，有利於人口往四周分散，而分散在四面八方的人口也容易往市中心聚集。總之在平原上發展成輻射形的社區，甚有利於社區的擴大與整合。

平原地帶的社區有者海拔較高，有者較低。低窪的社區易遭淹水之災，影響社區的發展甚鉅。這種社區除非能修好防洪的設施，譬如堅固的堤防或排水溝，否則對於社區的安全與發展，將有嚴重妨礙。最嚴重的水患，甚至可能將整個社區沖毀，逼使社區居民遷離。

臺灣地區雨量豐沛，雨季又甚集中，地勢低窪的社區於雨季時極易遭受水患。災害發生時，居民的生命及財物會有損傷，心理上也易生不滿與不安的感覺，重者會轉為質疑政府對人民生活的保障不周。

　　低窪的社區，排水較為困難，環境衛生通常也較差，因而容易引發傳染性疾病，尤以熱帶沼澤地區的社區為然。

二、起伏不平地勢對社區的影響

　　社區的地勢高低不平者，雖能增添幾分優美壯觀的景象；但是缺點也有不少，最大的缺點是行走交通較為不便，社區居民聚會較為困難，高處的住家常有缺水之慮，水土保持的工程也較為艱難。如係鄉村社區，房屋建築受地形限制，因而較不整齊。

　　美國的舊金山是典型的地勢不平的都市社區，整個市區由許多山丘開闢發展而成，道路起落不平，行人行車都較困難，故速度較為緩慢。四川重慶也是典型的山城，城內交通困難程度甚至較舊金山更大。

　　臺灣不少山地的村里社區，房屋依山勢而建築，稀稀落落，形成散村。社區的建設成本相對較高，因之發展也較落後。居民之間往來接觸不如平地農村社區之頻繁，在平地的農村社區，家戶之間節節相毗，鄰居往來較為方便。山中的羊腸小道崎嶇難行，居民於入夜之後不便找鄰居閒聊開講，人際關係上顯得較為孤寂。

圖 5-1　地勢高低起伏的舊金山街道。

三、條狀及不規則形狀地形對社區的影響

　　平原地帶的部分社區，因受天然河流及道路結構等的限制及影響，也可能發展成條狀或不甚規則的社區型態。這種形狀的社區，兩端住家之間距離遙遠，交往與溝通較有困難。公共的建築物，如學校或集會所等，不

論設在何處，都較難取得全社區居民的一致贊同。

在熱帶尚未開發的叢林地區，常見農村社區沿河岸發展成一條狀。位在下游的住家，使用的河水較不潔淨。不過成條狀分布的鄉村社區也有其好處，各住戶都可直接臨靠道路或河流，交通上不必經由羊腸小道連接，反而較為方便。如果這種社區屬農村社區，則還另有一大優點，即每戶人家的田地都分布在住屋的前後左右，照顧上較為方便。

若干位於山間的社區因受地形影響，形狀極不規則。此種社區的最大缺點是難作整體系統的規劃與建設。故若有公共建設，常見作點狀的實施。缺乏全面整體性的計畫與建設，極容易引發社區居民的紛爭與非議。

第五節　雨量與風性的影響

社區的風雨條件，對於社區的影響相當可觀，不僅影響社區居民每日、每月、及每年的日常作息習慣，且也影響社區居民形成各種不同應對性的特殊社會組織及團體行為。因為風水的影響，社會也會發生不尋常的變遷。本節針對風雨因素對於社區的例行性及較不尋常性的影響，作一分析與說明，要點也著重在社區的結構、功能及變遷方面。

一、順應風雨而調節社區的生活型態

社區居民生活的許多方面受風雨的影響甚大，尤其以鄉村社區居民的農、漁、鹽民的生產活動，所受影響最大。農民必須依據降雨的數量、時間及風的性質，而調節播種及收穫的時間，及栽種的種類。在缺乏灌溉的旱地上，必須等到降下雨水濕潤土地之際，才能播下種苗。稻穀、蔬菜、甘藷及瓜類等容易發芽或腐爛的農作物，則必需趕在雨季來臨之前收成，才能避免損毀。

幾乎所有的農業生產種類，都不適宜強風的吹襲，故農民都刻意將作物及花果等的生長及成熟季節與風季避開。若不幸遭遇風害，農民的財物損失及精神挫折都很大。

　　鹽民及漁民順應風雨而生產的必要性與農民相比，有過之無不及。颱風來臨之際，漁民勢必無法下海作業，否則會有安全之慮。大雨來臨之前，養殖漁民必需注意預防池中的魚蝦流失。鹽民晒鹽必須集中在旱季，雨季絕不適宜。

　　風雨因素除了影響農、漁、鹽民的作息型態外，雖然也還影響其他許多種類型職業者的活動，但對於農、漁、鹽民的影響面相對較廣，影響程度也較深。總之，在風調雨順時，農、漁、鹽民適應較易，也較有收成，因而也能過較安穩之生活。否則當風雨不調的年頭，這些從事初級產業的社區居民，生產頓減，生活上也立即遭受不良影響。

二、因風雨災變而形成新的社區組織與變遷

　　臺灣地區位於多雨多風的地帶，歷年都有不難預測的風雨災害季節。故在較為大型的社區，如各大都市等，都有災害預測及救災的組織與設備，前者以氣象局、氣象所的組織最具代表性。而救災的組織，平時大多呈解散狀態，一旦災害來臨時，便可立即加以組合行動。在警察系統之下的防颱小組，即是這種組織的一個例子。在這種組織之下，經常都備有救生艇之類的設施。

　　近年來常見臨時性的救災組織，係由部隊的軍力所組成，由士兵團體直接參與協助水災過後的清洗工作。此外有時也可看到受災社區，發動並組織學生或義務村民參與搶救災害的情形。

　　災害之後，在清理或重建社區的過程中，常有必要集合社區居民共商大計，因而可能成立新的社區組織，如災後整建委員會之類。也有在原來的社區組織之上增加功能，討論並計畫處理與災害有關的事項。由是因為防災、救災及災後重建的活動，很可能影響社區領導結構的改組或變形，也可能致使社區的外貌發生改變。

　　嚴重的災害，足以摧毀整個社區，民國四十八年的八七水災，就曾有沖毀臺灣中部農村社區的事例。過去也曾聞有颱風或龍捲風襲毀社區中的房屋及大樹的記錄；民國七十三年時，臺北附近為了建設二重疏洪道，迫

使洲後村作遷村計畫，在臺灣地方史算是一種較為劇烈的社區變遷，此一變遷曾引起社區居民在適應上發生困難，因而有相當強烈的反應。這種變遷計畫雖非直接因為水災而起，但也是為避免水災對大臺北都會區造成禍害，而採行的公共政策措施。民國八十八年的九二一大地震，甚至使數個南投社區全毀，無法重建。

因災害而拆村重建的事實，也曾發生在臺灣省南投縣草屯鎮的一個農村社區中。此村曾因水災破壞，因而受到政府的輔導，徹底加以重劃並建設，形成一個完全新式的農村社區。重劃後的村中道路筆直而整齊，房子式樣新穎，毫不再留有傳統落後的色彩，在臺灣社區變遷與發展史上形成一個罕見的佳例。

三、與風雨有關的風俗與文化

臺灣地區雖是多風、多雨的地區，卻也曾經發生嚴重的乾旱氣象，急壞苦等甘霖的農民。遇此雨水不順之際，偶會引發地方居民由行政官員或民意代表率領向天祈求雨水。此種方法經久延用，乃成為一種風俗與文化。

臺灣地區多風多雨的氣象，也影響社區中的特殊建築式樣、特殊用具及行為模式。臺灣的房屋建築對於排水管的埋置都甚為講究，道路排水系統的建設也甚受重視。在鄉村社區的基層建設計畫中，就將建排水溝列為重要的項目之一。在都市社區，近年來政府也將埋設地下排水管道列為一項重要的工程建設。

過去臺灣的雨傘製造業舉世聞名，號稱世界雨傘王國，此一成就雖主要因與工業技術的進步及國際貿易業的發達有關，但基本上也因為臺灣各地經年多雨，島內居民對於雨傘的需求量多所致。因此即使在偏僻的社區，如美濃鎮，居民對於雨傘的製造向來就甚有基礎。因為製造雨傘的技術文化基礎良好，雨傘的生產量及品質乃能快速猛進。

荷蘭以能善為利用風力而聞名於世，此與該地的風性大小適中且終年風力平順有關。在這條件下設置風車，既容易產生動力，又不易被損毀。雖然風車的設置在荷蘭普遍可見，但在一般的鄉村社區中，則較常裝此設備來推動水位或發電。

第六節　礦產資源變化的影響

一、礦產資源的地位與性質

　　礦產是一項重要的天然資源。社區中有無存有礦產，及儲存的種類與數量，對於社區的興衰影響至鉅。一個被發現存有豐富礦產資源的荒漠之地，可能不需經過太久時間，即會因為採礦者的移入而趨於人煙稠密，發展成社會經濟繁榮的社區。早年的舊金山，據云就因為被發現存有豐富的金礦，乃吸引眾多人口前來淘金，終於發展成舉世聞名的大都市。美國的德州許多大大小小社區的形成，便與其附近藏有豐富的石油資源大有關係。

　　礦產資源被開採利用之後，將會日趨減少，及至近於枯竭之際便會嚴重影響社區礦業的生存。嚴重枯竭者，可能導致社區的衰敗或改變功能。據筆者的觀察，臺灣就有不少礦村社區因為礦產資源逐漸枯竭，社會經濟景象乃逐漸沒落。將來若要使這些社區再發展，設立工廠並發展工業，似乎較能符合當地居民的願望，並較合乎經濟發展的潮流；但實際上這種工業發展的方案，推動起來也有許多困難。本節先就礦村社區的分布及沒落的性質作一概述，而後說明如何引發社區居民發展社區工業的構想及推動過程。

二、臺灣地區礦村社區的分布與沒落

　　臺灣地區的主要礦產包含煤、金屬、原油、天然氣、鹽、大理石及其他礦物等六大類。但因為產礦而聚落成村者主要為三類，即煤礦村、金礦村及鹽村。其中鹽的生產是一種引海水曝晒結晶的產業，與其他兩種礦業在地下生產的方式不同；故較狹義的礦村，僅指煤礦村及金礦村兩種。

　　隨著煤礦及金礦的分布，臺灣的礦村主要分布於北部山區。煤礦社區分布較廣，遍於臺北縣的樹林、鶯歌、三峽、汐止、瑞芳、中和、石碇、平溪、雙溪、萬里，桃園縣的龜山、大溪、龍潭，新竹縣的關西、竹東、橫山、北埔、尖石，苗栗縣的大湖、公館、南庄、頭份、三灣、獅潭、泰安，臺中縣的和平及南投縣的鹿谷、水里等鄉鎮。金屬礦村的分布較為狹窄，僅有臺北縣的瑞芳、金山、萬里及苗栗縣的通霄等鄉鎮。

依據臺灣省政府主計處的統計，全省礦區數量不斷減少。在民國五十二年時，全臺共有 1,153 個礦區，至民國七十二年時減至 750 個仍有開工。金礦區在五十三年時為 74 區，至七十二年時僅剩 17 區，其中純金礦僅有 2 個，其餘都為金與其他金屬礦物的混合區。就煤礦區的變遷看，在五十六年底時計有 927 個，其中 134 個是停工的，至七十二年時減至 200 個，其中 11 個停工，189 個開工。由這些礦區數量的變化，可看出有遞減的趨勢，減少的礦區多半是報廢了。目前所有的礦區全部都停止開採。

隨著各礦區數目的減少，開採面積與數量都在減少。以煤產量而言，在民國五十年時年產 4,236,574 公噸，至七十二年時減至 2,236,065 公噸。二十一年間約減產一半數量。唯在這段期間內原油、天然氣及大理石的產量卻增加了。但其餘大多數種類礦產的產量則卻趨減少。

已報廢或停工的礦區所在的社區顯示沒落與衰敗的景象，這些社區有的居民皆散，形成敗村。有的雖有部分居民仍留住原地，但已失去開礦謀生的機會。未完全停工的礦區，也有不少因礦產蘊藏量逐漸枯竭，開採不易，或災變頻傳，致使居民面臨停工減產，生活因而也逐漸困難。在礦業完全停頓或減少產量的礦村，若無工業發展，即可明顯由外貌看出其沒落的景象。有的礦村社區，從前相當繁榮，居民生活安樂，甚至酒家林立，而今建築破舊，空無人住。居民無不為資源的枯竭而憂心，為謀來日的再發展而積慮。筆者曾於民國六十一年時調查過北部數個礦村，發現當時臺北縣雙溪鄉的漁行村，是一個完全破散了的煤礦村；瑞芳鎮內的九份是一個煤礦停採而居民猶在的大礦區，此地昔日林立的酒家遺留下來的建築物，如今變成簡陋的教堂及戲院等；金瓜石則是一個餘礦未盡但已奄奄一息的衰落金礦區。

在筆者所看過的礦村社區中，臺北縣雙溪鄉的牡丹村是一個較為幸運的礦村。筆者於六十一年至該地考察時，仍有兩個尚在運作的煤礦坑穴，養活千餘礦工及其家人；但這兩個礦場過去也曾幾度產不出礦產而幾乎被廢棄。當時作業已逾四十年，坑深數千公尺，維持成本越來越大，作業也逐漸困難，自然也影響工人的收入及其生活。往後要改善當地居民的就業及生活條件，乃必要發展其他產業。

三、礦業的衰敗對礦村社會經濟的影響

礦區自報廢或停工之後，當地社區居民的生活資源幾乎完全斷絕，隨著引起若干嚴重的社會經濟問題，茲說明其中較重要的問題如下：

1.人口大量移出與失業

自礦場報廢或停工後，社區內許多礦工及其家屬，被迫移出社區，另謀生路。較老弱的礦工或年紀雖輕但移出或轉業無門者，即告失業。以筆者觀察過的幾個礦村社區，人口外移現象不少是全家移出者，但也有不少是往外通勤者。村中移出的礦工及其子弟外移人數占總人口的比率，大致與該社區礦場作業的活潑程度成反比。在民國六十一年時牡丹社區還有兩個活潑的煤礦場，社區中雖也有不少人口外移，但移出率相對較低。移出人口主要為尚未嘗試過開礦經驗的年輕人。金瓜石的銅山社區礦產量較前為少，但仍繼續在生產中，因而雖有礦工移出，為數較為有限。但九份的福住社區至今礦場完全停工，當地原來的礦工不少舉家遷出，村中留下不少空屋；也有不少通勤往返臺北及基隆工作者。村中移出的人口至都市生活的調適並非全無問題，調適失敗者大有人在。社區中未移出的人口中，無合適工作可做者，也大有人在。但到了民國八十年代以後，九份社區被有心人士規劃發展成休閒、觀光、旅遊地，假日週末遊客鼎盛，當地的就業情況也大為改善。

2.對外交通擁擠的問題

九份、金瓜石等社區自從礦業衰落之後，許多原來的礦工及其子女改變了工作地點，紛紛通勤於基隆、瑞芳與臺北等地，早晚公路局班車顯得格外擁擠。由附近的都市通往礦村的山路，原來路面狹窄，當通勤的乘客

增加後，車班加多了，車子墜崖及撞車的事件乃時有所聞。所幸，目前道路已有改善，車輛墜崖及相撞的意外已較少聽聞。

3.年輕人口墮入歧途的問題

由於老年礦工失業，又有不少人久病纏身，其中不少老礦工更因工作罹患了矽肺病。這些家庭的經濟責任，即落在年輕子女身上。這些年輕人口不少是教育程度較低者，他們移往都市後除要自己謀生外，又要寄錢養家，生活相當不易。部分村中領袖與筆者反應，因失業礦工及其依賴家屬待人供養，其青年子女往外謀生者無不救家心切，乃有不少人因急於賺錢而步入歧途。

4.在社區內部產生悲觀的氣氛及倒會等不良風氣

礦村的衰敗影響礦村社區內的居民內心憂煩，這些村中的居民固然很為社區的新出路而苦心積慮，但也表示為前途相當的灰心與氣餒。有些村中竟然也演變出一些足以損傷社會秩序與元氣的不良制度與風氣。有一停頓產礦的社區，因居民普遍都窮，一種本可融通資金的有益性標會制度，卻演變為不健全的倒會案件，終於使社區中不少人嚐受不應有的損失。標會制度變壞的過程是，辦法及精神首先變質，會期越變越短，會員由少變多，村中的會數增多，入會的危險性於是加大；不少人打算從中牟利，企圖倒會。一會倒閉，眾會皆倒，致使大部分的村人都受拖累。倒會事件發生之後，村中人的榮譽感及信任心，都會受到重大的打擊。

四、影響社區圖謀再發展

礦業衰敗之後，雖有人能及時遷離到別處另謀生活，但至今仍有不少人停留村中，也有不少移出者未能成功而企圖回流。有鑑於此，村中較上年紀且有心重建鄉土的領袖，乃甚熱心尋求可以使社區再發展的途徑。他們認為有效的發展方案應不再是走挖取煤礦的老路，而是發展工業。在金瓜石及九份地區，也有領袖感到發展觀光將是一項有前途的事業。一般的村民對於開礦的生活都少有興趣，但對在當地發展工業則甚表歡迎。當過礦工的人多半都明白，即使礦坑中能繼續產礦，因大半都很老舊，維持成本也高，將來的前途也無甚可為；且晚期的礦坑內災變頻傳，此種職業的危險性太大，故居民都寄望能引進工業及發展觀光事業，來增加就業及收入的機會，後來九份地區果然發展成全臺聞名的觀光旅遊勝地。

有些社區領袖也構想推動社區工業的發展方案，將工業當為社區居民的合作事業，即由社區居民共同出資，作為基金，出資的社區居民當為工廠的股東，勞力也由村民供應。此一發展的方案構想甚佳，若能經營成功，社區居民除可賺工資外，又可分紅利。但因村人普遍都窮，集資困難，且村民普遍缺乏技術及管理能力，經營起來困難重重，亟需政府或外力的支持與輔導。需要支持與輔導的項目至少包括協助其申請執照及辦理業務登記，協助申請貸款及補助，指導生產技術，且也需要幫其推銷貨品，並辦理繳稅及退稅及與進出口商連繫產品的銷售事宜。

礦村社區居民自覺辦廠的能力有限，故也非常盼望能有外來的資本家下鄉投資設廠，在這樣的計畫下，村人只當工廠勞工，領取工資，而不加入股東。唯此一發展方案推行起來也困難重重，主要的阻力有三：(1)一般的礦村社區都位於山間，交通條件欠佳，資本家裹足不前；(2)氣候潮濕，不十分適合設廠製造工業品；(3)在近山地區設廠，很難吸引外來的勞工，長久之後工廠在吸收勞力方面可能產生困難。這三種困難除氣候的因素一項外，其他兩種並非不可改進，針對第(1)項困難因素，或許可由社區居民連繫並爭取由本地外移的成功企業家，懷抱念鄉情感返鄉投資設廠。

有些礦村社區依山面海，自然條件不差，適合發展觀光事業。臺北縣的金瓜石及九份地區就具有此種條件，當地居民便向政府力爭，在該地投資建設，關成一重要的觀光勝地。唯臺灣地區濱海各地都有國防性的管制，是海濱觀光業發展上的一難題，故要發展濱海礦區的觀光事業，首先需要獲得國防管理當局的同意才能成事。

總之，本省的礦區一般都位居偏僻的山區，且大半都因資源的枯竭而趨沒落。社區居民在生活上面臨諸多困難與問題，亟需解決與改進。能使這些社區再發展的途徑，當以發展工業及觀光事業兩種途徑較為實際可行。但在推動的過程中困難重重，政府及社區居民都必須有清楚的認識，並須努力以赴。

第七節　土地資源利用變化的影響

　　土地為社區的最主要自然資源，通常社區內土地資源的利用方式都有其一貫性。在早期長久的歷史過程中，農村社區的土地資源主要用在兩種目的上，即建築房舍及農耕，都市社區的土地也無非用於建築及公共設施，變化不大。到了近代，世界各地都市化及工業化進行快速。晚近開發中國家的變遷速度，比起已開發國家變遷的速度，有過之而無不及，這些開發中國家隨著都市化及工業化快速的進行，不論是在都市社區或鄉村社區，土地資源的利用都有了很大的變化，對於社區的空間形貌及社會文化的內涵都有相當明顯的影響。近年來臺灣都市社區土地利用的最大變化，是作更精密的建築使用，在郊區則有不少建地因待價而估任其荒廢，但另有些耕地則作了更精緻的使用。至於農村土地較大的變化是，不少原為農業用土地者被變更為工業區。茲就這數種社區土地資源利用型態的變化及其影響，再作更詳細的說明與分析如下。

一、都市用地更精密使用及其影響

　　臺灣都市社區的土地數量稀少，價格昂貴，真所謂寸土寸金。依照都市計畫的演變，土地使用後，越變越精密，故地上的建築物越蓋越高。建築法甚至還容許在已設計並建好的大樓頂端加蓋閣樓，以容納更多的空間使用。

　　市地精密使用於建築的結果，致使都市的**空間結構** (spatial structure)形成顯著的改變。除高聳的建築物逐漸多見以外，空間顯得更為密集，違章建築極為普遍，綠地缺乏，整個社區顯得非常擁擠髒亂。然而在原來許多分布著老舊矮小房舍的地段，土地被更新使用之後，景象卻也煥然一新。

　　隨著都市的發展，不僅舊市區中心的土地利用更為精密，市中心外圍的土地也逐漸被波及而作更精密的建築用途，公寓及別墅房屋向都市的四周不斷擴展，入侵原來的農田及綠地，使都市內承載的人口數量越來越多，密度也越來越高。社會秩序因之顯得較前紛亂，居住環境品質也有趨於惡化的現象。

二、郊區土地密集使用及荒蕪的不均衡現象及其影響

臺灣地區快速都市化的結果，郊區的土地利用大致上也變為更為精密。其中有一部分原來的農地，更被開發為衛星都市、住宅區，或工業區、遊樂區、公共設施等建築用途。另一部分農地則由原來粗放的作物生產用途，變為生產花卉、蔬菜等高價值的園藝產品。但在普遍變為更精密用途的過程中，也有一部分土地被投機者占有，閒置不用，任其生長雜草或堆放雜物及垃圾，與已利用的土地形成極不調和的現象。

郊區土地被精密使用或因投機炒作的結果，都使地價上漲，使原有地主獲得利益。有些地主善作投資轉用，頗具助長都市或工商業發展之效，有者則用為競選參政的資本，成績良好者也有利國家、社會及地方的政治發展；成績不良者，則於暴發之後，胡作亂為，不但敗壞了自己的身心，且也敗壞社會風氣。

郊區土地利用改變的結果，引進了眾多的外來人口，再加上地價上揚，形成地主獲利，致使原來社區的社會階層結構發生很大變化。原地主的經濟地位大為提升，其政治及社會地位也因而提高，形成快速成長社區的上階層人物。而新來的移民則大多落在社會階層結構中的底層，他們大多從事攤販及勞工的職業，其中也有不少半就業或失業者，往往形成市郊社區中的問題人物。其心理態度較多傾向不滿與不安，其政治立場也較傾向反對既存的權力結構。

在一般郊外的社區，地價仍較市中心為低，也較容易吸引新移民歇腳落戶，故人口成長率反而較市中心為高，影響公共設施供不應求，尤以住宅及學校短缺的問題較為嚴重。在這類社區，政府組織的配合步調常顯得落後，影響行政的效率。

三、鄉村社區農田變為工業區的影響

隨著工業發展的快速進行，臺灣地區也發展出不少鄉村工業區，新成立的工業區原來都為農業用地。至民國七十年時，臺灣地區已設好及開發中的工業區共有 80 個，其中有 42 個 (52.5%) 位於五大都市及四個主要都會內縣份以外的鄉村縣份。至七十二年時已開發的工業區共有 75 個，面積為 10,285 公頃，這些土地原來大都為農業用地。

鄉村農業用地被用作開闢工業區以後，直接促進鄉村地區的工業發展，隨著鄉村社區的經濟、人口、社會及政治結構、功能與變遷等都受到了顯著的影響，茲於此選擇較重要的影響面，再作扼要的分析與說明。

1.增加鄉村社區居民就業及兼業的機會

鄉村地區工廠的設立，提供附近社區中人力的就業機會，工廠中的非技術及半技術性的勞動工作，頗能適合農村社區人力所充任。各地農村社區中的人力自從附近的工業區設立之後，有者完全離開農場到工廠中就業，有者則以兼業姿態到工廠工作；影響農村社區就業結構中，從事第二產業者所占比率增加。農村社區居民就業及兼業機會增加的結果，收入增加，改進農業投資及生活條件的能力，也因而增加。

2.緩和附近社區人口的外流

在鄉村地區開闢工業區設置工廠具有吸收勞力之效，因而可以緩和附近社區人口的外流，乃至也可以吸引人口內流。筆者曾於民國六十八年時作過一項「臺灣鄉村工業發展對緩和人口外流之影響」的研究，調查五個鄉村工業區吸收人力及附近鄉鎮人口移動變遷的情形，發現桃園的幼獅、南投的南崗、彰化的福興、埤頭及嘉義的義竹等五個鄉村工業區的設置，都確有緩和人口外流之成效。具體的效果可分五點說明：(1)五個工業區設置後，所在及附近的鄉鎮人口外移率有趨於緩慢的現象；(2)各樣本工業區所在鄉鎮自設立工業區以後，平均每年人口淨外移率，比設立工業區以前低；(3)設立工業區的鄉鎮其人口淨外移率，整體而言比未設有工業區的鄰近鄉鎮低；(4)各工業區吸收勞力及人口的多少，依其規模大小而異，其中南崗工業區有 199 個工廠，共吸收 4,000 人，為數最多，其餘是幼獅有 85 廠，共吸收 3,800 人，福興有 29 廠，共吸收 2,832 人，埤頭有 19 廠，共吸收 514 人，義竹有 16 廠，共吸收 435 人，合計五個工業區共吸收 11,581 個員工；(5)依據工業區內每位工人平均家庭人口數為 4.65 人估計，則五個工業區共約可穩住 53,000 人口留鄉。

因為在鄉村工業區工作的勞力比在農場上工作的勞力相對較為年輕，故鄉村工業區除可緩和人口外流的成效外，尚可緩和鄉村社區人口趨於老化。

3.改善鄉村社區人民的收入水準及投資能力

鄉村工廠的工作，提供農家勞力更多賺取收入的機會。農家的收入越多，對於農場上的投資能力也越高。根據民國七十一年度政府發表的農業收支調查報告，全省農家的經常收入中，共有 65% 之多是得自農業外的收入，這部分收入不外包括工資、薪資及商業利潤，其中工資部分含有得自在鄉村地區工廠工作的收入者。

筆者於民國六十九年作鄉村工業發展研究時，發現在工業區工作的工人有 15% 月收入在新臺幣 8,000 元以上，有 45% 月入在 6,000 元以上，而有 87% 的工人月入 4,000 元以上。工人的工資收入占其家庭總收入的比率頗為重要，共有 14% 的樣本工人其工資收入占家庭總收入的 80% 以上，有 30% 的工人其工資收入占家庭總收入的 60% 以上。進而我們也發現在鄉村工業區就業的勞工，也有不少人將收入的一部分用於購買農業器材或作其他農業投資。晚近政府將若干特定的鄉村地區開發成科學園區，生產價值頗高，乃帶動當地附近房地產價格升高，人民的就業及生活水準也提高。足見鄉村工業化確實有助於鄉村社區增加收入水準，改善經濟生活及增進農業生產。

4.對於鄉村社區環境及發展的負作用

鄉村工業發展對附近的社區也會產生負作用，較重要者有二：(1)對農作物產生污染及其他傷害，(2)破壞生活環境。鄉村工業污染了農業用水以及下游水產事業的情事時有所聞，可見會直接影響農業及漁業減產。除水污染外，工廠對於農作物也會造成煙害，過去就曾發生農民與廠商因煙害而產生糾紛的情事。

除了污染的負作用外，鄉村工業發展對鄉村社區農業生產的反作用，還包括提升農業勞動成本，致使農業經營趨於困難。此外工業侵用農地的情形也極嚴重，這些影響終會致使農業生產減少。

至於鄉村工業化對於農村社區生活方面的不良後果，除了增加空氣及水污染外，也帶來更多的交通事故、經濟犯罪、社會衝突，及觀光資源受損等。

▶▶▶▶ 本章參考文獻

1. 陳聖怡 (1982)，《工業區的開發》，聯經出版事業公司。

2. 陳國川 (1982)，「農村工業區對鄉村地區人口就業及外流的影響」，《國立臺灣師範大學地理研究所研究報告》，第八期。

3. 經濟部工業局 (1984)，《臺灣地區工業開發情形一覽表》。

4. 張長義、廖正宏 (1983)，「臺灣北部沿海工業區社會經濟環境影響評估」，《臺灣北部沿海工業區環境影響評估示範計畫研究報告》，行政院衛生署環境保護局，1–72頁。

5. 蔡宏進 (1981)，「臺灣鄉村工業發展對緩和人口外流成效的影響」，《臺灣銀行季刊》，32 卷 1 期，153–187 頁。

6. 蔡宏進 (1981)，「鄉居工人通勤狀況及對農業生產的貢獻」，《臺灣經濟月刊》，4 卷 9 期，17–20 頁。

7. 蔡宏進 (1981)，「臺灣地區鄉村工業人員的工作經驗及態度——兼論促進鄉村工業發展之道」，《企銀季刊》，5 卷 2 期，19–35 頁。

8. 蔡宏進 (1973)，「本省礦村社區的沒落與再發展的途徑」，《社區發展月刊》，第 2 卷 3、4 期。

9. 蔡宏進 (1983)，「印尼叢林地區社會經濟的研究與設計」，《農業金融論叢》，第 10 輯，241–256 頁。

10. Betrand, Alvin L. (1958), *Rural Sociology*.

11. Cottrell, W. F. (1954), "Death by Dieselization: A Case Study in the Reaction to Technological Change," *ASR*, vol. 16.

12. Hawley, Amos H. (1950), *Human Ecology*, New York: The Ronald Press Company.

13. Loomis, Charles P. and Beegle, J. (1957), Allan, *Rural Sociology*, Englewood, Cliffs, N. J.: Prentice-Hall, Inc.

14. Kim, Hyung-Mo (1981), *"Rural Industrialization & Rural Development, "* Chonnam, Korea: Mogpo National University.

15. Korea Development Institute (1982), "Programs for Increasing Rural Household Income."

16. Nelson Lowry, Charles E., Ramsey, & Coolie, Verner, (1960), *Community Structure and Changes*, New York: The Macmillan Company.

17. Tsai, Hong-Chin (1981), "Rural Industrialization in Taiwan: Its Structure and Impact on the Rural Economy," *Industry of Free China*, No. 6, vol. 56, pp. 17–32.

18. Tsai, Hong-Chin (1978), *The Impact of Internal Migration on Changes in Population Composition in Taiwan: 1969–1974*, Ann Arbor Michigan, U.S.A., London, England: University of Microfilm International.

第六章
社區中的社會組織

第一節　社會組織的意義及在社區生活中的重要性

一、意　義

　　社會組織具有動態及靜態的雙層意義，就動態方面看，意指人群關係趨向較持續性及較固定性的過程。就靜態方面看，則指已達成的較持續性及固定性的人群關係模式。持續性及固定性的人群關係過程及模式都相當複雜，且複雜的程度隨社區中人數的多少及其在生產與生活方面的分化程度而有差別。在人數較少、生產及生活方式較一致性的農村社區，社會組織的過程及型態也較單純；但在人數眾多，生計及生活方式複雜的都市社區，社會組織的過程及型態也較為複雜。

二、社會組織在社區生活中的重要性

　　在社區中所形成的種種社會組織，對於社區生活的維繫及演進，都具有相當重要的地位及影響，其重要性有以下四點：(1)社會組織可以發展個人的能力，以適應各種不同條件的社區生活。(2)社會組織可以增加效率，並促進個人及社區整體的利益。(3)社會組織可以制約個人的心理與行為，使其符合社區的規範。(4)社會組織可以使個人獲得情緒感受上的滿足。

　　茲就這四方面的重要性質，分別說明如下：

1.發展個人的能力適應社區生活

　　社區中的社會組織，可以發展個人多方面的能力，重要者包括領導能力、職業技能、與人適當互動的能力及特殊的專長等。這些能力的培養與發展，有賴社會組織對個人之要求及提供演練的機會，才可達成。

　　社區中的個人，通常先從家庭及友朋團體中學得一些基本社會習慣及生活技能，而後從學校中學得更專門性及較深奧的專業知識及生活能力。於離開學校後，在工作的機關或組織中學得職業性的技能及原理，且也從個人所參與的多種興趣或利益團體中，學得多采多姿的為人處事觀念與道理。

　　個人從各種不同組織中不斷的學習及磨練的過程，終使其在多方面的知識、技能與能力不斷的發展與成熟，其適應社區生活上多方面活動的能力，也因而增強。

2.增加效率並增進個人及社區整體的利益

　　許多組織的目的是在為參與組織的個人創造利益，終究也為整個社區創造利益。個人若不加入組織而單獨去求取利益，常會一籌莫展。經由加入組織，可使個人較容易獲得資源、功效與利益。由於組織的運作，個人要達到目標，獲得好處就會更有效率。

　　在組織中的個人，接觸利益的機會將會相對較大。每人加入組織的層面越廣，獲利的層面也會越為廣闊。就以社區中的企業家及財閥而言，其投資的企業越多，發財的幅度可能性就越大。近來也常見政治人物試圖接近多種組織團體，目的在求得各種組織團體的支持，藉以贏得選票。教授學者當中有者由於各種原因而不能僅屬單一學術團體，而投身於多種的學術團體或政治組織，其後果雖也有增多麻煩的可能，但也常因此而獲得更多的實質利益，包括增多收入、擴大名氣及加深對社會的服務與貢獻。

　　組織的結構及運作功能如能良好，效率就會高。效率良好的組織，其產生的總力量與總效，往往多於組織中個體力量與效果的和數。組織的功能比個人更有效率的幾個重要概念包括：⑴組織可以獲得個人所得不到的成果；⑵由組織運作的結果，可使成果的單位成本降低；⑶可以較快速度及在較短時間內達到目標；⑷可避免或減少麻煩、困難與浪費。當然組織要有效率，其結構、領導、管理、功能等都需要良好才能達成，否則不良的組織，其效率往往反而較之個人單獨行動的效率為差。

　　社區中團體及其分子於獲得利益之後，往往也可促使整個社區獲得利益。譬如當個人的發展能力增強了，整個社區的發展能力也會增強，個人的收入或所得提升了，整個社區的經濟力量也就更為增強。有時個人獲利並未必能使社區得利。譬如社區中的經濟犯，把顧客、親戚朋友乃至銀行的錢搜刮乾淨後，逃逸無蹤，個人是得到了暴利，但社區不但未得其利，反受其害。社區中的竊盜行為雖使個人得到利益，卻擾亂了社區居民的財產與安全，也使社區受到害處。社區中個人得利雖有不能與社區利益一致的現象，不過一般若是透過正當社會組織的助力而獲得利益者，卻也都能使社區同蒙其利。

3.約制個人行為合乎社區規範

通常社會組織都會參考社區或大社會的規範，發展或制定一些規則或辦法，來約制組織中的個人，使其就範而不越規。受到組織約制的個人，其心理態度及行為表現也較能合乎社區的規範，包括符合風俗、道德與法律標準等。

社區中個人最常接觸的家庭、興趣團體、學校及工作機關，在設定規矩或管理辦法時，通常都以不違反社區的規範為準則；因此等於是代理大社區來約束個人的行為，其地位處於社區與個人之間，執行管理及約束個人行為，使其合乎社區所期望及要求的條件。

個人若違反組織的規矩及標準時，組織也會參考社區規範的標準，給予個人相當程度的懲罰，如使用訓斥、記過、減薪、降級、開除或監禁等辦法來加以約制與制裁，使個人能改正自己的態度行為，合乎組織及社區之要求。

4.使個人滿足情緒感受並健全身心

組織對個人之另一重要功能，是滿足個人的情緒感受，並促進身心的健康。個人身心上受到挫折時，最可能向自己所處的組織中的其他分子求得安慰與鼓勵，藉以恢復不平衡的心境。有時也必須經由專業性的診療組織如醫院或診所等的治療，藉以改進健康條件。平時在正常的情況下，個人最易與所屬的組織中其他分子之交談互動，獲得情緒上之滿足與平衡。例如經與朋友同事間的閒話家常而使心胸暢舒，與專業性的伙伴間相互討論切磋而提升學問與工作上的成就感。此外在處於危機的情況下，個人也會因有組織中的其他分子作為協助與依賴的對象，才不至於孤獨無助，聊以安慰。

社區中不少個人為能尋求情緒感受上的滿足與心靈上的安慰，加入社區中的宗教性的組織。藉著參與此類的組織性活動，滿足於教友間的人際關係，以及與神人之間的心靈交流，對個人精神健康發生莫大的助益。社區中的個人在情緒感受上，如果都能滿足與健康，社區內就少有暴戾紛爭的氣氛，整個社區就可趨向平靜祥和，因而也有利社區的發展。

第二節　非正式組織的性質與種類

社會學家常以認識人際關係的性質為基本的著眼點，由此觀點出發而把社會組織分成**非正式組織** (informal organization) 及**正式組織** (formal organization) 等兩大類。通常在社區中，這兩類的社會組織都兼而有之，本節先就非正式組織的性質、種類、影響組織的元素及組織的功用等略做說明，於下節再論及正式組織的性質、類型及變遷趨勢等。

一、非正式組織的特性

要分辨社會組織是正式或非正式的性質，通常都由下列幾方面去著眼。這些方面包括結合的型式、規模的大小、規則的鬆緊、可存在時間的長短、分子關係的遠近等。一般非正式的社會組織，結合的型式都較自然，規模較小，規則卻較為鬆懈，維持的時間較長，而分子之間的關係都較親密，且溝通是較為面對面的。與上列性質相左的組織，則屬較正式性的組織。

社區中不少非正式的組織，可能存在於正式的組織之中。且有些組織在某些方面較非正式性，但在其他性質方面則較正式性。又有些組織有可能由非正式逐漸變為正式性，或反之由原來很正式性而逐漸變為較非正式性之情形。

二、非正式組織的類型

社區中非正式組織的類型，主要依組成分子的性質及功能的不同而分。若按組成分子社會關係的遠近而分，則可分成初級團體及次級團體；前者指分子間的關係較親密、且彼此關切的範圍常涵蓋雙方生活的全部，後者則指分子間的關係較有距離、彼此也只關切對方的一部分。再按非正式分子來源不同而分，則重要者有家庭、家族、鄰閭、友群、俱樂部、私黨及其他興趣團體等；其中家庭及家族的組成分子之間都具有血緣關係，是為其特性；其餘的組織則都建立在共同興趣或共同需要的基礎上。

近年在鄉村社區中，經由農業發展及鄉村建設的行政及輔導單位組織，建立了許多似為正式性卻又像非正式的基層組織。其具有正式的性質，乃因其有組織規程的依據；但也具有非正式的性質，乃因其中不少班員之間都是具有家族、親戚、鄰居或朋友的親密關係者。

在都市社區中，由於居民的興趣與需求越來越複雜，越來越分化，不同目的、不同結構與不同功能的非正式組織，也不斷增加，尤以由少數人所結合的興趣團體最為繁多而普遍。在許多種類的非正式興趣團體中，常具有娛樂性的基礎，然而也有將其演變而達成商業性的、政治性的或經濟性的目的。

這些非正式組織形成之初，可能僅由三兩個同性質的人所發動，而後可能逐漸擴大，且分子也越複雜，但為數也很有限，否則即會變為較正式性的組織。一般此等非正式組織的集會常是不定期的，但也有設成定期性的。近代都市社區中，許多表面看來像非正式的小團體組織，在經過仔細加以觀察後，即會發現其親密程度並不很夠，也即其組合的形式並不自然，往往勉強組合而成，貌合而神離。而其所以能維持下去，主要因其存在並無大礙，也因其中可能仍有少數人能努力地加以維繫的緣故。

三、影響非正式組織之運作元素

非正式組織之所以能存在，乃因其能不斷運行。而組織所以能不斷運行，則因其具有幾個重要元素，包括分子的認同感、團體的規範、分子間的角色地位關係、維持組織的方法、場所及設施等。茲就這幾方面元素對非正式組織存亡及續斷的影響，分別說明如下：

㈠認同感

對組織的認同感，是使分子樂於參與組織的主要心理因素，有此心理因素作基礎，個人才能誠心樂意地參與組織，並為組織效忠與盡力。雖然正式性的組織要能健全發展也需要分子具有對組織的認同感，但是因為正式組織的分子為數較多，也較複雜，故認同感通常較差；又因為正式組織有較嚴格的規則來維護秩序，故即使分子對組織的認同感較低，組織也仍可能存在並維持。然而非正式組織因為缺乏強有力的控制規則，故靠分子的認同感來維護組織的生存及活動，就顯得更有必要。

認同感的存在，可使分子把組織看為是本身的延續，把團體組織的存廢當做是自己的存亡。團體的成就與榮譽，也是自己的成就與榮譽；團體內他人之得益或受損，也等於是自己的得益或受損。有如此強烈認同感分子之團體，只要分子能存在，團體即可持續不衰。

分子對組織認同感的產生與增強，需要良好的環境與條件作為基礎；而主要的環境條件則包括優良的領導、團體性與合作性的活動與作業、良好的互動關係、以及合適的外部競爭條件等。

㈡規　範

非正式組織通常會發展出一套規範，供為組織分子如何作心理反應及如何行動的參考依據。組織的規範在正面上可引導分子作正確的想法與行動，反面上則可約制組織分子不產生與組織的理想或原則相違背的偏差思想與行為。有規範作為引導，組織才能團結，才不致分裂，於是組織也才能持續存在並發展。

至於組織規範的形成因素則有多種，有模仿其他類似組織的規範而移植者，有由組織中的領導者制定後經其他分子認定並接受者，也有非經刻意設計或制定而自然形成者。總之，一旦成為團體的規範則大致可為團體中的分子所共同認定並接受。

至於組織中的個人為何會接受並認同團體的規範，主要理由是對規範有興趣、有需要或願意承受由規範加在個人身上的壓力。興趣、需要或所受的壓力越大，個人與規範相吻合或相一致的程度就越高。

當組織中的個人違犯規範時，其他的分子即會要求其改變或修正，使其與規範一致。若個人調整失敗可能被排除於組織之外，甚至受到制裁。

㈢角　色

按照規範，個人在組織中的行動、感受與觀念，都有一定的模式，這種表現稱為規範性的角色扮演。譬如家庭中的父親，其言行就得有父親的模樣，兒子的言行就得像為兒子者的模樣。大家遵行規範扮演其角色，分子之間才能維持良好的關係與秩序，組織也才能和諧地盡功能。

規範性角色的形成與其在組織中的地位有關，身為某種角色必享有某種特定的地位，處於某種特定的地位也必須扮演相稱的角色。角色與地位若能相稱，不僅可使扮演角色的人心安理得，也可使組織中的他人處之泰然，否則如果團體中有其中與其身分地位不相對稱，則將會危及他人心理上的不平衡。譬如有人演些高於其地位的角色，將使人感到不順眼或窘困；又如果有人所演的角色比其地位卑微，則自己也可能會不舒服，別人也會不以為然。故適當的角色，應該不亢不卑。

非正式組織中的角色，不如正式組織中角色繁多與複雜，不過通常也包括領導及執行等重要角色。這些角色的形成有因個人具有先天得來的條件者，如父親或長輩的角色等；也有因個人後天特殊的優越條件所形成者，如三人行中的我師，或玩伴團體中的小頭目等。通常有領導及執行角色為之領導或發號施令，組織的功能會較有效率。

㈣維持組織的方法

任何非正式團體，通常也會發展出若干重要維持組織的方法，這些特有的方法或許不如正式組織中的規則或章程那麼強硬與明確，但其對於維持非正式組織的存在與發展的作用，仍甚為重要。有這些特定的特有方法來作為引導並管理的手段，組織的行動就會較有效率，且較不易出現錯誤，同時也可使組織保持特有的個性。

維持非正式組織的方法當中，較重要者包括領導者或執行者的治事風範、傳家的家規及秘方、或一般團體中的公約等。這些方法的形成有得自代代相傳，有得自領導者或執行者個人之構想，也有經由團體分子共同設想而成者。不論形成過程如何，最後大致會為所有分子所接受並應用。若有不予接受或不加應用的情形，雖可能受到其他分子的反對與制裁，但越是非正式的組織，對不遵守公約與不維護規範分子的制裁力量就越薄弱，制裁起來也較沒有一定的標準。

(五)場所與設備

非正式組織要能正常活動並健全發展，須有場所與設備作為基礎，這些場所設備也許是一所房子、一間辦公室、一塊土地或一些樂器、視聽器材及道具等。有較固定的場所與設備，團體分子就可經常參與組織的活動並操演專門性的技藝。組織中個人的專長於是便易發展並成熟，整個組織也可賴以健全成長。

場所與設備可以得自組織外的個人、團體或政府之捐贈或補助，也可由組織分子出錢出力籌設而成。如為家庭或家族的財產，則極可能是由上一代的祖先所遺留者。

場所規模與設備的多少及品質，與組織功能的好壞及發展的成效，會有相當程度的關係。如果活動場所太小、設備太差，都可能不利組織做好活動並盡好功能。但場所越大，設備越多，對組織功能的成長與發展，也並不就越有好處。每個組織所需的場所及設備，應有其適當的規模；在適當規模之下，組織正可為所當為，但卻也能管理得當，不致失之控制，形成浪費，或反受場所及設備的牽制。

具有上列五種條件的組織，通常都能較健全地發展。一般非正式的組織於成立之始，即應能同時注意追求這些元素或條件，致使組織能持續存在並健全發展。

四、非正式團體的功用

社區中的非正式組織，具有影響個人使其成為合適的社區分子，以及影響社區使其較易促成整合的雙重作用。茲就其對個人及社區雙方面的功用，再作分析於後：

㈠影響個人成為合適社區分子的功用

社區中的非正式組織有如介於個人與社區間的橋樑，連接了孤立的個人與社區之間的關係。個人經由加入非正式組織習得並培養許多社區的規範及文化，塑造社區概念，因而容易成為合適的社區分子，並過合宜的社區生活。

團體對個人的影響面至為廣泛，從心理的認知、態度與信仰的形成、感情的變化，而至行為的表現、角色的扮演及地位的形成等都是。個人在非正式組織中所形成的心理態度及所表現的行為活動，都有助於其對社區的了解，並習慣社區的生活方式與內容。非正式團體的領導者，很可能成為社區的領導者。個人常在非正式團體中習得容易與人相處之道，其道理也可應用到於社區內與他人的相處過程。在非正式團體中善於處理事務的分子，也可能較有能力來處理社區的事務。這些功能都是從較積極的方面看的。

再從較消極的方面看，個人在非正式團體中若有違反規範的情形，可能會遭受處罰或制裁，由是習得被罰的概念，進而可修正自己為人處事的態度與方法；此也有助於減少在社區生活過程中再次犯錯的機會。

㈡促使社區易於整合的功用

社區中的非正式組織，既具有影響個人使其成為合適的社區分子、並過好社區生活的功能，則可減少社區分子違犯社區規範，當然也有利社區中的各分子趨於整合。通常社區的領導及指揮中心，可透過社區中眾多的非正式團體或組織傳達訊息，要求各組織的分子共同接受並遵守社區的要求或規矩。個人經由團體生活的經驗，對於合乎社區要求與期望的思想與行為，認知會更清楚，且會更為正確。以社區的要求與期望作為形成態度及表現行為的準則，個人更可獲得慰藉與安全，社區也可獲得安定與整合。

　　團體的地位與功能，猶如個人與社區之間的橋樑，溝通社區的共同概念與價值給個人，也將個人的觀感及需求傳遞給社區，經社區的取捨揉合，也可能使個人的想法與意見成為社區的共同想法與觀念，有助於促進社區的和諧與發展。

　　社區中所存在的許多非正式團體之間，可能由於立場不同、利益不同，形成競爭或衝突的局面。影響所及，其所屬成員或分子間也處於競爭、衝突或對立的局面，使社區形成紛亂、爭端與不整合。社區中團體既有此種負作用，則各團體之間就應加以注意，克制私慾，不與社區的規範或共同利益作對；唯有如此，才能藉團體有效達成社區整合與生存的功用。

第三節　正式組織的性質與種類

一、社會組織正式性的涵義

　　社區中存在的社會組織除了非正式的組織或團體外，另有一類正式性的組織。在人口數量越多的社區，正式性社會組織就越普遍，故一般都市社區中的正式組織，為數都比鄉村社區中的正式組織多。社會組織的正式性，正與非正式性的涵義相反。所謂正式性社會組織，通常具有下列幾項重要的涵義：

1.以明確的正式規章或法則來維持組織的存在及延續

　　正式組織與非正式組織最不同處是，正式組織都明定規章或法則，以供為組織分子所遵行，故組織也藉此規章或法則維持其生存並延續。學校中的校規、機關及委員會的組織規程、工廠或公司的股東之間的契約及管理員工的規則等，都是重要的正式性規章與法則，作為引導組織運作發展及防止被人破壞的根據。

2.組織要求成員或分子之間以正式而片面的方式互動

正式組織中的成員或分子，都有規定的地位與角色；各種角色與其他的角色之間的互動，都應以組織所規定的模式表現。例如組織中的管理者，就有責任要求其他的人完成該完成的任務；監察或稽查的角色也需要照規定去監察其他人的業務，即使對親密的朋友也不能減免；作為下屬的成員或角色，就必要服從上級的命令或要求。縱然正式組織中也含有非正式的互動關係，譬如法外開恩、私相授受的情形，但這類互動方式在正式組織中是例外情形，也常是違規的情形；但有時也必需揉合這類互動，才不致使正式組織僵化。

3.組織的場地、設備、資源及活動程序也都甚為正式而明確

正式組織都或多或少擁有自用的場地、設備、其他資源及活動程序等，但也有些只有使用權而無所有權。不論是所有權或使用權，通常都有明確的計畫、規定及記錄，而不含混與隨便。正式性組織中的人員通常為數較多，故不能像非正式組織可隨時就地開會或作其他活動，要作任何活動前，常先要預作準備場地，且通常也要有固定的通訊與辦公地點。對於組織分子如何使用場地設備及其他資源，通常也都有明確的規定，如此可避免因不公平而形成的紛爭與衝突。開會及活動不論是否為定期性，都要事先預作安排，一來使成員能方便參與，二來則可避免誤會。

4.組織有正式的階層結構與通路

正式組織之另一特性是，組織有階層結構與通路。因為通常正式組織的成員較多且也較為複雜，亟需有合理的組織結構，才能結合一體，不致散亂。正式組織的結構通常都具有階層性，也即有上下層次之分，在上者有權力指揮或命令下層，下屬則有義務服從及聽信上級的命令或指導。上級對下級的關係具有權威性。組織的相同層次之間也具有分門別類的性質，同級不同類之間的安排通常都依性質與功能的不同而劃分，然而上級與下級之分則往往因掌握的資源，包括財物、能力、關係及信息的有無及多少之不同而定。結構中各種層次的職位之任命、更換或撤銷，都要經過正式的宣布程序。

　　在正式組織的階層結構中，消息與意見的溝通有一定的管道，這些管道通常也都是經過規劃而確定下來的，有時通路可以更改，也必需被更改，但正式的通路要更改時，就需經由正式的會議討論或命令的程序。

5.其他的正式性質

　　除了上列四種重要的正式特性外，社區中的正式組織還常包含其他許多重要的正式性質，例如成員加入組織時要經由正式的管道，經由正式的任定儀式或手續。正式的目標也要經明確正式的途徑加以規定，雖然可以修正，但是在修正時也常經由正式的過程。組織領導人物的產生、運作及更換，也都有正式的規定為之依據，且要經由正式的手續。即使組織要解除，也都有明確的規章作為行動依據。

　　總之，正式組織與非正式組織相互比較，顯得較為明確，較有規則可循，然而也因此較為僵硬而缺乏彈性。因為這種缺點，故正式組織中常摻進非正式的組織與關係為之運作，使其較有柔性，以應付各種不同的情形。然而正式組織中的非正式組織及關係，若影響作用過分強大，則又有破壞正式組織的規則與制度的危險，故運用者也不能不更加謹慎，需適可而止。

二、社區中正式組織的類型

　　社區中正式性社會組織的分類有多種依據的標準，其中以功能及關係型態兩項標準最為重要。一來因為組織之目的是在行使功能，故功能是組織形成的重要考慮因素；二來組織的性質及運作，因成員之關係型態之不同而大有差別。除了以功能及關係型態作為分類的依據外，也可依照存在的時間、參與人數的多少、所在的地點、結合力種類的多少及興趣的種類等不同而定。此處僅就功能及關係型態兩個層面加以分類。

㈠就功能而分

　　美國的社會學家**魯米斯** (Charles P. Loomis) 及**畢格** (J. Allan Beegle) 把社會分成多種次級體系，包括宗教、教育、政府、衛生、圖書與傳播等，這種分法也可供為我們劃分社會組織功能類別的參考架構。從不同功能別的角度著眼，則可將社區中的重要正式組織類別列舉如下：

　　(1)**生產類**：工廠、農場、漁業公司及礦場等。

　　(2)**文教類**：各級學校、書店、出版社、補習班、社教館及圖書館等。

　　(3)**衛生類**：各式醫院、診所、理髮廳、美容院及藥店等。

　　(4)**政府或政治類**：各級政府機關及政黨組織單位等。

　　(5)**宗教類**：各種教堂、教會及廟寺等。

　　(6)**飲食類**：各類餐館、飲料店、食品商店及酒吧等。

　　(7)**交通運輸類**：鐵路、公路、計程車、貨運、船運及航空公司與組織等。

　　(8)**傳播類**：各種廣播公司、電視臺、廣告社、報社、雜誌社等。

　　(9)**社團類**：各種學社、學會、協會、工會或委員會及農民組織等。

　　(10)**商業及服務類**：各種公司、商店、及服務機關等。

　　(11)**娛樂類**：各種戲劇團、動物園、遊樂場等。

　　上列各種機關或組織各有其主要功能，且每類的主要功能各不相同，各種功能都為社區中的個人所需要，也為社區分化所必須。社區中不同功能種類的組織數量不一，不同類的組織消長也因時而異。

㈡依成員的參與方式及關係型態而分

　　正式組織的個人或分子加入組織的方式會有不同，與他人關係的型態也會有所不同。就參與方式而分，包括志願性及強制性，又就其分子的關係型態而分，則有寄生性的組織及互利性的組織。

　　在民主自由的社會，存在於社區中的多數社會組織都是志願性的，也即成員都是志願而未受壓迫地加入的，且於不願參與時也可自由地退出。這類組織包括時下已甚流行且相當普遍的學術團體、青商會及婦女會等組織。

　　社區中也有若干組織是屬於強制性的，因國民服義務性的兵役而加入軍隊，即是強制性的一例。犯人須在監牢中服刑也是強迫性的，加入黑社會組織，往往也有「人在江湖，身不由己」的強迫性質。黑社會分子通常都要聽從組織的指揮，且不能輕言退出組織，否則可能有殺身之禍，可見受組織強迫性牽制的程度之深。

依組織分子關係型態而分的寄生性及互利性組織，在性質上也頗不相同。多半的志願性組織也都屬互利性，即加入組織的分子彼此都期望從他人及組織中獲得好處，事實上也確能彼此互惠，共獲好處。一個工廠或公司是一種互利性的組織，老闆利用伙計生產或辦事，使組織發財，老闆從中獲得利潤；伙計從中則可獲得用以維生的工資或薪水。有些互利性的組織目的不是為能賺錢，而是參與的成員為能獲得其他的目標。

有些組織可能只對部分分子有利，對於其他的分子無利；也有些組織雖對所有的分子都有利，但其中一些分子顯然寄生其中，企圖獲得較他人為多的利益。照說在組織中得不到利益或得不到合理利益的人，可能企圖脫離組織，也可能導致組織的崩潰；但有些組織在有人寄生的情況下，卻也還能持續存在，其中有些因為寄生的現象未被發揭，另有些是因為被寄生的分子乃心甘情願接受寄生，或被強迫去接受寄生，自己無力反對或退出。常見扒手集團的主腦人物威脅弱小的部下做案，供其花用，主腦卻寄生其中。

以上就功能的不同及成員參與組織方式及關係型態，而列舉各種不同類型的正式組織，不同類型組織的目標、用途及組織結構等的性質都可能會有不同。事實上可以用來分辨組織類型的指標還有很多，隨著社區人口的增多，分工的複雜化，以及興趣分化的趨勢，正式性社會組織的類型乃有增無減。各種類型的正式組織隨著社區變遷的大趨勢，在性質的變化上有差異，但也有共同性。如下進而說明在社區變遷的過程中，正式組織的重要趨勢。

三、社區變遷與正式組織的趨勢

近代社區變遷的重要趨勢之一，是人口集中都市社區。都市社區因人口的膨脹，分工與興趣也越複雜而精密，影響所及，社區中的正式組織也發生劇速的變遷，其中最重要的變遷趨勢有三：(1)數量增多，(2)規模擴大，

(3)結構科層化。茲就這三方面的趨勢，再作進一步的說明如下：

1.正式組織的數量增多

　　每個正式組織的形成，先要有足夠數量的人員；而每個人能參加的組織數量，也隨社區中組織的增加而增加。當社區的人數增加時，也表示可以成為組織成員的數量增加，終會導致社區中組織數量的增加。各社區正式組織數量增加的幅度及速度，與社區人數增加的幅度與速度有極密切的關係。就以人口增加最多最快的社區臺北市為例，組織數量的成長也相當快速。從民國五十七年至七十三年的十六年間，臺北市的人口數由 157 萬 9 千餘人增至 238 萬 8 千餘人，共增加 51.2%，這期間各類營利事業家數則由 37,950 家增至 163,940 家，共增加 3.32 倍，也即在七十二年的數量為五十七年數量的 432%。此外非營利性的學校機關等組織的數量，也增加很多。

2.組織的規模趨於大型化

　　近代正式組織的另一重要趨勢，是規模的大型化。雖然不是所有的正式組織都有大型化的趨勢，但正式組織多半都呈此種變遷現象，主要原因是大型化有利於效率的提高。組織變大可使單位成本降低，並使效率提高。工廠擴大有利生產量的提高及品質的改良，因而有利在國際市場上競爭；貿易組織的擴大，有利消息及商品的流通，故也可增強其競爭力及利潤；農場經營規模的擴大，有利於機械化之推行，也可降低經營成本及增加收益；學校規模擴大，可使學科更為分化，因而也可提高其學術地位及聲望，若係私立學校則又可增加學費收入，改善學校設施及教員品質。

　　另一影響組織大型化的重要原因，是設備的自動化。自動

圖 6-1　機械化雖然節省了人力成本的開銷，並提高總生產量與總資產，但機器維護及建設的成本也增加了。

化後，組織必須以較多的人員、較高的資本、以及較大的場所加以配合，否則無法運作。一般自動化程度越高的工廠，組織規模也越龐大；雖然其員工數量有可能被機械力取代而減少，但工廠的產品及附帶的設備，通常都越擴大。

3.組織結構趨於科層化

組織的規模由小變大，分工也趨於精密，組織的結構也趨於更複雜，上下之間的階層性隨之出現。上層對下層產生權威性，有下達計畫、命令及指揮監督的權力；下階層對於上階層也需有遵守服從的義務。各不同階層與不同部門之間的交通與互動，都以法定的規矩為依據。組織中的各人都依角色而行為，不能出現帶有私情或不遵法則的行為。

科層組織各部門之間分工的結果，是功能趨於專門化。各部門常有其特殊職能，故都以達成此特殊職能為主要目標。不同部門間雖有相互支援的必要，但支援的範圍及途徑都受規則所限制，不能互相侵越其他部門職權之範圍。

組織科層化的另一特性，是整個組織的結構成為底寬頂尖的形狀。越是底層的人數越多，越是上層的人數則越少，通常都出現由少數人居於高層領導的局面。各階層導領者管轄的廣度及深度，依規定不同而不同，有者管得寬而淺，有者管得狹而深。在兩種總人數相同的組織，若領導結構屬前者，則最上層與最低層的距離會相對較少；反之若係後者，則最高層與最低層的距離就會拉長。

組織科層化的另一種重要現象，是技術性或專業性資格在組織中具有重要地位。當前較上軌道的企業組織或政府組織，為能謀求組織的發展，都特別重視專業技術人才的網羅與運用。這類組織中多半設有研究發展部門，禮聘專家處理較困難的事務，給予專家相當高的待遇及自由的行動，以謀組織的發展。在不少正式組織中，具有特殊技術的人往往也能升任為管理者或領導者，如擔任經理、廠長等重要領導職位。

常見規模龐大科層化程度又高的正式性組織，包括政府機關、綜合醫院、大工廠、大商業機關，以及軍隊等。這些組織所包含的人數眾多，層次部門也繁多，但都有複雜的規則使其連結成一體。

第四節　組織管理的原理

一、組織管理的重要性

當今社區中的組織有越來越多的趨勢，且組織也有趨於複雜化的性質。每個人所參與或關聯的社會組織也不只其一，組織的管理乃越來越有必要，管理之目的即在改善組織的結構及功能，使組織的結構更合理化，功能更能發揮與擴大，對個人作更佳的服務與貢獻。

隨著組織管理必要性的提高，有關組織管理的理論概念及實務的研究也越來越發達。本節提出近代組織管理學上的三套重要概念，就其重要原理及概念作重點式的說明，供為社區內的各種組織管理者之參考，藉使社區中的各種組織能健全發展並盡好功能。於此所要介紹並說明的三套近代組織管理學上的重要概念是：系統管理的概念，程序管理的概念，以及行為管理的概念等。

二、組織的系統管理概念

㈠組織系統的概念

此種組織管理學派的基本著眼點是把社會組織當成一種社會體系看，也即把組織看成包含許多小體系的實體，各小體系之間有密切的關聯性，聯合為大體系盡功能。其與外界的環境之間也有關係存在，外在的環境且可被分成許多次級體系，重要者包括自然環境體系、人口體系、經濟體系、政府及法律體系、技術體系及國際關係體系等。這些體系都成為組織體系的外在環境因素。

組織本身的體系按運作過程可大致分為投入及產出兩大部門或兩大系統，在投入及產出的部門又分別可以細分成許多的系統或部門。就以企業組織而論，投入系統中以各種資源系統最為重要，故可將重要資源分成人力系統、財力系統、設備系統及資料系統等。而在產出的系統或部門又可按產品的種類、行銷的地域及行銷過程，來加以細分。

㈡系統管理的概念

系統管理的主要概念，即在注意關照組織內外體系及內部的投入與產出之各體系的結構及功能，使之能有妥善的連結與安排並盡好功能，以達成組織的目標。

對於組織的外在環境系統，組織的管理者通常很難加以影響或改變。故管理的要點都著重在認識了解環境條件，並引導組織去善作適應。譬如對於政治及法律環境條件，管理者要設法去了解，使組織的運作能順應政治變遷，也不違犯法律。對於人口環境也應經由詳加了解，以作為組織運用人力及設定目標之參考依據。

至於對組織內部投入系統的管理重點，則包括了解性質、開闢來源、有效利用、及善加維護及補充等。就以人力資源的管理而論，先得決定需要何種人力，再去網羅或取用適當的人力，且進而也應注意有效並適當去加以利用，且要注意人力的儲備、改進與維護等。

至於對產出部門的管理要點，則應側重在促銷的管理上。組織若係為企業機構，則管理要點顯然應包括建立促銷網絡、善用廣告、分門別類、保持品質以獲得良好的售價。若以學校組織而論，則應著重對畢業生的就業介紹，校友的聯繫及運用，及對外的服務品質等。以上是就舉舉大端而言，至於細部的管理方法則更為複雜並具巧妙性。

三、組織的程序管理概念

所謂組織的程序管理概念，是指將組織在往目標達成的過程劃分成不同階段，並在不同階段作不同重點及不同性質的管理。重要程序與階段包括：⑴計畫、⑵組織、⑶下達命令或指派、⑷協調、⑸考評及控制。

在第一階段的計畫過程中，管理的要點包括：⑴設定適當的目標，⑵

預測環境條件及可能的影響，⑶評估組織本身的條件以作為計畫方案之基礎，⑷發展可行的方案，及⑸選擇方案等。

在第二階段組織的過程中，管理的重點無非是包括人事安排、建立權威概念、就工作加以分工、並融合非正式關係與正式組織等。

下達命令或指派工作階段的管理要點，則包括將適當的任務交託給適當的人選、及對不同的人指派不同的工作。下達或指派的道路及方式，也應講求適當。

協調過程之必要性，乃因組織內部的各部門之間存有衝突性或不調和的現象，故協調的工作應重在重新調配工作或任務，使各方面的關係變為更和諧，彼此間的連結更牢固，溝通更順暢。協調過程中的重要課題包括應由何種適當人選出面，以及應以何種適當方式進行。

考評控制過程的目的在於矯正偏差與錯誤。為達此目的，則考評與控制過程通常都先經過設立標準，進而衡量實際進度與標準的差距，而後針對差距採取矯正行動。經過考評與矯正的過程，組織各部門便可減少浪費與差錯，功能因而可以改善。

四、行為管理的概念

此種管理概念著重對組織中個人心理態度的啟發及行為的約制，使其能為組織效命，促成組織的整合與發展。

行為管理的重要概念包括動機的引發、角色地位的適當配合、團體分子間保持良好的溝通與互助、及領導力的發揮等。管理的目標則在促使組織中的個人能朝理想的目標努力，表現良好的行為。

為能引發個人為組織效力的動機，管理的要點應包括了解個人的性格及影響動機之因素，巧於設計，使個人忠於組織，為組織效勞的動機提升。對於具有善良人格的分子，適當的引導法是多用正面的鼓勵。但對於本性頑劣者則應處以懲罰，來抑制其不良動機，使其矯正。

對於角色地位配合的管理概念，最重要的原則是使組織分子的角色與地位相一致，此外也應指派適當的人選擔任適當的角色。角色的訓練與培養，也為重要管理內容。此外管理範圍也應擴及對衝突的化解等。

對團體動態過程中所應強調的管理內容，則應包括設法使團體分子間增多互動，改善彼此間的溝通，避免衝突的發生，且還應進而結合團體分子及各部門，使其發揮團隊精神與關係，共同為組織努力。

使領導力善作發揮與運用，也為重要的行為面，故也應加以注重及管理。重要的管理途徑也包括了慎選各階層領導人物，使領導者確能產生領導效果。為使領導力能適當發生效果，則應特別注重領導權力之建立及運用。

 ## 本章參考文獻

1. 許士軍 (1983)，《管理學》，東華書局。

2. 蔡宏進 (1983)，《臺灣社會的發展與問題》，漢新出版社。

3. 蔡明哲 (1981)，《都市社會發展原理》，日勝印刷事業公司。

4. 謝高橋 (1982)，《社會學》，巨流圖書公司。

5. Blau, Peter, M. W. Richard Scott, (1962), *Formal Organization*, San Francisco: Chandler Publishing Company.

6. Ftzioni, Amitai (1964), *Modern Organization*, New Jersey: Prentice-Hall Inc..

7. Kast, Fremont E., & Rosenzweig, James E. (1979), *Organization and Management*, New York: McGraw-Hill Book Company.

8. Weber, Max (1966), "Characteristics of Bureaucracy, " In Inkeles, Alex (ed.), *Readings on Modern Sociology*, New Jersey: Prentice-Hall Inc., pp. 65–70.

9. Loomis, Charles P., & Beegle, J. Allan (1957), *Rural Sociology*, New Jersey: Prentice-Hall, Inc..

10. Mills, Theodore M. (1967), *The Sociology of Small Groups*, New Jersey: Prentice-Hall, Inc..

11. Nelson, Lowry, Ramsey, Charles E. & Verner, Coolie (1960), *Community Structure and Change*, New York: The MacMillan Company.

12. Olsen, Marvin E. (1968), *The Process of Social Organization*, New York, Chicago, San

Francisco: Holt, Rinehart and Winston.

13. Voich, Dan Jr., & Wren, Paniel A. (1968), *Principles of Management: Resources and Systems*.

第七章
社區的價值與文化體系

第一節　價值體系與文化體系的意義

　　社區中的價值體系及文化體系，都是社區結構的重要內涵。研究社區不能忽略此兩方面的性質，否則對社區的內涵即有所遺漏。

　　所謂社區中的價值體系，就是指有關社區中多數人共同想法、信念及喜好，通常也是社區中多數的居民所要共同達成的目標或境界。社區中多數人的行為及行動，都圍繞著價值體系而表現出來。

　　社區價值體系，可說是社區文化體系的主要部分。而社區的文化體系是指社區中的人為過社會生活所創造、所使用或表現的一切事物的總稱，包括了有形的器物，如建築、裝飾及其他用具、物質等有形文化，及無形的知識、信仰、價值、藝術、道德、習慣、法律、制度等無形或精神的文化。其中社區的價值體系可說是社區文化之母，因為不論是社區的物質文化或非物質的文化，都是根據價值體系而創造或發展出來的。

　　更明確的說，社區的價值體系與文化體系是分不開的，價值體系可說是文化體系的一環，且是決定文化形成與發展的主要因素。因為社區中的人要創造什麼器物或過什麼生活方式，必以其心目中認為有價值者為目標。至於如何去創造或發明，通常也都使用社區中的人認為正當且有價值的方法。反觀社區的文化遺產，也會影響社區居民的價值取向。通常社區居民在判斷何種事物為有價值，或如何才是正當的處事方法時，也都以過去的風俗、習慣、道德及法律為參考依據。一般都不輕易冒犯社會規範，以免不被接受或被處罰。

第二節　社區價值體系的重要性質

　　社區價值體系的性質，可從以下幾方面進一步了解。

一、社區的價值體系與泛社會的價值體系具有相關性

　　社區的價值體系來自大社會的價值體系，兩者大致相同，幾乎是相一致的。一個對外交通發達、民風開放的社區，其價值體系與廣泛社會價值體系的一致性必高，否則如果社區的交通不便、民風又閉塞，則其價值必自成體系，與外界文化相同的一致性就較低。

　　社區的價值體系與所在大社會價值體系會相一致的原因最主要者是，兩者同樣處於相同的政治體系之下，其人種及文化遺傳也大同小異，故社區分子的想法及喜惡，大致與外界大社會分子的想法及喜惡相同。如果大社會的政治制度與價值是崇尚民主的方式，小社區中的政治制度與價值也會傾向民主，否則必有人會加以指責與反抗；反之，在獨裁專制社會中的小社區，既難流傳民主的價值觀念，也無法獨行民主的政治制度，否則一定會受到外來政治力量的壓制。

　　雖然小社區的價值體系大致不會脫離大社會的價值體系，但兩者間並非百分之百的吻合。社區常因地理環境的特殊性，或因特殊的種族及傳統的觀念等其他因素，而發展出特有的價值觀念系統。例如濱海的社區對於海的生產價值乃特別重視，把海看為可以撈魚苗、捉魚蝦及養蛤蠣等的有價用途。其宗教信仰體系中，海神的地位便占了最重要的分量。反觀原住民社區的居民，價值體系中特別著重山的因素，包括重視山產、崇拜山神等，都是其特殊的價值觀念。這些社區特有的價值體系，就稱為社區的次文化。

二、社區價值體系可分成目標性及方法性兩類

　　所謂目標性的價值，是指社區居民所想要或不要、達成或重視的價值。如為想要達成或實現者，必是其感到喜好者；而不想要達成或重視者，則屬其禁忌部分。其所以要達成或實現的原因，有者是主動要去追求的，也有的是被動地受到壓迫或要求去實現的。價值體系中有者是很明確具體的，也有者是較為抽象的。前者可用提高所得、增加收入的價值為例，後者則可用增進幸福與快樂的價值作為例子說明。

　　所謂方法性的價值，也可稱為是手段性的，是為達到目標，在方法上

的想法與觀念。一般有價值的方法或手段，常是指可以有效達成目的者；但有時因受到規範的約制，某些方法或手段雖然有效，但卻是被看作不具價值的。譬如以求乞、欺詐或偷竊的方式去獲取財物雖然有效，但卻是不合乎一般的價值觀念，因為這些方法違反了社會的規範。總之方法性的價值本身不是追求的最終目標，只是用來達成目標的手段。為能發財，重要的方法性價值是勤奮工作，為能達成婚姻與家庭生活美滿，重要的方法性價值則是負責體貼，安分守己。為能達成身心健康的目標，則重要的手段性價值是保持良好的衛生習慣與行為，包括飲食接物的清潔及適時體檢與就醫等。

三、價值有外顯性及隱含性之分

社區中的價值體系，不論是目標性的或手段性的，都可分成**外顯性** (explicit) 及**隱含性** (implicit) 兩種層次。所謂外顯性的價值，是指較無遮攔、容易顯露於外的價值，通常是較長久存在的價值，故也較易為一般人所看到、感受與了解。而所謂隱含性的價值，是指較深藏不露、埋藏在表面之下者，這種價值也常是較新形成的價值，其對於已存在多時的傳統價值常具有挑戰性或批判性，故也常為社區中一般人感到陌生與新穎。外顯性的價值通常有助維護社會的結構與秩序，故較具有阻擋社會變遷的性質，但隱含性的價值則較常具改革性及挑戰性，故較易引導社會變遷。

外顯的價值與隱含的價值，通常都並存於社區的價值體系中，形成價值的**雙元性** (dualism)。譬如我們既重視社會與政治的革新與進步，但也愛惜安定。又如我們很重視經濟發展，但也很注重環境保護。又如我們既很強調增進個人財富，但更強調生財有道的傳統美德。個人接受正式教育是有價值的，但不論教育程度如何，其真正的才識與氣質也甚重要。我們固然常會讚羨一個人的功名，但更重視他的為人之道。反過來看，社會上雖很重視誠實的價值，但當一位奸商成了巨富名人，大家也常不再計較其過去的傷風敗德，反而會讚嘆其才幹與能力。這類雙元性的價值觀一顯一隱地並存於社區之中，常使社區的價值體系為之複雜與混亂，我們乃常感嘆社區中無一明確之價值標準。然而因為隱含性的價值常是由社區中的少數較高階層權威人士所操作的，所帶動的，故也須由高階層人士妥善選擇並引導，才不致使社區或社會的價值體系失之混亂，致使社區居民無所適從。

四、價值體系的結構性

存在於社區中的多種價值之間有其關聯性，個人在追求有價值的目標時，應注意將其作一適當的安排，達成起來才有效率。個人會把某些價值放在價值體系結構中的較低層次，另些價值則放在較高層次。常見我們社會中一些未受完整教育歷程的人，常把賺錢的目標或價值列為前位，至錢賺得差不多了，再把獲取學位當為重要價值，而後也有贊助公益及服務事業，以博取熱心公益的美名者。但另有不少人把求學受教育當成最基層的價值性目標，等到完成完整的教育之後，才繼續就職賺錢，再進而追求其他的價值與目標。

總之，社區中的價值體系也含有結構性，所謂結構性則含有兩項重要的意義，其一是各價值之間有上下前後之分，其二是各價值之間互有關聯。當社區在考慮作計畫性的發展與建設時，價值性目標的結構性即明顯出現。有些目標的完成被列成優先，有些被列在其次。

價值與價值之間的關聯性，會出現多種不同的情況，其一是指某一價值之形成或發展，須以他種價值作為基礎，另一種情形是兩者間相互能幫助，故可相輔相成。但也有兩者間存在著衝突之局面，不能相互並存。最後一種情形就如我們俗語說的「魚與熊掌不可得兼」。

社區價值體系結構性的另一重要特性，是會因時間及因情境不同而有不同之改變。平時社會價值都要求愛惜生命，戰時政府則會鼓勵人民為國捐軀，即是一明顯例子。社區貧窮的時期，大家都把節儉勤奮當成重要價值；等社區財富累積多了，則又大加鼓吹消費休閒的價值。

第三節　臺灣各種社區的價值體系

　　臺灣各社區之間的價值系統，有許多共同的層面，也各有特殊的性質；社區間共同的價值系統，也即是臺灣社會的重要價值系統。這些價值系統的形成與延續，和傳統的中華文化之間有很密切的關係，也受歷代外來文化所影響，此外更受各種社會情境及變遷的影響，及當前的政策所引導。

　　社區的特殊價值，與其特殊的地理人文條件有關；這一類的重要價值，以各地特產的製造及加工最能代表。此外一些特殊的風俗習慣及宗教慶典等，也可作為例證。

一、共同性的重要價值體系

　　有關臺灣各社區的共同價值系統，尚缺乏完整性及系統性的資料。我國的社會學家、文化人類學家及心理學家，曾作過零星的研究與分析，如文崇一曾調查我國的職業聲望，楊國樞則曾調查大學生的價值觀。美國的學者則曾將美國重要的社會價值作一整體統合性的例舉與指明。依據美國社會學者的指明，美國社會的重要價值體系包括自由主義、民主化、科學化、個人主義、物質主義、講究進步及效率、單一宗教觀、一夫一妻制、重工作及成就、以及注重組織的大型化等。

　　臺灣各社區的共同性價值系統，可從中國人傳統的性格與道德規範中去尋得根源。有關中國人傳統的性格與道德規範，李亦園教授曾引介了美國漢學家瑞特 (Arthur Wright) 所列舉的十三種中國人的行為典範，也可代表中國人的重要價值系統。這十三種典範是：㈠服從權威；㈡服從禮法；㈢尊重過去與歷史；㈣好學，尤其是好學正統的經典；㈤循例重俗；㈥君子不器；㈦漸變的改革；㈧中庸之道；㈨與人無爭；㈩任重致遠；㈠自重與自尊；㈡當仁不讓、不妄自菲薄；㈢待人接物中規中矩。李氏進而指出重孝道、夫婦相敬如賓、及女子重三從四德等，也都是中國傳統社會的重要美德（李亦園，66 年，41–48 頁）。

楊國樞教授研究過當時臺灣地區大專青年的價值觀念與思想態度，研究的結果分別指出大學生在：⑴最可貴的人生成就，⑵重要的個人特徵與行為，⑶最喜好的個人生活目標，及⑷政治態度等各方面的重要價值態度。茲就研究的結果在各方面的前數項重要價值，列舉如下：

⑴最可貴的人生成就依次是：健康，學問，品德，友誼，愛情，財富，地位及權勢等。

⑵重要的個人特徵與行為依次是：孝順和尊敬父母，愛護自己的國家與民族，培育良好的品格，培養公德心，遵守法律與秩序，了解自己的社會與環境，計畫將來，鍛鍊身體，努力讀書，愛護及幫助別人等。

⑶最喜好的個人生活目標則依次是：婚姻成功且家庭美滿，運用頭腦且追求知識，了解自己且面對自己，收入豐富且生活舒適，安全自足且生活穩定，被人喜愛且被人需要，幫助他人且服務社會，快樂活躍且享受人生，寄身田園且接近自然，有所成就且揚名於世等。

⑷對於政治的重要態度則包括：重視國家安全，及崇尚民主政治等（楊國樞，73 年，59–84 頁）。

上列楊國樞所指出的大學生的重要價值觀雖不能代表所有社區居民的重要價值觀，也未包含大學價值體系的全部，但從中卻也可以窺見臺灣各社區若干重要價值觀念的一般情形。

我國著名的幽默文學大師林語堂博士，在其一本英文版的《吾土吾民》(My Country and My People) 書中，曾提及中國人的重要性格及心態包括如下幾種：⑴成熟 (mellowness)，⑵忍讓 (patience)，⑶漠視 (indifference)，⑷老謀深算 (old roguery)，⑸太平主義 (pacifism)，⑹自足 (contentment)，⑺幽默 (humor)，⑻保守主義 (conservatism)，⑼聰明 (intelligence)，⑽柔弱 (feminity)，⑾缺乏科學 (lack of science)，⑿邏輯 (logic)，⒀直覺性 (intuition)，⒁富於想像 (imagination)。(Lin, 1935, pp. 42–94) 上列的各種特性有些帶有幽默式的挖苦成分，或許不能十足採信，但也無不可供為了解中國人與臺灣地區居民重要價值體系的參考。

有關臺灣各社區共同性的價值體系，除可從上列文獻中察覺到數種重要價值觀念外，也可由一般的觀察與想像中去獲得。我們似乎不難看出臺灣社區居民的價值體系中，普遍被看得很重要者有追求財富、增進物質生活的水準一項。這種價值觀念之增強，乃因社會國家以經濟發展為主要建設方向所使然。

二、各社區間特殊性的價值體系

臺灣社區的種類，大致可分成都市社區與鄉村社區兩大類，在鄉村社區之中，又可依其主要生計方式，細分為平地農村社區、山地農村社區、礦村社區、鹽村社區及漁村社區等。都市社區與鄉村社區之間的價值體系可能有別，不同的鄉村社區之間的價值可能也有差別。在美國的研究曾發現，都市社區及鄉村社區的居民，對時下所強調的經濟發展及環境保護兩種重要價值的觀念不同。居住在都市的居民因為就業機會較為良好，但環境污染的問題較為嚴重，故一般比鄉村居民較重視環境保護的價值；反之在鄉村社區的居民，因為環境被破壞的程度較小，但就業機會則較差，故比都市居民重視經濟發展的價值。美國這個研究的發現，也可能從臺灣的都市及鄉村社區居民之間價值觀念的差異得到證實。(Marsh & Christenson, 1977, pp. 101–107)。

筆者在民國六十一年時曾調查研究過各種不同類型鄉村社區的發展問題，包括平地農村、山地農村、漁村、鹽村及礦村等五種類型的鄉村社區，研究的範圍也涉及不同社區的居民最需要政府幫助解決及發展的事項，結果發現在五類不同鄉村社區，居民提出最需要改善的項目各有不同，足見在不同類型鄉村社區居民的心目中，重要的價值體系並不盡相同。調查結果是，在平地的農村社區最需要改善的事項是提高收入及改善生活環境；山地的農村社區較需要改善的項目則除了提高所得外，也包含開闢對外的交通道路；漁村社區則最注重改進水污染及漁船等生產工具；鹽村社區則把提高鹽價及改善用水視為最值得改善的項目；礦村社區認為最需要幫助及改進的項目則有引進工廠、增進就業機會、改進醫療及防治災變等。上列各種不同社區居民所提最需政府幫助改善的項目，也是其心目中最值得推動發展的項目。不同的需求項目，顯然與其所在地區生計資源條件及謀生方式，有直接的關聯（蔡宏進，63年，29-38頁）。

　　至於當前都市社區的價值體系，似乎也缺乏完整的資料可供參考。不過由於都市居民的背景種類甚多，故可推知其價值系統必定甚為複雜。近年來由各地市議會議員的質詢、學者的言論、記者的報導及小市民的投書等訊息，大致也可測知當前一般市民感到最需改善的項目包括：消除竊盜問題、整頓交通秩序、改善空氣污染及環境的髒亂、增加公園綠地、改善住宅條件、及改善市政機關的服務態度等。這些需求完全反映市民日常生活的重要價值取向。

第四節　社區中文化體系的一般性質

　　上節討論的價值體系，可說是文化體系的一部分；但文化所包含的層面，遠較價值體系為廣。從文化的定義可知，文化涵蓋了物質及非物質兩大部分。前已言及，就物質文化看，範圍包括各種有形的創造物，如建築、衣飾及日常家庭用具、交通工具及各種科學儀器等；至於無形的文化則除了價值觀念一項外，還包括風俗習慣、道德法律、語言、藝術及宗教信仰等。

　　有關文化的性質，文化人類學者及社會學家都作過許多的詮釋，本節先扼要地從認識廣泛文化性質的角度，來了解社區文化的若干重要特性，進而試對幾種重要社區文化的性質及涵義作進一步的探討。

一、社區文化的一般性質

　　社區文化體系，通常與外界的泛文化體系是相通的；故在開放的社區，大部分的文化內容與外界泛文化體系一致性高，特殊性較低，故泛文化體系所具有的若干重要性質，也為社區文化體系的重要性質。一般文化的重要性，約可摘要成下列諸點：

1.累積性

所謂累積性，也即由少而多的過程。在這過程中，文化的性質也由簡而繁，由淺而深，由易而難，且由實質而抽象。這種累積性，充分代表了文化的發展過程，過去累積的文化乃成為今日文化的基礎，而今日的文化又將成為未來文化發展趨勢的基礎；代代相連，綿延不斷。

2.有普遍性及特殊性之分

文化體系中有可適用大多數人群的部分；各地社會都共有或通用的部分，也有因團體之不同而異的部分。前者如穿衣、住屋及使用語言等文化現象，後者則如各團體因地理、年齡、種族及職業的不同，所發展出來的**副文化**或**次文化** (subculture)。此種副文化若係屬某一種族所特有，則可能成為**種族中心主義** (ethnocentrism)，即某種族認為自己的文化是最優秀的文化。

3.有理想文化與真實文化之分

所謂的理想文化，是指文化對理想行為標準的期許，故也是正式的規範；而真實文化則是實際表現的行為。真實文化有者與理想文化相一致，有者則叛離理想文化。

4.文化具有相對性

文化的相對性是指，不同社會團體的人因具有不同的價值觀念及規範，故即使其行為的方式相同，其代表的意義也不同（謝高橋，71 年，179–210 頁）。

二、兩類社區的文化體系

有關社區文化體系，大致可分成二大類別說明，第一類是都市社區的文化，第二類是鄉村社區的文化。臺灣的鄉村社區尚包含漢人農村社區、客家農村及山胞社區等三小類，其間的文化根源略有不同，唯經長久的交流，至今已漸少差異，故也可不必再多加細分。有關都市與鄉村兩類不同類型社區的文化性質，則分別於後面兩節加以敘說。

第五節　都市社區文化的性質

這類社區文化最為複雜，變化也最大，乃因都市人口眾多，都市化的進行也極快速之故。總體而言，都市社區的文化與鄉村社區文化差異頗巨。近來這類社區的文化，與世界各地都市社區的文化有頻繁的交流機會，故各國都市文化間的差距反而日趨縮短。在美國的紐約及洛杉磯、日本的東京及香港、新加坡等都市發生的事物，很快就會流傳到臺北，故外國學者對都市文化體系的了解，也可供為我們了解本身都市文化體系的參考。

一、沃斯的都市生活方式論

美國的都市社會學家**沃斯** (Louis Wirth)，對於都市的社會文化性質有獨到的看法，他將所看到的重要性質發表於其名著**「都市性作為一種生活方式」** (Urbanism as a Way of Life) 一文，他在文中指出諸多都市生活的特色，這些特色即可代表都市文化的特性，重要的內涵可摘要如下 (Wirth, 1964)：

1. 都市社區為人類社區的一種重要形態，此種社區的性格、性質及文化方式，與另一種形態的社區，即鄉村的性質，頗不相同。

2. 影響都市社區的性格及文化特性的三項重要因素是：聚居在一起的多數量人口，高人口密度，及異質性的人口。此三種要素，分別影響都市社區多方面的社會文化性質。由於三種因素的影響，致使都市區位特性、社會組織及人格與行為模式，也各具有顯明的特性。

⑴就多數量人口因素的影響看

眾多的人口之間分化的程度很大，故個人的特質、職業、文化生活、價值觀念等，都較為分歧；競爭性大，缺乏強烈的氏族及鄉閭的密切關係，故彼此間團結的程度較差。由於人數太多，彼此的了解也很不足，雖然每人接觸及依賴的他人很多，但都僅及於次級性或表面性的接觸。與人互動時較虛偽做作，也較重理性而較不重感情，彼此關心注意的程度低，故都市人都較解放，較自由，因而也較容易喪失道德。個人與社會容易發生疏離，社會組織也容易解組。

人口眾多導致職業專門化，於是也致成高度的相互依賴及不穩定性。都市人數眾多的現象，也導致許多公眾事務的參與呈間接性，由許多的個人推出代表人集會商討，但多數的個人都居於背後，只以間接的方式參與。

(2)就高密度的影響看

密度高乃產生社會分化與專業化，社會結構的複雜程度也高。在高密度的都市社區內，許多人之間的物理距離縮短了，但社會距離卻拉遠了。在這結構複雜的社會，各種顯明的對立情況也多，存在的競爭也大。都市中不同地段的人口密度不同，地價、租金、聲望、可及性、衛生程度等各種性質都不同，故居住的人口及其生活方式也有差別。由於密集的都市人口性格及生活方式差別頗大，乃形成都市文化中有較大的容他性、合理性及世俗性。

都市中密集居住的人缺乏情感連結的結果，乃形成相互競爭及破壞，因此人們的心理反而感到孤獨，精神上也較緊張及沮喪。

(3)就異質性的影響看

都市的人口眾多，類別也繁多，所組成的社會團體也大有差異。每個人常歸屬於多個團體，故每個人參與某一團體的組織與活動時，都僅以其人格之片面去參與，人群關係乃極淡薄。

由於都市分子的社會流動很快，各社會團體的分子也經常在變換，分子間的認識更為困難。各地段所居住的人口在社會經濟上相類似，但彼此間的認識不深，情感也極微弱，社區缺乏凝聚力。個人在這大眾社會中隨波逐流，對於前途甚不可測。眾人之間鬆懈的湊合，使個人也失去特殊人格的性質。

近來都市的人口越聚越多，生產與需求都趨於大眾化，每個人都深受這種大眾化運動所影響，其社會、經濟及政治生活都成為社區大眾要求的附屬品。

3.沃斯進一步指出要證實都市性 (Urbanism)，社會學的經驗研究若限在三個角度來研究將能更為清楚。這三個角度是區位或生態的、社會組織及人格行為等的層面。都市在這三方面的性質都深受眾多的人口、高人口密度及人口的異質性所影響。如下再分別就沃斯所指都市在區位、社會組織及人格行為上的特性扼要敘述如下：

⑴都市的區位特性

都市區位的重要特性包括其功能對四周的支配性，人口組合中具有勞動能力的青壯人口相對較多，外國出生的人口也相對較多，性別及種族等的組合因都市功能及興趣因素不同而不同。此外都市人口的出生率也相對較低，人口的性質也較消費性，其土地利用較精密，土地價值較高，租貸關係較普遍，住宅較密集，交通運輸較擁擠，公共設施較繁多。這些都是都市的區位特性。

⑵都市的社會組織特性

都市的社會組織性質多半是建立在次級性的社會關係上，初級性的家庭分子關係、民族關係、鄰閭關係逐漸消失。婦女就業普遍，婚姻遲後，單身人口所占比率較高，個人主義較為強烈。彼此間的職業興趣差異性較大，衝突性也較大，影響個人間較無安全感。都市的就業人口中以受僱於人者相對較多，多數人的生活用品都由購買得來。支出結構中食品的費用所占比率較少，用為娛樂的支出所占比率較高。

都市人為能滿足特殊性的需要，組成了許多的志願性團體。這些組織的成員之間的關係很複雜，但卻也很脆弱，有關都市人的關係也難預測。

⑶都市人的性格及集體行為

都市人參與眾多的組織，又各種組織的功能頗為分化，故在人格上很難一貫與整合。常有人格解組、精神崩潰、犯罪、腐化等情形。

都市人透過組織而獲得其需要與滿足，故其行為深受正式組織所控制。都市中形形色色的人都受象徵及刻板印象所操縱，而交通體系如新聞、電視、雜誌等，則為重要的控制工具。各種團體的壓力透過這些工具，達到控制個人之效果，使個人在心中都自設了各種約束的標準，控制面廣及經濟、社會、政治及文化方面的領域。

　　如上有關沃斯所述都市生活特性的摘要，也道出了臺灣及其他地區都市社區文化特性的一部分，其論點主要著重在社會層面，較缺乏對物質經濟或宗教信仰層面的探討，但他所能談論到的都市社會特性，確也是都市文化的核心。

　　除沃斯外尚有不少其他學者對都市文化的特性加以論述，於下選擇若干重要論述，摘其要點說明於下：

二、其他學者有關都市文化的理論

　　甘斯 (H. J. Gans) 於了解沃斯的都市生活方式理論之後，認為該理論所描繪的都市生活方式，是現代社會的生活方式，但現代社會應可再細分成不同類型。甘斯乃將都市內圍 (inner city) 及郊區 (suburbs) 的生活方式加以分辨。在甘斯看來，都市內圍人口的社會文化性質可含有五種類型，即包括：⑴具有世界觀的學生、藝術家、作家及娛樂界人士等，⑵未婚或無子女的人，⑶同種族的聚合團體，⑷被剝削的窮人，⑸地位下降的人。

　　至於都市外圍 (outer city) 及郊區 (suburbs) 的社會文化特性，則以其假初級性 (quasi-primary) 的鄰閭關係最具特色。這地帶的住民比都市內圍的人口相對穩定，故鄰閭的關係也頗穩定，但是其關係畢竟尚不如真正的初級關係那麼親密與接近。

　　甘斯仔細分辨都市內圍及郊區人口的生活方式或文化，乃認為這兩者頗有差別，也都與沃斯所指的都市生活方式不盡相同。他進而指出用為解釋影響不同居住區 (settlement) 的不同生活方式的因素，應以經濟條件、文化性質、生命週期，及居住期間的穩定性等較為重要，若用人數、密度及異質性來解釋，反而較不令人滿意。(Gans, 1968, pp. 63-81)

　　本國都市社會學家蔡勇美與郭文雄在其合著的《都市社會學》一書中指出，都市人口眾多及分工精細的兩種因素使其文化具有生活的科層化 (bureaucratization of life) 及世俗性 (secularism) 兩種特性。所謂都市生活的科層化是謂都市人的生活及日常活動都由大規模的科層組織來供應與控制，而科層組織是指分工精細，階層分明的正式社會組織，如學校、醫院、公司、政府及教堂等。都市人在過階層性的生活方式時甚講究效率、效能、理性化及順從性並遵守規律，因而也較冷漠，計較甚至不擇手段，不多講求人性，故乏人情味。

世俗性的文化特質是指脫離神聖，於是重視創新求變，並重視科學，也重實用性、現世性、個人主義，及帶有濃厚的資本主義的色彩（蔡勇美與郭文雄，73 年，118–125 頁）。

第六節　鄉村社區的文化特質

現代社會都市社區與鄉村社區並存，故兩類社區的文化性質必會相互交流，因而都市社區中的文化性質在鄉村社區中也可見之。反之鄉村社區中的許多文化性質，在都市社區中也同樣可見。儘管都市社區與鄉村社區的文化體系是相通的，但因為這兩類社區的人口性質，區位環境，及社會組織等的條件與因素頗有差異，故兩者間生活、活動的文化性質，也頗有差異。大體看來，因一社會中的鄉村社區文化與都市社區文化不是根本上的大差異，而是在程度上的差異而已，也即兩者間在許多文化層面上都具有**連續性** (continuum)。從上節所述有關都市社區在每個文化層面上的性質，也可尋找出鄉村社區在該文化層面上的性質。在本節筆者進而參閱數種國內外討論到農村社區文化性質的文獻，茲將相關內容整理說明於後。

一、沃爾夫對鄉民社會 (peasants) 文化性質的論點

美國著名人類學者**沃爾夫** (Eric R. Wolf) 在一九六六年出版《**鄉民社會**》(*Peasants*) 一書，經張恭啟譯成中文，於民國七十二年印行。該書共分〈鄉民及其困境〉、〈鄉民的經濟〉、〈鄉民的社會〉及〈鄉民的意識〉四章來說明鄉民社會的經濟的、社會的、文化的及心理的性質。該書中的重要精神，則在探討全球各種鄉民社會持續與變遷的種種原因。他所指的鄉民社會，即是介於十分原始的原始部落與工業文明之間的社會，故從其對鄉民社會特性的探討中，頗可尋出一般鄉村社區的重要文化性質。茲就沃爾

夫書中有關鄉民社會的基本特徵及經濟面、社會面及意識面等的文化特性
提要如下：

(一)基本特徵

　　鄉民是鄉村的墾殖者，但並非原始民族；與外界之間有聯繫而非孤立，
其生產品的一部分分配給社會中不務生產的人，鄉民也從非農業生產者換
得所需要的物品。農業生產者的鄉民與統治者在功能上分工，這種分工乃
引發了文明的出現。鄉民所生產的農作物除供自己所需的熱量外，尚有剩
餘，這種剩餘可轉為儀式費用、租稅及作為與他人交換物品之用。

　　在今日的社會中，鄉民生產財富的能力趨於次等，故其社會地位也趨
於次等。鄉民社會是家庭經濟的性質，與資本主義經濟的性質不同，故鄉
民常難在外界的要求與自己養家的需要之間謀得平衡。面對這種困境，鄉
民可能採取增加生產以供應外在需要，或由減少消費以形成更多的剩餘來
供應外界的需求。

(二)鄉民社會的經濟性質

　　沃爾夫在論鄉村社會的經
濟性質時，分成三大部分說明，
這三大方面是生產制度、交易制
度及納稅制度。針對生產制度
看，主要的方式為種植作物及飼
養動物，至於生產的動力則在舊
時代乃重用人力與獸力，而在新
的時代則重用能源及科技。

圖 7-1　隨著時代的進步，農業機械化已成為
主流。

　　在舊技術時代重要的耕作
方法為燒田、灌溉及休耕，而新技術時代的重要耕作方式則包括輪作制度、
使用肥料、品種的改良及引進、機械化、發展園藝及畜牧業、綜合經營、
特用作物的大規模經營、及產品的市場化及商業化等。

　　就交易的制度看，鄉民除自給自足外，也將生產品對外銷售，並交易所需要的農用品及消費品。交易的方式從最單純到較複雜的方式之間計有：(1)大部分自給自足，只少部分對外交易；(2)社區內的農民與非農民之間分工合作，互供有無；(3)定期市集制，而由每個市集之間構成環節市場；(4)網絡市場制，也即廣泛交換買賣的制度。

　　就繳稅的制度看，原則上鄉民利用土地生產，得將生產的一部分向土地統轄者付出租稅。土地的統轄者可能是世襲的領主，俸祿的官員或營商的地主等。鄉民與收稅者之間的關係，是為垂直性的關係。

(三)鄉民社會的社會性質

　　沃爾夫針對鄉民社會的社會性質，分成三個層次加以說明，首先是家庭，而後討論結合性的群體，最後再談論到大社會。

　　就家庭的性質看，家庭組織的型式有多種，包括核心式的及擴展式的等。在農耕的社會中，有較足夠的資源，故較易形成擴展式的家庭。而容易形成核心家庭的情況包括人員稀少的邊疆、土地過分稀少的情況、薪資工人出現之時、以及高度集約經營的情況。鄉民社會也必有親子世襲財產的制度，而財產的繼承有單人繼承及多人繼承的不同方式。前者見於歐洲及日本，後者則見於中國、印度、近東及地中海地區。

　　鄉民之間的結合起自為對抗三種壓力，第一是自然生態的壓力；第二是來自他人的壓力；第三是大社會來的壓力，如租稅、利息或政治等。面對這些壓力，鄉民乃相結合以達分享資源及克服困難之目的。結合的情勢，按程度可分多方面及單方面的結合，按人數看有兩人或兩群體間及多數人或多團體間的不同結合方式。又就結合者的地位關係看，有處於平等關係者，及處於上下的屬從關係者。

　　在不同社會中鄉民結合的主要型態不同，例如在中國社會主要的結合方式是以親屬結合為主，故並非以多數人或多群體的結合為主要方式。其他社會的結合方式，卻有其不同的特性。

㈣鄉民的意識型態

鄉民的意識型態包括其觀念及行動，由儀式、信仰及社會運動表現之。這些儀式、信仰及社會運動都有其象徵性意義，故也可滿足多種的功能。

就儀式方面看，主要的種類包括婚姻儀式、社區性的合作儀式、喪葬儀式及祭拜儀式等。不同的儀式因不同的條件而起，也各代表不同的意義。

就宗教傳統看，鄉民社會普遍有宗教家存在，如回教的祭師、天主教的神父等。鄉民的宗教信仰除了參考宗教家的看法外，也參考自然界的環境及周圍人群之看法。鄉民社會的宗教種類很多，形式、內容及意義也各有不同。

就鄉民社會運動的意識看，則其多少含有抗議的意義，抗議的目標常是為了追求社會的公正及平等，較激烈的不滿意識常導致抗暴活動。然而鄉民的運動通常不易形成，得有人領導才能成氣候，運動通常也易失敗。(Wolf, 1966)

二、國內重要學者對鄉村文化的論點

國內的各鄉村社會學與文化學者楊懋春、黃俊傑對鄉村文化曾有論述，由其論說中也可探知鄉村社區文化的若干重要性質。先將楊氏有關鄉村文化之重要論點整理於後。

楊懋春教授在其《鄉村社會學》一書中，分別以專節敘說鄉村社會的傳統文化與現代化社會的文化特徵，其論點頗有助讀者了解中國鄉村社區傳統文化及現代文化之性質。楊氏在論鄉村社會的傳統文化性質時，首先指出自然環境及謀生方法是形成文化特性的最重要因素，而謀生方法又受自然環境所影響。進而他指出十一點中國傳統鄉村社會的文化特性，這十一點特性是：(1)農業文化；(2)手工藝文化；(3)家庭小商業及集市買賣的文化；(4)學徒制度；(5)社會組織以氏族關係為基礎；(6)士農工商的社會區分或階層；(7)以孝悌和勤儉為最重要的社會價值或社會道德；(8)以輿論及人情為主力的社會制約；(9)政治上崇尚無為；(10)與別處不同的租佃關係；(11)

社會結構是以家為基礎單位，集家而成鄉里，合若干里而成一村，三四個村而成一小村群，由若干農村、小村群及鎮街而形成鄉鎮社區。而家庭結構是以父子關係為軸心，重家庭倫理及氏族關係。(楊懋春，59 年，564–585 頁)

楊氏在論現代社會文化特徵時又指出如下重要諸點：⑴多數的經濟工作都使用動力機器，⑵人的經濟活動除農業外都離開家庭，成為社會性的組織，⑶工商業重於農業，⑷鄉村城市化，⑸分工發達，人與人間依賴加深，⑹人的社會關係擴大，⑺社會關係中的氏族關係失勢，代之者為共同興趣與利害，⑻政府有眾多的功能，或更進而成為福利政府，⑼重法治，輕人情，⑽以經濟事業上的成功為社會理想 (楊懋春，58 年，586–593 頁)。以上所指各種現代社會的文化特徵，雖不只限於鄉村社會所具有，但現代鄉村社會也脫離不了這種文化性質。

二十世紀晚期以後在臺灣地區的土生土長的文化學者中，也不乏對本地的鄉村文化作深入探討者，其中歷史文化學者黃俊傑教授常持變遷與建設的觀點，對臺灣農村的文化加以論述。綜合其有關農村文化的重要論點，約可整理如下：⑴臺灣地區的鄉村，比都市保留較多的中國文化中的價值觀及人生觀，也較能符合中國文化中天道與人道的密切相關性；⑵近年來受到都市文化的衝擊，鄉村中的優良文化也逐漸變質，變為較急功好利、現實庸俗；⑶加強鄉村文化建設有其必要，今後建設的目標應著重提升鄉村居民文化生活的境界，⑷在提升鄉村文化境界的做法上，可在鄉民所喜愛的傳統戲劇中，注入現代社會的倫理道德及理性等價值，且可利用廟宇作為活動據點，藉宗教的神聖性，收移風易俗之效。(黃俊傑，71 年，7 頁)

▶▶▶▶▶ 本章參考文獻

1. 李亦園 (1977)，「社會結構、價值系統與人格構成：中國人性格的社會人類學探討」，在文崇一等著，《現代化與社會變遷》，思與言雜誌社，35–51 頁。

2. 黃俊傑 (1982，12 月 14 日)，「現階段文化建設途徑」，《民生報》，第七版。

3. 沃爾夫 (Eric R. Wolf) 著，張恭啟譯 (1983)，《鄉民社會》(Peasants)，巨流圖書公司。

4. 楊國樞 (1984)，「當前大專青年的價值觀念與思想態度」，在楊國樞編，《大學生心態與行為》，黎明文化事業公司，59-84 頁。

5. 楊懋春 (1970)，《鄉村社會學》，國立編譯館出版，正中書局印行。

6. 蔡宏進 (1974)，《農民與農業》，環宇出版社。

7. 蔡勇美、郭文雄 (1984)，《都市社會學》，巨流圖書公司。

8. 謝高橋 (1982)，《社會學》，巨流圖書公司。

9. Gans, Herbert J. (1968), "Urbanism and Suburbanism as Ways of Life: A Re-evaluation of Definitions," in Fava, Sylvia Fleis (ed.), *Urbanism in World Perspective*, Thomas Y. Crowell Company, pp. 63–81.

10. Lin, Yutang (1935), *My Country and My People*.

11. Marsh, C. P., & Christenson, J. A. (1977), "Support for Economic Growth and Environmental Protection, 1973–1975," in *Rural Sociology*, vol. 42, No. 1, pp. 101–107.

12. Wirth, Louis (1968), "Urbanism as a Way of Life," in Fava, Sylvia Fleis (ed.), *Urbanism in World Perspective*, Thomas Y. Crowell Company, pp. 46–63.

第八章
社區問題與變遷

第一節　涵義、相關性及研究的重要性

一、社區問題的涵義

　　廣義的社區問題是指社區中所有**要素** (elements)、各**層面** (dimensions) 與**事項** (events) 的問題。重要的要素、層面與事項，包含自然的、外形的、空間的、人口的、交通、公共設施的、犯罪的、衛生的、信仰的、政治的、社會組織、文化的或娛樂的等。而所謂問題者是指類似病態的、不正常、沒有功能的、或有麻煩的、不健全的、乃至危及到社區的人之安全或方便的。這種問題的存在會影響社區的正常運作與發展，往往也容易導致社區產生許多麻煩。

　　就社會學的觀點看,狹義的社區問題即是指社區中社會層面上的問題。上列的種種可能的問題中，除了自然性的問題之外，可說都是具有社會性質的問題；而這種社會性的問題，也都是由於社區中的人所引發。

　　在不同的社區中，重要的問題各有不同；同一社區在不同的時間或境遇之下，極待解決的問題也有差異。社區問題是具有空間性、社會性及時間性的。概括觀之，我國的社區問題與國外的就有很大的不同，鄉村社區問題與都市社區問題之間也有不同。當前的社區問題與以往及未來的社區問題，在性質上也必有差異。

二、社區變遷的涵義

　　所謂社區變遷的要義，可說是社區的部分或全部性質，因時間不同及其相關因素的變化而有改變的歷程。部分性質的變遷又稱為社區**小規模** (small scale) 的變遷，也可稱為局部的變遷；而全部性質的變遷則稱為**大規模** (large scale) 的變遷，也稱為變化多端的社區變遷。

三、社區問題與社區變遷的關係

社區問題與社區變遷的關係非常密切，兩者之間往往相互影響，並互為因果。大多數的社區問題都是因社區內有了變化而引發，且問題發生後都將或多或少使社區產生變遷。反過來看，幾乎無一社區變遷不牽連到社區問題，包括舊有的及變遷後新發生的。

社區問題與社區變遷兩者互為影響，其趨勢甚為明顯。且先看問題影響變遷的一面。當社區本身或社區內的人面臨問題時，即會設法去克服及解決，也可能調整社區內的人群關係以資應變；這種克服及解決問題或調整人群關係的過程本身即是變遷，其結果往往更會致使社區中某些部門或某些方面發生變化。

仔細觀察我們所居住或其他所熟悉的社區，都會經常發生或大或小的問題；其中有些是普遍性的問題，例如都市社區中的竊盜與污染，或是鄉村社區中的收入偏低及人力老化等問題。另有些是局部性的問題，例如都市社區中的某些地段會淹水或缺水、有色情與黑社會、或有趕不走的地攤小販等，在某些鄉鎮社區中則以交通困難、派系傾軋、醫師缺乏及迷信嚴重等問題特別突出。這些問題一旦發生或出現，社區變遷乃成必然。都市中的竊盜問題導致房舍加置鐵門及鐵窗，污染問題導致工廠遷移，淹水問題引來開闢疏洪道，缺水問題引發街頭賣水及增建水庫，色情及黑社會問題則引起更多的社會危害及更多的警察站崗及巡邏；而農村中的收入偏低導致人口外流，人力老化導致農業機械化及委託代耕與經營等新農業經營方式，進而使產量下降，交通困難的問題導致開路造橋及新路段通車等變化，派系傾軋導致社區破裂且建設緩慢，醫師缺乏導致病患求治困難，因而加速人口外流，迷信問題則導致更多的神棍斂財，興建過分舖張的宗教建築。由是可見，社區問題的發生與存在，的確會導致社區在有形的物理方面的變遷，以及無形的社會文化或心理方面的變化。

再反過來看，社會變遷也會導致社區問題的形成與變化。近年來臺灣的各種社區，包括都市及鄉村，在很多方面都發生了變遷，而各方面的變遷，都或多或少的引發了相關問題。其重要的社區變遷及其所引發的問題理論、概念及實際，將於本章第四節以後分別加以說明。

四、研究的重要性

社區變遷與社區問題兩個概念，既含有學術性的意義，也含有實用性的價值。先就學術意義的角度看，本題目所指的「社區變遷」是社會學性的社區研究中之重要課題，在社區研究的教科書中常有專章討論此一問題。要研究各地及臺灣的社區，自然不能忽略對社區變遷的探討。又社區變遷也可反映整個社會的變遷，然而兩種變遷的性質也不盡相同；故要探討社會的變遷，不能不對社會中社區變遷的差異性與特殊性也加以研究。

從實用性的角度加以考慮，則本文章提出這兩個題目，尚有其他重要的理由。晚近多數臺灣社區在短時間內都有相當程度的變遷，了解這些變遷的特性及其所引發的問題，都可作為謀求社區結構與功能改進的先決過程。而社區結構與功能的改進效果優劣，不僅關係個別社區的發展前途，也與整個國計民生有關；故實際的執行過程及事前的研究工作，都需要謹慎處理。良好的研究，需經廣泛而縝密的收集與分析資料，也即需要經過科學的處理，才能達成。社會科學的研究雖未能完全合乎自然科學研究的精確尺度，但仍以能作出合理的推論與預測為努力目標。

第二節　社區變遷的一般性質

本節先泛論社區變遷的一般性質，目的在使讀者對社區變遷的真義有一較清楚的了解。

一、變遷與過程頗不相同

變遷 (changes) 與過程 (process) 兩者都是動態的概念，因而都涉及時間的因素，很容易被混為一談；然而兩者之間的真正涵義，是互有差別的。一般而言，過程是指在較短暫時間內的動作或動態，這種動作或動態的範圍通常是比較狹窄的，不至於使結構改變型式；而變遷指的是較大範圍、較長時間及較深程度的異動，其程度甚至往往改變了原本的結構方式。

　　社會學家所指社會過程的重要種類有五，包括合作、**衝突**、**競爭**、**調適** (accommodation) 及**同化** (assimilation)。這些社會過程所涉及的時間及程度比之社會變遷，相對較為短淺，其中調適與同化似乎也具有社會變遷的性質；但其他的社會過程，則往往是社會變遷的原因或後果。

二、變遷的時間性

　　社區變遷所需時間的長短可分成長期趨勢、循環變動及短期波動等不同形式。**長期趨勢**是指就長期間看社區的全部或部分層面或單位的性質，具有朝同一方向變化的趨勢，例如物價朝上提升或生育率朝下降落等現象。**循環變動**意指變遷有一軌跡可循，過一段時間之後有恢復到原處之可能，社區居民所流行的服裝形態的變化便具有這種性質；女士的流行服裝由迷你裙變為長裙，之後再恢復迷你裙，呈現循環狀態；同樣地，男士的流行服裝由大領西裝變為小領西裝，之後再恢復大領西裝，也呈現一循環狀態。**短期波動**乃指在較短時間之內的擺動或變化；天災地變所引起的社區變動，如倒屋、停電、水患、風害等等變化，可說是最快速而短暫的，變動的幅度也相當劇烈，然而這種變遷也會很快過去。

三、變遷範圍的性質

　　就變遷所涉及的範圍而分，則可將社區變遷分成超社區的變遷、全社區的變遷及局部的社區變遷等。所謂**超社區的變遷**是指變遷的範圍不僅涉及到社區的全面，且還涉及到泛社會的，社區變遷僅是這種泛社會變遷的一部分而已。這種變遷通常是很根本而重大的，如戰爭的發生、敵國入侵、經濟發展、現代化及工業化等的變遷便屬於此類。變遷發生不僅涉及社區的整個結構及社區生活的各方面，社區外全社會的每人也都難免受其影響而發生改變。所謂**全社區的變遷**是指社區整體的變遷，這種變遷固然大部分是為泛社會變遷的一部分，但有時則是社區內所獨有的，如社區內綜合建設計畫的完成等。而所謂**局部的社區變遷**則是指社區結構的一部分或社區生活的局部方面所發生的變化，例如社區內的交通條件之改變、農業經營方式之改變或領導階層的更換，都可以說是社區局部結構或局部性質的變遷。屬社區內局部性的變遷，通常都是相對較輕微及較瑣碎者，所牽涉的面向也常是較狹窄的。

四、變遷的方向

社會學者看社區變遷時，對社會性的變遷最感興趣，而其對社會性變遷最常注意的課題，是變遷的方向與速率。有關臺灣地區社區變遷的內容將於下節論述，於此先略述社區社會性變遷的方向與速率的一般性質，並以臺灣各社區的社會性變遷方向與速率作為說明的基礎。

晚近臺灣地區內各社區的社會變遷方向，可從不含價值的客觀觀點及帶有價值的主觀角度分別加以分析。於作客觀分析時既可作量化分析，也可作質性分析，以下茲先從不含價值判斷的客觀性角度，對社會性質的變遷加以分析。

㈠不含價值判斷的客觀性變遷方向

由客觀性的角度來看社區變遷的主要趨向，有以下幾點重要者：⑴社會產物的數量整體增加，⑵從神聖化到世俗化 (from sacred to secular)，⑶從同質性到異質性 (from homogeneity to heterogeneity)，⑷從重習俗到重科學 (from folk to science)，⑸從初級性的關係到次級性的關係 (from primary relation to secondary relation)。這些重要的變遷方向牽涉到了社會價值、社會組成分子性質、社會行為模式、社會信仰以及社會關係等重要的社會層面。茲就其變遷方向的性質，分別加以說明如下：

1.社區的社會產物的數量整體增加但天然資源的貯藏量卻趨減少

一般看來社區的社會產物之數量變化，大致都是呈上升或增加的趨勢，普遍易見的增加性項目包括人口、住宅、車輛、用品、機關、餐廳、會議與垃圾等。然而另方面社區天然資源的貯藏量卻在減少之中，常見者包括耕地面積、森林木材及各類礦物等。

2. 原來富有神聖性的價值體系逐漸消失，各社區的價值體系普遍變為世俗性及功利性

在二十世紀中葉前，臺灣的農村社區一向占重要地位，農村社區中含有相當濃厚的神聖色彩，信神的農民相當普遍，百姓也還普遍崇尚神聖的傳統道德信仰，都市社區中的大學校園內也比較講究為知識而知識的神聖價值。但至晚近，社會價值隨著工商化的步伐，明顯地趨於世俗化與功利化，農村社區中的居民不再如前者一

圖 8-1　隨著社區擴增，屬於社會產物之一的房舍也隨之增多。

般迷信神聖。李亦園教授甚至指出在社會變遷過程中，數種民間信仰儀式行為也更趨向功利性（李亦園，72 年）。年輕一代的農村居民非常注重對經濟利益的追求，此也為趨向世俗性與功利性的例證。在功利價值過度膨脹的部分農村社區，甚至出現嚴重連環倒會之情形。

在都市社區中原來最不講究世俗功利的大學校園，青年學子學習傾向功利與世俗的情形也頗為普遍。學校以外的工商業界更是充塞功能價值的色彩，也時常有極端違背神聖的詐欺等不道德行為發生。

3. 一般在成長變動中的社區組成分子及其態度與行為模式都變為更異質化

在人口快速增加的都市及市郊社區，結構的複雜性提高，分工更為專門化，職業種類增多，移入人口的背景種類也增多，故人口的社會性質更為分殊化，其價值觀念、態度行為的差異性也更趨複雜。在人口較為穩定的社區，因較少有外來人口，故人口變化的差異性程度較低；但是這種社區中的人處於快速變遷的大社會環境中，與外界接觸機會增多，經由與大眾媒體或社區外直接或間接接觸的結果，在態度行為方面也都起了很大變化；不同的人變化情形互異，因之社區居民的態度行為也從原先的同質性

變為較異質性。

　　有關臺灣地區社會性質趨向異質化的現象，頗受社會科學界的關切，其中楊國樞教授與林毓生教授對於多元社會性質的辯論，甚可代表學者對此一問題的探討。雖然兩人對於臺灣是否已具多元社會性質的意見不一，但都不否定臺灣的社會趨向分殊化。（楊國樞，72 年）

4.思想與信仰漸脫離傳統的習俗而趨於較高度的科學性

　　近年政府將引進並發展科技當為重要政策之一，科技發展遂成為社會的重要潮流，而此種潮流更加速了社區居民思想與信仰的科學化。一般家庭都較能普遍使用科學化的產品，學校與研究部門也普遍注重對科學的教學與研究。社會中的工商與政府部門，也都力倡生產與管理的科學化。原本科學化相對較為緩慢的農村部門，近年來也明顯轉向農業機械化。科學化的結果，使社會中許多民俗思想信仰與技藝，都逐漸減弱或消失，唯若干被鄉村居民認為有價值的民俗技藝，仍在持續保存中。

5.初級性的親密與不計利害之社會關係逐漸減弱並消失，隨之而興的是次級性的契約式、片面式及講究利害的社會關係

　　此種社會性質的變遷方向，與人口都市化及經濟快速發展的因素有關。人口快速集中都市，使都市社區的人口暴漲，居民無法彼此充分的認識與了解；又經濟快速發展的結果，致使各地社區的人變為更加重視追求利潤，更不顧及道義與感情。

㈡帶有主觀評價的變遷方向

　　以帶有主觀評價的觀點來看社區變遷的方向，約有三種值得深入討論的方向，即：(1)變遷是一種正面的進步趨向，(2)變遷是一種負面或問題性的退步現象，(3)變遷是無所謂進步或退步的自然過程。茲就這三種變遷方向的性質，再作進一步的說明於後。

1.變遷是一種正面的進步趨向

　　由主觀的價值判斷，有許多的理由可將變遷看為是一種正面的現象，其中最重要的一點是，變遷常具有進步趨向的性質。變遷常改變不合理的

結構現狀，淘汰落伍的生活方式，使之更符合社區居民的要求。變遷的結果也常使社區的生產更有效率，也使生活更為豐富。近來臺灣社區中住宅條件的更新、公共設施與服務的增多、生產方法的更為科學化以及交通更為便捷等變遷，都使社區居民感到期待。

2. 變遷是一種負面或問題性的退步現象

社區變遷在另一方面，卻也常被認為是一種負面或問題性的退步現象，因為在變遷的過程中產生許多新舊觀念與制度的衝突，常使一部分的人感到不慣或被壓迫，進而感到痛苦。有些變遷也不全朝向合理或為社區的居民造福的方向，也有一些變遷的直接目的雖能造福社區民眾而使其覺得滿足，但其附帶的作用卻使人深覺困擾。譬如在社區中發展工業設立工廠，雖可給資本家帶來財富，給勞工增加工作機會，但是也會帶來勞資雙方為自己利益而爭執的機會，傷害雙方的感情與和氣，因而有人會覺得不是進步。工業化帶來的污染，也是令人痛苦的。

都市化的變遷雖可使許多人改善生活水準，但眾人聚居都市的結果，也問題叢生，使都市的社會秩序未見進步，反而有退步落伍之勢。總之社區在變遷之中，也會有往壞處改變的成分；其往好處演變的部分，也常有某種程度的負作用。

3. 變遷是無喜無悲的自然過程

有些不可避免的非計畫性變遷，其後果不論是善或惡，社區內的人只會視之為自然變化，以致不會以期待或憂傷的心情去感受。又有些微小的變遷，其影響不大，也不致引起社區居民的強烈悲喜之感。另有些變遷則因好壞的後果參半，社區內的人既可喜又可悲，相互抵消也就無所喜無所憂。總之被視為無所謂喜或悲的社區變遷，一方面係由變遷的性質所決定，另方面也決定於社區居民的心理態度。

五、變遷的速率

整體而論，臺灣的社區變遷速度是相當快速的。變遷快速的性質可由與較早前歷史上變遷的比較見之，同時也可由和其他許多國家的比較見之。

社區種種快速變遷，一方面是科技的快速改變使然，另一方面也是社會接受並適應變遷的制度彈性很大之故。

過去三十年，許多社區人口數量變遷快速，尤以都市社區為是，從四十八年至六十九年的短短二十一年內，臺北市的人口即增至原來的 2.6 倍之多。一來因醫療技術進步，對死亡能有效控制，死亡率在短期內下降的幅度大，致使人口自然增加的幅度大；此外有關生計技術進步快，使此一都市容納人口的能力大增，故其社會增加的人口數也多。人口學家曾指出，過去開發中國家完成相當程度的醫療技術改進所需時間，與已開發國家經歷同程度變遷所需時間相比，前者往往需時較短，也即後起的開發中國家變遷的速度較快之意。這種現象不僅限於在醫療技術變遷方面為然，在其他的生產技術變遷方面亦然。

另方面與其他許多開發中國家相比，臺灣因為制度較能有效配合接受技術變遷，故技術變遷的速度又比其他許多開發中國家快。

六、社區間變遷與問題的差異性

不同的社區，條件不同，所處的情勢不同，影響變遷與問題的因素也不同，故其變遷與問題的性質也必然不同。譬如當前臺灣的都市社區與鄉村社區變遷及問題的性質，就甚不相同。不同的都市及鄉村社區，分別也有其特殊的變遷現象及問題。

臺灣地區的社區數目很多，不同社區的大環境雖有甚多相同之處，但內在的條件不一，故其變遷的潛力及實際的情形也有所不同，因而變遷所引發問題的性質也有差異。臺灣的社區按規模而分有大小之別，按結構性質而分有都市及鄉村之別，其中鄉村社區按主要經濟活動型態而分又有農村、漁村、鹽村、礦村及觀光性等社區的差異，而都市社區依功能的特色而分也有商業性、工業性、交通性、政治性及文教性等不同的色彩。又再按人口變動的差異看有人口移入區移出區等不同類型，而人口移入及移出的社區也分別有不同程度的移動情形。有關臺灣地區社區的重要變遷內容與引發的問題及其地域差異性，將於下節擇要加以說明。

七、其他的變遷性質

社區變遷的性質，還可從其他方面加以認定及了解，譬如可從變遷的範圍、影響面的大小、變遷過程中各層面整合性的高低、以及計畫性的情形，來分辨社區變遷的性質。限於篇幅，於此僅能點到為止，不擬再一一多加說明。

第三節　影響社區變遷的因素

社區結構與功能的變遷背後，必有若干重大的因素或力量，就社會與社區關係的觀點，也即就社區在社會體系中的地位之觀點看，則引發社區變遷的因素約可歸納成兩大類，即來自社區外的社會變遷力量，以及來自社區內部的變數。前一種因素有如派森思所稱的**變遷的外在來源** (exogenous source of change)，這種因素是來自外在的，因而也常被稱為環境因素，對於同一大社會內的不同社區而言是共同性的因素。後一種因素則如派森思所謂的**變遷的內在來源** (endogenous source of change)，這類因素即是社區的內在因素。此種因素會依社區內分子的價值規範及其他條件的不同，而有差異。茲就這兩類的因素，再作進一步的說明如下：

一、社區變遷的外在因素

社會學家指出社會組織（包括社區）變遷的外在因素共有四大方面，即(1)自然環境，(2)人口，(3)人性及(4)物質技術 (Olsen, 1968, p. 141)。影響臺灣地區 23 個都市、295 個鄉鎮及約 7,000 個村里等社區的外在因素，也大致包含上列的四大類，其中尤以物質技術最為明顯，而物質技術因素通常具體地表現在工業發展上。以下先略述物質技術變遷或工業發展因素的性質，而後再討論其他的因素。

1.工業發展因素

把工業發展視為社區變遷的外在因素，一來因這項因素對社區許多層面變化的影響很大，二來因為此項技術因素一部分自外國引進，另一部分則為個別社區外在的社會系統運作的造成物。對臺灣內部許多較為落後的鄉村地區而言，大部分的工業技術都是外來的。由於我們的工業化歷史很短，故即使在都市較現代化地區所使用的許多工業技術，也大半自社區外引進。自民國四十一年以後的三十餘年間，工業技術改變很大，工業生產的成長也很快。從民國四十一年至七十一年之間，當農業生產指數由 100 僅增至 288.9 時，工業生產則由 100 增至 4,200，年成長率高的工業生產項目有達 20% 以上者。這期間全省的工廠總數由 9,966 單位增至 59,223 單位，約增加五倍之多，工業產值占全部生產總值的比率也直線提高。在民國四十一年時工業產值占全部生產總值的比率為 18.0%，至七十一年時增至 43.9%。在民國九十年時又降至 30.9%，但服務業產值則高占 67.2%。

技術因素或工業發展因素對於社區的影響面極為寬大，影響程度也極為深遠。舉凡社區內的人口數量與結構，居民或家庭所使用的物品或生活習慣，社區內學校教育的內容及方式，以及社區中的建築物的外形及空間架構及社會關係等，無不受到工業發展影響。由於工業化引發的變遷面極為廣泛複雜，社會學家曾選擇較為重大且符合社會學旨趣的項目為著眼點。一位研究社會變遷的社會學家指出，工業化的重大影響面共有三項，即：(1)經濟組織，(2)人口及區位結構，及(3)社會結構等 (Moore, 1964, pp. 98-105)。近年來，臺灣地區工業發展的結果使各社區在這三大層面都有重大的變遷。變遷的情形，將於下節作進一步的討論。

2.環境因素

引發社區變遷的外在環境因素，可分為自然及社會兩大方面，兩類環境因素分別表示圍繞著社區的自然及社會條件。這種環境條件構成社區的外殼，但也構成了社區結構與生活的一部分。對社區較有影響的自然環境包括氣候的改變、資源的減少或涸竭及災害等，此等變化對社區結構功能都會造成某種程度的衝擊，但衝擊效果常是伴隨著社區居民適應環境或克服環境的能力相交互作用而成。在沒有突發性之自然變化的情況下，可由社區的空間結構功能方面看出自然環境對社區的影響性質。

近年來影響臺灣地區所有大小社區變遷的共同性自然環境因素，以偶發性的天然風災及水災最為常見。但在部分社區則分別也曾面臨過資源涸竭，以及水、空氣及垃圾污染等的環境變化，這些因素也都曾引發過不少社區問題。

社區的社會環境，係指與個別社區有關係的所有社會組織及其他社會元素，包括社區外的社區、國家的政治及法律系統，乃至國際的商業及政治行情等。這些社會環境對於社會結構的變化及功能的興衰都有影響，社區本身不能不加以承受並適應。歷來影響臺灣社區變遷的社會環境極多，其中較為重要者有政府政策、法律性質、國際情勢以及其他社區的競爭力量等。這些因素對於社區變遷的影響，將於後文述之。

3. 人口因素

人口同時是社區的內在及外在因素，因為社區內有人，社區外也有人。此地所指的外在人口因素，乃指社區外的人口部分。社區外界的人口數量分布、結構、移動與變遷，都與本社區的人口有關。外界的人口可能成為本社區的潛在人口來源，也可能成為阻礙本社區人口移動或其他變動的力量。外界的人口也常會變為社區產業的人力資源或消費者，故與社區的經濟活動也息息相關。晚近臺灣地區人口的重要變遷有三：(1)成長率仍高。歷年來成長水準雖有下降趨勢，但迄今水準仍高，對於各社區人口膨脹的壓力仍大，尤以對社會增加率高的社區之壓力，更為可觀；(2)移動人口多。一般都市社區都獲得許多自外地移入的人口，但許多鄉村社區則都有人口流失到外地；(3)結構變化大。各地人口因為高度自然成長及社會消長的結果，在結構上都起了相當大的變動，而許多地區人口結構變動之後，甚至有失衡的現象。總之在全島各地，這三種普遍性的人口變動，對於各社區的人口系統及其他的社會系統，都會造成直接或間接的影響。

4. 人性因素

社區的人性因素，也包含社區內在性的及社區外在性的兩部分。社區的外在人性因素，指社區外的人之需要、動機、知能、價值觀念、態度及**象徵化能力** (symbolization abilities) 等。社區外界的人其人性因素對社區多半並無直接的影響，然而握有社區建設計畫實權的官員，及有發言權的民意代表或傳播界人士等之想法與觀念，卻對社區事務的發展與變化，具有決定性的作用。

二、社區變遷的內在因素

上述的四種外在因素，同樣也都為影響社區變遷的內在因素，因為社區之內同樣也包含技術的、自然的及社會的等條件以及人口與人性等要素。一般社區內的這些要素對社區變遷的影響，會比社區外要素的影響大。

社會學所注意到的社會變遷的內在要素，除了上列的四種之外，較重要者有社區內部自發的緊張因素及計畫性的變遷因素等。兩種因素之間常是相互關聯的，計畫常導致緊張。茲就這兩種內在因素的性質，再作進一步的說明如下：

1.內部自發的緊張因素

社區內部緊張因素可分為個人、文化及組織三種層次的失序。就個人層次言，指的是個人的行動與原來的社會秩序不相銜接，包括偏差行為、不能稱職、乃致觀念與技術的創新等。就文化層面看，價值觀念的多元化是一重要因素，此一因素對舊有法律與規則產生很大的衝擊，故有時伴隨著法律與規則的修改或新訂，共同成為社區變遷的重要因素。再就組織方面看，社區內的各部門之間的活動性質及權力與利益分配會有差異，各部門都難確保可以盡好功能，且社區的權力中心往往掌握相當程度的控制力，這些情境都可能構成社區內部的緊張因素，終會導致社區變遷。

上列的內在因素有時很難區分是社區變遷的因或果，但畢竟這些現象都可再引發社區的變遷，故可看成具有變遷原因的性質。在不同類型的社區變遷中，各種因素所占分量的輕重會有差別，一般在人口較多而組織較為複雜的都會社區，這些因素的比重都很大；反之在人口數量較少但組織也較單純的鄉村社區，內部變遷的因素或力量則較微弱。

2.計畫性的變遷因素

社區內部的計畫性變遷因素是指，由負責或關心社區事務與前途的個人或機關，特意設計策略來促使社區變遷的因素。重要的計畫者常是社區中的領導人物以及意圖強烈的異議分子。而重要的計畫機構當以地方政府最為重要，此外社區中的經濟集團、宗教團體及學校，也常是以計畫性促成社區變遷的重要來源或力量。

政府機關具有影響變遷的絕對優勢力量，不僅掌握影響變遷的規則也掌握影響變遷的經濟資源。近來在注重經濟發展的價值體系中私人經濟集團的計畫力量，對於社區變遷的影響也相當大，尤以都會地區的建築集團，其對於社區空間架構改變的影響力量之大有超過政府的力量之勢。宗教及教育機關的作為一向較為謹慎，對於促成社區變遷較少有顯赫的作用。然而一旦由這兩種機關孕育出變遷，都常是長遠性理想與觀念上的改變，此等作用也是不能忽視的。

第四節　社區變遷導致社區問題的理論概念

要系統性的了解社區變遷與社區問題的關聯性，使用體系或結構失衡及功能減失的理論性概念來說明，是相當恰當的。這種理論性的主要概念是將「社區變遷」當為是導致社區結構失衡及失能的原因，且認為因而導致社區有結構失衡與失能的問題。社區變遷過程中結構失衡與功能減失的理論概念，曾被三類社會理論學派所提及，這三類理論家是：⑴社會體系理論派，⑵結構功能學派，⑶人文區位理論學派。茲就這三種學派中有關的論點，加以說明如下：

一、社會體系失衡的理論概念

社會體系 (social system) 的理論家派森思，何曼 (George Homans) 及戴維斯 (Kingsley Davis) 等人，曾提出體系平衡 (system equilibrium) 的概念，此概念即是指社會體系的組織緊密、各單位的互動關係良好、彼此都能互盡功能之意。其中派森思進而指出社會體系內一個單位或部門之變動將引發其他單位或部門之變動，終致會達到另一個體系平衡的境地。此種體系平衡的概念，後來卻受到相當大的批評，批評的要點是在懷疑社會體系內各單位或各部門之間的連結性。批評者認為體系內一個單位或部門的變遷，有可能無法命令或要求其單位或部門作密切的配合 (Poplin, 1977, p. 162)。

二、結構失衡及功能減失的理論概念

結構功能學派的社會學理論家基本上是強調社會結構具有平衡性與功能性，但這學派中的**李維** (Marion J. Levy) 及**墨頓** (Robert K. Merton) 分別也提出**結構失序** (dystructure) 及**功能減失** (dysfunction) 的概念 (Martindale, 1960, pp. 471–493)。所謂結構失序的概念是指社會結構的某一單位經常運作之後，與其他單位或大結構之間失去良好的連結，進一步失去或減少適應他部門或大結構要求的能力。而所謂**功能減失** (dysfunction) 的意思則是指社會體系或結構中的某一單位，減低或喪失為其他單位盡功能的能力，因而形成一種社會病態。

總之以上兩派的學說，雖都強調體系與結構的平衡性及功能性，但也不排斥體系或結構的失衡性及功能的減失性，但兩學派的理論家都未進一步說明社會變遷與體系及結構失衡及失能的關係。依據這兩學派的基本概念，我們可進而推斷在社區變遷的前後短時間內，社區體系與結構會有失序的現象，因而其功能也會受到損傷。在體系與結構的變遷過程中，小單位與其他單位之間可能產生衝突與緊張，彼此間原來的良好互動關係也會失去秩序與平衡，故社區體系或結構中的一部分單位，將不能配合其他單位要求的功能。

三、人文區位體系與結構的失衡理論

人文區位學家哈雷 (Amos Hawley) 以人口平衡 (population balance) 的概念，來說明**區位平衡** (ecological equilibrium) 的現象。依哈雷的說法，人口與居住環境的關係，主要牽涉到人口平衡的問題；而人口是否平衡，需視人口數量與生存機會的數量的比率是否均衡與恰當而定。此一理論概念原取自**馬爾薩斯** (Malthus) 的人口與糧食關係。但哈雷進一步指出人口平衡主要包含三個變數，即(1)人口數量 (population size)，(2)供為維生的資源的數量 (amount of subsistence materials or resources)，及(3)人口的組織 (organization of populations)。為便於分析起見，可把人口數量當為應變數，而其他兩者為因變數。一定數量的資源與組織可維持一定數量的人口，而當資源或組織的數量改變時，**區位的失衡** (disequilibrium) 即發生，於是人口數量即發生改變 (Hawley, 1950)。有關區位結構平衡的問題後來**鄧肯** (Ottis Duncan) 進一步提出了所謂的**區位結叢** (ecological complex)，在這概念中，鄧肯多加入了一項技術的因素，也即把這種結叢的因素視為包括人口 (population)、**組織** (organization)、**環境** (environment) 及技術 (technology)，區位結叢的 POET 架構從此常被用以分析人口或區位均衡的現象。結叢中一項因素的變動，會引起區位體系的不均衡，進而引起其他因素的變動 (Duncan, 1959)。人文區位學者強調以社區為重要的研究範圍，故上述的人文區位理論，可以用來適當分析社區變遷的問題。

四、理論的補充

以上有關社會體系、社會結構、社會功能以及區位結構的均衡與失衡的種種概念，可供為分析社區變遷中某一要素變遷後對其他要素影響的理論依據。本節除藉用這些理論外，再補充可作為下節分析社區變遷引發社區問題的理論基礎概念。這個補充的概念即是謂，社區變遷後社區的體系與結構會有一段失衡的時間，變遷越大，失衡的程度越大，延續的時間也越久，也即會出現或多或少的問題。這些問題有待使用計畫性的變遷或適應，而予以消除或緩和。

第五節　臺灣社區的重要變遷及引發的問題

因社區結構涵蓋的層面相當廣泛，研究社區變遷時，甚難對其所有層面的變化面面顧全，更難於單節中一一指出，故不得不摘要說明。本節只能選擇變遷較為明顯、引發問題較為嚴重的社區結構與功能的層面，概略說明其變遷及引發問題之性質，作為進一步提出社區重組構想之前提。這些層面包括：⑴人口，⑵空間關係，⑶交通，⑷生計方式，⑸價值，⑹人群關係，⑺家庭制度，⑻社會組織，⑼社會階層，⑽教育。限於篇幅，指出每種層面的變遷及相關問題時，僅能摘要說明。

　　在討論這些變遷及關聯性的問題時，所指的社區範圍將以鄉鎮及市作為主要分析單位。對於鄉鎮市以下較小的村里社區，因資料難以搜集，故儘量避免使用；除非參考的文獻原來就以村里社區作為研究或分析的單位，引用時不再作整合。筆者搜集整理的社區統計資料，則僅能限於鄉鎮市之範圍。

一、社區的人口變遷及引發的問題

　　人口是組成社區的基本元素，此一元素的變動可從：⑴小數量的增減，及⑵結構的變動兩大方面加以觀察，兩個變數之間也互有關聯。茲先從社區人口數量的變遷加以說明。

1.人口數量的變遷

　　社區人口數量的增減，不外受到三個人口因素的變化所影響，即：⑴自然成長，也即出生與死亡的差數；⑵社會成長，也即人口移入量與移出量的差數；⑶地理界限的變遷。民國五十八年至六十三年間，在臺灣的 295 個鄉鎮及 23 個市等 318 個社區中，大半社區的人口數量仍呈增加趨勢；其中有淨移入人口的社區，其人口數量的增加率尤高；人口淨移出的社區其人口數量的增加率則較低，甚至也有減少者。筆者曾研究過民國五十八年至六十三年間臺灣 318 個鄉鎮市社區人口移動與人口組合變遷的關係，從該項研究所使用的資料進而算出，在這五年間，臺灣總人口數增加 12.4%，而 44 個人口淨移入的鄉鎮市社區其人口數則增加 57.7% 之多，而 274 個人口淨移出的鄉鎮市社區，則僅增加 0.9% 的人口。若就村里社區的人口變遷加以觀察，必可進而發現若干偏遠的鄉村地區甚至都市中的少數古老社區，其人口都有負成長的現象。

　　再就民國五十四至九十二年之間鄉鎮市社區人口數量的變遷情形加以

觀察，則尚可發現如下幾點重要事實：

　　⑴大多數社區的人口數量呈增加趨勢，但有部分社區的人口數則減少。

　　⑵幾乎所有都市及圍繞大都市四周的衛星鄉鎮的人口都增加，且增加的人口數也相對較多。從五十四年至九十二年的三十六年間，十個較重要都市社區的人口增加量為數都很可觀。其中臺北市增加最多，約增加 151 萬人；高雄市次之，約增加 92 萬人。(參見表 8-1)

　　⑶同期間人口數量淨減較多的社區，都為較偏遠的農業鄉鎮，也有位處山區或濱海之域者。以十個人口淨減的鄉村社區為例，計算其減少人數及減少指數如表 8-2。

2.人口結構的變遷

　　近年來臺灣各地由於出生率普遍下降，生命期望普遍延長，故在人口的年齡結構方面的變遷，普遍出現小孩人口所占比率下降，而老年人口所占比率上升，僅有極少鄉鎮社區有例外的情形。民國六十二年時全臺灣地區的人口中，14 歲以下的小孩人口及 65 歲以上的老年人口分別占 37.5% 及 3.2%；至九十二年時，前者降至 20.1%，後者則升至 9.1%。在 318 個鄉鎮市社區中，滿 65 歲以上老人所占比率增加較多的鄉鎮，大多是人口外流較為嚴重的農業鄉鎮社區。筆者曾計算過民國五十八年至六十三年間，各鄉鎮人口淨移動率及老年人口占總人口比率之間的關係，結果獲得兩者間的相關係數為 -0.480，足見人口移出有助老年人口所占比率提升之效果。至民國九十二年，當全臺灣的 65 歲以上人口占全部人口的比率為 9.1% 時，65 歲以上的老人占 20% 以上者共有 4 個社區，占 15% 至 20% 之間者共有 57 個社區。這 4 個老人人口比例高至 20% 以上的社區依次是獅潭鄉 (21.7%)、平溪鄉 (21.1%)、雙溪鄉 (20.3%)、峨嵋鄉 (20.0%)。

　　晚近臺灣人口結構的較重要的變遷，還有兩點值得一提，其一是受高等教育者所占比率提升，其二是有業人口中第一類行業人口所占比率減少，而第二、三類行業人口所占比率則增加。各社區間此種變化的趨勢大致相同，惟變化的程度則有差別，變遷後的情況也有差異。九十二年時臺北市受大專教育以上的人口，占滿 15 歲以上人口比率最高，為 45.8%；而臺東

表8-1　民國五十四年至九十二年間十個重要都市社區人口增加量

社區別	92年人口(1)	54年人口(2)	增加人數(3) =(1)−(2)	增加指數% =(3)/(2)×100
臺北市	2,627,138	1,119,852	1,507,286	134.6
高雄市	1,509,350	587,373	921,977	156.9
板橋市	539,356	74,533	173,709	233.1
臺中市	1,009,387	361,093	774,914	214.6
中和市	406,325	42,262	153,966	361.9
臺南市	749,628	400,455	349,173	87.2
三重市	384,618	152,819	231,809	151.7
新莊市	383,745	30,899	357,846	1158.1
鳳山市	328,878	71,338	257,490	360.9
永和市	231,816	59,804	172,012	287.6

表8-2　民國五十四年至九十二年間十個鄉村社區的人口減少量

社區別	92年人口(1)	54年人口(2)	減少人數(3) =(1)−(2)	減少指數% =(3)/(2)×100
卑南鄉	19,649	51,002	−31,353	−61.5
六腳鄉	28,293	45,457	−17,164	−37.8
義竹鄉	22,267	37,548	−15,281	−40.7
水林鄉	3,149	47,385	−15,892	−33.5
鹽水鄉	28,682	37,872	−9,190	−24.3
富里鄉	13,191	25,782	−12,591	−48.8
平溪鄉	5,845	16,023	−10,178	−63.5
將軍鄉	23,049	33,178	−10,129	−43.9
雙溪鄉	10,061	21,745	−11,684	−53.7
田寮鄉	9,238	18,244	−9,006	−49.4

縣的比率最低，僅為 16.9%，最高與最低之間相差很大。又各種不同類型社區間，各類行業人口占就業人口的比率，近年已無官方數據，但追蹤至民國七十一年時，其差異情形可以下表資料見之。

表8-3　民國七十一年各類不同社區各類行業人口占就業人口的比率 (%)

地區別 行業別	臺灣地區	市合計	五大都市	縣轄市	鎮合計	鄉合計	平地鄉	山地鄉
第一類	27.2	8.4	7.6	9.7	35.5	48.6	47.7	71.8
第二類	31.2	35.5	33.4	38.6	31.3	25.3	26.0	9.0
第三類	41.6	56.1	59.0	51.6	33.1	26.1	26.4	19.3

資料來源：七十一年度臺閩地區人口統計，228 頁。

3.人口數量及結構變遷所引發的問題

就理論上言，人口是構成社區之一要素；如此一要素有變動，必將引起社區許多方面的變動；其中有些層面的變動固可減輕問題，有利社區結構的平衡，但也有些層面的變動會使問題加深，增加社區結構的不協調與緊張。茲就上述社區人口數量的增減及結構的變動所引發的問題，扼要條舉說明如下：

⑴人口驟增的都市地區，產生許多無法有效解決的問題。就臺北、高雄、板橋、臺中、中和等人口增加較多的都市之新生問題加以觀察，項目繁多，重要者有住宅擁擠、學校、道路、市場及公園等公共設施不敷使用、攤販眾多、失業率高及犯罪事故頻繁等。這些問題的根本原因是人口增加太多太快，以致環境、技術及組織等區位條件無法快速作適切的順應。

⑵人口減少的鄉村社區，也產生許多的問題，重要者包括人力、財力及智力的外流，農業經營難度增高，家庭普遍經驗到分子分離，商業、學校及其他社會建設也趨於緩慢，以及人口的性別結構失去平衡等 (Tsai, 1978)。

⑶人口結構的變遷中所包括的年齡結構、教育及就業類別結構等的改變，所引發的問題也是多方面的。其中老年人口所占比率偏高的變遷，導引出了老人福利需求增多的問題，但配合性措施與需求之間的差距往往加大。受高等教育人口所占比率升高的變遷，則導引出此組人口失業率增高的問題。又就業人口中第一類產業人口所占比率下降的變遷，除了引發農業人力缺乏的問題外，也導致工商界容易出現失業的問題。

二、社區空間關係的變遷及引發的問題

由於地理或空間因素也是構成社區的重大要素之一，此一要素的變遷對社區結構與功能各方面的影響也很大。近年來臺灣許多社區的空間條件之改變至為明顯，而其改變則具體表現在土地利用的變化上。重要的改變包括：非耕作用地普遍被更精密使用。這種土地包括都市及鄉村的建築用地、公共設施用地，乃至鄉村地區的旱地、山坡地、河川地、溜地及墓地等。相反的，許多法定耕地的使用卻反而更趨粗放，由耕地複種指數之下降即可見之。

被更精密使用的非耕地，往往有被誤用及濫用的情形。都市用地上普遍出現違章建築。原有許多應受保護的山坡地常被濫用為建築住宅、墓園、或開闢種特用作物，以致使土壤流失，往往造成嚴重水患。此外也常見河川地被用作栽種高莖植物，造成妨礙排水等問題。濱海的低窪溜地近來常被使用作養殖魚貝及蝦類等，附帶在這些地區大量抽取地下水，以致造成地盤下陷的惡果。近年來土地利用上的另一改變是，許多原來的良田或山坡地開闢成工業區，當為工業用地，其中有些用地被開闢後遲未利用，以致形成浪費；而有些工業用地被使用後，附近的農地卻又遭受到污染。

以上所舉的各項土地被誤用或濫用的情形，雖非全部發生在人口聚集的社區之內，但使用者常是附近社區中的人。由這些人與土地不當關係所引發的不良後果，都會波及附近社區的人命、健康、安全、財產及士氣，故都應可看為社區性的問題。

近來社區空間關係的重要變遷還有社區外形驟變一項，此種變遷常引發空間結構不良，以及社區範圍與行政組織不調和的問題。這種情形以人口快速成長的都市及市郊社區較為突出。

三、交通體系的變遷及引發的問題

廣義的交通體系包括交通工具、道路以及通訊傳播系統等。前者為社區重要區位體系的一環，而後者則為社區的社會結構的一部分，兩者分別

受人文區位學者及社會學者所重視。近年來臺灣各社區在交通方面有很大的改變與發展，包括道路增加與拓寬，快速車輛增多，電視、電話普遍，報紙雜誌等也都普遍化。唯在這方面的變遷與發展過程中，也附帶產生多種的問題，茲將較重大者列舉如下：

⑴在交通發展的過程中，仍有交通不便的死角，尤以山地社區為是。⑵隨著快速車輛增多，車禍案件驟增，嚴重危及生命或健康，發生地點無分都市與鄉村，不過通常以都市地區較為嚴重。⑶各社區車輛增加的速度遠快於道路修建的速度，故各地造成車輛擁擠，危及生活品質，尤以都市社區為是。⑷違規的交通案件頻傳，包括駕駛違規及營業違規等。⑸大眾傳播的便捷使惡事及不良觀念也都快速傳播，造成不良的連環影響。⑹社區中的交通建設費用，往往形成社區財政的一大負擔。例如都市中的道路建設所附帶徵收的龐大工程受益費，常成為市民詬病之的。

四、生計方式的變遷及引發的問題

生計組織 (sustenance organization) 一向是人文區位學者研究社區的重點課題之一，故探討社區變遷，也應顧及社區生計方式的變遷。鄉村社區居民與都市社區居民的生計方式原本相當不同，近年這兩類社區的生計方式也都有大改變，鄉村地區生計方式的重要變遷現象包括：⑴由往昔普遍以農業生產為主的生計型態，變為以營農兼工商副業為主要型態，當前農家的收入約僅占全部收入的三分之一，七十一年時為 35.4%，比五十五年時的 52.6% 低很多。⑵農業生產結構中作物的比重逐漸減低，園藝及畜牧的比重逐漸加多。⑶企業性的專業生產如大規模養雞、養豬及養蝦等生計方式逐漸多見。

在都市型的社區，主要生計一向以第二類及第三類生計為主，其中較近工業地帶的郊區從事第一類生計方式的家庭相對較為普遍。六十九年時，全省以臺北縣的鶯歌鎮的就業人口中，從事第二類行業者所占比率最高，約 68.3%。而首要都市臺北則主要的生計方式為第三類的商業及服務業。六十九年時，臺北市就業人口中從事第三類行業者所占比率為 66.4%，高於其他各社區。近年來都會地區生計方式的重要改變，有數點較為明顯：
(1)兼有二種以上生計的家庭逐漸普遍，主要因婦女就業機會增加之故，(2)
與國際貿易有關的生計所占比率增加，這類生計包括貿易生意的僱主及職
員、貿易產品的生產者、行政人員及服務人員等，(3)非必要性以及違法犯
罪性的地下生計方式有增無減。

　　以上種種生計方式的趨向，對於社區生活的影響固有健康的一面，但
也有引發社區問題的負作用之一面。其中鄉村地區的企業性生計方式常易
造成較大風險，特別當天災發生或價格驟變時，常會使經營者破產，並連
帶發生財務糾紛、破壞社會和諧。都市中的違法性及犯罪性生計方式之不
良作用更大，常直接危及社區居民的安全、財產及生命。即使表面看來違
法性不大的攤販，若是販賣不潔的食物或使用不潔的器物，也會嚴重危害
市民的健康。

五、社會價值的變遷及引發的問題

　　社會價值也是社區結構的一重要層面，而所謂社區的社會價值體系是
指社區居民的共同行為準則或目標，故與社區居民的性格有密切關係，價
值觀念常成為性格的一部分，性格中也含有價值的成分。楊國樞指出中國
人正由種種傳統性格變向現代性格，我們似乎也可說這些國民性格的變遷
也隱含社會價值的一般取向。楊氏所指的性格變遷方向包括如下諸點：(1)
由社會取向變向個人取向，(2)由權威性格變向平權性格，(3)由外控態度變
向內控態度，(4)由順從自然變向支配自然，(5)由過去取向變向未來取向，
(6)由冥想內修變向行動成就，(7)由依賴心態變向獨立心態，(8)由偏好趨同
變向容忍歧異，(9)由特殊主義變向普遍主義，(10)由懷疑外人變向信任外人
（楊國樞，70年，249頁）。

　　依個人所見，近來國內各種重要的社會價值趨向，包括趨向：(1)功利
主義，(2)物質主義，(3)個人成就慾。這三種價值取向互有關聯，且都有助
社區的發展，但也為社區帶來若干困擾與問題。功利主義抬頭的結果使社
區失去謙讓的德性，物質主義的興起則淹沒可貴的精神文明，而個人成就

慾的高漲，嚴重危及約束行為的規範與道德。上指三種社會價值的取向雖在鄉村地區也不除外，但一般在都市社區中這些變遷趨勢則較為明顯。

六、人群關係的變遷及引發的問題

人群關係一向是社會學研究的核心問題，論社區變遷不能忽略此一課題。本文在第二節論社區變遷的一般性質時，指出由社區的社會變遷方向可看出初級性的親密與不計利害之社會關係逐漸減弱甚至消失，而契約性片面性及講究利害性的社會關係逐漸普遍，此種人群關係的變遷正是當前臺灣各種社區人群關係變遷的主要趨向。其變化的性質正如德國社會學家滕尼斯所指由 "Gemenischaft" 變到 "Gaselschaft"，也即由社區性氏族關係變到社會性結合關係的一種趨勢。

上述社會關係的變遷雖有變為理性意願的長處，但新社會關係的問題也很多，較大的問題是較不能守望相助，給歹徒有較多可乘的機會。疾病時也較不能相扶持，人與人之間的合作互助性變低，人情變為冷漠，社會的衝突性加大，社區的結合性減弱。人活在社區中漸缺乏人情味與舒服感，嚴重者易形成心理病態，危害他人，而受害者又常企圖報復他人，形成惡性循環，危及社會的和諧與安寧。

七、家庭制度的變遷及引發的問題

家庭是社區中具體而微的社會單位，一向被研究社區的社會學者當為重要的研究領域。近年來社區中的家庭制度因人口移動普遍及社會價值變化等因素的影響而有很大的改變。國內社會學家楊懋春及朱岑樓等人曾作過家庭變遷的研究，由這些研究可知變遷的面牽涉很廣。家庭變遷的方向有朝向進步可喜的一面，也有呈現可悲的問題。其中較可喜的變遷包括婚姻方式較重個人意願、結婚年齡提高、婦女地位提高、分子關係較趨民主平等、生育較有計畫、生活設備改善等。而問題性的變遷則包括家庭分歧化、老人較欠照料、世代差距加深、離婚破裂的家庭漸多，以及多種優良的家庭傳統倫理價值如孝道及禮讓等的面臨挑戰等。家庭變遷後的問題在不同社區之間互有差異，以離婚問題為例，一般都市家庭的情形較為嚴重。民國九十二年臺北市總人口的離婚率為 4.55%，冠於全臺灣，而雲、嘉、澎等三個較鄉村性地區的縣份，離婚率則分別為 2.83%，3.11%，及 3.33%。

八、社會組織的變遷及引發的問題

社區中通常含有許多社會組織，包括正式性與非正式性的。正式性的組織就功能別而分，則包括經濟性、教育性、政治性、社會性、醫療性、宗教性及娛樂性等。近年來臺灣各類社區中的社會組織不無發生變化，就量的變化看，一般社區中的社會組織單位，隨著人口增加，分工變細，呈增加的趨勢。即使人口減少的社區，組織數量大致也有增無減。其中正式性組織增加數量相對較多，興趣性或利益性組織的增加尤為明顯。就組織性質的變遷看，一般正式性的組織都有趨向更科層化及大型化的趨勢，尤以都市或郊區的工、商醫院及政府組織更為明顯。此外近年來因政治選舉而促使地方派系組織加強，此也為社區中社會組織的一大變遷（文崇一，70 年）。

社區中社會組織數量增加及組織性質更科層化及大型化的結果，好處固然很多，但也有缺陷或問題發生，重要的缺陷有如下值得注意的數點：第一，組織數量增多後使社區分子參與組織的機會或頻度也加多，其中的優異分子更是難以避免。許多的參與實屬迫不得已情形，以致成為參與者的一種負擔。第二，組織增多之後彼此間利益衝突性加大，引發的組織間之紛爭也變多。第三，組織更趨科層化與大型化的結果，也易發生組織僵化，管理不周，以致效率不良等缺陷。

在鄉村地區大型化的社會組織相對較少，其較小型的組織的主要問題不在過度科層性以致僵化，而是易受人情私心等因素的干擾而不能盡最公平合理的功能，農會之類的組織即有這種弊病。也有若干鄉村中的組織深受人口外流的影響而失去成員，組織乃面臨存亡的危機。四健會及部分小學等組織即面臨過這種困境。

都市與鄉村社區派系組織強化的結果易形成派系之間的衝突與對立，

對於社區的和諧不但無益，且有不少害處。其對社區發展之最大傷害之處是，派系力量的互相牽制，阻礙發展事功的進行。

九、社會階層的變遷及引發的問題

在我們的社區中，社會階層的變動也甚劇烈，引發的問題也不少，但這方面卻較少被探討。在快速都市化及工業化的過程中各種社區社會階層的重要變動性質有如下幾項：(1)隨著經濟的發展，經濟地位上升的個人或家庭數遠多於地位下降的個人或家庭數。(2)不少原為清苦的家庭因獲得地價上漲之利或經營工商業而發財致富，形成所謂暴發戶或有錢階級。(3)也有不少原來地位平平的家庭因子女受良好教育而心安理得的提升了社會地位。(4)許多特殊職業工作者如歌星、影星等，也因個人之成就而贏得知名度及經濟地位。(5)少數地位明顯下降的人往往以營商失敗的生意人或作奸犯科的人最為顯著。(6)一般工人階級的經濟地位略有改善，但社會地位平平，並無顯著改善。(7)大多數的農人礦工之類是社會中經濟及社會地位最少改善的一群。其職業性質雖因神聖而贏得尊敬，但在經濟報酬上卻未獲得顯著之改善。(8)職業結構變化很大，從事初級生產的職業人口所占比率下降，而從事次級及三級行業人口所占比率增多。從民國四十一年至七十一年間，臺灣地區初級產業人口占總就業人口的比率由 56.1% 降至 18.9%，次級產業人口則由 16.9% 增至 41.2%，而三級產業人口則由 27% 增至 39.9%。

當各社區中的社會階層呈上述的變遷情況中，不無引發出危險的訊息，最危險者是社會中的職業聲望與經濟報酬之間出現不相配合的現象。有些高聲望的職業，經濟報酬低；反之，有些聲譽不高的職業偏偏可獲得很高的經濟報酬。此種不合理的現象，一方面足以鼓勵社區中的人易生投機取巧行為以圖謀經濟利益，另方面則足以使中規中矩工作的人士大失所望。

此外，當我們的社區普遍轉變以**成就性地位** (achieved status) 為地位結構的主流之過程中，仍然會出現**先天性地位** (ascribed status) 之案例。此種雙元性社會地位系統的出現與存在，易生不平之鳴，增加社會的衝突性，此也為當前有關社會階層的較重大問題。

十、教育體系的變遷及引發的問題

近年來我國各社區的教育體系變化極大，許多變遷也都含有或引發出或多或少的問題。就吾人可容易觀察到的社區教育變遷扼要列舉數點如下：(1)社會大眾對新生代接受高等教育的期望普遍提升，因之高等教育設施與服務曾經供不應求。但現在大學到處林立，卻又有過度膨漲之勢。(2)在人口快速增加的都市社區中小學教育機關的規模普遍膨脹，反之，在人口減少的鄉村社區此等學校的規模則普遍在萎縮中。(3)高等教育內容的結構，隨著社會價值的轉變，已有相當大的改變，且仍處於隨時都可能再繼續發生巨大變化之情況中。(4)社區中出現的生活教育功能，包括語文教育、各種生產消費技術指導訓練等，逐漸普遍。

以上教育體系的四大變化，有因社區其他方面的變遷所引發，但這些教育上的變遷，也必將引發許多其他方面的變化與問題。譬如大眾對新生代接受高等教育期望的提高，連帶引發了所謂的明星學校、越區就讀、升學主義及補習班猖獗等嚴重性的教育問題。又如都市地區學生人口及學校規模膨脹的變遷則形成校地空間不足、活動品質變差的問題。而鄉村地區兒童人口減少的變遷則引發學校萎縮，教員面臨調職或解聘的危機。最後或許將會導致學區重劃的結果；而一旦重劃，連帶又將會產生許多新問題。當高等教育的內容隨需求的變遷而變遷時，大學等高等教育機關的品質必將偏向功利，於是將會喪失對非功利性的許多崇高學問之興趣。

本節內列舉了十種的社區變遷內容，這些變遷都是相當明顯可見，且也合乎社會學旨趣的課題。因為每一種變遷都將使原為平衡的社區體系或結構受到攪動，故都將或多或少的引發其他變遷與問題。然而上列十類變遷並非臺灣近年來所有社區變遷的全部，社區的結構所包含的層面還有很多，各層面的性質也無時無刻不在變動。而其任何一個小小社區體系的單位之變動也都將引發結構與功能一時或長期的失衡現象，也即都將引發或多或少的問題。因限於篇幅，此方面的分析乃告一段落。

　　總之，由於內在及外在多項因素的交互影響，可看出臺灣的社區在多方面都發生變遷，且變遷的速度也極為快速。社區在變遷的過程中各副社會體系與單位並不能全有良好的配合，並互相善盡功能，因而產生結構失調及功能減失的現象，也即引發了許多社會問題。社區中不同的副社會體系之變遷所引發的社會問題都有差別，這些問題極待政府官員、社會改革家或社會工作者等去正視並設法解決。

　　從社會體系及社會結構功能的理論觀點看，為解決社區變遷所引發的問題需用社區社會體系重整的策略。為使臺灣社區結構上的平衡並使結構中各部門都能盡好功能，則社區重整的設計者或行動者可針對本文提出的多種社區問題，設法做適當的解決、消除或修補。更具體而言，本文所指出的各項社區變遷所引發的各種社區問題，都可供為設定今後重整臺灣社區結構與功能的目標之參考依據。經由對於社區問題的解決，達成社區體系及結構平衡的新境界，藉以促進社區的再發展。

▶▶▶ 本章參考文獻

1. 文崇一 (1981)，「社區權力結構的變遷」，在朱岑樓編，《我國社會的變遷與發展》，三民書局，289–356 頁。

2. 內政部 (1972)，《中華民國臺閩地區人口統計》。

3. 朱岑樓 (1981)，「中國家庭組織的演變」，在朱岑樓編，《我國社會的變遷與發展》，三民書局，255–287 頁。

4. 李亦園 (1983)，「傳統文化中的功利主義」，《中國論壇》，16 卷 11 期，14–20 頁。

5. 楊國樞 (1981)，「中國人性格行為的形成及蛻變」，在朱岑樓編，《我國社會的變遷與發展》，三民書局。

6. 楊國樞 (1983)，「現代化歷程中的變遷現象」，《中國論壇》，17 卷 5 期，11–17 頁。

7. 楊懋春 (1981)，《中國家庭與倫理近百年來社會制度的變遷》，中央文物供應社。

8. 楊懋春 (1974)，《我們的社會》，中華書局。

9. 蔡宏進 (1981)，《臺灣現代農村之設計研究》，行政院農發會研究報告。

10. 謝高橋 (1982)，《社會學》，巨流圖書公司。

11. Duncan, Otis Dudley (1959), "Human Ecology and Population Studies," *The Study of Population*, The University of Chicago Press, pp. 678–716.

12. Hawley, Amos (1950), *Human Ecology: A Theory of Community Structure*, New York: The Ronald Press Company, pp. 149–153.

13. Hobhouse (1966), *Social Development*, Unwin University Books.

14. Loomis, C. P., & Beegle, J. A. (1957), *Rural Sociology: The Strategy of Change*. N. J.: Prentice-Hall, Inc..

15. Levy, Marion J. (1952), *The Structure of Sociology*, Princeton, N. J.: Princeton University Press.

16. Martindale, Don. (1960), *The Nature and Types of Sociological Theory*, Boston: Houghton Mifflin Company.

17. Moore, Wibert E. (1964), *Social Change*, Englewood, Chiffs, New Jersey: Prentice-Hall, Inc..

18. Nelson, L., Ramsey, C. E., & Verner, C. (1960), *Community Structure and Change*, New York: The Macmillan Company.

19. Olsen, Marvine (1968), *The Process of Social Organization*, New York, Chicago, San Francisco: Holt, Rinehart and Winston.

20. Perlman, R. Q., & Gurin, A. (1972), *Community Organization and Social Planning*, New York, London, Sydney, Toronto: John Wiley & Sons, Inc..

21. Poplin, D. E. (1977), *Communities: A Survey of Theories & Methods of Research*, U. S. A.: Murry State University.

22. Merton, Robert K. (1957), *Social Theory and Social Structure*, New York: The Free Press: A Division of The Macmillan Company, pp. 46–47.

23. Tsai, Hong-Chin (1978), *The Impact of Internal Migration on Changes in Population Composition in Taiwan: 1969–1974*: Ann Arbor, Michigan, U. S. A., London, England: University Microfilms International,.

第九章

社區發展

第一節　社區發展的必要性與重要涵義

一、鄉村與都市社區發展的必要性

　　大致言之，社區可分成鄉村與都市兩種最重要的類型，兩類社區的發展都有其必要性，於本節開始先就其必要性作一扼要的說明，之後進而討論社區發展的重要涵義。

1.鄉村社區發展的必要性

　　在許多國家的社會經濟發展過程中，鄉村社區的發展都相對落後，其原因很多，其中重要者包括：⑴鄉村居民的主要產業為農業，這一產業所受的天然限制較大，難與工商業競爭。⑵鄉村具有潛在發展能力的人隨工商業及都市的發展大量移出。⑶農業生產者為各行業的眾數，本身競爭力小，政府所能照顧的廣度及深度也較受限制。⑷鄉村社區分布較為擴散，每人分擔的單位成本較大。由於這些不利條件，鄉村社區的居民所能分享的發展果實都相對較為有限，社區內累積而未能解決的問題也較可觀，需要發展的必要性往往遠較都市社區更為迫切。

2.都市社區發展的必要性

　　世界各國都市社區的發展也至為必要，必要的理由有如下諸點：⑴在許多已開發的國家，都市人口遠較鄉村人口為多，因而都市社區的重要性也較鄉村社區為高，⑵不少古老的都市曾有衰敗的現象，極待加以振興與更新 (renew)，⑶現階段世界各地的人口不斷集中於都市，也即不斷在進行人口都市化 (urbanization)，都市數量增多，規模也擴大，雖然在自然增多與擴大的過程中也不斷在發展，但更需要有計畫性的發展方案，⑷一般都市居民的社區意識相對較低，故由其自動自發的合作行為來促進社區發展的可能性不大，極需特別以社區發展運動加以提醒並強調，使都市社區的結構不致解體，且功能也不致減失。事實上不少西方國家的社區發展工作都先注重在都市推行，也由都市展開。

　　總之，不論是在鄉村或都市，社區發展工作都有其必要，故有關社區發展的概念與原理一向也為研究社區的社會學者所重視。

二、社區發展的重要涵義

　　社區發展可從廣義與狹義兩個層次觀之。廣義的社區發展乃泛指社區內所有的發展事物與過程。社區範圍包括都市及非都市的村里、鄉鎮乃至全縣市境內的居民所居住的地理範圍等。經濟的發展固然被包括在社區發展的事物與過程內，社區的社會文化與政治的發展，也應算在社區發展範圍內。狹義的社區發展乃指社會科學家，尤其是社會學家所較常認知與討論的社區發展，限於基層建設與社會發展的事項與過程，範圍也以較具體的鄉村或都市社區為限。以臺灣的情形而言，通常僅限於村里，但也可以鄉鎮市為社區範圍。

　　在未論及社區發展的社會層面以前，先就基層建設的涵義來說明社區發展的意義。臺灣自五十八年起由政府主動推展社區發展，由內政部主持其事，由其策劃並推動社區發展的細節。在省級推動的機關則為省社區發展委員會，由省府內外重要行政主管及人士組成。再下由縣市級及鄉鎮的社區發展委員會等推動社區發展的實際工作，村里為實際執行社區發展的行政及區位單位。在政府計畫並推動的社區發展過程中，初期發展內容以建設社區基礎設施為主，如修道路、排水溝以及衛生設備等。後來也甚重視社會經濟發展，如省政府曾推動客廳即工廠及消滅貧窮，內政部也推動生產福利及精神倫理建設等具體計畫。這些社會經濟性及文化性的發展內容，逐漸納入社區發展的計畫與內涵。不過，這種層次較高的社會經濟發展至今未如基礎建設那麼成績斐然，成為今後臺灣社區發展所應努力的方向。

　　根據社區發展的基本概念與哲學，這種發展事功的主要涵義著重於社區內居民自動自發，以改進自己及全社區生活環境與品質的一種過程，因此發展的主體是社區內的居民。社區內的人固然可將有利發展的外來援助者（如政府機關或社會福利團體等）加以吸收，成為社區發展的贊助者，

卻不能萬事倚賴外來的援助者而本身不加奮發努力，否則社區雖在外力援
助下有發展的希望，然而一旦外來的助力撤退，極可能便因為內部動力的
缺乏，發展即告停頓。

　　即使僅就狹義的社會學性的意義觀之，社區發展的意義也可從數個重
要層面加以闡釋。首先我們可將社區發展看為社區主要問題解決的過程，
這個概念是針對社區發展的目標而建立的，因為社區發展總要先樹立目標。
通常一個社區的發展目標總是指向解決社區內最主要的問題，最主要的問
題也往往是最共通性的問題。同時間內不同社區的主要問題可能不同，同
一社區在不同時間內的主要問題也可能不同。於此所說的「過程」是包括
問題的發現與認定、尋求解決問題的策略、確立解決問題的方案與步驟以
及進行解決的行動等，這些過程都屬社區發展的內容。

　　其次，我們可將社區發展認為是社區居民的一種社會行動過程，這種
定義顧慮到發展主體歸屬及其進行的方式。社區發展關係社區內全部居民
的福祉，發展的事務也屬社區內全體居民，故發展事務的進行需由社區內
全體居民共同擔當之，發展事功要能有效，往往需由社區內全體居民經由
組織而推動之，社區內的人既都經由參與組織推動發展事務行動，即是說
人人都加入社會性的行動。固然有些社區內的發展事務僅直接涉及少數個
人，不夠社會性，但嚴格言之，這一類的發展事功只能稱為社區內的個人
發展，而非社區發展的真義。不過社區內個人發展也是社區發展的基石，
如能由這種個人的發展而波及社區內多數人，再促成全體的發展，這樣的
個人發展可說是社區發展的基礎。相反的，如果少數幾個個人的發展反而
限制其他多數人的發展，這樣的個人發展既缺乏共通性，也缺乏社會性，
便不能與社區發展相提並論了。

　　此外我們也可將社區發展解釋為：社區內諸事物朝向正向的社會變遷。
所謂正向的社會變遷是指社會的條件與性質變向更進步、更有效率並更豐
富。從大體觀之，這些變遷的內容可分為量的變化及質的變化兩方面，譬
如社區財富、物質等由少量變向多量，由缺乏變為充足，由稀少變為繁多，
這類的變化可說是量的增多與滋長，其意義與成長大致相同。所謂發展另

含有品質改善的意義，譬如由簡陋變為精緻，由不滿變為滿意，由不科學變為科學等。

　　至於社會發展包括範圍如何？可說不一而足，隨研究者的著眼點而定。但社會學家常注意的項目則有如下諸點：例如社會領袖的培養，社會價值與信仰的革新，社會制度的改進，社會問題的解決，社會惡習的廢除及良好的習慣價值及風俗等的形成與建立，以及社會財富的累積，社會技術的革新等。總之，這些社會層面往正向或好處的改變都能促進社區社會層面的進步，故謂之「發展」。

　　上舉的這些社會發展內容只是所有社區發展內容中較重要者，但並非社區發展的所有層面。究竟一個社區應以何種發展的層面較為重要，便要視社區所處的情境而定，這情境涉及其所在的特殊時間及地域環境。確定社區發展重要內容有幾個標準：(1)這些發展內容是否為社區居民所需要，最需要者往往也是最重要者。(2)發展的項目牽涉面是否廣闊，牽涉越廣者往往也越重要。(3)發展達成之後受惠人數多少；受惠人越多，也往往是越重要的發展項目。(4)對當前重大問題解決的程度；能夠解決的程度越高，重要性也越大。以上諸種標準是相互關聯的，一項為社區居民最需要的發展項目，往往也是牽涉的範圍最廣泛、達成之後最能使多數人受惠、並最能解決重大問題的項目。

　　了解一般社區的重要發展項目的原則之後，也不難指出社區發展的項目，這些項目往往是可以改進社區的重大問題，為社區最大多數居民所關心並感興趣，同時也最能使大多數社區居民所滿足。不同社區重要發展項目可能會有差異，但在同一區域或同類性質的社區，其重要的發展項目可能大同小異。

第二節　社區發展的重要原則

　　如上論及社區發展定義及社區發展的涵義，也已略為提及確定重要社區發展項目的原則，這些原則也為廣義的社區發展原則的一部分。於此再更系統的論述社區發展的若干重要原則，這些原則所以重要是因為捨此原則社區將不能有效發展，也可能導致發展的性質變樣。重要的社區發展原則至少可分如下十一項說明：

一、民主的過程

民主過程的原則是指，社區發展目標的設定及達成目標的步驟與方法是民主的，也即是由多數人經過自由意志決定的，而不是由少數野心家所操縱的。通常最民主的方法是經由社區全體居民參與討論辯論後投票決定，由這過程決定的發展目標及達成目標的方法，最能合乎多數人的興趣與意願。

在民主的過程中，政府宜處於輔導協助地位，而非處在命令強制的地位，政府若有好構想可提供社區居民作為發展的目標，有好方法可提供社區居民作為達成發展目標的手段，但提供目標與方法時應由和平民主方式，經社區居民自己參考後，在完全樂意而不感到壓迫的情形下接受，而非以違背民意的強制方法令其採用與執行。

社區中的領袖在處理公共發展事務的決定時，尤應小心，不能操縱多數人的意見而一意孤行，否則即失去民主的原則，所作的決定既不能合乎多數人的利益，也即失去社區發展的重要真義。

社區領袖或屬於輔導地位的政府官員遇社區居民的意見分歧時，不能強迫任何一方以牽就他方，而應從中協調，達到雙方樂於同意而後做下決定。

二、本著解決問題的原則

發展的目標應該指向解決問題，否則發展的結果便不能有效改進社區的現實生活，也難能合乎社區的迫切需要。社區的問題可能不止其一，諸種問題中對社區居民而言有大小、輕重與緩急之別，社區發展究應先解決何種問題呢？從長遠看，目標當然應放在解決所有的問題上，但在短期間內人力、財力、資源及時間有限的情況下，原則上應先解決迫切需要解決的問題。所謂迫切的問題也即是指那些若不解決，就會較嚴重威脅到多數人利益的問題，通常這些問題也即是會危害居民生活上較基本層面的問題。譬如社區水源缺乏或被污染，可能即為其迫切需要解決的問題，因這問題一天不解決，居民的生活就會感到極不方便，飲食衛生即受到重大危害，受害者不是少數個人而是多數的人，這類問題的解決必然會被社區居民列為最優先。面對這種問題，社區發展的目標便應將開闢水源或清潔水源列為優先項目。

目前臺灣各社區中食、衣、住、行等問題已不具威脅，傳染性疾病也極少發生，當此基本生活大致安定的情況下，眾人共同認為最需解決的問題是居住四周環境的髒亂問題，於是各地社區發展都以公共基本設施列為最迫切的項目，包括垃圾不落地，設置垃圾焚化爐，汙水淨化地等，可說沒有違背解決問題的原則。

三、注重教育方法的原則

社區發展注重教育方法有兩個重要的理由：㈠由教育入手的發展最能生效。㈡用教育方法能使居民了解而後接受，不致在民眾未了解事項道理之前強求其行動，故也最能合乎民主的原則。社區居民可以發展的事務很多，發展方法也很多，但居民對這些目標與方法不一定樣樣都能感受與理解，往往需要經過有心人及內行人的教育啟發之後才能領悟，一旦由衷領悟與了解，即奠定了發展之根。社區居民之中雖也不乏精明之人，無須再經太多教育即能領悟社區發展的道理，但畢竟這類人為數並不很多。尤其是在鄉村社區，居民的教育程度通常不高，若未經再教育，其對社區發展的哲學精神與原理，通常少能了解，更談不上有實際發展的事功。

推行社區發展的政府或專家若未給予社區民眾有充分教育，社區居民便會因未能了解社區發展的原理而不能有效發展。此外，若未經教育並使其了解而自動自發計畫並推動發展，只勉強強制其按他人、政府或專家意思而行動，便是強人所不知，就失去了民主的意義。

教育社區居民去發展社區的方法很多，經由正規教育制度灌輸年輕一代有關社區發展的專門知識與技能，就是一種可行的教育方法。其次，成人補習教育也是一種有效的方法。此外經由大眾傳播媒介，如電視、收音機，乃至運用人際之間的親密關係去傳導、灌輸或影響，也都是有效的方法。總之，由教育而發展的原則是和平的、根本的、民主的，也往往是有效的。

四、以能改進社區的社會經濟及文化條件為原則

社區發展是有目標的，改進社區的社會、經濟與文化條件，往往是社區發展的重要目標。社會經濟與條件的改進應是具體可見的，而非濛濛中若有若無之物。可供改進的社會經濟與文化項目很多，從影響社區居民具體的食、衣、住、行條件的改進以至思想觀念、社會關係、社會制度的改善都是。經濟條件的發展尤有其必要性，因為經濟條件的發展常是社會文化發展的基石，經濟條件的發展直接可影響人民基本生活的改進，故常為眾人所能體會並樂於接受與追求。社會條件的改善，一方面有利經濟物質條件的改善，另方面也可改善生活的精神面或非物質面，故也至為基本而重要。此外，文化改善也應為社區發展過程中所需追求者，故也應列為社區發展的原則之一。

五、由下而上的發展過程

真正的社區發展，應以由下而上的發展過程為主要原則之一。發展目標應為社區基層多數民眾所需求的，而非為高層計畫者與執行者的少數人所追求的。但若政府所期望或設計是依據基層大眾的意見，情形就另當別論，因在這種情況下政府所定下的發展目標，也與基層民眾所要達到的目標相吻合。

由下而上的原則尚含有更積極的意義，即當地方基層民眾建立發展目標以及推行達成目標時，也應能積極爭取上層關係機構或人士的支持與援助。為能有效獲得上層機構的支持與援助，地方民眾最好能將需要與目標說明清楚，作為說服上層機構人士的基礎。在發展過程中地方組織所需要

的領導人才，最好也由基層人士中合適者選任。儘可能避免上層指定選派，除非所派的人選也為地方所接受並歡迎者，否則會因領導人員的背景與想法與基層民眾脫節，以致發展事功也會與社區民眾真正的需要分離。

六、全體參與的原則

社區發展事務是全社區居民的共同合作事務，應由全體居民參與、設計並推動，避免由少數人操縱營私。在開始推動發展事務時，部分社區居民可能會因不了解社區發展的意義與方法而不願參與，也會有人因怕參與後即需要付出貢獻而不願參與。為能卻除不參與者心理上的障礙，社區居民中之領導分子及知識分子，最好能發揮說服力及影響力乃至組織能力，使不願參與者心理上的障礙減輕甚至卻除。譬如由示範教育向外爭取協助及設計良好發展方案等，作為積極性促進發展的方法。總之，為促進社區居民參與，社區居民本身應扮演決定主體的角色，社區發展的推進機關及督導機關或人士，也應能研究或了解阻礙居民參與的因素，並設法加以克服。

七、自力更生的原則

社區發展含有由社區居民自力更生，自謀發展並事事不求外界援助的積極意義。社區自力更生的具體表現包括如下三項：(1)社區內部有提供發展所需經費的能力，(2)社區內部有足夠能做好發展設計的人才，以及(3)社區內的居民能有需求發展的想法與做法。自力更生往往不是一日可蹴而成，譬如在一個原來貧困的社區，要能達到財力上自力更生就不是件容易的事，需要社區居民經過充分的努力與奮鬥。在財力的自力更生過程中，很需要先能發展一個屬於社區居民共同擁有的生產事業，譬如一個社區合作工業或社區合作農業。社區性的生產事業只許成功不許失敗，否則社區居民的士氣會因共同事業的失敗而消沉，居民的發展慾望也會因而一蹶不振。然而社區生產事業要能成功並非易事，這種事業要能成功恐比私人生產事業的成功還難，主要是因為發展的成果歸社區居民所有而非歸私人所有。在今日各地的經濟發展過程中，多數人無不積極追求個人私利，有能力推動生產事業發展的人常不願為社區居民貢獻心力；反之，若由無能力的人主持經營社區生產事業，卻又不能使其成功發展。因此，在今後鄉村社區發展過程中，要能在財務上自力更生，也很需要先由社區居民個別自力更生，而後貢獻給社區，藉以帶動社區財力自力更生的效果。在經由發展社區性生產營利事業以達社區自力更生的過程中，則首先須能選擇具有經營能力又肯犧牲私益的人作為領導者與經營者，社區生產事業才有成功的希望，社區的自力更生也才有希望達成。

八、合作途徑的原則

社區事務的發展，通常需要經由合作的途徑進行才能達成。其理由是：(1)社區發展的事務往往涉及社區內全體居民的權益與義務，間接與社區外的政府及私人也有權責的關係；與多數人有關的事務，必須能獲多數人的合作與支持才能有效的進行。(2)社區發展事業常需要有充足的財力為後盾，由於受益者是社區全體居民或較多數居民，當社區發展過程中經費上遇有困難時，也必須由社區居民合作分擔，否則發展事務便難能推展。(3)社區發展過程中所需要達到的目標有先後緩急之分，居民對發展事務各有偏好與期望，難免易起衝突，社區分子之間為能不敗事，需能獲取多方合作，合作的結果利益才能分享給最多分子。由這幾點理由，合作原則乃為社區發展過程中所強調者。

九、發展領袖的原則

社區的發展原則中，發展領袖也為一重要的項目。領袖發展的涵義包括各專門領導者人數的增多、綜合性領導人才的增多、以及領導品質的增進。社區領導者的發展，一方面可由其他發展過程中借機磨鍊達成，但也需要借助發展領導者的專案計畫。領導者的發展是社區發展的基本要素之一，社區內有賢能的領導者，其他事務的發展才有希望容易達成，發展的效率也才有希望提高。

十、針對需要的原則

通常社區內可發展的項目很多，但應有輕重緩急之別，急需發展的項目應是居民普遍需求的項目，不需要的項目可不必發展，否則不能令人滿意，徒增浪費。社區居民的需要固然是決定發展項目的重要指標，但社區居民的需要往往必須經由培養才能明確認定，因此培養社區居民適當的需要也為社區發展的一重要步驟。

十一、物質與精神發展並重的原則

從長遠的目標觀之，社區發展內容應能對物質與精神兼顧，因為人生的價值不能僅重物質而忽略精神。通常發展的程序都先從物質發展，而後進入精神發展的領域；先從事有形的物質建設與發展，而後進行無形的精神建設與發展。在經費有限及人力有限的情況下，物質與精神之間、有形與無形之間的發展應有先後不同之序乃是無可厚非之事，但從長期觀之，實不能偏失任何一方。臺灣社區發展運動在進行數十年後，就凸顯出其建設與發展範圍著重在基礎工程方面的必要性。今後在尚未做好基礎工程發展的社區，此項建設與發展仍是最基本而需要完成者，但在已做好基礎工程建設的社區，發展的要點便應轉向精神與文化程度的提高及社會秩序與能力的提升上，亦即應逐漸轉向無形的非物質面的建設。

以上列舉諸種社區發展的重要原則，這些原則都為社區發展過程中所需遵循者。這些原則的建立都從長遠的觀點著眼，而非短期性的原則。違背這些原則，社區發展將有偏差，其成效將會大打折扣。社區發展推動者及社區居民本身，都應熟知這些原則，並依原則推動社區發展事務。

第三節　社區發展的程序

根據上述的原則，社區發展的程序應是由下而上、且由全民合作的民主過程。發展計畫的設定應針對社區內大多數居民的需要，並能解決多數

人共同的問題，且應有領導者領導實施，此外也應包含發展事項的檢討等
程序。如下茲就這幾個重要程序作進一步的分析。

一、發現社區的問題與需要

　　社區發展要能有效並獲滿意的結果，必須針對能解決社區問題並滿足
社區居民需要的原則進行，於是發掘社區問題與需要，乃是制定社區發展
計畫的首要步驟。要發現社區問題與需要，可由如下幾個不同的方式去進
行並獲得：(1)由社區內較聰明且較熱心的領導者加以發現。(2)由社區內大
眾經過開會討論互相刺激思索而得以發現。(3)由外來專家的指點。(4)由政
府行政官員的指示。外來的專家及官員的指示不能經常進行，社區問題要
期待其幫助發現，可能會延誤時效，故社區居民要時時自我訓練，了解自
己的問題與需要，使其具體化，並成為社區發展的目標。社區居民及領導
者應具有此能力，並能以獲此能力當為重要的使命與職責。若然，則社區
問題及需要，就能及時被發現與解決。

　　所謂社區問題，是指阻礙社區多數居民生活改善，並給社區居民帶來
不方便的事與物。這些問題可能是由自然災變產生，可能由社會變遷所引
起，可能由社區中少數蓄意製造事端所造成，也可能由某些發展事功所附
帶產生的後遺症。有些問題是顯而易見的，必然較易察覺，但有些問題是
隱含難察的，必須具有眼力的行家才能指認出來，故社區居民對認識問題
的培養與磨鍊，是推動社區發展不可或缺的重要步驟。

二、設定發展計畫

　　社區問題與需要的發現，提供了社區發展的目標；如果目標多於一個，
便有必要安排這些目標的先後次序，且有必要運用有效的資源及方法來達
成這些目標。這是擬定發展計畫的最首要程序。

　　擬定發展計畫的程序包括：(1)對計畫所需資料的收集，(2)計畫內容的
設定與組織，及(3)計畫執行人員的安排等。這種計畫原則上應讓全社區的
人都能了解並參與意見；但實際將計畫內容用黑字寫在白紙上以備忘的程

序，則可委託少數幾個委員或社區中的其他領導人物著手。良好的計畫應是周密、合理且實際可行的。除此之外，使付出的財力最小、收效最大，也是良好計畫的重要原則。計畫的主要著眼點是，如何將想發展的事務、人力與物力之間做最良好妥善的安排，使計畫進行之後能完善達成目標，使參與發展的人也能勝任愉快，且所費也最少。

三、發展計畫的實施

此一步驟是將紙上談兵式的發展計畫帶進實際發展的行動階段，實施之後應能馬上立竿見影，獲得發展的結果。在實施發展事務過程中原則上應照計畫而行，但若發現計畫不當或有偏失時，便應即時提出討論、研究並改進。

社區中的個人一方面可主動出來推動實施發展計畫，另方面也有義務支持援助合適的人推動發展計畫。要緊的是處於主動地位的推動者不能違背眾人的意思而獨斷獨行；處在支援他人地位的推動者原則上雖應盡力協助他人，但遇有人設法歪曲或操縱計畫的推行時，也有義務加以糾正並設法阻止。總之，發展事務要能有效推展，眾人先要能充分合作，個人則先要能作適度的犧牲。

四、檢討工作得失

社區發展工作進展過程中時時需要檢討考評，才不致產生偏差，若有偏差也才能及時糾正。考評的目的除可避免執行的偏差外，也可作為進一步擬定新計畫的參考之用。工作得失的檢討內容重要者，包括目標是否達成，方法是否有效，成本是否合算等。

第四節　以往國內社區發展工作的回顧

過去臺灣地區的社區發展工作，可分為政府推動的社區發展或社區建設工作，及民間自發處理的社區重建等兩大類。就政府推動的社區發展或建設工作的性質看，廣義而言，政府的種種施政都與社區發展直接或間接有關。但從狹義的角度觀之，則以社政單位所推動的社區發展專案計畫，以及農政單位所推行的農村綜合發展示範村及吾愛吾村等計畫為限。

於此回顧社區發展策略時，因篇幅限制，無法對所有政府施政的內容及民間的自發性工作作廣泛的檢討，乃有必要只限於對專案計畫下的「社區發展工作」作一回顧，如此也可免因牽涉太廣而掛一漏萬。此項回顧的重點有二：(1)扼要舉出過去發展工作的經過及重要內容；(2)探討此項發展策略之適當性與不當性。

一、臺灣地區社區發展工作的經過及重要內容

臺灣地區的社區發展工作的政策依據，是行政院於五十四年四月令頒的「民生主義現階段社會政策」。之後行政院又於民國五十七年五月令頒「社區發展工作綱要」，由內政部社會司主持其事。社會司之下有省市政府的社會處局、縣市政府的民政局及鄉鎮公所的民政課（山地為文化課）等各級政府機關來推動此項工作。在民國五十七年九月間省政府又頒布「臺灣省社區發展八年計畫」，五十八年後曾獲聯合國發展方案 (UNDP) 之協助，由聯合國派來顧問，並協助一批年輕人出國留學，專攻社區發展。後來政府又於六十年五月將原來的八年社區發展計畫改為十年計畫，合併基層民生建設及國民義務勞動工作。自此由各級社區設發展委員會來策劃、協調、聯繫並推動社區發展工作。

社區發展十年計畫下的工作目標共包含三大項，即：(1)從事社區基礎建設以資消滅髒亂及美化環境，(2)實施生產福利建設以消滅貧窮並改善生活，(3)推行倫理建設以端正風氣並重建道德。

按照十年計畫，較詳細的發展工作項目很多，可參考官方的報告（許宗德，68年，3-6頁）及學者的研究（徐震，71年，25-26頁）（李建興，70年，8-9頁），茲將其重要項目列舉如下：

1.基礎工程建設

(1)改善社區基礎環境：包括興建水溝、道路、給水設備。

⑵改善家戶衛生：包括改善採光、通風、水泥地面及廚房設施、廁所、衛生設施、浴室、牛欄、堆肥舍、籬笆及栽種花木等。

⑶改善防洪設施：包括修築堤防、護岸及排水溝等。

⑷加強公共衛生設施：包括設置自來水塔、公共廁所及垃圾箱。

⑸設置小型體育場或球場。

⑹設置社區公園、兒童樂園及涼亭。

2.生產福利建設

⑴改進農業生產技術，包括耕作技術及病蟲害防治等。

⑵從事公共造產，加強水土保護及土地開發利用。

⑶提倡家庭副業及手工藝品生產,舉辦各種合作事業並兼顧成品運銷。

⑷指導改良家禽畜之飼養及園藝果樹之栽種。

⑸鋪設晒穀場，興建堆肥舍、飼料窖及沼氣池等。

⑹辦理婦女兒童青少年福利事業，包括治家、育嬰、烹飪及縫紉方法的指導。

⑺推行家庭計畫及婦女衛生等。

⑻推行小康計畫，包括設立托兒所、媽媽教室、巡迴保健等。

⑼辦理各種技術訓練及就業輔導工作。

⑽辦理各種互助服務，加強醫藥急難、災害及貧民救濟等。

3.精神倫理建設

⑴興建社區活動中心。

⑵設置社區圖書館。

⑶推行國民生活須知及禮儀範例。

⑷辦理各種民族補習教育。

⑸提倡全民體育、康樂及文教活動。

⑹提倡正當娛樂、組織音樂會及舉辦武術活動等。

⑺指導舞蹈活動，辦理民眾補習班。

⑻加強各種社區團體活動，如里民大會、長壽會、婦女會、四健會、童子軍等。

如上列舉了三大類共含二十餘建設項目。各社區依地方的需要及條件不同而有不同的發展重點及成果。

二、社區發展工作的適當與不適當性

上列的各種社區發展工作策略在當前的臺灣地區普遍地展開，此種策略的工作目標及推行方法與過程，有其成就，但也有缺失。研究社區發展工作的學者曾作過評估，先就以往學者們指出的成果與缺失摘要列舉，而後再提出個人的看法。

㈠以往的評估

評估社區發展工作的學者所指出的重要成果包括：⑴有形的建設具體可見，在十年計畫下政府用去的補助金額共為三十六億元。共約有四千個村里社區參與建設，受益戶很多（徐震，70 年）（李建興，71 年）。⑵此項建設的結果可以增高居民之社區意識、生產意願、榮譽心理（徐震，71 年），並改善生活環境，提高自治精神及促進國家整體的發展（李建興，71 年）。

做過評估的學者們也指出此項工作方法有如下之重要缺失：⑴政府缺乏協調單位，社區缺乏組織力，過分重視物質建設，缺乏社區規劃能力，過於重視行政管理的形式化，建設成果不易維護（徐震，70 年，28–29 頁），基層主管單位督導不周，忽視地方需要，理事會執行建設方案易形糾紛，基礎工作數量不足，品質不佳，都市社區建設以政府力量為主，缺乏民間力量的配合（李建興，71 年，10 頁）。民眾對生產福利與精神建設方面的參與率偏低，發展工作項目不全符合居民需要（謝高橋，70 年，37 頁）。

㈡筆者對社區發展工作策略適當性與否的看法

從上列的考評資料可知社區發展工作確有其成果，但也有缺失。為免與以往的評估方向重複，於此筆者擬改以社區變遷過程引發問題、並引發應對的社區發展、以平衡社區的結構並改善功能的理論概念，作為評論「社區發展工作策略適當性與否」之立論根據。

1. 發展策略適當性的觀察

　　至今政府計畫推行的種種社區發展計畫,對於社區的有形及無形方面,都具有改善之功能,故都可看為社區發展性的方案。以本節所依據的理論來看,社區發展工作方案都有適當性的成分,重要的適當理由有如下數點:第一,各種發展工作的目標或內容都有其問題性的背景,也即發展之理由都是為克服問題或改善不良的情況;雖然有些發展方案的理由背景並未有明顯的說明,但卻也不難從觀察中去體會與了解。第二,各種發展方案完成實施之後大致都能減輕社區所存在的問題,因而也都能令社區居民滿意,使原來不平衡的社區結構與不良好的社區功能,都能分別趨向較平衡與較良好的境界。第三,發展計畫的制定及推行過程中,大致都能注意降低社區內部的衝突性,減低社區結構的不平衡狀態,使之不因發展計畫的推行而加深結構的不平衡。

2. 不當情形

　　檢討種種社區發展工作的目標與實施內容後,發現其不合社區平衡的發展概念之處也多,茲將之分析於下。

　　第一、社區發展工作項目無法解決社區問題之全部。雖然社區發展工作的計畫包括的層面很廣泛,項目很多,但仍未能有效解決社區內的所有問題,其中若干社區中需要解決的重大問題,如都市地區犯罪問題的防治、交通秩序的維護、人口流動問題的處理等,都未列為社區發展的重點工作。故往昔的社區發展工作推行之後,留下的問題仍多,未能使社區結構與體系達到非常高度平衡的境界。

　　第二、社區發展計畫中的各方案之提出,都較顧及其單獨成效,而較少能顧及促進整個社區結構與體系的平衡關係。例如督導單位常徒嘆社區基礎建設的成果維護不易,卻未考慮將教導社區居民維護社區的公共設施當為重要的倫理建設項目。

　　第三、每一發展工作的目標之提出,未必事先對相關的問題及應配合的措施都作成有系統的周密考慮。策劃單位對各項發展工作目標與方案的前因後果,很少於作周密的研究與規劃後才交下推行,故也未能預告基層執行單位事先應注意防範可能發生的問題及適當的處理方法，於是常於計畫推行過程的途中發生觸礁或失誤的問題，影響發展效率，也浪費資源。

第四、推行社區發展的政策單位與其他主管與社區發展有關的機關之間，並不都能十分密切配合，常是各自為政，故常犯有工作重疊、業務衝突或不相銜接之情形。例如負責處理維護都市社區巷道修護的社政單位，與負責交通或衛生建設的工務單位之間，常不能相互密切連繫，以致經常發生巷道補後又挖，挖後再補的情形。也許彼此之間因分工細密以致難作協調之故，但此類事件的一再發生並非不無遺憾。

第五、社區發展工作目標推行時，社區結構內部該動員的單位之間並非都能密切合作，其中不同興趣團體之間常會出現對立性的意見，政府與民間也會有不一致的想法，這種分歧性意見與想法的存在原很平常，唯在實行發展工作的行動之前，應使這種歧見減到最低程度，實行之後社區結構及功能的平衡性才能較容易維持。有些社區發展方案在付之行動之前，並未充分做好降低歧見的工作，致使發展工作完成後，有未能減輕社區結構失衡的情形。

第六、政府推行的社區發展工作為講究成效，實施模式相當統一，較少能顧及社區間的差別情況，以致少能提供特殊性但卻較為必要的發展策略。對許多迫切需要解決卻是特殊性問題的社區，推行單位較難能給予有力支援，故未能有效減除此種社區的不平衡結構，也未能有效改善其功能。

第七、與其他政府的施政措施比較之下，社區發展工作顯得無力，因為在鄉村地區政府提供的經費常只為所需經費的一部分，不足的費用常需由社區居民以配合款的方式補足，故在鄉村社區居民的主觀感覺中，政府推行此項工作所用的心力並不夠。

第五節　未來社區發展策略的探討

鑑於以往由內政部門所轄的社政單位所策劃推行的社區發展工作仍有不少缺失，又鑑於當前社會變遷過程中社區的結構有不少失衡，功能又有不少減失的問題，今後社區發展工作應獲得更大的重視與支援。有關社區發展的策略問題，也應給予更認真的研究與討論。本節提出數點有關社區發展的重要策略構想，供為執政及輔導推行的工作者參考。

一、社區發展工作應有良好的理論模式作基礎及引導

為避免社區發展工作由負責推行的人隨心所欲的設定目標與內容，以致不能作最周全而深遠之考慮，則今後的社區發展工作應尋求合理的良好理論，作為實際行動的依據。以往研究社會計畫性變遷的學者所提出的若干重要的理論模式，應也可供為社區發展工作之參考依據。這些重要的理論模式包括**體系模式** (system model)，**發展模式** (development model)，**問題解決模式** (problem-solving model) 及其他等。茲就這數種理論模式的要點再作進一步的說明，以便使主管部門了解並參考。

㈠體系模式 (system model)

筆者在本書前章論及社區變遷會導致社區體系或結構失衡及功能減失的問題時，對此一理論已略有說明。持體系模式觀點的社會學者把社會體系當為一個功能性的實體，一個體系通常包含許多有密切關係的**元素** (elements) 或**次級體系** (subsystem)。一個社區可當為一個社會體系。這一學派的理論者把**體系平衡** (system equilibrium) 當為社會體系運作的目標或理想境界。體系在平衡的狀況時，內部各單位的互動關係十分良好，沒有衝突與緊張，各部門的功能也最為良好。

應用體系模式的理論於社區發展實務時，必先對此一理論模式的基本概念先有一了解，而後進而也能了解如何促成一個社區體系達到平衡狀態。體系模式的重要概念包括如下諸點：⑴一個體系有其一定的範圍，而其範圍內應包括多個互有關係的次級體系或單位，⑵一個體系有其特有的目標及規範，⑶體系內含有角色、地位及階層結構的性質，⑷體系內存有獎懲的制度，⑸有必須的設施 (Loomis & Beegle, 1957) (Poplin, 1977)，⑹一個社區體系所包括的重要次級體系約有地方的、家庭或氏族的、非正式組織的、

正式組織的、宗教的、教育的、政府的、衛生的、圖書館及大眾傳播方面的等 (Loomis & Beegle, 1957)。

為使一個社區的結構保持平衡，則社區發展的設計或行動者需能善作如下之處理，⑴充分了解來自體系外的衝擊力量及其對社區體系的影響，並能做適當的阻擋、保衛、修補或適應的計畫及行動。⑵要能了解體系內一部門的變遷與其他部門變遷的相關性，並於變遷發生時能設法維護原來各部門間的平衡性，或順應趨勢推向新的體系平衡之境界 (Chin, 1969)。

㈡發展模式 (development model)

發展模式的社區發展理論著重如下幾個概念，⑴社區或社會的事務因時而變，而變遷的方向都朝向引導性的目標，⑵所謂發展的目標是指向更進步、更成長、更成熟、更豐富並更有成就，⑶發展是有**階段性** (stages)、**水準性** (levels)、**時間性** (period) 及可辨別的**狀態性** (phases)，⑷發展的形式有多種，可能是直線向前、螺旋式推進、定期擺動前進、或趨向專門化與分殊化的形態，⑸促進發展的因素包括一般自然性的力量、社區外在環境的衝激力、社區內部的緊張因素，⑹社區或社會體系的發展事功因其發展潛力不同而有差異，所謂發展潛力包括：發展播種者的有無、環境的支持條件、變遷推動者的智慧及感情等 (Chin, 1969: 305–308)。

社區的發展模式也頗可供為籌劃社區發展工作的參考價值，因為此一模式強調指向發展的目標。籌劃者要套用此一理論模式時，除能熟稔此一理論之內涵並能將之善為配合社區的實務之外，更應進一步掌握如下之要點：⑴要能明確設定合適的發展目標或方向，⑵策劃相關的配合性措施，⑶檢討影響發展的因素並善加運用，⑷預見發展的過程及結果。

㈢問題解決模式 (problem-solving model)

問題解決的模式很普遍被應用在許多事務的處理上，社區設計者及社區發展的實務工作者也常套用此一理論模式來處理。此一模式的運用過程通常包括如下幾個重要步驟，即⑴確認問題性質，⑵建立與問題有關的處理結構或交通系統，⑶研究可以解決問題的種種政策或方案並選擇合適者加以使用，⑷發展並實行可以達成政策目標的方案，⑸監督並反省實施的方案與政策 (Perlman & Gurin, 1972, p. 58)。

　　套用此一模式來策劃並推行社區發展時最大的關鍵與秘訣是在如何確認問題的性質並設定合適的政策等兩個主要步驟上。對要認識的問題最好能將之置放在整個社區體系中來認識其性質，並由整體的角度來研究解決的策略。如此採取解決問題的策略及行動的結果，才能顧及社區體系的平衡。

㈣其他理論模式

　　除上述三種理論模式外，其他尚有數種常被應用於社會建設計畫或社區發展工作的理論模式也都可應用於社區發展工作上。較常見的理論模式有(1)**社區組織模式** (community organization model)，(2)**社會行動模式** (social action model) 等。前者著重對社區內的人事作合理安排來有效運用社區資源，解決社區問題並促進社區發展之意，而後者的要義則在運用社區內的**權力** (power) 或**力量** (force) 經過較對抗性及衝突性行為以達成社區改造的效果。

　　上述數種可供應用設計社區發展策略的理論模式各有其特性及優劣點，設計者可依各種理論的特性及考慮自己的理想而選用。唯不論參考那種理論模式以作為計畫之依據，都應能於計畫實施之後便有效地解決社區變遷所引發的問題，且於問題解決之後也能使社區的整個體系更趨平衡，功能更為加強，而且社區各方面的水準更為提升，並更趨成熟與進步。

二、慎選社區發展的目標

　　未來社區發展的要略中，不能疏忽慎選發展目標這一項，因為發展目標良否，將決定發展的成與敗。重要的發展目標，應依社區的發展條件及其在大社會中的情勢、主觀經驗、遭遇的問題性質、價值觀念及本身能力等不同情形而定。一般較重要的發展目標，在客觀上及主觀上都分別有其重要特性。就客觀上的性質言，重要的目標於達成之後，對整個社區各層面的益處必相對較大，給社區內各單位的受益也相對較大，其能減輕的壓力也較大。就主觀的性質言，重要的發展目標往往是社區內的多數居民普遍較重視、較迫切需求，也較感興趣並認為較能成功的目標。

一個大社會裡不同社區之間的主客條件，有同也有異，故其重要的發展目標也應有同有異。本來要指出一個社區需要發展的重要目標已經不易，要列舉全臺灣地區各大小社區的重要發展目標更是難上加難。但身為社會學者的使命，於此不得不對此難題給一方向，只好大略將重要的社區發展目標歸納成三大類並扼要列舉重要的細目，以供為從事社區發展的設計者及實施者之參考。

1.各社區共同性的重要發展目標

由此類的發展目標，可反映出全島各地普遍需要較迫切解決的問題、普遍需要改善的事項或普遍需要調整的體系。這類重要目標包括：(1)繼續提高生活水準；(2)改善生活環境品質；(3)改善技術，增加工作效率；(4)降低出生率；(5)增強社會道德；(6)改善人群關係；(7)促進社會組織及制度的現代化。

2.人口驟增的都市及市郊社區的重要發展目標

此類社區因人口快速大量增加，需要發展的社會層面很多，重要的發展目標約有如下諸點：(1)充實各種公共設施與服務；(2)加強社會安全措施，防治犯罪行為；(3)改善鄉閭關係，增強守望相助效率；(4)強調民眾遵守法律對公共秩序；(5)加強污染防治，改善清潔衛生；(6)提高市民的社會參與與社會貢獻；(7)減少社會糾紛，增進社會和諧。

3.鄉村社區的重要發展目標

此類社區近來有人口外流現象，各種設施相對落後，且受都市化影響而發生多種問題，故極待加強的社區建設及發展項目頗多，重要者包括：(1)改善就業條件，提高收入水準；(2)加強公共設施、整建住宅環境；(3)改善醫療衛生設備與服務；(4)提升教育水準及科學化程度；(5)改善農業報酬，振興農業生產；(6)改善偏遠地區的交通與用水設施；(7)興辦老人福利事業；

⑻提升文化水準；⑼發展社區領袖；⑽加強道德及公民教育；⑾加強合作教育；及⑿發展社會組織力量等。

上列各項社區發展目標只是舉舉大端者，仍有掛一漏萬之缺點，需要有心推動社區發展的人士更深入到各社區發掘問題，而後提出更周延的發展目標。

三、謀發展方法的改進

檢討過去社區發展的方法與效率，發現不無需要改進之處，針對社區居民參與率不高，各相關部門配合不夠與政府投入的心力相對不足等三個缺點，於此建議三種改進策略，作為今後從事社區發展工作者之參考。

1.運用社區組織增強民間關心社區發展的意識

社區發展工作要能生根，必須使社區居民有強烈的關心社區進步之意識，此種意識可經由運用社區組織，開辦社區性的活動而培養增強。過去各社區中雖曾組織過社區理事會及其他興趣性的團體，但因組織並不很健全，故對促進社區居民共同關切社區問題與事務的激發作用仍然不大。今後很有必要由社區中的優異分子發動組織較積極性的團體與結社，加強對社區事務問題的研究，及對社區發展方案的探討，藉以引起社區居民普遍更關切社區的進步，並更熱心參與社區發展事務。

2.加強社區體系內外各相關單位的聯繫

隨著社會分殊化 (differentiation) 的過程，社會與社區中各次級體系或各單位間的聯繫普遍變差，因而會有抵銷發展效果的缺點。今後的社區發展工作，極需要顧及加強社區內各單位間與社區與外界之間相互聯繫、協調及整合的功能。社區內各部門間的聯繫協調及整合功能通常需要由體系的上層部門為之運作，而社區與外界之間的聯繫協調及整合工作，則需要社區的上層行政機關為之處理。

3.加強政府的角色及職務

雖然過去政府曾費神推動過社區發展工作，也有相當好的成績表現，但因社區事務複雜萬端，隨時都有新問題發生，因而也隨時需要加強發展工作。雖然社區發展應強調民眾的參與，但政府對於這種有關民眾福祉的工作仍應責無旁貸，非負責推動不可。今後政府對於社區發展工作所應擔負的角色及職務只能加重而不能減輕。其在經費的支援上、技術管理的提供上、以及人力的培養及運用上，都應更為加重分量，能如此，則社區發展工作將會有更良好的成果。

第六節　臺灣今後重要的鄉村社區發展方案

上節列舉的十二種鄉村社區發展目標，都可變為今後重要的鄉村社區發展方案。這些發展目標或方案，是為各種鄉村社區所共同迫切需要者，也即不論在礦村、漁村、山地農村或平地農村都是必要的。此外不同的社區也都有其特殊的發展需要與目標，故也可能形成其特殊的發展方案，於此難予一一列舉，僅就各種共同性重要發展目標與方案形成之理由，扼要加以說明。

一、改善就業條件，提高收入水準

當前各鄉村社區的收入水準都有偏低現象，而收入偏低的原因主要是農業所得偏低且農業外的就業機會也普遍尚很缺乏。收入偏低的結果，影響社區其他許多方面的發展，並使居民的物質生活品質相對落後；故要提升多種發展水準及生活品質都需從改善就業條件以便提高收入為起步。而有效改善就業條件的途徑，莫非以工業下鄉最為有效。

二、加強公共設施及整建住宅環境

公共設施及住宅環境的整建，一向是政府推行的社區發展工作的重要事項，對改善鄉村社區居民的生活具有實質之效能，故受鄉村居民普遍歡迎。唯至目前為止，公共設施不足、住宅環境不佳的鄉村社區為數仍有不少，故極需再繼續擴大進行。

三、改善醫療衛生設備與服務

鄉村醫療衛生設備與服務水準一向較都市社區的水準落後，極有加強改善的必要。不久之後政府將逐步展開實施農民健康保險，此項措施要能有效，更需有良好的醫療衛生設備與服務與之配合。

四、提升教育水準及科學化程度

鄉村居民的教育與科學水準一向較低，雖然近年來其青年子弟隨著教育的普及而大大改進了教育程度，但一般留鄉的農民教育與科學水準仍不高，使其生產效率及生活品質大受限制，故極有提升的必要；改進途徑以發展推廣教育或成人教育最為恰當且重要。

五、改善農業報酬，振興農業生產

至今農業仍為鄉村社區居民的重要生計之一，近年來一方面由於鄉村工業的發展，農民的農業外收入增加，另方面因為農產價格的上升相對緩慢，且農民的平均生產規模也小，致使其農業收入占全部收入的比率每況愈下，影響其收入水準偏低，務農意願也受挫，故極有必要以政策性措施來減低農業生產成本，提高農業報酬，藉以振興農業生產。

六、改善偏遠社區的交通與用水設施

一般越是偏遠的社區，其發展的資源與機會都較少，故實際發展的程度也較落後。其中位於偏遠的海濱及山區的社區，交通及用水不便的問題相對更為嚴重，故為居民所關切。在今後的發展計畫中，乃應以這兩項為優先。

七、興辦老人福利事業

由於人口的預期壽命延長及青壯人口嚴重外流的結果，鄉村社區的人口中老年人口所占比率逐漸提升，老人缺乏照料的問題也逐漸顯露，其對醫療、娛樂及養老等需求的程度也逐漸提高，發展老人福利事業乃成為鄉村社區發展工作的重要課題之一。

八、提升文化水準

過去的鄉村社區發展無非都先注重實質的有形建設，今後要使發展升級，乃要特別注重文化水準的提升，以達物質及非物質發展之平衡。然而鄉村文化建設的目標似乎應以改革陋俗及不合時代需要的傳統制度為重，例如減少拜拜時大規模宴客的浪費習慣，及改革婚喪習俗，包括基地公園化之規劃及推廣等。

九、社區領袖的發展

今日不論在何種類型的鄉村，優秀的社區性的領袖都甚為缺乏。雖然都市中不乏才俊之士，但都市人對社區事務的關心

圖9-1　日治時代臺灣的富人葬禮。現代寸土寸金，再加上水土保持的觀念提升，已不流行這樣陣仗龐大、占地又廣的葬禮。

程度甚為淡薄，有能力的人只顧發展自己的事業，甚少關心社區的共同事務。在鄉村社區中，由於人才外流，普遍缺乏具有較高教育程度的知識分子，具有良好資格的社區領袖甚為缺乏。鄉村中缺乏關心社區領導者與缺乏夠資格的領導者的結果，會影響社區發展遲緩，因之發展的事功往往需要仰賴政府及外力的推動；如果政府及外力援助停頓，社區發展也即停滯不進。

因此之故，社區領導者的發展乃為當今臺灣鄉村社區發展不可或缺的重要項目，此一項目如能有效發展，社區發展自有人領導推動，發展成效當然指日可見。

十、道德教育及公民教育的發展

　　由於晚近經濟快速發展的後遺作用，人心思利，重利輕義，道德式微，社會上欺詐、自私等不道德行為甚為普遍，嚴重影響社區居民的健康與安寧。固然這種現象普遍在都市地區較為嚴重，如今鄉村社區也有被波及的危險，因之，鄉村社區的發展也應以此將被偏廢的道德建設及公民教育作為重要的目標，使之與經濟發展平衡，藉以促進社區居民的身心平衡，並提高其生活品質。

十一、合作教育的發展

　　社會工商業化都市化之後，傳統的社區生活中共同合作互助的美德漸被遺忘，未能合作的結果使社區居民的利益與安寧深受其害。在都市地區，鄉閭之間常因未能合作，讓宵小有機可乘，盜竊財物乃至威脅生命安全；在鄉村地區則由於村民對經濟活動未能充分的合作，以致任由商人剝削。由於鄉村居民缺乏合作，農產品未能充分透過合作組織運銷，任由運銷商奪取厚利，實令人扼腕。雖然農村中不乏合作團體，例如合作社與農會等，但一來這些合作機構領導的合作功能缺乏效率，二來農民未能善加運用這些合作團體，以致經常遭受許多經濟上的實質損失。在今後鄉村社區發展過程中合作教育的發展顯然甚為重要，鄉村居民若能善用合作組織，將可免受許多損失，甚而可以獲取利益。譬如，若能經由合作途徑建一合作生產事業，村民應可從中獲利。

十二、組織力量的發展

　　組織與合作之間的關聯性很深，合作可被視為組織的一種特殊型態，組織要能健全也須賴各分子的充分合作。目前臺灣多數的鄉村社區居民仍缺乏組織性，常各自為政，少有密切的組織關係存在。在都市社區內居民的組織性一向甚差，鄉閭間少有往來或討論共同性事務，更談不上有具體的組織。在鄉村社區，組織力量也處於逐漸微弱的過程中。缺乏組織，個人雖較自由，但許多原可避免的損失或危害卻因無組織而未能避免。在今後鄉村社區發展中社區組織的發展實應列為重要項目。

　　除了上列各種鄉村社區的共同性發展方案之外，不同的社區尚有其必要的特殊性發展方案。在各不同類型的鄉村社區，特殊性的發展方案與其特殊生產事業有密切關聯。筆者曾就臺灣不同類型鄉村的特殊問題做過研究，發現諸種不同類型鄉村社區所急需的事項各不相同，在農村中主要為經濟改善，在山地村則為交通發展，在漁村最迫切者為水污染的改善，在鹽村則為福利設施，在礦村最迫切者則為失業問題的改善。上列這些事項所牽連的問題為各類鄉村社區最嚴重的問題，這些問題若能有效解決，社區居民生活即可獲得有效改善，社區發展便能見具體效果，因之也應分別列為當前各類鄉村社區發展的目標。

▶▶▶▶ 本章參考文獻

1. 文崇一 (1981)，「社區權力結構的變遷」，在朱岑樓編，《我國社會的變遷與發展》，三民書局，289–356 頁。

2. 內政部 (1972)，《中華民國臺閩地區人口統計》。

3. 朱岑樓 (1981)，「中國家庭組織的演變」，在朱岑樓編，《我國社會的變遷與發展》，三民書局，255–287 頁。

4. 李亦園 (1983)，「傳統文化中的功利主義」，《中國論壇》，16 卷 11 期，14–20 頁。

5. 李建興 (1981)，《如何運用社區發展方法以維護並擴大基層建設之成果》，70 年度社區發展訓練中心研究報告之二。

6. 徐震 (1982)，「我國推行社區發展的回顧」，在社區發展研究訓練中心編印，《71 年度各項社區發展專題研討會會議實錄》，19–31 頁。

7. 許宗德 (1979)，「臺灣省社區發展推行概況」，《社會福利季刊》，第 6 期，2–21 頁。

8. 楊國樞 (1981)，「中國人性格行為的形成及蛻變」，在朱岑樓編，《我國社會的變遷與發展》，三民書局。

9. 楊國樞 (1983)，「現代化歷程中的變遷現象」，《中國論壇》，17 卷 5 期，11–17 頁。

10. 楊懋春 (1981)，《中國家庭與倫理近百年來社會制度的變遷》，中央文物供應社。

11. 楊懋春 (1974)，《我們的社會》，中華書局。

12. 蔡宏進 (1981)，《臺灣現代農村之設計研究》，行政院農發會研究報告。

13. 蔡宏進 (1973)，《社區發展叢書之二十九：臺灣不同類型鄉村社區發展指標之研究》，中華民國社區發展研究訓練中心。

14. 謝高橋 (1981)，《社區發展工作之效果及問題之研究》，70 年度社區發展訓練中心研究報告。

15. Bwal, G. M., Powers, R. C., & Coward, E. Jr. (1971), *Sociological Perspectives of Domestic Development*, Ames Iowa: The Iowa State University Press.

16. Chin, Robert (1969), "The Utility of System Models and Development Models for Pratitioners," in Bennis, M. G., Benne, K. D., & Chin, R. (eds.), *The Planning of Change*, New York, Rinehart & Wilston, Inc., pp. 297–312.

17. Hobhous (1966), *Social Development*, Unwin University Books.

18. Loomis, C. P., & Beegle, J. A. (1957), *Rural Sociology: The Strategy of Change*, N. J.: Prentice-Hall, Inc..

19. Levy, Marion J. (1952), *The Structure of Sociology*, Princeton, N. J.: Princeton University Press.

20. Nelson, L., Ramsey, C. E., & Verner, C. (1960), *Community Structure and Change*, New York: The Macmillan Company.

21. Perlman, R. Q., & Gurin, A. (1972), *Community Organization and Social Planning*, New York, London, Sydney, Toronto: John Wiley & Sons, Inc..

22. Poplin, D. E. (1977), *Community: A Survey of Theories & Methods of Research*, U. S. A.: Murry State University.

第十章
社區經驗研究的實例：
臺灣各社區的人口移動對人口
組合的影響

第一節 研究實例的涵義、性質、重要性及目標

一、研究實例的涵義與性質

本書安排一章有關社區經驗研究的實例，乃有兩個重要涵義，其一是使讀者熟悉在從事經驗研究時如何處置社區變數，其二是助讀者了解如何從社區內的社會經濟變數中取擇並連結有關的變數加以分析研究。茲就本研究如何處置社區變數的位置，及如何選擇社區內相關性變數加以研究的性質，分別說明如下：

1.把社區變數當為中介變數

所謂社區研究，必須在研究架構與內容中含有「社區」的概念，也即社區變數必須在研究架構與內容中占有一席之地。無包含社區概念的社會學研究，可被稱為行為研究或社會研究，但並不能稱為社區研究。

本研究具有社區研究的意義及性質，乃因本研究將社區當為分析單位，主旨在研究臺灣地區內，各社區的人口移動變數對人口組合變數及社會經濟變數間的影響，很明顯地把「地區」置於中介變數的地位。雖非如本書第一節所稱，把社區當為應變數的標準型態的社區研究性質，但卻明確地以社區內的人口組合當為應變數，而以社區的人口移動水準當為自變數，故整個設計具有濃厚的社區研究之性質。與一般行為研究直接以個人 (individual) 當為分析單位，及與一般的社會研究直接以整個大社會的結構當為分析對象而未能顧及社區概念之性質不同。在本研究的所有過程中將處處特別注重社區的概念，注意探討並分析同類社區間的共同性，以及個別社區的特殊性。

2.研究中的自變數都為社區結構的重要層面 (dimensions) 及元素 (elements)

本研究的自變數為社區的人口淨移動率，而應變數為社區的人口組合

變遷，包括年齡、性別及教育組合的變遷。在探討各種社區人口組合因人口移動之影響而發生變遷之後，也進而討論人口組合變遷所牽連的社會經濟涵義，所指出的社會經濟變遷，也都為社區的重要層面及元素。

由上面之說明，本研究可看為是多種社區研究型態中重要之一種，研究中涉及的社區單位眾多，以此研究作為實例，當有助讀者在進行類似量化的社區研究時作為處理社區變數之參考。

二、研究的重要性及目標

(一)研究的重要性

本研究係以社會變遷的觀點並運用人口學、社區學及其他社會經濟學的知識來分析臺灣地區內三百餘個鄉、鎮、市社區在民國五十八年（1969年）至六十三年（1974年）間島內人口移動對社區人口組合的影響。其重要性有如下幾個理由：

(1)為社區人口研究樹立一個實例。過去有關人口的研究相當多，但多半都以全國性或某一地區的人口作為總體的分析，或就由抽樣調查得來的樣本人口之性質加以分析，甚少顧及以一國或一個地區之內的所有社區或多數社區之人口資料作為分析研究者，故未能密切將人口研究與社區研究相接合。本研究之一大目的，即在試圖作此接合，使在從事人口研究中也能含有社區研究的性質，又在社區研究中也能深入了解人口的現象與性質，以便使人口研究者及社區研究者能從更廣泛角度，再做人口與社區之結合性研究工作。除此旨趣外，本研究尚有以下三點重要的研究理由。

(2)本研究可以補充以往有關社區及人口研究的不足。以往有關臺灣地區人口移動的研究不多，且已有的研究多半都以移動者個人為分析單位，少對全地區各社區歷年來人口移動及相關問題作全面之整理與探討。

(3)經本研究了解臺灣各社區內人口移動後引發人口組合的變動，當有助於對臺灣地區的社區結構、社區生活及社區問題的許多層面之了解。因人口組合的變化，如年齡、性別及教育組合的變化等與社區結構、社會經濟現象及問題等，都有重大的關聯。

　　(4)本研究可改進國內人口移動研究的若干偏失。晚近國內學界對人口移動的研究，多注重移動的原因或移動者的特性，少對移動後的移入及移出社區作面的深入分析與探討。本研究特著重移動的結果，且以鄉鎮市等社區作為分析單位。

㈡研究的目標

　　由於上述之重要性，筆者乃決定投入此一社區的人口及社會經濟的研究，期望藉此達成一個長程目標及數個短程目標。在長程的目標上，希望能確認人口移動對本省各鄉鎮市社區的人口所引起的變化，進而以此變化資料作為了解由人口移動所引起的社區中社會經濟變遷及問題，以及解決問題的對策。三個短程的目標分別為：(1)由比較不同類型淨人口移動社區在人口年齡、性別及教育組合上的不同變化，以確定社區的人口移動對人口組合的影響；(2)檢定全省各鄉鎮市等社區間或不同類型移動的鄉鎮市社區間淨移動率，以及各細項人口組合變化量的相關性質，藉此以了解社區內人口移動與各項人口組合變化的關係；(3)粗略探究人口移動對社區人口組合變動影響的社會經濟涵義，以及必要的對策。

第二節　理論架構、研究假設及研究方法

一、理論架構及研究假設

　　本研究的理論架構，建立在社區中移動人口的**選擇性 (selectivity)** 及**差異性 (differentials)** 的觀念上。許多早前研究人口移動的人口學專家紛紛指出，移動者具有選擇性而非普遍性。換言之，移動者與非移動者之間在年齡、性別及教育上的組合，往往具有差別。也即年齡、性別及教育程度是決定移動與否的重要因素。譬如李氏 (Everett Lee, 1966) 在其〈人口移動理論〉一文中即指出人口移動有選擇性，其選擇的性質因移動方向不同而不

同。就以年齡的選擇性而言，許多研究一致指出，青少年比老年人更易遷移。但在性別的選擇性方面，不同研究的發現頗不一致。如**雷文斯坦** (Ravenstein, 1885) 指出，在較短程的移動人口中，女性占大多數。然而人口學者在亞非等地的研究結果則指出，男人的移動較女人的移動普遍（見聯合國出版的專著）。若干西方的人口移動研究雖指出移動者與非移動者的教育程度少有差別，但在若干後進國家研究的結果則發現，一般移動者的教育程度都較高。因為移動者與非移動者的年齡、性別組合及教育程度，往往有顯著的差異，移動的結果必然引起移出地區及移入地區人口的年齡組合、性別組合及教育組合的變化。而不同移入社區人口組合上的變化，大致受其移動者與非移動者間的人口組合差異的大小及其淨移動率的大小所影響。因為淨移入社區獲得移動人口而移出社區損失移動人口，故此兩類社區因人口移動所引起的人口組合變化也不同。例如假設移動者的一般教育水準比兩類社區非移動人口的教育水準高，又其他條件不變，則移入社區的受高程度教育人口所占的比率也因而增加，反之移出地區受高程度教育人口所占比率為之減少。

　　因為淨移動率係代表在一定數量人口中的淨移動人口數，一個社區人口組合變化的大小乃可能與其淨移動率之間有顯著的相關性。但此等關係在全省全部鄉、鎮、市社區間及各類具有不同淨移動率的鄉、鎮、市社區間（如高淨移入社區、低淨移入社區、低淨移出社區及高淨移出社區等類）將不一致，因在這些鄉、鎮、市社區群中，淨移動率及人口組合變化的分配會有不同之故。

　　由於在不同移動類型的社區群中人口組合的變化，深受移動人口性質所影響，若全臺灣移動人口的特性能由一初步的觀察中獲知，則在各種不同類型的社區群中，不同層面的人口組合可能產生的變化將不難預測。例如假定移動人口的性比率低於全臺灣人口或移入社區及移出社區非移動人口的性比率，則移動人口將導致淨移入社區人口性比率的下降及淨移出社區人口性比率的上升。且在個別社區人口性比率變化的大小與淨移動率之間，有某種程度的相關。

　　民國五十八年及六十三年間全省所有移動人口的年齡、性別及教育程度的資料不可得,但 42 個樣本社區移動人口的資料可由內政部的抽樣調查資料中獲得,此等資料有助吾人初步比較移動者與非移動者在年齡、性別組合及教育程度上的差異。根據這些差異加上一個假設,即此樣本資料所顯示的移動人口的性質相同,本研究乃推定三個基本假設及數十個較細節的假設,在此僅列舉三個基本假設及數個舉例性的細節假設。三個基本假設包括:⑴移入社區與移出社區的人口組合的變動不同,因前者接受移動人口而後者送出移動人口。⑵在移入社區中的高移入社區與低移入社區人口組合的變動有差異,而在移出社區中的低移出社區與高移出社區的人口組合的變動也不同;因高移入社區中移動人口占全部人口的比率與低移入社區中移動人口占全人口的比率也不同,又低移出社區中移動人口占全人口的比率與高移出社區中移動人口占全人口的比率也不同。⑶在全省所有社區與不同類型的人口移動社區群(如移入社區、移出社區等),人口移動率與各種人口組合變動間的相關程度不同,因在這些不同類型社區群內,各社區間人口移動率與人口組合變動的分配與程度均不相同。

　　基於上述三個基本假設,再參照本省 42 個樣本鄉鎮社區移動者的人口特性,本研究進一步詳設 60 個更細節的假設。就以不同人口層面的人口組合變遷而分,這些具體的假設包括 24 個與年齡組合的變遷有關者,18 個與性別組合的變遷有關者,以及 18 個與教育組合的變遷有關者。若就假設所牽涉的比較項目或相關事項而分,則 60 個細節的假設可分為 10 個屬移入社區與移出社區間人口組合變遷的比較,10 個屬高移入社區與低移入社區間人口組合變遷的比較,10 個屬低移出社區與高移出社區間人口組合變遷的比較,10 個屬全省全部社區間淨移動率與各項人口組合變遷的相關情形,10 個屬淨移入社區與其次級社區群內各社區間淨移動率與各項人口組合變遷的相關方向及另 10 個屬淨移出社區及其次級社區群內社區間淨移動率與各項人口組合變遷的相關方向。於此略舉一例以助讀者了解這些細節假設的內容及設定的根據。例如由於過去中外許多研究的結果及本省樣本移動人口資料都顯示出,年齡在二十至三十四歲的青壯年人口較其他年齡的人口容易移動，故本研究乃假設人口移動的結果將導致淨移入社區老年人口占全人口的比率下降，而使淨移出社區老年人口占全人口的比率增高。進而比較高移入社區與低移入社區間老年人占全人口比率下降的程度，前者將比後者大。又比較低移出社區與高移出社區間老年人占全人口增加的程度，後者可能比前者為大。由是之故，進而可以假設在全省所有鄉、鎮、市社區間或各種不同移動程度的鄉、鎮、市社區群內的社區間，淨移動率與老年人口占全人口百分比的變動之間呈反相關；也即一個社區的正淨移動率（或淨移入率）越高，其老年人占全人口的百分率減少越多，反之社區的負淨移動率（或淨移出率）越高，其老年人占全人口的百分率增加越多。其餘的細節假設也都涉及在不同移動程度社區群內社區間人口組合變動量的比較，及在這些社區群內各社區間淨移動率及人口組合變動量的相關方向及相關量。

二、研究方法

(一)資料來源

本研究所使用的資料，主要得自內政部所出版的《臺灣人口統計要覽》中的人口淨移動、年齡組合、性別組合及教育組合部分。涵蓋的期間自民國五十八年至六十三年。以全省 303 個鄉鎮及 16 個市，共 318 個社區作為分析單位。本研究所以使用鄉、鎮、市的人口統計資料作為研究分析的依據，除前述本研究旨在著重於社區人口資料的分析以補個體資料分析的不足外，也因臺灣各社區的戶籍登記資料品質良好之故，甚至曾被聯合國譽為具有優良人口登記資料的少數國家之一。雖然政府發布的人口登記資料也含有漏報、誤報與遲報的成分在內，但這些錯誤所占百分比不大，且錯誤與錯誤之間有互相抵消的作用，例如前一年遲報的移動人口被當年遲報的移動人口所抵消。由是，這些官方人口資料的可信度仍高。

㈡變數的選擇

本研究共採用十一個變數，即一個主變數及十個應變數。此一主變數乃民國五十八年至六十三年間各社區各年年平均淨人口移動率。茲將十個應變數的名稱及涵義列舉如下：

1.年齡依賴率 (age dependancy ratio) 的變化

此變數是指民國六十三年的年齡依賴率與五十八年年齡依賴率的差數，而所謂年齡依賴率即指十四歲以下及六十五歲以上的依賴人口，對十五歲以上至六十四歲的生產人口的百分率。

2.老年人口占全年齡人口百分率的變化

此一變化乃指民國六十三年六十五歲以上人口占全人口百分率，與五十八年此一老年人口百分率的差數。

3.青壯年人口 (young adults) 占全年齡人口百分比的變化

此一變化乃指六十三年時 20 歲至 34 歲的青壯人口占全年齡人口百分率，減去五十八年時的同一百分率。本研究又將此一青壯年人口組細分為 20～24 歲，25～29 歲及 30～34 歲等三個小組，分別計算其占全人口百分率之變化。

4.同出生期的青壯年人口 (The young adult cohort population) 占同出生期全人口 (The total cohort population) 的百分率之變化

計算此一變化的公式為：此百分率的變遷相當於民國六十三年時二十五至三十九歲人口占五歲以上人口的百分率，減去民國五十八年時二十至三十四歲人口占全年齡人口的百分率。此同出生期青壯年人口也細分為三小組，即在六十三年時 25～29 歲，30～34 歲及 35～39 歲，或在五十八年時 20～24 歲，25～29 歲，30～34 歲等三組。

5.全人口數性比率的變化

此一變化係指民國六十三年時全部男性人口對全部女性人口的百分數，減去五十八年時的此一百分數。

6.青壯年人口性比率的變化

此比率即相當於六十三年時 20～34 歲人口的性比率,減去五十八年時同年齡組人口的性比率。此一性比率,也按三個細分年齡組分別計算。

7.同出生期青壯年人口性比率的變化

計算此一性比率變化的公式為:其變化量相當於六十三年時 25～39 歲年齡組人口性比率,減去五十八年時 20～34 歲年齡組人口的性比率。本研究也將此一性比率的變化,細分成三個副年齡組性比率的變化。

8.大專以上人口占十五歲以上人口百分率的變化

此一變化包含六十三年時受大專教育以上人口占十五歲以上人口百分數,減去五十八年時受大專教育以上人口占十五歲以上人口百分比數。

9.受高中以上人口占十五歲以上人口百分數的變化

此一變化相當於六十三年時十五歲以上人口中高中高職畢業以上人口所占百分數,減去五十八年時同一百分數。

10.受初中以上人口占十五歲以上人口百分數的變化

此變化相當於六十三年時受初中初職以上人口數占十五歲以上人口數的百分比,減去五十八年時的同一百分比數。

所以選取上舉一個因變數及十個應變數,乃因這些變數可用人口統計資料經計算而取得;也因這些變數能符合本研究之旨趣。本研究在計算每類含有不同移動程度社區的人口組合變動時,既求其平均變動量,也求其合併人口在不同層面人口組合上的變動量。前者乃不計社區的大小,以每一社區為一單位加以分析,而後者以社區內的每一人口作為分析的依據。前者著重社區單位,而後者則著重社區內的個人。以兩套資料分析的結果雖大同小異,但也不盡相同,其不一致處係因社區有大小之別的緣故。

第三節 資料的分析

針對上述十項應變數,吾人一方面分析其變化程度是否因社區人口移動程度的不同而有不同,另方面分析其變化程度與淨移動率有無呈預期方向的相關。分析的目的一方面在探究不同類型社區間,人口組合的相對變化及淨移動率與每一層面組合的變動量的相關，是否分別與假設的相對變化及假設的相關方向相吻合，另方面的目的即在了解這些變化量的實在差異程度，及其實在的相關方向及程度。

於分析具有不同程度淨移動率的社區群之間人口組合變動的差異之前，本研究先求出每一鄉、鎮、市社區在民國五十八年至六十三年間的平均淨移動千分率，並將所有 318 個鄉、鎮、市社區，分為淨移入社區群及淨移出社區群兩大組，以及高低淨移入社區群及高低淨移出社區群四小組。結果獲得淨移入的社區為 44 個，淨移出的社區為 274 個。其中高移入社區共 22 個，即淨移動率在千分之 13 以上者。低移動率在零及千分之 −16.22 之間。另 137 個高淨移出社區，其淨移動率在千分之 −16.22 以下者。於此例舉六個最高淨移入社區及六個最高淨移出社區。此六個高移入社區依次為板橋市（千分之 108.16），中和鄉（千分之 83.35），新莊鎮（千分之 75.88），鳳山市（千分之 61.51），永和鎮（千分之 55.98）及泰山鄉（千分之 54.93）。六個高移出社區依次為坪林鄉（負千分之 66.63），大埔鄉（負千分之 66.41），大同鄉（負千分之 60.44），石碇鄉（負千分之 53.12），平溪鄉（負千分之 47.36）及泰安鄉（負千分之 47.19）。其餘鄉、鎮、市社區移動率，按其高低歸納於四類之中。如下茲將人口移動對年齡、性別及教育組合的影響，扼要分析之。

一、對年齡組合的影響

為證實人口移動對社區年齡組合的變化確有影響，本研究先就淨移入社區群及淨移出社區群之間、高淨移入社區群與低淨移入社區群之間、及低淨移出社區群與高淨移出社區群之間，在年齡組合變化上的差異加以比較；後再求全部社區間及各類細分的社區群內，各社區間淨移動率及各方面年齡組合間的相關係數。如資料所示，不論是用社區平均數變化的資料或用為社區合併加總人口求變化的資料，這些對等的社區間，在不同層面的年齡組合變化都有顯明的差異，但在全部社區間或大多數不同類的社區間，淨移動率與各細項年齡組合的變化之間，也都有高度或中度的相關性。

就在年齡依賴率的變化的差異觀之，淨移入社區及淨移出社區的依賴年齡都減少，但在淨移出社區的減少數比淨移入社區的減少數大。而低移入社區的減少數也比高移入社區的減少數高，在高移出社區的減少數則比低移出社區的減少數高。至於淨移動率及年齡依賴率的相關情形，在全省全部社區間及不同類型內社區間都是正向的。上述移入社區的依賴率比移出社區的依賴率高，乃因較容易移動的青壯人口也多是為人父母者，導致孩童人口隨父母之流動而流動。

比較不同類型社區老年人口占總人口的百分數，也有明顯的差別。雖淨移入社區及淨移出社區老年人口百分率都增加，但後者的增加量比前者增加量少，而低移入社區的增加量也比高移入社區的增加量多。最後比較在高移出社區及低移出社區變化的差異，前者的增加量也較後者增加量大。老年人口占全人口比率普遍增加乃因出生率下降及生命期望增高所致，而上述不同類型社區間不同的增加程度，乃受人口移動對青壯年人口具有選擇性的因素所致成。由於上述的變化差異，在全省全部社區群內及各不同類型社區群內淨移動率，與老年人口所占百分率的變化之間呈正相關。

比較在不同類型社區青壯人口占全人口百分比變化情形，發現不論在移出社區或移入社區，其占的百分比都增加。移出社區的增加顯然是二十年前出生率上升的後果，而移入地的增加除受此因素的影響外，也受人口移動對青壯年具有選擇性的因素所影響。總結比較的結果顯出移入社區的增加量比移出社區的增加量高，高移入社區的增加量也比低移入社區的增加量高，而低移出社區的增加量則較高移出社區的增加量高。在全省全數的社區間及大多數不同移動類型的社區間，淨移動率與青壯年人口占全人口百分比的變化都呈正相關，僅在低移出社區呈例外現象。

最後比較不同類型社區間**同出生期的青壯人口** (the young adult cohort population) 占同期出生所有人口百分比變化的差異，發現在全部移入社區群及高移入社區群內，都呈正向的變化，而在其他社區群包括移出社區群、高移出社區群、低移出社區群及低移入社區群的變化，都呈負數。在移入社區呈正數變化而在移出社區呈負數變化的現象，也反映出在人口移動中對青壯年有選擇之故。至於淨移動率與此百分率變化的關係，不論在全省全數社區間或其他不同類型社區內，都呈正相關。其在全部移入社區及高移入社區的相關係數都甚高。此高度相關數除社區移動人口的選擇性所影響外，也因此一變化已將社區人口移動以外的因素的影響除外。

總結由上面的分析可看出，在民國五十八年至六十三年間，本省社區人口號移動對青壯年的選擇性相當明顯。此一選擇性，導致不同移動程度的社區間年齡組合呈不同方向，或相同方向但不同程度的變化。

二、對性別組合的影響

由本省樣本社區的人口移動資料及其他人口資料得知，移動人口的性別組合與非移動人口的性別組合不一致，因之人口移動必然也導致移入社區及移出社區性別組合的變化。為求得這種影響，本研究也比較不同程度的人口移動社區之間在各種不同人口組性比率變化的差異，並檢驗在這些不同類型社區內及全數社區內，淨移動率及各種性比率變化之間的相關性。

首先比較不同類型社區間，全人口性比率變化的差異。由於在民國五十八年至六十三年間移動人口的性比率雖高於 100 (102.66)，但低於全省人口性比率 (110.69)，本研究乃假設人口移動乃能導致移入社區全人口性比率的下降，及移出社區全人口性比率的上升。但在高移入社區的減少程度比低移入社區的減少程度大，而在高移出社區的增加程度比低移出社區的增加程度大。此一假設大致獲得證實。試以各同類型社區全部人口性比率的變化加以分析，得出在淨移入社區及其兩部分副社區的全部人口性比率均減少，且高移入社區的減少程度比低移入社區的減少程度大。而又在淨移出社區及其兩部分副社區的全人口性比率都增加，且高移出社區的增加量較低移出社區的增加量大。分析各不同類型鄉、鎮、市社區內全人口性比率的平均變化量的差異也大同小異，僅在低移入社區的平均變化量非為負數而為正數。至於淨移動率與全人口性比率變化的關係，不論在全省總地區範圍內，或各不同淨移動社區內，都為負相關。

為更進一步了解人口移動對最容易移動的青壯年人口性別組合的影

響，本研究也就不同類型社區內 20 至 34 歲人口性比率的變化加以比較。此比較可看出，在淨移出社區及其兩類副社區的變化量均為正數，且在高移出社區的增加量比低移出社區的增加量大。以各類社區合併人口資料加以分析，其結果也大同小異。就淨移動率與青壯年人口性比率的相關情形加以觀察，發現在全省全部地區間及大多數的不同類型社區，此兩變數間的相關係數均為負值。上舉的變化差異及相關性，乃因青壯年齡移動人口的性比率，比移入社區及移出社區青壯年非移動人口的性比率低所致。

為進一步了解人口最容易移動一組人口性比率的影響，本研究又對不同類型地區內同出生期的青壯人口組 (the young adult cohort population) 經歷五年後（五十八年至六十三年）在性比率上所產生的變化。分析的重點也在比較不同類型社區內此一比率變化的差異，及此變化和淨移動率之間的相關性。由比較結果得知，不論在淨移入社區，淨移出社區及兩者的副社區，其平均性比率都增加，但若合併各類型社區內同期出生青壯年人口加以分析，則在淨移出社區的變化為負數，但其餘的變化均為正數。淨移出社區呈負數變化，表示這組人口中移出的總男人數多於總女人數。而在所有不同類型社區中，平均性比率呈正數變化表示兩種事實：㈠淨移入社區及其副社區的正變化表示在多數移入同出生期青壯年人口中，男性多於女性。㈡淨移出社區及其副社區的正變化表示多數移出社區的同出生期青壯年移出人口中女性多於男性。就同出生期青壯人口性比率的變化與淨移動率的關係觀之，在移入社區及高移入社區呈正相關，但在低移入社區及移出社區及移出副社區中呈負相關。由上分析得知在此組人口中，不論男性或女性都甚易移動，其性別選擇性不高，故移動結果對移入社區及移出社區同組人口的性比率，未產生顯著的差異變化。此外兩類社區無顯著變化差異，也因各社區此組人口性比率原本不甚均衡，且也受其他因素所影響。其中最主要者為自島外淨移入者，其同出生期青壯人口中，男遠多於女。

三、對教育組合的影響

　　人口移動對教育組合的影響，也可從比較不同移動類型社區教育組合變化的差異，及檢驗這些社區內淨移動率及教育組合變化的相關性見之。本研究從十五歲以上人口中，歸納成大專畢業以上、高中高職畢業以上及初中初職畢業以上三組，求各組人口占十五歲以上人數的百分數，以代表教育組合。首先比較各類社區間大專畢業以上人口所占百分數變化的差異，及檢驗此變化量與淨移動率的相關。資料顯出不論在移入社區或移出社區，大專畢業以上者所占百分數都增加，此因在本研究限定期間內，高等教育普遍發展所致。但比較不同類型社區的增加情形，可明顯看出移入社區的增加數比移出社區的增加數高，高移入社區的增加比低移入社區的增加多，又低移出社區也比高移出社區有較多的增加。由是之故，全省全部社區間及大多數不同人口移動類型社區間淨移動率與此項變化量之間都呈正相關。上舉的變化或相關充分顯出十五歲以上移動人口中大專畢業以上人口所占百分比，較同年齡組非移動人口中大專畢業以上者所占百分比高。受高等教育者相對容易移動，其結果是這些受高等教育人口都集中在大都市或郊區鄉鎮等移入社區。

　　由比較各類社區內高中高職畢業以上人口占十五歲以上人口之百分率的變化也可明顯看出，各社區的變化都為正數，而各類社區相對的增加情形是：移入社區比移出社區高，高移入社區比低移入社區高，低移出社區比高移出社區高。結果在全省所有社區間及多數不同類型內社區間，淨移動率及高中高職畢業以上所占百分比變化的相關，都為正向的。上述各種比較結果及相關也表示，移動人口中對高中高職畢業以上人口有顯著選擇性，由於此種選擇性的作用，乃導致上述的變化差異性及相關性。

　　再就社區人口移動對社區中，初中初職畢業以上人口占十五歲以上人口百分率的變化加以分析，發現人口移動導致移入社區初中初職畢業以上人數所占百分比的增加數，較移出社區初中初職畢業以上人數所占百分比的增加數少。除此外，低移入社區的百分比的增加數，較高移入社區的增加數高；又高移出社區百分比增加數，也較低移出社區百分比增加數高。在全省各社區間全部淨移入社區及全部淨移出社區間，淨移動率與初中初職畢業人數占十五歲以上人數百分比變化的相關係數均為負值。參照這些發現，與上述社區人口移動對社區中大專畢業以上人口及高中高職畢業以上人口所占百分比變化的影響，可見移動人口中只受初中初職畢業的人口占十五歲以上人口的比率，較非移動人口中只受初中初職畢業占十五歲以上人口的比率低。其造成的後果是，初中初職人口相對較多停留在移出社區的農村中。

第四節　社區人口組合變遷與社會經濟

　　由於移動人口在年齡、性別及教育程度上有選擇性，這些選擇性導致移入社區及移出社區間在年齡、性別及教育組合上有差異性的變化，這些不同的變化，對移動程度不同社區的社會經濟發展，有其特殊性的涵義，在最後一節略論這些涵義，進而討論其對策。

一、人口組合變化的涵義

　　此部分的變動及其涵義可分如下三點論述：

1.移入社區年齡依賴率相對較少減低的涵義及對策

　　由分析資料得知：淨移入社區人口的年齡依賴率的減少程度，比淨移出社區年齡依賴率的減少程度少。此中含有移動目的地工作人口，對孩童人口負擔的減少程度相對較少。在都市或工業鄉鎮社區兒童，對其必要設備的需求可能相對較大。這些需求包括小學設施、兒童醫院等，是否至目前為止這些設施的增加都已足夠，需要進一步研究。於此所應注意的是：㈠如果這些設施不足即成問題；㈡如果在移入社區為應兒童增加的需要，作優勢的擴充設備，勢必導致更多孩童人口及其父母移入這些兒童人口本來就十分擁擠的社區。今後如何緩和移入社區兒童數不斷增加，將是該研究的政策性大課題；有效對策很多，例如減少這類社區的出生率即為一例，除此由改善鄉村社區居民生活程度，以緩和人口繼續向都市及市區邊緣地帶移動，也為重要政策目標之一。

2.移出社區老年人口占全人口比率相對增高的涵義及對策

　　由本研究結果得知，移出社區老年人口占全人口比率的增加數，較移入社區老年人口占全人口比率的增加數為高。此一現象含有幾個重要的社會經濟意義：⑴移出社區的粗死亡率（即每年每千人的死亡人數）將較移入社區的粗死亡率為高。⑵移出社區包括較多成分的老年勞動力。⑶移出社區將相對地需要更多的老人福利及服務。由是之故，今後在鄉村農村社區加強推行老人退休福利、保險、健康服務及補充年輕勞動力等應成為必要的政策。

3.移入社區年輕人口占全人口比率的增加比移出社區的增加較高的涵義與對策

　　本研究發現移入社區比移出社區增加較多的青壯年人口在全人口中的比率。此意味著青壯年人口較之其他年齡人口易集中於都市社區及工業鄉鎮社區。由於青壯人口都是較必要及較有能力購買房屋的人口，都市及工業鄉鎮社區青壯人口較快速增加的結果，反映出這些社區住宅需要數的增加率也較快速。除此，青壯人口也較易流動的人口，移入社區青壯人口較快速增加，也導致這些社區對交通工具的需要量及實際交通量的驟增，交通用具不足及交通擁擠問題由是而生，其嚴重情形遠比移出社區的嚴重情形為甚。又青壯人口都是經濟活動人口，移動者又是失業率較高的一群，移入社區青壯人口相對快速增加，也導致這些社區的失業率較移出社區的失業率高。青壯人口集中移入社區不僅給移入社區帶來許多麻煩，也為移出的農業社區帶來勞動力缺乏的問題。要解決由人口移動所產生的上述諸問題，可由實行許多策略著手，其中若由認真實施鄉村工業化、發展農業、改善鄉村生活、及都市的工廠與若干辦公室遷往移出地，將可減低目前移出社區青壯年流往移入社區的趨勢，由是上述不良後果將可獲有效改善。

二、性別組合變化的涵義及對策

　　由人口移動而引起的重要性別組合變化，及其所代表的社會經濟涵義，可分如下幾點說明：

1.移入社區總人口性比率下降而移出社區總人口性比率增加的涵義及對策

　　全人口性比率的變化影響婚姻、出生、死亡及勞動力的結構。由於民國五十八年時移入及移出社區的全人口性比率甚高（分別為 115.91 及 109.30），移入社區人口性比率的下降，使這些社區人口的結婚機會增加。反之，移出社區性比率的增加，使其居民結婚機會下降，尤以男性為然。由於男性的死亡率通常比女性的死亡率高，如果其他條件不變，移入社區性比率的減少可能導致其粗死亡率的下降，而移出社區性比率的增高則可能引起粗死亡率的上升。又移入社區性比率的增加，必然形成女性勞動占其全部勞動的成分增加；反之移出社區性比率的提高，將使其男性勞動力占全部勞動中的成分增加。為改善這些變化所引起的問題，今後對移出社區男性婚姻機會變低及移入社區移動婦女工作條件的改善，都應有政策性的措施。

2.移出社區及移入社區青壯年人口高低性比率的涵義及對策

　　民國五十八年至六十三年間青壯年移動人口中含有高比例的女性，此一性質一方面導致移入社區本來青壯人口中過多女性的問題加深，另方面也使移出社區本來已高的青壯人口性比率提高。其影響進而引起移入社區適婚年齡女性的結婚機會減少以及移出社區適婚年齡男性結婚機會也降低。為減少這種不良的變遷後果，有效的策略實應包括改善鄉村社區婦女就業機會及生活條件。

圖 10-1　文化是先民智慧的結晶，卻無法脫離「人」而存續。原住民文化的傳承與復甦，是這塊土地上人民共同的使命。

3.原住民鄉人口比率變得極不平常之高的涵義與對策

　　在民國五十八年時多數原住民鄉全人口及青壯年人口性比率已甚高，

經五年之人口移動影響，這些社區的人口性比率有增無減。如屏東縣春日鄉在六十三年時年齡二十歲至三十四歲青壯人口的性比率高至 188.89。原住民社區性比率高的結果不僅包括男性婚姻困難的問題，也含有種族危機的問題。除非能有效的改善交通、發展農業與其他產業、提高婦女地位、改善婦女生活、鼓勵更多婦女樂意留鄉，否則男性婚姻困難及種族危機的問題將難能減輕。事實上，至最近各原住民鄉人口中，青壯年齡群的性別比例仍高居不下。

三、教育組合變化的涵義及對策

社區教育組合變化對其社區經濟的影響甚為廣泛，如下僅以本研究的發現中涉及教育組合變化的社會經濟涵義加以討論。

1.移入社區受大專以上教育人口所占百分率的增加數較移出社區的增加高的社會經濟涵義及對策

本研究發現移入及移出社區十五歲以上人口中，受大專以上教育的成分雖都提高，但移入社區的增加量較移出社區的增加量多。此一現象充分反映出較有才智的人口往都市及郊區集中，鄉村社區則呈現人才外流現象。此現象之一重要涵義是，城鄉之間的人力及發展差距將愈來愈大。此外也隱含鄉村社區難留專業人才，如醫師等。鼓勵人才留鄉及在鄉村社區增加適合專業人才的就業機會，才是有效補救這些問題的重要對策。

2.移入社區受高中高職教育以上人口所占比率的增加數較移出社區的增加數高的社會經濟涵義及對策

如前所述，在移入社區高中高職畢業以上人口占十五歲以上人口百分比的增加數，較移出社區的同一比率的增加數大。此一相對變化顯示出在本研究所包含的時間內，移出社區相對增加了較多可供受高中高職教育以上人口的就業機會，同時也影響今後應在移出社區相對增加較多的這類就業機會，否則移出社區的高中高職畢業以上人口將繼續移出，由是鄉村地區人才外流的情況將加重。今後的重要對策也應包括在移出社區中，增加適合高中高職畢業生的就業機會。

3.移出社區受初中初職教育以上教育人口所占比率的增加數較移入社區的增加數高的社會經濟涵義及對策

移出社區受初中初職教育以上教育人口占十五歲以上人口百分率的增加數較移入社區的增加數高，乃由於其僅受初中初職教育者所占百分率的增加數相對較高之故。此一現象意味著在移出社區相對增加較多的低技術勞動者。除非這些社區能相對增多這類就業機會，否則其初中、初職畢業生將繼續外流。於是政府面臨一大挑戰，即今後需要在鄉村社區增設工廠吸收這些受較低教育的人口就業，但又面對資本不願下鄉的問題。為有效鼓勵資本下鄉，有效的對策包括對下鄉資本的資助、低利貸款、較低稅率及改善交通等。此外對農業生產者的保護，也應列為重要而基本的政策。

▶▶▶ 本章參考文獻

1. 王月鏡 (1974)，《臺灣人口移動及地域發展之研究》，中華民國社區發展研究訓練中心。

2. 吳聰賢 (1970)，「農村青年遷徙與就業」，《中央研究院民族學刊》，29 期。

3. 李棟明 (1974)，「男女移動率的差異」，《臺灣文獻》，25 卷 2 期。

4. 席汝楫 (1977)，「遷移：從個別的理論到區位學的理論」，《國立臺灣大學社會學刊》，12 期。

5. 陳希煜 (1976)，「臺灣人口成長與人力資源利用問題」，《臺灣銀行季刊》，18 卷 4 期。

6. 黃大洲 (1971)，「離村轉業農民之研究」，《中華農學會報》，76 期。

7. 廖正宏 (1976)，《臺灣農村勞力外移之研究》，中國農村復興委員會及臺大農業推廣學系。

8. 蔡宏進 (1971)，「臺灣農業勞動外流對農家農業行為的影響」，《臺灣土地金融季刊》，8 卷 3 期。

9. 蔡宏進 (1973)，「臺灣適當人口移動之研究」，《臺灣銀行季刊》，24 卷 1 期。

10. 劉清榕 (1977)，「臺灣農村回流勞力特質與意願之研究」，《臺灣銀行季刊》，28 卷 1 期。

11. Adam, W. (1969), *The Brain Drain*, Macllan,.

12. Bauder, Ward W. (1962), "The Impact of Population Changes on Rural Community Life: The Economic System," SOC 9, Ames, Iowa State University Cooperative Extension Service.

13. Bauder, Ward, & Kenkel, Willian F., "Effect of Migration on the Open Country Population of Iowa, 1950–61," *Research Bulletin, vol. 536.*

14. Bead, George M. (1965), "Communities with Declining Population," *Family Mobility In Our Dynamic Society*, Iowa State University, Center for Agricultural and Economic Adjustment(ed.), Ames: Iowa State University Press, pp. 149–170.

15. Beardwood, Roger (1968, Aug), "The Southern Roots of Urban Crisis," *Fortune*, pp. 80–87; 151–136.

16. Chen, Eddie (1976), "Migrants-Contributors of Fertility Decline in Urban Taipei City" (mimeo), Taipei Family Planning Promotion Center.

17. Doerflinger, Jon A., & Marshall, Douglas G. (1960), "The Story of Price County, Wisconsin: Population Research in Rural Development County," *Research Bulletin, vol. 220*, Madison Wis., University of Wisconsin Agricultural Experiment Station.

18. Elizaga, Juan (1966), "A Study of Migration to Greater Santiago (Chile)," *Demography*, vol. 3, No. 2, pp. 352–377.

19. Frey, William H. (1976), "The Implication of Migration and Residential Mobility for Changes in the Age Structure of Metropolitan Cities and Suburbs," Center for Demography and Ecology, University of Wisconsin.

20. Goldscheider, Calvin (1971), *Population Modernization and Social Structure*, Boston: Little Brown and Company.

21. Goldstein, Sidney (1963), "Some Economic Consequences of Suburnization in Copenhagan Metropolitan Area," *The American Journal of Sociology*, vol. LXVIII, No. 5, pp. 551–564.

22. Hawley, Amos (1950), *Human Ecology: A Theory of Community Structure*, New York: The Ronal Press Company.

23. Hwang, Ta-chou (1973), "The Interpretation of and the Reasons for Occupational

Choice by Rural Youths in Taiwan," *Journal of Sociology*, National Taiwan University.

24. Hussein, H. W., & Sarhan, A. E. (1971), "Effect of Urbanization on Population Structure in UAR," *International Population Conferrence, London, 1969* (Leige, ISSUP), pp. 106–125.

25. Kiang, Yu-Lung (1975), "Finding on and a Policy Regarding Out-migration in Rural Region of Taipei and Taichung (Taiwan)," Taichung: Tung Hai University.

26. Lee, Everett (1966), "A Theory of Migration," *Demography*, 3, pp. 47–57.

27. Li, Wen-Iang (1976), "Internal Migration and Regional Development in Taiwan," *Internal Migration: The New World and Third World*, in Anthony H. Richmond and Domill Kuhat (eds.), *Sage Studies in International Sociology*, 4, pp. 83–102.

28. Lin, T. L., & Cheh, H. H. (1968), "Rural Labor Mobility in Taiwan," JCRR, Taipei.

29. Lin, T. L., & Chen, H. H. (1971), "Rural Labor Mobility in Taiwan", *Bimonthly Journal of Agricultural Economics*, National Chung Hsing University, pp. 123–147.

30. Mayer, Murt B. (1968), "Population: Population Composition," in *International Encyclopedia of The Social Science*, New York: The Macmillan Company and The Free Press, pp. 362–370.

31. Price, Daniel, & Sikes, Melanie H.(1975), *Rural-Urban Migration in Research in the United States: Anoted Bibliography and Synthesis*, DTTEW publication.

32. Prothro, R. M. (1967), *Characteristics of Rural-Urban Migration and the Effect of Their Movement upon the Composition of Population in Rural and Urban Areas in Sub -Saharan Aferica*.

33. Ravenstein, E. G.(1885), "The Law of Migration," Reprinted of *Journal of Statistical Society*, vol. XL VIII, Part II, June.

34. Selya, Roger M. (1974), *The Industrialization of Taiwan*, Jerusallem: Jerusallem Academic Press.

35. Sly, David (1972), "Migration and the Ecological Complex," *AJS*, vol. 37, No. 5, pp. 615–628.

36. Speare, Alden Jr., Liu, C. K., Hwang, Kuo-shu, Tsay, Chin-lung, & Spears, Mary C.

(1975), "A Measurement of the Accuracy of Data in Taiwan Household Register," *Academia Senica Paper*, vol. 2, No. 2.

37. Speare, Alden Jr. (1971), "An Assesment of the Quality of Taiwan Migration Registration Data," *Taiwan Working Paper*, No. 12, An Arbor: Population Studies Center, University of Michigan (mimeo).

38. Speare, Alden Jr. (1971), "A Cost-Benefit Model of Rural to Urban Migration in Taiwan," *Population Studies*, vol. XXXV, No. 1, pp. 117–130.

39. Speare, Alden Jr. (1972), "The Determinants of Migration to a Major City in a Developing Country, Taichung, Taiwan," *The Institute of Economics, Academia Senica*, Republic of China, p. IV 1–IV 22.

40. Speare, Alden Jr. (1974), "Urbanization and Migration in Taiwan," *Economic Development And Cultural Change*, vol. 22, No. 2, pp. 302–319.

41. Speare, Alden Jr. (1977), "in Yu, Eui-Young (ed.), Internal Migration in Taiwan," *Internal Migration and Urbanization of Asia-Pacific Region*, ODA Monography (Forthcoming), pp. 140–193.

42. Stone, L. (1971), "Urbanization and Rural Population Age Structure," *International Population Conference, London, 1969*, (Leige, ISSUP), vol. IV, pp. 2909–2921.

43. Suval, Elizabeth, & Horce, Hamilton (1965), "Some New Evidence on Educational Selectivity in Migration to and from the South," *Social Force*, vol. 43, pp. 536–547.

44. United Nations (1973), *The Determinants and Consequences of Population Trends*, vol. 1.

45. Wang, Jen-yin(1971), "Population Distribution And Internal Migration in Taiwan, 1959–1966," *The Bulletin of The Institute of Ethnology, Academia Senica*, No. 32, pp. 111–162.

46. Zimmer, Basil G. (1973), "Migration and Changes in Occupation Composition," *Internation Migration Review*, vol. 7, No. 4, Winter, pp. 437–447.

47. Zimmer, Basil G. (1975), "The Urban Centrifugal Drift,", in Hawley Amos, & Vincent, P. Rock (eds.), *Metropolitan America*, New York-London, Sydney & Toronto: Halsted Press Division, John Wiley & Sons, pp. 23–92.

第十一章
人力與土地資源在鄉村社區發展上的運用

　　鄉村社區的發展不論是指經由社區居民自動自發的較狹義的發展過程，或經由也包含外力援助與參與的較廣義的發展過程，都需要有資源作為基礎。資源越豐富充足，運用得越適宜越良好，則發展的事功也越有效，否則若社區的資源缺乏，運用不當，則發展無效。社區資源可說是社區發展的墊腳基礎，故要討論社區發展，不能不對發展資源的運用加以探討。

　　本研究的主旨即在討論臺灣鄉村社區發展中，人力與土地資源的運用情形。著眼的重點在於指陳臺灣鄉村社區發展過程中，人力及土地資源運用的重要概念，以便和關心並推動鄉村社區發展工作者相互切磋，共同謀求鄉村社區有效並順利發展。在指陳重要概念的同時，也酌以附帶檢討臺灣過去鄉村社區發展過程中在運用人力及土地資源上的缺失，以便今後推行時能避免缺失，增進效果。

第一節　人力與土地資源在鄉村社區發展上的定位

　　人力與土地，是鄉村社區發展上所必有的兩種重要資源，(Shaffer and Summers, 1989, pp. 173–195; Garkovich, 1989, pp. 196–218) 與其他社區資源，如財力、社會文化、行政組織與設施等同樣重要。唯與這些其他資源比較，這兩種資源則更具基本性。所謂基本性，一者是指較必然具備，因為社區是由人與土地因素所構成；二者是指可由人力與土地因素而衍生與發展出其他資源，如金錢及設備等。但兩者存在，不見得必然有社區形成。

　　人力與土地資源在鄉村社區發展上的定位，主要建立在這兩種資源的重要性之上；而這兩種資源的重要性，則可以也應該從其對於社區發展的功能或貢獻加以理解。人力與土地對於鄉村社區發展的功能與貢獻，基本上都很重要，但兩者的功能特質及重要貢獻的性質，卻有差異與不同之處，故應該分開來分析與討論。

一、人力資源對於鄉村社區發展的功能與貢獻

　　人是社區的主角，社區的發展主要都是人在設計與推動。社區發展的後果也以能為人所享用為依歸。就人力是社區發展的資源言，主要是將人視為是可以推動社區發展的因素與力量。即使將人置於可享用社區發展成果的角色與地位，也仍具有推動社區發展的意義與作用，因為享用發展成果往往是推動發展的元素或基本動力。資源對於鄉村社區發展究有何重要功能與貢獻？這就要從人力的條件與性質去加以觀察與理解。與社區發展有關的人力條件與性質，主要可分成兩大方面，一為數量，二為品質。數量主要用人頭計算。人力數量多，表示可用為發展資源的潛力大，否則其可用的潛力便小。按照人力的定義，人力是指年滿十五歲以上至六十四歲的男女人口中，從事各種生產或服務的經濟活動人口，或正在尋找工作的失業人口。（蔡宏進，78 年，79–90 頁）一般社區中人力數量的多少與人口數量的多少成正比；但不同社區的總人口中，人力數量所占比率卻有高低的不同之別。

　　人力的第二項條件與性質是其品質。同樣是有經濟活動能力的人力，其品質卻會因教育程度、職業工作別、領導能力、社會角色、健康情況等不同方面的不同條件，而顯然有別。個人品質條件與其對社區發展的功能與貢獻有關，但也不一定成正比。一般個人品質條件佳的人力，其對社區發展的貢獻與功能可能會較大，也即其協助社區發展的潛力會較大，但主要還是要看其投入社區發展心力的多少而定。

二、土地資源對於鄉村社區發展的功能與貢獻

　　土地資源對於鄉村社區發展的意義而言，與人力資源一般同樣具有重要的功能與貢獻，唯也有不同的地方。土地資源的功能與貢獻都較被動性，其功能與貢獻的大小，需視社區中主角的人如何對之加以使用而定。

　　土地資源發展潛力的大小，也依其數量與品質而定。一般數量多、品質好，其可使用為發展目的的潛力與功能就大且多，否則其潛力與功能便小。然而土地資源品質的決定因素卻不只其一，當鄉村社區以農業為主要且是唯一產業的時代，農地品質的決定因素主要是其生產力，而生產力的

高低則主要受地質與地勢所決
定。但當鄉村社區發展朝向更多
元化與分殊化之後,土地資源品
質的決定因素便有所變更與不
同。供為工商及服務產業發展用
途的土地,位置因素對品質的決
定,反而比地質因素更為重要。

　　將土地資源與人力資源比
較,其對社區發展的功能與貢獻
相對較為被動性。人力因素可主
動規劃及推行社區的發展,土地

圖 11-1　土地資源的品質,對農業發展特別
重要。濁水溪以南盛產甘蔗,從日據
時代起,就為臺灣農業帶來豐厚的
經濟利益。

則往往是被人利用來助長社區的發展。人利用土地的方式關係到土地資源
的功能及貢獻至鉅。土地雖然具備發展的潛力與條件,但若不被利用則於
發展無補,若被使用不當,其對發展的作用也不大。

第二節　人力資源的發揭、參與及發展

一、重要概念

　　在鄉村社區發展中人力資源的運用上,發揭、參與與發展是三個重要
的概念,也是重要的運用過程。茲就這三個重要的概念與運用過程,扼要
說明如下:

㈠發　揭

　　社區發展過程中若要運用人力來參與,首先就必須面對發揭人力的過
程與問題。可用為參與及推動社區發展的人力,本來存在於社區內外,推
動者要運用這些人力資源,首先要發揭他們,了解究竟有多少人,其人為
誰,能力如何及分布在那裡等。發揭人力的存在與性質,是運用人力的先

決步驟；發掘之後，才可進一步計畫，並實際加以運用。

　　在發掘人力資源的過程中，除了了解數量外，並要按其對於社區發展的意義與功能加以分類。在有關社區發展的眾多人力資源中，對於社區發展的功能與意義而言，不是人人都相等，有者可為社區發展的領導者，有者可為支持者及追隨者，有者甚至可能為反對者與阻礙者。總之，有者其功用與意義很大，有者其功用與意義則非常的微小。不同的人其具備的功用與意義也各有不同。了解這種功能與意義差別的性質，才能進而做好知人善用的計畫。

　　對於能領導並有力支持社區發展的人力，是社區發展的推動者所最需要把握的。社區發展工作很需要以這些領導者與支持者作為核心，散發出號召力量，會集更多追隨者的參與，甚至說服反對者或阻礙者，化除其障礙，社區發展工作才能有成。

　　在鄉村社區發展中的重要領導者與支持者，可能包含居住在社區中的鄉紳、智者及長老們，也可能包含居住在異鄉的鄉親，或產官學界的有力人士。推動者若能用心從廣泛角度加以發掘，便能會集社區內外部的眾多人力，共同經營與推動社區的發展。

　　良好並有力領導者與支持者的發掘工作，需要社區居民及社區發展工作專業人員的用心與努力。其中經過正式性的集會討論可以有效發掘，但經由有心人士的非正式明察暗訪與連繫，往往也可發掘領導與支持社區發展的人力與人才。為能發掘存在於社區外的參與、領導與支持人力，非常需要經由社區內個別居民的連繫與推舉。

(二)參　與

　　社區發展要能有效的展開，需要許多人力的參與，尤其需要社區內部全民的參與。因為社區的發展是關係社區全民的事，其發展成果也歸社區全民所享用。

　　然而人力運用過程中，要激發有關社區發展的人力參與，並非容易的事。需要使這些人力先能感覺到社區發展的重要性，並能肯定自己具有參與的意願與能力，以及知道能如何參與。個別人力能參與發展工作，才能展現出他的功用與意義；未參與的人徒然具有社區發展的潛在人力條件，並未能展現出推動發展的實際力量。

人力資源在參與社區發展的過程中，能適當有效的參與，是一個很重要的概念。所謂適當有效的參與，一方面要顧及其扮演與表現的角色恰當，而無不當或過當之處；另方面則要顧及其參與活動的範圍與事項，確能對於社區的發展有所助益。

鄉村社區發展工作的參與者會有內外之分，其中以社區內部人力的參與者尤為重要，內部參與者越多，參與程度越深，社區發展工作便越能有穩固的基礎及強盛的力量。故喚起社區眾多居民與人力的參與，是社區發展工作所必要的過程，也是運用人力資源的重要步驟。唯鄉村社區發展若能結合更多外在人力的參與以及贊助，其發展潛力必然也會更為加大，在運用人力時不能不加以注意。

(三)發　展

人力運用的發展概念，包括擴大人力的數量，以及提升人力素質。鄉村社區發展過程中的人力運用，也不能忽略這一重要概念與目標。社區人力的發展，原也是社區發展目標與內容之一，同時也是促進社區其他方面發展的重要因素或力量。

在人力發展的策略上，注重質的提升要比量的增加重要，但社區人力數量的增加對於小社區發展而言也很重大。然而人力數量增加時，必也增加人力就業及生活改善上的壓力與問題，故其正面的發展意義與功用乃較有疑慮。至於人力品質的提升與改善，其發展的意義則較少有負面的缺陷與危險。

鄉村社區人力品質提升與改進的策略或途徑共有不少，包括由注意保健衛生以增加健康，由加強教育以豐富知識及改善氣質，由多接觸技術與資訊以增加技能與見聞等，這些都是提升人力品質的重要概念與途徑，值得鄉村社區發展工作者的重視及社區居民的認識。

二、以往缺失的檢討

　　過去臺灣鄉村社區發展的過程中，雖然並未完全忽視人力資源運用的要素，唯人力的發揭與參與社區發展的程度並未能充分展現，人力品質的提升與發展事功也有未盡理想之處。基本上在政府的行政體系中未將社區發展列為重點行政工作，故對社區發展的相關制度並未認真加以建立與實施。

　　另因社區發展工作是費神費力與費錢的工作，社區居民大都未能長期持以熱烈的興趣，於是對於有關的重要措施也未能經常持以高度的熱衷並力求改善。對於人力資源的發揭、參與及發展的工作，乃也未能十分認真謀求改進，在這方面乃存有不少的缺陷與問題。

第三節　土地資源的利用與維護

　　鄉村社區發展過程中，必然需要使用土地資源；而使用土地資源時，必須注意有效性及適當性，才能收到良好的發展效果。又因為土地資源被利用時很容易遭受破壞或損傷，故必須加以維護，才能收到永續利用的效果。於此先說明鄉村社區發展過程中利用土地資源的時機或狀況，再進而探討有效及適當使用土地資源及維護土地資源的概念。

一、使用土地資源的時機或狀況

　　鄉村社區發展過程中，需要使用土地資源的重要時機與狀況，分成私人使用及公共使用兩個不同層次來說明。私人使用土地資源，供為生產及服務等經濟活動目的，及供為居住休閒等福利目的。公共性使用土地資源，則將之用為公共造產、集會、行政、教育、醫療、交通、宗教、運動、休閒等多種公共事務或活動。土地不論被用為私利或公益，大致均可達成促進社區發展之效，唯也有不十分盡然之處。

　　在鄉村社區中，私用的土地最常被用為生產農產物及建築農宅，而公共的土地利用最常用作建造公共活動中心、道路、學校及廟宇。因為各社區土地資源條件有所差別，被利用的情形也有差別。於此最需要注意的概念是為能有效推動社區發展，社區的土地資源必須要能被有效並適當利用。

二、有效及適當利用土地資源

有效與適當利用土地資源的概念，包括充分利用、最低成本利用、最大效果使用、配合最少其他資源、以及用於所當用等概念。一般能被有效及適當使用的土地，都是能地盡其利者，不僅能為社區中的地主盡利，且能為社區全體居民盡利。

對於可生產的私有與公有土地，為能使其生產值達到最高，乃必須慎重選擇生產目標，包括栽種適當的作物，或選擇適當的製造及加工業生產用途等。目前臺灣農業生產事業，面臨世界貿易自由化的重大衝擊，而更加難為，要使鄉村社區中的農地資源作最有效及適當使用，乃很需要仔細比較栽種或生產不同農作物或農產品之間的相對利益。目前政府正在鼓勵並輔導各鄉鎮的農民慎重選擇比較利益最大的農產品加以生產，這可兼顧使社區中農業土地資源發揮最有效及最適當利用的目的。

晚近臺灣的鄉村地區也步向工業化，使鄉村土地的最有效及最適當的生產利用範圍，也超越農業生產的範圍，地主乃需要在農業與工業等其他非農業生產之間加以比較與選擇。原為農田的大片土地被變更開發成工業區者，便是這種變遷的明證，表示在邁向工業化的過程中，鄉村中部分土地資源的最有效及最適當利用方式，應朝向工商業用途發展。

為能配合鄉村社區的更新與發展，從社區的土地資源中規劃出一部分當為公共活動用地，也是必要且適當的。這些公共活動用地包括集會場所、學校、廟宇、公園及道路等。有充分的公共用地，社區的公共事務及整體性的發展事項，才能較容易被推動並達成。唯因臺灣鄉村土地的價值也與都市土地一般昂貴，故在鄉村社區發展過程中，這種必要的公共用地很難被取得並被利用，以致嚴重影響社區較整體性的發展；此一缺點實值得社區居民及社區發展的推行者正視並謀改進。

三、土地資源的維護

土地資源被利用的過程中，很容易遭受破壞與損傷。為能使其被永續利用，乃有必要對之加以維護。臺灣鄉村地區土地資源的適當維護措施，應就土地資源被破壞、損傷、浪費等不同情況或問題，分別提出多種不同的適當維護策略。如下茲就應對鄉村土地資源較嚴重問題的適當維護策加以列舉，並分別加以說明。

㈠對於被濫墾與沖蝕的土地應採嚴格管制及實施水土保持策略

臺灣多處山坡地被濫伐濫墾的問題嚴重，不僅土壤流失，水資源也流失。對於這種土地最需要的維護措施，是加強管制及實施水土保持；而有效的水土保持方法是一方面由造林恢復覆蓋樹木，保持水土，另方面則應阻止與避免濫伐濫墾面積的擴大。

這類水土流失的山坡地，大部分分布在鄉村社區基地以外的廣大山區，但也有少部分座落在鄉村社區基地範圍內者。不論其分布地點何在，都需要加強維護。唯維護的技術可能需要因地制宜，視土地的區位性質不同而異。

㈡對於地層下陷地區應設法加以防止

鄉村土地資源另一種被過度或不當利用而遭受損害的問題，是地層下陷。此種土地資源的破壞問題，以沿海養殖漁業發達的地區最為嚴重。重大問題包括社區地面下陷，房屋住宅矮化，居住空間縮小，社區基地易患水災，養殖漁產流失於洪流之中，海水倒灌，農作物泡水枯死，產量減少，以及地質鹽化等。

對於地層下陷地區土地的維護措施，政府曾採行禁止或減少抽取地下水，加強海堤建設，強制恢復魚塭地成為農田、填高地面，以及變更地目，調整土地利用目標等政策。唯迄今維護的效果有限，故需要加強維護，以免繼續惡化。

㈢對於被污染土地的防治與淨化

臺灣鄉村地區的土地被工廠及社區污水及廢棄垃圾物等污染的情形也極普遍，嚴重者無論被用為生產及建築都不適宜，因其會含有劇毒污染物而傷及人畜健康。這種土地，一般常為平原地帶的河邊及海濱之地。

被廢水、金屬及垃圾等污染的土地，有者維護起來極為困難，以桃園濱海地區被鎘金屬污染地區維護之困難為例，這種地區既不宜再種植農作物，即使將之改變用途，建造住宅也有危險。要化除這種毒害，幾無良好法門，唯有經長時間等待毒性淡化，但地主農民卻又需依賴土地生活，難挨土地長期被閒置不用之苦，致使政府不得不付給賠償金。土地的污染嚴重至此，實在不僅是農民的損失，也是政府及整個國家及全體國民的損失，今後的重要維護工作將是預防勝於治療。

㈣對被濫用河川地的維護

鄉村地區河川土地被濫用的問題也極為嚴重，最明顯的濫用情形是開採沙石、種植高莖作物及養鴨養鵝等三種情形。在河川中開採沙石的不良後果，是容易造成沿河橋樑的損壞及河流的改道等，在河川地上種植高莖作物則容易阻礙洩洪功能，而在河中飼養鴨、鵝，則易造成水污染。

河川地被濫用誤用之後，會加重自然及人為的災害，維護工作乃勢所必要。過去政府雖曾禁止及取締過非法使用者，但效果不彰。今後政府要維護河川土地資源，使能達到自然洩洪目的，則除應加強對民眾施以宣傳教育之外，更應加強公權力，依法嚴格取締與禁止非法濫用與誤用者。此外，對於河川土地被濫用，致使兩岸良田崩蝕的問題，更應由興修水利及建設牢固的堤防等為之防患。

㈤對被廢耕農田的維護與使用

臺灣鄉村社區所轄的部分農田曾有因炒地皮，待價而沽，以致被廢棄不耕之情形。此外也有因受政府政策影響，暫時休耕不作者。農田休耕可收恢復地力之效，並非完全浪費，因而也無可厚非；唯休耕需有期限限制，才不形成資源浪費。至於因炒地皮，以致棄而不耕或不用者，被棄用的期間往往很長，又地主易在土地之上堆積廢棄物，不僅有礙瞻觀，且也可能造成污染，故很必要加以維護與利用，不使土質變壞。

第四節　人力與土地資源運用上的整合

　　人力與土地資源都為社區發展的因素，這兩種資源在運用上若能有效整合，便可使其對社區發展的效用與貢獻達到較高程度，否則如果在運用人力及土地資源時存在著區隔、矛盾、衝突及不能相互配合等問題時，便會使兩種要素對社區發展的作用或貢獻被打折扣，實甚可惜。然而究竟人力資源與土地資源之間、人力與人力之間以及土地與土地之間應如何整合運用？很需要發揮高度的智慧為之設計與行動。於此就我個人對社區人力資源與土地資源整合運用的構想提出若干淺見於後。

一、首先應使地盡其用以收地盡其利之效

　　社區所屬的內外部土地，可能有部分因地主人力不足，而不能有效利用；反之有些人力需要使用土地，卻苦於無地可用。推動社區發展的組織或個人，應設法使人力與土地接觸，由可用的人力對可用的土地加以使用。這種人地的結合，可經由土地的買賣、租賃、交換、委託代耕、委託經營、或其他合作方式等過程或制度達成。

　　當前臺灣鄉村社區中，對於缺少人力耕種的農地資源，普遍經由委託代耕、委託經營及共同經營的方式充分加以利用。這是人地整合的重要模式，透過此種模式可使農地免於荒廢，充分發揮生產效力。

二、透過徵收或協調取得必要的社區公共用地

　　在鄉村社區發展的目標之中，往往也包含發展公共設施，如道路、活動中心、公園或學校等。而這些公共設施不僅要有足夠面積的土地，且其

地點還要能適中。在缺乏公有土地資源的社區，這種公共設施用地乃需要從私有土地中取得。如果有合適土地可以提供的私人，能夠充分合作，便可容易取得。但一般私有地主能夠充分合作者，為數不多。為取得這種必要的公共設施用地，往往需要經由政府使出公權力，採強制徵收用地並償還地主地價的方式解決。這種透過使出壓力使社區的土地利用達成更合理境界的做法，雖很勉強，但也不失為有效達成新的人地關係，或是達成另一種人地整合的有效途徑。社區為取得公共用地，也可經由協調過程而達成。

三、促使不同利用類型土地所有權人間的整合

近來臺灣鄉村土地利用的型態越趨分殊與多元性，原來只用為農業生產的單一利用方式，變為除農業用途外，還有用作工業生產及休閒娛樂等目的者。在農用土地上除用為作物生產外，也有用為養豬、養雞鴨及養魚等情形。不同種類用途的土地之間，相互傷害與衝突的情形乃甚為常見，例如工廠用地所排放的污水會污染農業用地，農作生產用地及休閒娛樂用地如高爾夫球場等；外洩的農藥和工廠用地所排放的污水，同樣也會毒害養殖魚池中的魚蝦及貝類。這種不同利用類型土地之間的互相危害，會引起其所有權人之間的相互衝突，很容易傷及社區內外居民之間的和諧與融洽；故為社區的和諧及合作計，很需要加以調和整合，而最重要的調和與整合的途徑是各種不同用途地主應避免製造污染，以免傷害其他用途的土地及其主人。

四、促使同類用途土地之間或其地主之間的合作

鄉村社區發展過程中人地之間的另一重要整合途徑，是促使同類用途的土地或其地主之間的合作，合作可使其減少成本及增加收益。以鄉村社區內農地之間或農人之間的合作為例，其可行的合作途徑很多，如包括組設合作農場、共同經營班及共同運銷班等。如此合作可減低農業生產或經營成本，並增加農業生產或經營效益。

五、引導社區居民之間的分工合作

　　社區發展終究需要社區全體居民的動員及參與，也需要全體社區居民之間的分工合作。為了社區的發展，有錢者出錢，有力者出力，而出力者也宜照其特性分別貢獻出腦力與勞力，這種分工合作的人力整合，是社區發展極為重要的先決條件。

第五節　結　語

　　社區發展是社區居民所樂於看到的社區變遷現象，社區的發展需要多種條件為之運作才能達成，其中的重要條件之一是有效運用社區資源，而在運用社區資源時，人力及土地資源是兩項很重要的因素。社區的居民及推動者若能善加運用社區的人力及土地資源，不僅可使社區的人力及土地有所發展，並可促進社區的許多方面或條件的發展。

　　關心鄉村社區發展的人對於鄉村社區發展中有關人力及土地資源的運用，應先能有正確的了解與認識，才能展開正確的行動。本人在探討鄉村社區人力資源的運用時，指出發掘人力、促使人力參與及人力發展等三個重要概念，不僅強調人力的發掘與參與對社區發展的重要性或功用，且也注意到社區人力發展本身即為當地社區發展的重要內容之一。

　　對於土地資源的運用，本文特別指出有效與適當利用以及適當的維護等兩個重要的運用概念，希望使社區居民及關心社區發展的人士能了解這些重要的概念，進而適當運用土地資源，來促成社區的發展。

　　人力與土地雖是社區發展的兩項重要資源，但並非所有的重要資源，要使社區發展有成，善為運用人力及土地資源固很重要，然而善為運用其他資源也同樣非常重要。唯對於其他資源的運用則另有他文申論。本文在最末又特別強調為了有效運用人力與土地資源,在鄉村社區發展的過程中，必須整合人力與土地資源的利用，內容與範圍不僅應包括人與土地之間的整合，也應注意人力與人力之間的整合，及土地與土地之間的整合。

本章參考文獻

1. 陳明燦 (1994)，「鄉村地區土地開發與環境生態保護之研究」，《臺灣土地金融季刊》，第 31 卷第 2 期，199–214 頁。

2. 來璋 (1986)，「臺灣農地資源利用與保育之研究」，《臺灣土地金融季刊》，第 23 卷第 2 期，1–30 頁。

3. 蔡宏進 (1992)，「臺灣近代工業化與都市化對農地利用與問題的影響」，《農業金融論叢》，第 28 輯，125–144 頁。

4. 蔡宏進 (1989)，「鄉村人口與人力及變遷」，《鄉村社會學》，65–90 頁，三民書局。

5. Garkovich, Lorraine E. (1989), "Local Organization and Leadership," in Christenson, James, & Robinson, Jerry W. (eds.), *Community Development Perspective*, Ames, Iowa State University Press, pp. 196–218.

6. Shaffer, Rond, & Summers, Gene F. (1989), "Community Economic Development," in Christenson, James & Robinson, Jerry W., (eds.), *Community Development Perspective*, Ames: Iowa State University Press, pp. 173–195.

7. Fitzsimmon, Stephen J., & Freedman, Abby J. (1981), *Rural Community Development, A Program, Policy, and Research Model*, Cambridge, Massachusetts, U. S. A.: Abt Books, p. 524.

第十二章
鄉村文化與社區發展

第一節　基本概念

本章之寫作含有兩個重要意義，首先是見於鄉村文化與社區發展這兩個課題或概念之間有密切的關聯性，故其一即在探討兩者間的密切關係，其二是以此文追念一位一生關心並研究鄉村文化與社區發展的學者，楊懋春教授。

全章除了說明題目的意義及撰文的目的及主要觀點等前言部分外，再分成三部分內文，探討鄉村文化與社區發展的密切關係。第一部分是診斷及分析當前鄉村文化的病癥與問題，及其對鄉村社區發展的不良影響。對於文化方面的元素，特別注意非物質性的，共分成六大方面，即：㈠價值觀念方面，㈡宗教信仰方面，㈢種族與語言方面，㈣規則與制度方面，㈤技術方面，㈥其他。

正文的第二部分在討論經由建設鄉村文化發展鄉村社區的理念，所討論的鄉村文化的建設範疇，也包含前述六個方面。而對於每一方面的發展任務與構想，都分成三個不同的層次，即：㈠個人層次，㈡團體與社區層次，㈢大社會與國家的層次。

正文的第三部分，在探討社區發展過程中注入社區文化建設的可行性。重要的可行方向，分為三方面說明：㈠激發社區居民重視並研究文化要素的性質與問題，㈡經由社區組織設定文化建設或發展的目標，㈢結合民間的行動與政府的文化建設與鄉村社區發展部門的策略與行政管理。

一、兩者的涵義、範圍及密切的相關性的理念

本章以鄉村文化與社區發展為題，主要的理由是兩者間具有密切的相關性。要了解鄉村文化與社區發展具有密切的相關性，有必要從了解兩者的涵義開始。於此所指鄉村文化的廣泛意義，是指存在於鄉村社會的物質器物及非物質的價值觀念、宗教、信仰、風俗、規範、語言與文學、藝術、法律、道德等。過去文化學家對文化所下的定義極為廣泛，各有相同及差

異的看法 (Kroeber & Kluckhohn, 1952, pp. 43–44)。本章所要探討的文化較側重在非物質文化方面，如此著眼並非否定文化的物質意義，而是認為精神文化問題在過去較少被研究與揭露，因而顯露出發展上的脫節 (Tsai, 1992, p. 195)。而社區發展的廣泛意義，含有目標性及過程性兩個重要不同概念。就目標性而言，特指幫助社區中居民在經濟的、社會的、文化的與精神的等全面性的進步與改善；在此所指的社區，特別意指鄉村社區，與都市社區有所差別。過去臺灣地區在推動鄉村社區發展時，特別限定在三大目標上，即：⑴實質建設，⑵生產福利及⑶精神倫理建設等。就社區發展過程的意義看，這是一種研究、糾正及解決問題等的行動過程。

明白了鄉村文化與社區發展的要義後，就不難了解兩者間的密切關係，一來鄉村的文化可被看為是鄉村社區發展的一種因素，也可被看為鄉村社區發展目標中的一個面相或一個環節。就其當為影響因素的意義看，鄉村的文化可具有影響鄉村社區中其他方面發展的作用，如可影響有形建設與經濟發展或如官方所說的生產福利等的重要作用。從其當為發展目標的一環看，其與其他方面的發展構成了鄉村社區發展的整體內容。兩者之間較詳細的相互關係或相互影響性質，將是本章所要再進一步闡明者。

二、研究鄉村文化及社區發展的重要著眼點

本章在探討鄉村文化與鄉村社區發展的相關性時，除將鄉村文化當為影響鄉村社區發展的因素的重要觀點外，進而還將兩者的研究著眼在三個要點上。其一是探究鄉村文化的病癥與問題，及其對鄉村社區發展的不良影響；其二是探究鄉村文化的建設方向；其三是強調在社區發展過程中注入鄉村文化建設的可行性。所以如此著眼的主要想法有三：第一，了解一項要素的病癥與問題是進一步謀求改善、建設或發展此一要素的起步，其道理與醫生之治療病人的道理相同。要將病人治好，使其健康，必先了解其病情。此種著眼若有不當，只是在被診治之人根本無病。然而當前臺灣的文化包括都市的與鄉村的難說毫無病癥，事實上病情不輕，甚需要診斷與治療。第二，視建設與發展是最終目的。本章既將鄉村文化看為是影響

鄉村社區發展的重要因素，而將鄉村社區的發展看為是終極目標，則要達到此一終極目標，對其影響因素的文化也需要有所改善、建設與發展，因而必要研究文化建設的方向，使其能先有改善，藉以助長社區全面的發展，這是另一必要的著眼點。第三，在本章之始，筆者已闡明社區發展的意義不僅是一種目標，也是一種過程，其為過程的意義是指其是為一種研究、計畫與推動發展的過程之意。社區在進行此種發展的過程中，注入與其發展有關的文化因素之研究、計畫與推動，乃是極為必要與可行的事。

第二節　過去臺灣鄉村文化的主要病癥、問題及對發展的不良影響

將鄉村文化當為是影響鄉村社區發展的因素的同時，對於鄉村文化及鄉村社區發展，都可看為是多層面性的。本章將前者界定在較偏重非物質文化的層面，並將之分成六大類加以觀察，包括：(1)價值觀念，(2)宗教信仰，(3)種族與語言，(4)社會規則與制度，(5)技術，及(6)其他。對於社區發展則先強調其目標性，而界定其為政府在推動此項發展時所下定的三項目標中的前兩項，這三項目標是：(1)實質建設，(2)生產福利，及(3)精神倫理建設等。其所以暫不取第三項精神倫理建設目標，乃因其與文化因素中的價值觀念等極為相近之故。本節乃就筆者所見六項鄉村非物質文化面的重要病癥與問題，及其對鄉村社區的有形建設及生產福利的發展之不良影響，加以進一步分析與說明。

一、價值觀念的病癥及其不良影響

個人的價值觀念是引導其行為表現的最基本內心因素。鄉村社會的價值觀念是指鄉村中多數人所共有的價值觀念，也為影響鄉村中社會行為表徵的重要潛在因素。社會價值觀念中，若存在不健康的病癥，必然會妨礙或歪曲鄉村社會的建設或發展行動與後果。當前臺灣鄉村居民的價值觀念中，對於鄉村社區的實質建設與生產福利有嚴重不良影響者約有兩點，以

下將加以分析與說明。此兩項較重要的病癥與問題為：(1)私利重於公益的價值觀念，(2)對農業信心漸失及對農地價值投機心理漸重的價值觀念。

(一)私利重於公益的價值觀念及其影響

重私利原是人的本性之一，但過去傳統的農村，講究仁義道德，私利之心都受到社會規範相當有效的抑制，而不致過度囂張。但在今日工商社會非常講究效率與利潤等新價值觀念的影響下，鄉村居民的價值觀也有丕變，視講究私利為平常事。私利價值觀念發展與膨脹的結果，許多有形建設事務乃受到此項因素的影響，而未能充分發揮。如今在鄉村社區的有形建設方面出現若干重要的弊端，實與社區居民的私利心重極有關係。村民因為私利心重，缺乏整體利益的觀念，以致在社區發展或更新的決策與協調過程中，常為堅持己利，未能共同為社區外貌的完美性付出犧牲與奉獻，故常見有私人住宅建築因隨心所欲而零亂不整，乃至妨害鄰居住宅的衛生與美觀。也有因為社區居民堅持私利，不願捐獻或售讓土地，致使社區欠缺公共設施用地，影響社區實質建設與更新的成效。

近來也常見在鄉村社區中不少農民只為顧及本身的生產利益，而製造大量污染物，妨害社區外形的美麗與乾淨。飼養大量豬、雞、鴨、鵝的農戶，乃至鄉村工廠主，製造了不少污染，實已嚴重危害鄉村外形景觀與環境品質。

私利心重的農民對生產福利上造成的一大危害是，對於農藥過度使用，以致農產品上的農藥存留量過高，影響消費者的健康，使消費者未能真正分享到應得的消費農產品之福利。

圖 12-1　工廠任意排放的廢水，不僅污染水源，也造成生態的破壞。圖為廢水排放口附近的水域，表面被過度繁殖的綠藻覆蓋，對生態的破壞無與倫比。

㈡對農業信心漸失及對農地價值投機心理漸重的觀念及其影響

在較有效率的工商業發展之衝擊之下，農業經營逐漸難為，影響農民對於農業經營的信心逐漸喪失。此種心理嚴重，影響鄉村社區的生產福利發展。因為農民對農業的信心漸失，經營農業的興趣遂漸減，農民由農業生產可得的利益也漸減。對農業信心的減低與農業生產福利的削減，是相互影響的兩個變數，而影響農民對農業經營信心喪失的因素，則是相當錯綜複雜的。除了前說的工商發展因素外，也與都市化、農產貿易自由化、以及農業保護政策之軟弱無力等因素，都有關係。

在農民對農業信心減弱的同時，也見社會中對農地價值存著觀望投機的心理逐漸增濃，將之視為商品（廖正宏、黃俊傑，81年，50頁）。投機者不僅包括農民，也包括農村中及都市地帶的非農民。社會大眾對於農地價值的投機，也有促使社區發展的功能性，如因為將農村社區中的土地價值炒熱，擁有土地的社區內農民獲得高利，得以改善經濟能力，有利從事其他方面的投資與建設。但是長期對土地價值存著投機心理的結果，也引發農地休耕或廢耕，不重視生產功能與利益，以及土地買賣轉手頻頻，造成財富分配不均及社會不公平，部分居民也因投機致富而不務正業等，種種經濟與社會發展上的弊端。

二、宗教信仰的病癥及其影響

農村中的宗教信仰在長久以來興之不衰，可被看為是一種社會文化制度（瞿海源與姚麗香，75年，665頁）。隨著經濟的發展，宗教信仰性質也有不少改變，其中雖也有朝向較理性化的成分，但也有越趨世俗化的成分，譬如藉宗教儀式或活動滲入粗俗的節目，乃逐漸多見（蔡宏進，78年，313頁）。此外由廟宇的興修與宗教慶典的鋪張，也可看出其沾染濃厚的金錢與物質色彩，其幾近浪費的情事，不但有失宗教的神聖精神，且有因宗教信仰而浪費經濟資源之嫌。

更有甚者，鄉村中曾也興起一套假藉不當的宗教信仰興斂財賺錢之不良文化與習俗，使神聖的宗教信仰矇上欺騙的羞辱與陰影。

鄉村社區中的不良或不當的宗教信仰，除了本身是為社區精神文化發展上的一項缺失外，其對於社區的外形建設與生產福利方面也有不良影響。除了因宗教活動上的鋪張浪費而損傷建設資源外，其迷戀於藉神明指點明牌與玩大家樂及六合彩等之類與宗教信仰有關的類似賭博行為也逐漸腐蝕了鄉村社區居民勤奮工作，努力生產的美德，其對社區的生產力有損無助。

三、種族語言的問題及其影響

臺灣不同鄉村地區存在不同的種族與母語，平原鄉村地區的福佬人語言與山區高山族語言顯然迥異。平地鄉村中的福佬語言與客家語言也不相同。這些鄉村地區不同的母語，又與政府的官定語言之間有別。自二次大戰以後，經長期推行北京話的國語化運動至今，語言隔閡已減輕很多，但不可否認的是仍有問題存在。鄉村中年紀較大的居民因無法聽懂大眾傳播媒體上所習慣使用的國語，而未能充分接受重要訊息者，仍大有人在，成為鄉村現代化及社區發展上的一大障礙因素。

雖然電視中有關農業發展與改良的節目，都儘量使用不懂國語的農民所常用的母語，如用臺語或客家話傳播；但在電視上仍未見有使用原住民母語傳播的節目，客家話的使用率也不如閩南話使用率之高。即使使用率最高的所謂「方言」之一的閩南話，占所有節目的比率也甚低。對不少鄉村居民而言，電視已是其吸收新知識訊息的最主要來源，但是由於語言上的障礙，在吸收的效率與速度上受到很大的障礙，此也成為妨礙鄉村社區發展速率的一大因素。在許多國家包括美國、外國人及難民等因語言不通，在生活的許多細節上都遭遇問題 (Trueba, Jacobs and Kirton, 1990, p. 48)。臺灣地區居民障礙問題，或許不如美國境內的移民或少數民族那麼嚴重，但多種母語與國語之間未能溝通畢竟是個問題。

四、社會規則與制度的問題及其影響

社會生活中的規則與制度是為社會文化體系中的重要環節，為社會中的個人共同遵行，形成社會規範，健全社會生活 (Beals, 1978, pp. 158–159)。鄉村中長期的社會生活形成許多的規則與制度，隨著生活與活動更加分化與專門化，孕育出來的規則與制度也越多。唯如今在鄉村中不少規則與制度卻出現了毛病與問題，較為嚴重者包括規則與制度被破壞或扭曲，以致不被尊重與遵守，以及日趨複雜的社會生活致使規則與制度無法跟進，以致有所遺漏與缺陷。茲就這兩種規則與制度上的文化問題及其對社區發展的影響，再引申說明如下：

影響社區發展較為直接與深遠的規則與制度可分為兩大類，一類是與維護社區秩序使其獲得基本的安全與安定有關者，另一種是與狹義的社區發展直接有關者；前者指國家各種重要法律，後者則指以往在鄉村社區中為推展社區建設與發展所曾設定的社區發展公約之類的規則，以及為有效推行社區發展所曾設定的各種社區組織以及在推行過程中所發展出的許多相關制度與規則等。如依民意設定社區發展目標及研擬發展計畫，以及就需要建設與發展經費部分由社區居民公平分攤，此外還有由發動社區義務勞動以節省社區建設與發展費用等等的規定。然而這些重要的規則或制度有因人謀不臧而被破壞以致失去效能的情形，也有因規則或制度不夠完善而影響社區發展與建設的成效者。

鄉村中破壞規則與制度的不良文化最嚴重者，是以犯法行為以致危害社會安全者。而不完善規則與制度，應是以和民眾生命安全以及與其食衣住行等最基本生活有關者為最。追究破壞規則與制度的原因或由來，有者是出自鄉村居民，但也有可能是鄉村以外的人造成者。至於未能制定完善的規則與制度，有者固應歸罪於鄉村居民本身之不力，但也有些並非應由鄉村居民負責者，其中有者甚至應由上層政府官員或立法部門的相關人員負責。

總之，鄉村中規則與制度的不健全與破壞，是在探討鄉村文化因素時不可忽略的項目；此種因素對於鄉村社區的發展與建設的影響，實也值得我們注意與研討。

五、技術的病癥與問題及其影響

技術為文化的一部分的概念應可不必多作解析，主要的理由是其為經由人類所創造用來解決生活的工具器物或方法，理應被看為文化的一部分。鄉村的農業生產與生活過程中，曾經發展並運用許多與農業有關的技術，近來鄉村的生產與生活工業化，許多工業的技術也在鄉村中被運用並流傳。

檢討鄉村中的技術卻也出現了些病癥與問題，技術不足或落後是長期性的老問題，當今的鄉村中也難免。但除此一項老問題之外，如今鄉村中又出現了一項技術被誤用或濫用的問題，可以濫用農藥殺蟲、濫墾山坡地及濫抽地下水等技術為例說明。這些技術被誤用與濫用的問題對於社區內外發展的不良影響，也是明顯可見的。濫用農藥可能致人於死或損人健康，濫墾山坡地可能造成水土破壞及流失，而濫抽地下水則可能致使地層下陷與住屋下沉，危及財物損失及居住的安全。

此外在鄉村中技術被誤用與濫用的病癥與問題，還可見之於大規模養豬所造成的污染，以及工業技術的普及所造成嚴重的水害與煙害等，實極為誤用及濫用此種技術者之戒。在其運用技術的同時，也應對其後遺症作適當的防患，才不致危害他人生命健康及所在社區的環境條件。

六、其他的文化問題因素及其影響

鄉村社會的文化問題因素除了上舉五種之外還有多端，音樂、美術、文學、舞蹈、建築、生活習慣等也都是 (Keesing, 1958)。這些文化的因素與社區的發展，在實質的、生產的以及生活方面的發展，也都有所關聯。這些文化因素方面所存在的問題，對於社區的發展都可能造成阻礙。

第三節　經由建設鄉村文化發展鄉村社區

文化既是影響鄉村社區發展的因素，也是鄉村社區體系的一環，故經由鄉村文化的建設與發展，必也有助於展現鄉村社區的發展。基於此一基本的理念，本章在探討鄉村文化與鄉村社區發展的關係時，除了探討文化因素對社區發展的影響外，進而也在此主張並闡明經由建設鄉村文化以發展鄉村社區的理念。如下就筆者針對各種重要鄉村文化要素存在的病癥與問題，提出治療與解決的途徑，以促進鄉村文化的建設與發展，終究的目的也希望藉著文化的建設，能促進鄉村社區其他方面的改善與發展，如實質建設及生產福利與生活條件等。

文化建設與社區發展事務所關聯的社會生活，可分析的層次包含個人、團體、社區、社會或國家以及全球性的（張承漢，82 年，23 頁），故從廣泛的角度看，文化建設工作的努力方向及途徑也可分別從個人的、團體的、社區的、社會或國家，以及全球性的層次入手。其中全球性的工作方向較為遙不可及，故捨之不加討論。如下乃分別就各方面的鄉村文化建設，在三個層次上必要且可以努力的方向，擇要提出個人的看法與建議，當為社會各界共同努力的參考。合併三個層次上的努力乃合乎文化學者所言，結合社會上各分子的用心與努力，共同建造一套更令人滿意的社會文化體系 (Schwartz & Ewald, 1968, p. 447)。

一、價值觀念的建設

(一)個人層次應努力的方向

社會價值觀念是匯集許多個人的價值觀念，故也代表多數人共同性的價值觀念，社會價值觀念的改進與建設，乃必要建立在個人的價值觀念的改進與建設上。筆者在前面指出當前鄉村社會中，存在著若干不健康的社會價值觀念，包括太重私利、對於農業失去信心、及對土地價值存著投機心理等。這種不當的社會價值觀念的改進，有必要由鄉村居民共同有所反省與覺醒，覺醒之道需要經由吸收更健康的觀念，並從內心加以檢討，尤其應多體認與警惕自我價值觀念的不當對個人及社區、社會可能造成的不良後果。

㈡團體與社區應努力的方向

社會價值的改進與建設，若僅靠個人的覺察與努力，常不易達成效果，在個人之上的團體與社區層次上的努力非常必要，而努力的重要方向包括以團體或社區的力量正面的給予個人指導與鼓勵，以及反面的給予個人壓力與控制。以目前的情勢看，在鄉村社區層次上很少見到可用來鼓勵或引導個人建立正確價值觀念的行動與計畫，亟待各鄉村社區領袖的注意與重視。若在社區的層次能夠設立指導小組之類的組織，並由其用心去規劃及引導社區居民建立良好的價值觀念，則對於促進鄉村居民的心理建設必有幫助。唯此種指導團體分子本身，必須先要能健全自己的心態，樹立良好的價值觀念並以行為表現，才能發生示範與引導作用。

㈢社會與國家的層次應努力的方向

鄉村社區以外的社會組織以及國家政府部門，都責無旁貸的對於鄉村社區居民的價值觀念改進負有指導與監督的權利與義務。過去我國社會服務機關及政府，曾多次推行所謂「新生活運動」之類的心理態度及價值觀念的革新工作，其用意即在藉社會與國家政府的力量，來改變及提升國民的心理及行為標準。目前政府中的社會及文化建設與行政部門，也都有計畫與政策去推動國民的精神文化建設，包括革新國民的價值觀念。唯諸多計畫與建設到了基層的鄉村都顯得軟弱無力，值得推行當局注意改進，使居住並生活於偏遠鄉村地區的居民也都能深受其助。至於為建立農民對於農業的信心及消除對農地價值的投機觀念與心理，尤其需要政府在農業及土地政策上樹立正確的方向並有效推行。

二、宗教信仰的改革

宗教信仰，是鄉村居民精神生活與精神文化的重要部分。目前鄉村居民在此種信仰上也有諸多問題，包括鋪張浪費以及迷信歪風等問題，很必要有所改革與建設，改革之道也可從多層面去努力，包括可由鄉村居民、社區及社會與國家政府等三大方面著手。

(一)鄉村居民應努力的方向

　　鄉村社會的宗教信仰行為，起自鄉村居民個人。要能對於宗教信仰的不良部分有所改善，必須要由個人層次的改善作起。宗教的神聖性及其對個人行為具有約束力，是宗教信仰的主要旨趣所在，故信仰者最重要的必要條件是虔誠的心。至於誠心以外的鋪張性繁文縟節，則大可不必。若有利用宗教信仰來滿足個人低俗的慾望與目標者，更是不宜。鄉村居民對於宗教信仰很必要有此認識，並堅守這種觀念與精神來信仰宗教。寄望社區居民都能有機會接觸這種宗教信仰的正確觀念與價值，進而去除超出正確概念的不當態度與行為。

(二)團體與社區應努力的方向

　　目前鄉村中許多宗教活動都由社區中的少數宗教團體或領袖所領導，而往往這些團體或領袖都將信徒引到了相當鋪張性及世俗化的途徑。今後鄉村中的宗教信仰風俗與行為的改進，很必要由社區中宗教團體與領袖做起，否則很難有所建樹。宗教團體與領袖往往傾向傳統，因而很可能表現較不現代化與合理性，未來的改革方向很必要朝向合理化與現代化，革除不必要的鋪張與陋俗。筆者小時生長在以燃放蜂炮聞名全省的鹽水鎮，近來見到地方領袖在領導燃放蜂炮的作為上，有逐漸擴展並盛大舉行的情勢。雖然此種宗教行為對於地方具有振作士氣及遠播名聲之效果，但也有耗費財源及發生意外傷害之缺點，是否應該稍作節制使其適可而止，實有待地方領袖們作深入的檢討與較明智的決定。

(三)社會與國家政府層次所應努力的方向

　　因為我國憲法規定人民有信仰宗教的自由，故政府對於人民的宗教信仰一向少作干預，社會上的宗教組織與團體一般也都以開放的方式存在。然而因為社會上確曾出現過不肖者假宗教之名行詐財之實的事件，也有些宗教團體被政府認為過度干預政治，以致政府對於宗教的組織與團體並非全無管制。為使宗教信仰與習俗能夠正確無誤，由政府作適當的引導與管理，並無可厚非。但在民主政治的原則下，則政府對於宗教組織參與社會運動以及參與政治活動的管制，就得特別謹慎，以免落得獨裁專制的口實。今後國家政府對於宗教組織與活動作適當的管理，不僅是重要的文化行政工作，且也具有政治改革的意識，值得政府努力謀求改進。

三、種族語言問題的解決

如前所言，當今臺灣鄉村地區所存在的重要語言問題，包括部分年紀較大的居民不諳國語，故無法接觸電視媒體傳播的重要訊息。又在不同族群之間，母語有異，彼此溝通也有困難。這些問題的解決或改進也可從個人、團體與社區、社會及國家等三個重要層次尋找途徑。

㈠個人應努力的方向

對個人而言，克服或解決語言障礙的問題最佳的辦法是學習。但語言的學習不易，要精通更難，這是語言障礙問題不易克服或解決的重要原因。

鄉村居民中不諳國語者可學習及改進此種語言的機會，因子女的長大及周遭都使用國語而增加。此種經由家人子女傳授語言，改善年老鄉民聽說國語能力的辦法應值得推廣，也值得鄉村居民重視並努力謀求改進。

至於族群間母語溝通不易問題的克服，相對較難，但在這孤島之上，長期相處的數個族群之間，在語言上存有隔閡的問題，實也值得全民包括鄉村居民所重視並嘗試相互學習。

㈡團體與社區應努力的方向

個人對於語言的學習要能有效，需有合適的環境。在個人之外，若有可供方便學習的團體與組織的存在，當有助語言學習的開展與進步。社區中的適當團體，應儘量開辦可供學習語言的場所，如學校與補習班等。當今在人種及語言極為複雜的美國，社區中就存在多種正式及非正式的語言學校與團體，甚值得我們學習與效法。

㈢社會與國家應努力的方向

國家對於語言應有基本政策，並應有推行政策的具體措施。過去我國語言的重要基本政策是推行國語，目前則已將尊重各種母語列為重要政策，經由教學有效推廣，也能使各種母語在電視等傳播媒體上，有更多出現與使用的機會。

四、社會規則與制度的革新與建立

如前言及，當今鄉村社會中有關維護鄉村居民生命安全及生活安定的重要法規，以及與較狹義的社區發展直接有關的制度與規則，有可能被破壞、歪曲或不受遵守的問題，成為鄉村文化中的較有問題性的一部分。此外隨著日趨複雜的社會生活，有些重要的制度與法規未能及時建立，也是問題之一。面對這種規則與制度性文化上的問題，有必要謀求解決或改善，社區發展才稱得上較為穩健與有實效。而解決與改善之道，也同樣可從社區中的個人、團體與社區以及大社會與國家等三個層次去努力。

㈠個人所應努力的方向

為能改善各種不良制度與法規，與建立並維護良好的制度及法規，以達成促進社區發展的目的，有必要建立在個人努力的基礎上。儘管社會、國家、社區團體的努力是重要的，但個人的努力是最根本、也最實在可靠的。聰明及有心的個人，可以興起修改不良的制度與規則之理念，並研擬建立良好的新制度與新規則，供為團體、社區、政府國家及整個社會接受與採行。良好有效的社會或社區的制度與規則，也需要仰賴個人加以保護並實踐。

如今臺灣社會各階層的民眾，都很有必要體認本身在修改不良制度、規則以及維護及實踐良好的制度與規則上的重要角色，共同發揚文化建設中有關制度與規則改進之部分。鄉村中的民眾也很有必要參與此種努力，藉以促進鄉村社區的文化面以及由其影響的許多其他方面之發展。

㈡社區與團體所應努力的方向

　　有關各種維護社區的安全、安定、繁榮與發展的規則與制度要能健全，則在社區及社區內團體與組織的層次上也需多加努力。尤其對於有關社區發展的公約之類的制定，需要社區本身起而行。為設立及實施社區發展規則，社區中的重要組織與團體是最可能也最適當的行動單位。目前社區中已陸續組成許多特殊興趣或公益的團體，針對社區中某種特殊問題謀求改進。各團體在推動發展實務的過程中，首先就面臨團體內的組織規則以及對外公開的宗旨、目標以及為達成目標所必須設定的規範性或規則性的條件。

　　因為社區發展的事務極具多樣性及綜合性，今後社區整體以及其中的團體所應努力之處尚多。除了設定有效規則，推動多項具體的社區發展實務外，對於足以保護社區及居民安全、安定與發展的各種國家所規定的法律與規則，也應展開維護的工作。

㈢大社會與國家所應努力的方向

　　適用鄉村社會中的基本法律的改進與設定，在社會最高層次如國家的政府，實有責任處理其事。中央政府的立法部門顧名思義應以立法、修法為其主要目標或功能。目前立法部門在質詢的功能上極為擴張，在重要的立法與修法的功能上進度反而顯得相對緩慢，顯然立法院有必要調整努力的方向。政府中的司法部門，是為社會與人民維護規則、法律與制度的主要機構，社會中暴露出法律、制度與規則容易被破壞或歪曲的文化問題，表示司法部門尚有大加努力的空間與必要。

　　有關社區發展的規則目前在政策層次上定有政策綱領及實施細則，但並未列入法律體系之中，因此制約力較低。未來在其尚未列入法律的情況下，為能有效貫徹綱領及實施細則所規定的事項，政府的有關部門在推動與監督上都應再多加努力，才不致使設立的綱領與實施細則流為形式。

五、技術的改進與控制

目前鄉村中存在著若干技術落後與技術被濫用與誤用的問題，必要分別加以作適當的改進與控制，而改進與控制的責任落在個人、社區與團體、以及大社會與國家的身上。

㈠個人應有的改進與控制

現代社會的個人對於進步的技術勢不能全懂，但至少對於與本身的工作或謀生技能有關的進步技術則不能不有所知。工人要懂得工業生產操作技術，農民要了解農業技術，建築工人則要認識建築技術，這是個人應有的本職。唯在臺灣的鄉村社會中，對於本身工作技術不熟悉也不講究者仍有人在，還見製造技術不佳的工藝產品，以及品質粗略的勞務成果，這都是技術水準欠佳的結果。個人方面對於此種技術不良的問題必須有所警覺，且要有心去學好，鄉村甚至整個社會的技術水準才能確實提升，不再落入外人嘲笑之列。

至於個人方面濫用技術的問題，在我們的鄉村社會上也非常多見，除了前面所言，在農業上濫墾、濫抽地下水以及濫用農藥之外，在建築上濫加開發山坡地社區及濫控地基，也是常見的事。曾經濫用與誤用技術者也必須知所警覺，加以限制，而未曾濫用與誤用者也應知所控制，以免重蹈覆轍。

㈡團體與社區應有的改進與控制

對於不良技術的改進及對於濫用或誤用技術的控制在團體與社區方面必也可以發揮力量，包括發起學習良好技術及控制不良技術的運動，乃致充當中介者角色，引進外來的優良技術供地方民眾學習，或組織民眾去學習。對於應該加以節制的技術，也可經由社區或社區中的團體引導個人進行集體行動，效果都會較個人單打獨鬥為佳。鄉村中的農業推廣組織已能有效幫助個別農民學習到進步的農業技術，而環保的組織也曾幫助個人有效控制不當技術，保護環境品質。類似這種以團體力量改進及控制技術的功能，應還大有發展的空間。

㈢大社會、國家與政府應有的改進與控制

對於技術的改進與控制，國家與政府也應負有責任。過去我國政府為了推動經濟發展，非常注意技術發展。在中央的層次設立國家科學委員會推動學術與技術的研究，在行政院也設立技術顧問小組，期能借重外國的科技顧問，促進國內技術的提升。在經濟部之下設立工業技術研究中心，直接幫助工業技術的提升。其他較專門性及特殊性的技術發展組織與團體還有很多，尤其工業方面的技術發展最受重視。

今後國家與政府對於技術改進與控制的責任更為重大，除了設定並推行有效的政策，繼續追求優良及高深的技術外，對於技術發展對社會造成的問題與危害，尤應加以重視並謀求改進。目前成長中的政府環保行政及研究單位，可說是應對工業技術發展的不良後果所興起的有力控制組織與體系，但此方面對於危害性工業技術的控制仍有力所不逮的地方，有必要再多加努力。

技術問題除了對環境造成危害這一大項以外，尚有許許多多。近來我國的工業政策導向技術密集，顯然已注意到許多工業技術仍待突破。農村中的農業生產技術及生活上的技術，應也同樣還有許多極待突破與改進的空間，期望政府在重視工業技術發展的同時，也同樣重視農業與農村技術的改進與發展。

六、其他文化層面的建設

依前所言，上面列舉今後極待發展的五方面鄉村文化內容，並未能涵蓋鄉村文化的全部，因此鄉村的文化發展也不能僅以此五方面為足。除此，其他的文化層面如音樂、美術、文學、建築與生活習慣等許多方面，也都是重要的文化發展項目。而其他方面的鄉村文化發展事項，同樣需要各方面的共同努力才能收效，包括個人的層次、社區與團體的層次，以及社會

國家與政府的層次等。各層次的角色都很重要，責任也都很重大，必須各方面都能認識及此，並實際付之行動，鄉村在這許多方面的文化建設與發展才能有效並生根。

第四節　社區發展的過程中注入社區文化建設的可行性

本章在最末一節為能進一步表明鄉村的文化要素與社區發展的密切關聯，乃特別強調在較狹義的社區發展範圍內與過程中注入社區文化建設的可行性。其可行的重要途徑有三，茲再進一步分別申論如下：

一、激發社區居民重視並研究文化要素的性質與問題

狹義的社區發展強調社區居民自動自發研究社區的問題，並以社區的資源解決社區的問題。這種社區發展過程的第一項工作，是由社區居民研究社區問題，以便當為進一步設立及實現發展目標之依據。社區文化的建設，是為社區發展的一要項。社區文化發展的過程，也需由社區居民重視並研究其文化要素的性質與問題做起。

社區居民要能正確與深入研究社區文化要素的性質與問題，並非容易的事，甚至必要經由團體討論以及專家的指引。但從長期的發展的觀點看，請外來專家指導不是件經久可靠的事，社區內必須鼓勵與培育能夠研究文化問題之人，才能使社區的文化問題經常受到注意並被發現。

要使社區居民重視社區文化要素的性質與問題，最有效的方法是經由社區文化專案活動或教育的方式，或在其他團體活動中注入有關文化問題的講座與研討，藉以激發社區居民普遍了解社區文化的意義、性質與問題。當前臺灣鄉村中許多宗教組織與團體的經費都不匱乏，活動也甚頻繁，若能藉宗教組織或團體的活動，如廟宇神明的誕辰節慶等，舉辦此類文化活動與教育，定能激發社區居民關心並重視文化因素與問題，也會增強其研究的興趣與能力。

二、經社區組織設定社區文化建設或發展的目標

社區文化的性質與問題的研究後果，將被當為設定社區文化建設或發展目標的基礎；而此項目標的設立要能持續有效並減少爭論，最適宜經由全社區性或代表社區的組織來設定。經由社區組織來設定的社區文化建設或發展目標，最能代表最多數社區居民的看法與意願，因而也較能受到最大的歡迎或遭遇最少的阻力。

設定社區文化建設或發展目標的組織可以是社區民眾大會，社區發展委員會或社區文化建設或發展推動小組。此類組織在設定社區文化建設與發展目標時，應能經由較為科學、較專業與較慎重的態度與過程，才能設定較為良好的社區文化建設目標。

臺灣各地鄉村社區的文化資源各有特殊之處，例如都有較為特殊的寺廟、文物、歷史、風俗、生產與文化人才等，在研擬社區文化建設與發展方案時，若能善為運用這種資源，便可設定較具社區特色的目標。一來可以提升社區居民的自尊與自信，二來也可增強社區外的人士對於該社區文化的敬重與興趣。

社區文化建設目標的設定，應配合社區的實踐能力，並加以分層分類與分期，使其建設目標具有結構性與系統性。通常應把較簡單易行的目標當為較低層次以及較為短期的目標，而較為複雜且也較難實現的目標當為較高層次以及較為長遠的目標。

三、結合民間的觀念行動及政府的文化建設與鄉村社區部門的發展策略與行政管理

社區文化建設與政府推行的文化建設和鄉村社區發展兩者都直接有關，可被看為這兩種建設或發展計畫的一部分，故應與其密切結合。結合之道重在使政府的建設計畫和管理系統與社區居民自動自發設定的發展策略和管理系統融合為一，避免衝突與各行其是。在政府的發展策略中充分結合社區居民的意願、觀念與行動，使當地民眾充分的參與，文化的建設

與發展才能有效推展，唯民眾的意願觀念與行動也極為分歧，政府負責文化建設與社區發展的行政部門必須知所協調與教育，才能有效處理 (Peterson & Ross, 1978, pp. 199–204)。

要使社區居民自發的文化發展意願與管理概念能被政府的文化建設與社區發展行政主管單位充分接納，必須經由適當管道反映與建議。而政府的相關行政單位，若要能充分容納社區居民的建設意願與構想，則也應能認真收集並消化社區居民的這些意願與構想。官民之間的密切結合，建立在兩者努力溝通與諒解的基礎上。

由於文化建設的行政主管單位與社區發展的行政主管單位並不完全一致，故在力求政府與社區居民在文化建設目標的密切結合的同時，政府主管文化建設的單位與主管社區發展的單位之間，更應有充分的協調與合作，以便一來供為與民間進行合作的示範，二來避免各自為政的浪費與無效率的弊端。此項建議實也值得政府的文建、社政與農政等有關推動鄉村社區文化建設與社區發展部門的重視。

▶▶▶▶▶ 本章參考文獻

1. 張承漢譯 (1993)，《社會學》，巨流圖書公司。

2. 楊懋春主編 (1963)，《勉齋文集》，臺北印刷局。

3. 楊懋春 (1966)，「論社區發展」，《土地金融季刊》，55 年 9 月，1–16 頁。

4. 楊懋春 (1970)，《鄉村社會學》，國立編譯館。

5. 楊懋春 (1981)，《中外文化與親屬關係》，中央文物供應社。

6. 廖正宏、黃俊傑 (1992)，《戰後臺灣農民價值取向的轉變》，聯經出版事業公司。

7. 蔡宏進 (1989)，《鄉村社會學》，三民書局。

8. 蔡宏進 (1993)，「楊懋春與中國社會學」，《中國社會學刊》，第 15 期，56–73 頁。

9. 瞿海源、姚麗香，「七十五年臺灣地區宗教變遷之探討」，收錄於瞿海源、章英華主編，《臺灣社會與文化變遷（上、下冊）》，中央研究院民族學研究所。

10. Beals, Alanr, Spindler, George, & Spindler, Louise (1973), *Culture in Process*, Holt, Rinegart and Winston, Inc. (ed.).

11. Christension, James, & Robinson, Jerry W. Jr. (1989), "Commuty Development," *Perspective*, Ames: Iowa State University Press, p. 398.

12. Keesing, Felix M. (1958), *Cultural Anthropology: The Science of Custom*, Holt, Rinehart and Winston, Inc.

13. Kroeber, A. L., & Kluckhohn, Clyde (1952), *Culture, A Critical Review of Concepts and Definitions*.

14. Peterson, John H., & Ross, Peggy J. (1978), "Public Participation through Information Education Programs," in Dickens, Roys, Hill Jr., & Hill, Carole E. (eds)., *Cultural Resources Planning and Management*, Westview Press, Inc., pp. 194–204.

15. Schwartz, Barton M., & Ewald, Robert H. (1968), *Culture and Society*, New York: The Ronald Press Company.

16. Trueba, Henry T., Jacobs, Lila, & Kirton, Elizabeth (1990), *Culture Conflict and Adaptation: The Case of Hmong Children in American Society*, The Falmer Press.

17. Tsai, Hong-Chin (1992), "Rural Residents' Perception on Rural Cultural Changes and Prospects in Taiwan," *Review of Agricultural Extension Science*, National Taiwan University, pp. 195–216.

第十三章
農村社區規劃與改進

第一節　農村社區規劃的重要性

農村社區規劃與改進的研究有其必要性，其背景或理由可分成如下數點加以說明。

一、農村社區數量繁多且都需要發展

儘管世界各國人口有集中都市的現象，但鄉村的社區數量都比都市的社區數量為多，且不斷在增加。以臺灣地區為例，目前都市人口雖已超過總人口的半數，但鄉村社區的數目遠比都市社區的數目為多。前者指包括鄉鎮街及其所屬的村里社區，為數約有六千餘個，後者指各大小都市，總數只有三十餘個。我們的農村地區大致已開發完成，故農村社區數目大致趨於穩定。但有些國家，尚有廣大的農村地區還在開發之中，印尼便是一例，故其新農村社區經移墾過程而不斷設立，農村社區總數乃不斷在增加之中。隨著全世界社會經濟發展的潮流所趨，各國農村社區也都需要發展與改進，發展與改進要能有效，便需要經過規劃，規劃的工作作得越詳密，農村社區發展與改進的事功也越能見效。

二、臺灣許多古老的農村社區外貌與設施雜亂無章，亟需加以規劃與重建

臺灣多數農村社區的開發時間甚早，約於明末清初之時設立。早期設立的農村社區，少有經過仔細規劃者，若有規劃也少能顧及到數百年後應有的合理標準。故各地老社區所形成的外貌都很不規則，道路狹窄彎曲，排水系統不良，住宅用地及房屋的座落甚為零亂不整。長期以來經由不斷增加的人口之需求，住宅及其他設施顯得更為密集紛亂，不僅外觀不雅，且也影響住行上的品質。政府有鑑於此，曾於數年前起著眼注意推行農村社區的重新規劃與農宅整建，藉以改善農村地區的居住環境，並期能留住人力，發展農業並緩和都市人口的膨脹。

三、新設立的鄉村社區更需有妥善的規劃

臺灣地區的人口不斷在增加，農村新社區也不斷在成立並發展，尤以工業區或其他重要公共建設地點附近發展成新社區的可能性更大。在新設立的鄉村社區更有必要先做好長期性的規劃工作，而後按照規劃去建設並發展，方可使新社區的發展模式脫離老社區的缺點，避免未來在發展上再遭遇到無良好計畫藍圖可以遵循的弊端。基於上述的理由或重要背景，則有關農村社區的規劃及改進工作至為重要。做好社區規劃與改進工作，將可使臺灣的農村步入現代化之路，使住在農村地區的居民能享受高品質的居住及生活環境，不僅可以促進身心的健康，且可增強愛護生命、家園、鄉土及國家的心理。對政府的好處而言，必然也可獲得居住在農村地區居民及其移往都市或國外的子女的好感與向心力，且可獲得外人對施政功效的好感與肯定。由此觀之，農村社區規劃與改進，不僅是一項重要的社會經濟建設，且是一項重要的心理與政治建設，值得大家的重視與支持。

第二節　農村社區規劃的涵義與範圍

一、涵　義

農村社區規劃的涵義可分狹義與廣義兩方面加以說明。所謂狹義的社區規劃特指農村聚落社區外形的或實質建築上的設計，而所謂外形的建築主要是指包括住宅、交通道路、給排水、照明設施、學校、集會與集貨場、宗教活動場所、公園、遊樂場等。而廣義的農村規劃則包含無形的各種社會經濟及文化等生活內涵的發展與改進計畫。在注意社會經濟與文化發展與建設計畫的同時，社區規劃也應特別注意到所得合理分配及環境保護等非成長性的規劃內容。

二、範　圍

　　農村社區的經濟、社會與文化發展與建設規劃，範圍至為廣泛。大體言之，就經濟發展的規劃範圍看，以有關農業發展及農家經濟生活改善的規劃最為基本且重要。而農業發展的規劃至少涵蓋到農業生產、農產運銷、分配與消費等四大方面，農家經濟生活改善的規劃面，則除了涉及生產、銷售及分配等方面的制度與活動行為外，尚牽連到食、衣、住、行、育、樂等消費層面。

　　有關社會文化生活的重要規劃面，則包括了學校的設施與活動、圖書文藝場所的設備與活動、宗教設施與行為、社會制度的興革、交通娛樂服務、社會關係及家庭倫理的改進等。

　　由於農村社區規劃所涉及的層面至為廣泛，要做好規劃工作，非僅某一方面的專家所能辦好，需要集合許多方面的專家共同規劃。如果由少數規劃者來從事規劃的工作，則每位規劃者本身必須具有較廣博的知識、眼光與能力，且能具有較整合性的觀念，才能不顧此失彼，或致使計畫變為零碎而不連貫。

第三節　現代化農村社區規劃或設計的理論

　　因為農村社區規劃的範圍相當廣泛，故相關的理論也很多，主要包括一般經濟與社會發展的理論、區域發展模式理論、及規劃過程的理論等。如下介紹聯合國提出的農村中心規劃架構，及本人提出的農村現代化規劃架構。

一、聯合國提出的理論架構

　　聯合國亞太社經會 (ESCAP) 於一九七九年出版一本《農村中心規劃指南》(*Guideliness for Rural Centre Planning*)（已由內政部營建署譯成中文版），此書中第三章即是介紹各種有關的理論，共分成四節說明，第一節是已開發及開發中的一般性理論，第二節是區域發展理論，第三節是農村發展與農村計畫，第四節是空間組織及中地理論。這種分類並不十分有條理，其中第二節的區域發展理論與第四節的空間組織及中地理論應可加以合併並重新歸納。第三節所討論的農村發展與農村計畫中大部分僅是一般性的概念與原理，並未達到理論的層次。雖然亞太社經會所出版的專書中有關農村中心規劃的理論部分有此缺點，但其介紹的若干重要理論卻也頗可供為規劃農村社區建設的參考依據，於此僅選採一項最重要的相關理論，再作介紹於後。

聯合國亞太社經會在其專書中提出一項有關**農業與農村發展限制及規劃架構** (The Network of Constraints and Planning)。這個理論架構包含了幾個重要的概念。第一，農業變遷是在種種相關限制因素的緊密關聯下運作。這種關聯性的限制因素網可用下頁圖表示。

第二，由下頁圖結構的概念，可再細分成如下幾點說明：㈠農村發展以農作生產與農戶的生活改善為重心。㈡影響農業生產及農家生活改善的因素牽涉至廣，包括物理環境、人口要素、社會文化環境、世界市場、國際政治、及經濟社會服務等。㈢要謀求農村發展，必須謀求各種影響因素的改進。㈣農村發展的計畫因得顧慮多方面的配合，故必須是整合性的。除此四點重要意涵之外，聯合國專家所主張的農村發展概念中也甚強調農民應參與地方性的農業及農村事務的決策。

二、筆者提出的理論架構

筆者於一九八〇年間受農發會委託從事現代化農村之設計時，也提出一套理論性的設計構想。這套設計理論包括如下幾個要點：㈠未來現代化或進步的農村景觀涉及農業生產條件及農民生活水準之改善等兩大方面，共可細分成許多具體的目標，㈡現代化農村之設計應以多種資料作為基礎，重要者包含下列五項：⑴當前臺灣農業經營上及農村生活上的種種事實與問題；⑵在自然變遷下未來農業經營及農村生活的可能變化；⑶臺灣本地農民對農業經營及農村生活各方面的願望與理想；⑷農村領袖對農業經營

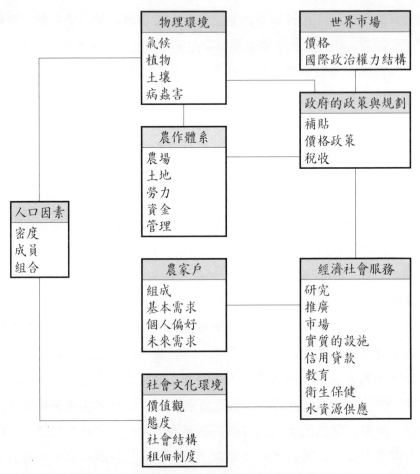

圖 13-1　農村與農業發展限制及規劃架構

的願望及意見；⑸鄰近較進步的工業化國家當前農業及農村環境或條件的
理想面。這五項設計基礎所以重要的理由，如下所述。

　　當前臺灣農業經營上及農村生活上的種種事實與問題，是設計現代化
農村的最主要依據。一來因為現代化的農村必然要涵蓋農業經營及農村生
活的現代化，而這種現代化的目標固不應停留在當前的情況，卻應以當前
的事實作為基礎或起步。二來因為今後經過現代化的農業經營及農村生活，
必須比目前的情況更為良好，目前存在的問題必須能夠消失或減少。

　　在自然變遷下可能形成的未來農村景觀，也為設計理想的現代化農村

時所應考慮的基本因素之一。其理由非常明顯，因為未來可能發生或形成的農村景觀，將依據以往變遷的途徑發展而成，故可依據過去變遷的路徑而預測之。參照這種預測而設計的未來現代化農村社區建設藍圖，將可避免設計的目標過於好高騖遠，因而可使之平實。

當前本地農民對未來現代化農村景觀的願望與理想，也應為設計未來臺灣現代化農村景觀的重要基礎，其主要的理由之一是，農民日常工作並生活於農村中，任何有關未來現代化農村環境的事項，都將影響其工作與生活至鉅，故應有資格參與現代化農村設計目標之決定。理由之二是，農民對於農業生產及農村生活事務最能了解，因之有充分的經驗與能力對理想現代化農村表示意見。

實際推動農業與農村發展的農村領袖，對未來現代化農村的設計當然也應參與意見。一來因為他們對農業與農村的實務甚為熟悉，二來因為他們比一般農村居民有更廣泛的接觸面與更豐富的知識與能力，對未來現代化農村建設較能表示超然及具有前瞻性的意見。

鄰近較進步工業國家的農村環境理想面，也可供為我們設計未來現代化農村景觀的重要參考資料。因為臺灣未來的社會經濟變遷極可能步向這種國家的變遷方向，故對當前這種國家農村發展的理想面應該加以參考。

現代化農村建設的設計所涉及的範圍至為廣泛，凡與農業生產環境及農村生活環境有關的層面或事實都是。就這兩大方面而論，內容也極廣泛而複雜，故對現代化農村建設目標的確立，勢必要選擇較重要的指標與範圍。而所謂較重要的指標，乃指對農業經營及農民生活的改進或與現代化關係最重要而密切者。就今後現代化農業經營的範圍看，重要的指標大約包括如下諸項：㈠耕地資源與利用，㈡農業勞動力，㈢農業生產結構，㈣農地重劃，㈤農業機械化，㈥共同經營或委託經營制度，㈦農產運銷制度與業務，㈧農產價格，㈨水利灌溉，㈩農業推廣教育，㈪農業貸款，㈫農業災害保險及農民健康保險，㈬農業環境污染控制。

再就現代化農村生活的範圍看，重要的指標仍可選定為如下幾項：㈠農莊大小、分布及型態等，㈡住宅建築及室內設備，㈢道路交通及其他公共設施，㈣農家就業型態，㈤農家收入與支出水準及結構，㈥農村社會組織及社會參與，㈦社會福利，㈧風俗習慣及信仰，㈨衛生需求及醫療保健設施與服務，㈩農村居民娛樂，㈡農村教育。以上所舉兩類二十餘項指標，將可用為設計未來現代化農村建設內容的綱要。根據這些綱要，再參照今後可能變遷的事實及有關人員所認定的理想，將可繪出整個現代化農村建設目標的藍圖。

上述有關農村發展與建設的理論架構中的生產部分，僅涵蓋農業生產方面，乃因此項研究計畫係受農發會委託而作。如果從較廣泛角度及長遠的觀點考慮，則未來現代化農村的生產型態也應包含工業生產，才能有效改進農村居民的收入及生活程度，故也應將農村工業發展的指標包含在內。

第四節　新農村社區的規劃性質與過程

在不同的國家，由於政策的不同，可能形成不同性質的新農村社區。在已開發的國家，常因設立工業區或開發水資源或娛樂資源，而新形成非農業性的社區；而在開發中的國家，則有不少新移墾農村社區的形成。後者以一九八〇年代印尼進行中的移墾計畫下所形成的移墾村最具代表性。

不論是已開發國家非農業性的新鄉村社區的設立，或開發中國家新移墾農村的形成，事前大都先經過詳密的設計或規劃，而後才移民定居。本節以筆者參與設計工作的臺灣屏東隘寮原住民移住社區，及印尼西卡里曼頓叢林地區的新移墾社區的規劃性質與過程為例，作簡要的介紹如下：

一、臺灣屏東隘寮原住民移住社區的設計性質與過程

民國五十六年，筆者接受臺灣基督教福利會的委託，在屏東縣長治鄉與三地鄉交界處的隘寮原住民移住社區，進行社會經濟與衛生發展的設計研究。此一原住民移住村分設成相距不遠的三個部落，位於隘寮溪畔。移住隘寮村的原住民本來分布在附近的三地、霧臺及瑪加等三個原住民鄉，生活困苦，政府乃計畫移民，期以改善其生活。移民計畫起自民國四十二

年，至五十六年筆者進行研究時，移住過程已大致完成，總共移入 185 戶，
1,273 人，分別有 46 戶住於北村，70 戶住於中村，及 69 戶住於南村。當
原住民未移進之前，屏東縣政府已做好大半的規劃工作，包括界定房舍建
築用地、道路、公共服務場所、給排水水道、農場等有形建設的位置、形
狀及面積等。此外也包括無形的資金補助、貸款、社會服務與輔導等的規
劃及實施。

　　至民國五十六年時，移民計畫已進行到大致完成的階段，唯當時臺灣
基督教福利會見移住地的社會經濟與衛生條件不甚理想，發展速度上受到
很大的限制，乃試以福利機關的立場協助其改善與發展。基督教福利會委
託本人對此一原住民移住社區加以研究的重點，即在調查當地的社會經濟
與衛生的資源及問題，進而擬定改進的目標與途徑。研究的結果分別指出
如下重要的資源及問題。

㈠生產資源

1.人力資源

　　移住地共有 185 戶，人口共有 1,273 人，其中男性占 51.5%，女性占
48.5%。全部人口中年齡在十五歲以上的勞動人力共有 664 人，占總人口的
52%。在所有人口中受小學、初中初職、高中高職及大專教育的人口分別
占 50.4%、2.7%、1.7% 及 0.2%，另有 53.1% 為未入學小孩及未受教育人口。
一般教育程度不高，故人力品質也不甚良好。在千餘人口當中，健康明顯
不良的人口占 16.9%。

2.土地資源

　　移住地的土地面積共有 400 甲，所有權都為政府所有，移住原住民只
有使用權。所有的土地原為河床地，被覆蓋一公尺深的大石塊及小石頭，
開墾過程須先撿去石塊。至調查時，僅有 55 甲被移民開墾成為可以灌溉的
水田。44 甲為平地漢人占用，297 甲被開墾成可耕種但非灌溉及未開墾的
土地。這些土地資源是移墾區最主要的生產及生活資源。移墾山胞多半都
以耕種為生，僅有少數到附近的屏東等地兼做雜工者。在所有的家戶當中，

多數家戶所耕作的土地面積在 0.5 甲至 1.5 甲之間，共有 92.9% 的家戶是如此。其中耕地在 0.5 甲至 1.0 甲的戶數占 45.9%，耕地在 1.0 甲至 1.5 甲者占 47%。由於可使用但未開發完畢的土地尚有不少，故在調查期間，移住原住民的日常工作中，「土地開發」是很重要的一項，因為開墾都用人工，效果不很良好，速度也甚緩慢。

3.畜力及農具

本地的動力資源以畜力為主，原住民家戶中約有四分之三都養有一至兩頭黃牛，作為犁田、拖車之用，也常當為出售現金的資源。移民所使用的農具也很傳統，牛車、犁、耙、鋤頭等是主要的農具。有牛車的家戶占 64.3%，有犁的家戶則占 82.7%，可見這些農具的重要性及普遍性。這些農具都需以勞力操作，非自動性者。

圖 13-2　過去機械並不發達，畜力是主要的勞動力來源。

4.農業生產資金

多數的移住戶都面臨農業資金短缺的問題。當地農會本身因資金短缺，故提供不了貸款。唯臺糖公司屏東糖廠為鼓勵原住民種植甘蔗，乃提供了少部分的種蔗貸款。在此種資金來源短缺的情況上，不少移住原住民乃以高利向平地商人借款，月息之高常達 3.3% 之多。

5.主要農業生產

農業生產種類以作物產品為主，按種植面積多少而依次是甘蔗、花生、水稻、小米、大豆、及芋頭等。雖然居民最喜歡種植水稻，但因灌溉條件不良，故不得不將大部分的土地種植耐旱的甘蔗及花生等。此地由於土質很差，灌溉肥料及資金都很缺乏，故各種農產品的單位面積收穫量都在全省平均產量之下。其中水稻的產量僅及 68.1%，花生僅為 41.8%，甘蔗僅為 15.4%，小米僅為 32.8%，而大豆僅及 42.3%。由於產量低，其生活乃相當困苦。

　　除作物生產外，大多數的家戶也飼養豬、雞供為現金收入來源或自食，養牛則主要供為畜力，養豬戶占全部戶數的 56.8%，養雞戶占 60.5%，養牛戶占 70%。唯每戶所飼養的家畜及家禽數量都極少數。

㈡生活條件

1.收　支

　　由調查的結果獲知，移住原住民的收支水準偏低很多，平均收入水準約為當時臺灣地區家戶平均收入水準的五分之一，現金收入來源主要為工資，約為家庭收入的 57%。出售農產品收入所占比率不多，大部分產品都供為自己消費。

　　支出水準也很低。稻米生產不夠自己消費，故須以現金購買，平均自給率約為 36.3%。不少家戶則代以甘藷為主食，甘藷是唯一產量多於消費量的農產品，故有較充足的消費。約有 62% 的家戶日常以米混甘藷簽為主食。另有 31.4% 則以甘藷為主食。副食則以蔬菜為主，魚肉的消費量極少。

2.住宅及衛生條件

　　因在移民計畫中，政府列有建築房屋補助的預算，故住宅條件並不很差。到調查時已有 54.6% 的住宅為磚瓦材料，16.2% 為磚壁但為茅草屋頂，另有 26% 為石壁及茅草屋頂，其餘為其他形式與品質的建築。每戶的平均房間數不多，為 2.64 間。其中有 30.3% 的家庭無廚房設備，有 31% 的家戶缺乏廁所設備，而約有三分之二的家戶缺乏浴室設備。每戶人家所用的家具也極為簡單，只有少數人家有電風扇及收音機，調查時北村全部缺乏電力設備。用水主要為井水及水圳的灌溉用水。

㈢社會經濟及衛生問題與發展需要

　　綜合如上的敘述，由有關當地社會方面的調查結果，大致可以看出移民比以往住在山上時生活程度略有改善，但水準仍很低。由於資源缺乏，生活不甚豐富，收入水準低，消費水準也低。由於土地是生活的根本資源，故移墾的原住民乃很重視土地的開發及改良，唯改良方法甚為原始傳統，效率不高，故極需外來的協助。此外水利設施不足也嚴重影響到生產，故當地居民也面對缺水的問題及需水的要求。又平地的農業經營方式與山上的原始經營方式甚為不同，故一般移住原住民也很需要進步的農業經營技術。農業資金短缺也嚴重影響其農業發展與改良，故也極需有協助性的低利貸款。

由於居民的生產來源受限，其生活程度也低，營養不很充足，衛生設施也甚簡陋，由是罹病率也高，這些問題都有待改善。

㈣社區發展方案

面對上述的種種生產上及生活上的問題，筆者乃提出若干重要的社會經濟及衛生發展方案，供為改善當地社會經濟及衛生的目標，也供為臺灣基督教福利會提供協助的參考依據。筆者所設計的發展方案計有多種，茲將其列舉如下：(1)耕地改良計畫，(2)水利灌溉改良計畫，(3)農業技術指導，(4)家畜及家禽增產計畫，(5)提供農貸計畫，(6)衛生改善計畫，包括提供醫療服務、家政技術及家庭計畫等，(7)設置牛乳供應站，(8)介紹工作機會，(9)輔導改良社會關係、減少社會衝突，(10)發展以工代賑計畫，(11)設立互助會。

這些發展方案後來也有部分由福利會請求當地臺糖公司協助推行，如土地改良計畫便經由商請臺糖公司以大型曳引機協助挖取石頭。另有些計畫則經由臺灣基督教福利會對外募集所需費用給予協助，以利實行；也有經由福利會安排，接洽有關機關，直接提供協助與服務者。據云後來農業生產大有改善，且社會經濟生活水準也有顯著提升。約八年後，筆者再度至隘寮村考察，發現居民的需求與消費程度已有顯著提高；但很不幸的，有部分移住原住民隨著消費水準的提升，入不敷出，不得已將政府分給他們的耕種用地抵押給平地人經營。那時看到當地已發展出種植西瓜等高經濟型的作物，顯然農業經營方式已有了進步與改變。

二、印尼叢林地區新移墾社區的社會經濟發展與設計

(一)設計背景與目標

　　印尼政府為了改善國計民生，曾積極推動移墾計畫，由人口密集的爪哇島，移民到卡里曼頓等尚有未開發叢林地帶的島嶼。約自民國七十年以後，我國的中華及中興工程顧問公司，陸續參與移墾計畫的研究及設計工作。筆者分別於七十年及七十一年時，經由亞洲農業技術服務中心的邀請，參與中華工程顧問公司所得標的移墾計畫設計工作，主要的職務是從事移墾區社會經濟發展設計。這項設計工作是整個新移墾區開發設計及規劃工作的一部分，除了社會經濟設計及規劃工作外，尚包括伐木計畫、繪製土地利用圖、規劃道路及橋樑工程、試驗及調查土壤品質、調查水文系統以及農業資源之調查及發展計畫等。

(二)設計步驟

　　社會經濟設計工作分成兩個階段，第一個階段是，針對預定移墾區內現有的部落及人口分布、土地制度、土地利用、收支水準、經濟活動、農產運銷及生活習慣等方面的現況及問題，提供資料。第二個階段是，研擬

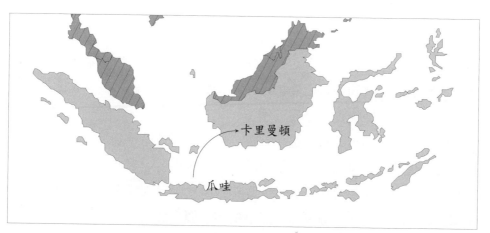

圖 13-2　印尼行政區域圖

計畫區內應有的社會設施及服務的項目，並探討經濟發展及社區發展的可行性，同時討論環境因素對移墾區發展的影響與移墾區在區域計畫及發展上的關聯性等問題。

　　為能交出令印尼政府方面感到滿意的研究報告及計畫書，設計人員必須到預定移墾的叢林地區範圍內去做實地的考察與調查，工作性質相當辛苦，挫折也不少。筆者曾前後兩次進駐卡里曼頓島，與其他領域的國內外設計專家進入叢林數星期。設計工作完成後，交由印尼政府商請其他國家的工程顧問公司進行開發工程。至伐木、築橋、修路、建築住宅及公共活動場所等工程完成之後，即進行移民耕種的工作。此類移墾的設計及實施計畫花費相當龐大，但對於印尼國家開發資源、改善民生及保護國土的作用，卻有相當良好的成效。

第五節　舊農村社區的住宅及公共設施的更新與改進計畫

　　鑑於臺灣的農村社區及住宅頗有老舊現象，影響居住環境至鉅，政府乃於民國五十七年起陸續推動社區發展，著重社區基礎建設，消滅髒亂並美化環境，自七十一年度正式開始推動農宅整建計畫。社區發展及農宅整建計畫都在老舊的社區中進行，改善工作也都需要經由設計與規劃。早期的社區發展工作大多著重對原有道路及排水溝的整修，少作較大幅度的更新；若有設計工作也較單純，大致經由村里民大會或社區理事會商定修築道路及水溝的長寬和路燈的盞數，經報請鄉鎮公所及縣市政府補助即告完成，計畫獲准後即能進行工程工作。

　　晚近推行的農宅改善與更新計畫，分成全面社區重劃及部分更新或修建等兩種情形，不過實際上全面更新的情形極少見，僅見於南投縣草屯鎮坪林社區全面更新的實例，其餘大致都僅限於部分更新與修建。社區全面重劃更新的設計工作較難完成，設計的內容與步驟也必須經過拆屋、重劃住宅分布藍圖、重新分配用地、補償地價及收取購地款項、及申請政府補助、洽商建築商進行設計住宅圖樣及建築房舍等繁瑣的過程。這種設計工作，通常需由政府及社區居民經過較長時間共同研擬，才能做成。整體住宅重劃並改建後，社區的外觀及內涵必然有較徹底可觀的改善，但所花的費用也必然較多，過程中所遭遇的歧見及困難也較大。

一般在推行社區部分住宅更新計畫時，都僅限於輔導部分農戶個別擬定或選擇建築圖樣，提出申請補助金及補助建築材料及貸款等。這類部分性或個別性的農宅更新改建計畫工作，可分成政府高階層的政策性計畫、各級政府的輔導性或執行性計畫、及農民的行動計畫等三個層次說明。

一、政策性計畫

有關臺灣地區農宅更新改善的政策性計畫，起自民國六十八年至六十九年間由總統在總統府財經會談中提出的五年計畫方案，預定在五年之內以貸款方式協助農民新建或整建 78,000 戶住宅，至七十一年時正式實施。自政策形成後即進行宣導，並由農政單位研擬細節的輔導規則或辦法。

二、輔導辦法的設計

推行及輔導農宅更新改善的最高政府機構為行政院農發會，農發會中的農民輔導處是實際負責輔導及推行的部門。行政院以下包括省政府農林廳、縣政府及鄉鎮公所的建設及農林主管部門也都參與輔導及推動工作。

輔導部門的計畫重點從研究農民住宅現狀的需求、問題及計畫，進而研擬配合性的房屋圖樣、申請書及說明書、分配貸款辦法、宣導規劃及協助解決其他難題的辦法等。

輔導單位對於改善戶數較多的社區，則將之列為「農宅改善示範區」，並加以較全面性的規劃。規劃的內容包括整建的目標及內涵，例如決定總共要新建或整建多少農宅？是否及如何整建道路、水溝及周圍環境？共要提供多少貸款及如何分配來源及用途？重建後將成何模樣？工程的內容範圍包括那些？進度如何？農戶方面應如何配合？這些計畫都需由輔導單位或推行單位做成。

三、農戶方面的行動計畫

農戶方面在接受農宅更新改善計畫的過程中，也需要有自己的計畫。計畫能由農民自己做固然最好，若農民無力製作計畫，就要請教農業推廣員或其他輔導人員協助；此時農業推廣員或農宅改建的輔導人員應該主動地協助其規劃。

農民對農宅改建的行動計畫須考慮的要點，應包括是否要改建，採局部或全面的改建，當決定改建時究竟應取何圖樣，用何材料，花多少錢，何時進行，以及如何申請補助或貸款等，都需要有正確的構想與腹案。

第六節　農村社區發展規劃的步驟

綜合上面兩節有關新社區的發展計畫及舊社區的重建計畫，包括有形及無形的建設與改進。不論由誰來作計畫，都需講究合理有效的步驟與順序，而合理且有效的計畫步驟與順序，包括如下諸點。

1.清理社區資源

對與建設計畫有關的社區資源，須先做一番調查、清理與了解，因為這些資料可成為建設的資源與計畫的參考依據。重要的資源面包括土地、其他天然產物、人力、智慧、資金、已有的設施與制度、生產品及遺物等。

2.揭發社區問題

問題的存在與發現，可引導發展與建設的目標。發展與建設的目標，也常是針對問題的解決。而所謂的問題，主要應從社區居民的立場來體會與認定，有時也要將具有客觀立場者所體會或感受的問題包括在內。

3.擬定發展或建設計畫

發展計畫，包括屬全社區共同性的，及屬社區內部分家戶或個人的個別性的。而計畫的重要綱要及內容，包括目標、可用的資源、實行方法、預計進度及成效等。

4.推動實施計畫

此一步驟即是將計畫付諸行動。若屬有形的建築，則要按時動工；若屬無形的社會改進方案，則也必要按構想展開組織、協調或合作行動等。總之在推動實施的階段，最需講究有效的方法及技術。

5.檢討計畫的成效

此一步驟是指按時檢查實行行動，是否朝向目標進行？是否進行得有效率？是否發生了偏差與錯誤？若發現有偏差，則應即時矯正。

第七節　結　語

有關農村社區規劃及改進的型式，不只限於新社區之設計與原有社區的基礎建設及住宅重建方案的計畫，屬於非物理方面的社會、經濟、文化等許多方面的建設與改進，也都需要經過規劃與設計。設計越完美，實際建設的效果也越良好。

在設計的過程中應考量的項目很多，在本章中所論及的項目並未涵蓋全部。計畫時若能設想得越周密，實施起來就越能得心應手。但設計僅是達成實際建設與改進的方法與手段,故也不能長久停留在做好設計的階段,更重要的是要將良好的設計付之實現，使社區建設與改進真正能夠實現。

▶▶▶ 本章參考文獻

1. 內政部營建署譯 (1985),《農村中心規劃指南》。

2. 蔡宏進、王秋原、陳希煌 (1984),《農村綜合發展配合區域計畫之研究》，國立臺灣大學人口研究中心研究報告。

3. 蔡宏進 (1981),《現代化農村之設計研究》，國立臺灣大學農業推廣學系研究報告。

4. 蔡宏進 (1983),「印尼叢林地區社會經濟的研究與設計」,《農業金融論叢》，第 10 輯，241–256 頁。

5. 蔡宏進 (1968),《屏東隘寮山胞移住地社會經濟衛生發展調查研究》，國立臺灣大學農業推廣學系研究報告。

6. 蔡宏進 (1974),「鄉村居民合力發展社區」,《農民與農業》，47–51 頁，環宇出版社。

7. 羅惠斌 (1984)，《臺灣地區農村住宅及社區更新規畫之研究》，行政院農發會研究報告。

8. 行政院農發會 (1981)，《農村土地利用與社區發展綜合規劃研究報告》。

9. Bennis, W., Benne, K. O., & Chin, R. (1969), *The Planning of Change*, New York, Chicago, San Francisco, Atlanta, Dallas, Montreal, Toronto, London, Sydney: Holt, Rinehart and Winston, Inc..

10. Tsai, Hong-Chin (1983), "Social Context of the Settlement Design for Three Rural Transmigration Areas in West Kalimantan of Indonesia," *Chinese Journal of Sociology*, No. 7, pp. 279–292.

第十四章
農村社區建設的維護與精神倫理建設

第一節　社區更新與實質建設之後維護成果的必要性與問題

一、維護建設成果的必要性

臺灣地區農村社區更新的工作已推行三年有餘，這是一種注重農村社區外貌的實質建設，對於改善農村居民的居住品質具有重大的意義與直接的好處。迄今已完成及進行更新中的社區已有多處，已完成者已可看出其成果，進行中者也將很快顯出成果。依照地政處的計畫，社區更新的效益是多方面的，重要者包括改進農村社區生活品質，提升土地利用價值，解決或減輕土地共有問題，及開創富麗農村縮短城鄉差距等（地政處，80 年 1 月，2 頁）。

臺灣農村社區更新是近代一連串農村社區建設的一環，在省政府地政處負責推動的社區更新之前，不同行政部門已分別推行農村社區建設多年，包括由社會行政部門推動的社區發展，以及由農政部門推動的吾愛吾村及綜合發展示範村等。這些計畫都難免也以建設農村社區的實質條件為重要目標，唯歷年來農村社區建設也甚注重生產福利（林梓聯，80 年）及精神倫理方面的建設（徐震，74 年，120 頁），使建設的範圍不僅涵蓋有形的實質與經濟方面，且也能涵蓋較無形的社會文化及精神文化方面。

農村的社區更新，是特別強調農村實質改善的一種建設計畫，重點放在道路及公共設施的重新規劃與布置，以及住宅的興建與更新等，與過去農村社區發展計畫及吾愛吾村與綜合發展示範村的建設計畫相比，其強調實質方面的更新與發展的程度尤高，故更新之後社區外貌的改善都甚明顯可觀。但是這種可觀的更新與建設成果，卻相當需要社區居民的認真維護，否則成果即會為之削減，甚至消失。

過去在社區發展與吾愛吾村及綜合發展示範村建設後，農村社區居民未能有效保護成果的事例很多，以致花錢建設之後，社區環境髒亂依舊、設施遭受破壞者屢有見聞，尤以排水溝及巷路最難維護，殊甚可惜。不僅是建設資源被浪費，社區居民也享受不到美好的建設成果。徐震教授在所著《社區發展》一書中曾提及，臺灣省社區工作未能充分維護其成果，久已為社會人士所詬病，省政府歷年考核報告也多有指出（徐震，74 年，263 頁）。

社區自從更新與建設之後，即需要強調對建設成果的維護。其道理除了避免浪費資源及保障社區居民受益外，也因社區居民迄今對於這種維護的工作未有充分的覺醒與認識，非政府推行單位努力加以輔導，無以為功。故維護工作的必要性不僅是針對社區居民而言而已，對推行的政府單位也甚具意義。更新與建設的成果必須能獲得有效的維護，其成效才能獲得持久保障。

二、建設的維護問題

社區更新與建設成果在維護上易出問題，問題的性質也不單純，但歸納起來約有下列的重要數種：㈠社區居民缺乏維護成果的意識，㈡缺乏合理的內部管理組織與制度，㈢缺乏長期連續性的維護經費，㈣缺乏長期性的行政監督與輔導。茲就這四方面的問題，再作進一步的說明。

㈠社區居民缺乏維護成果的意識

許多鄉村居民對於政府輔導的建設方案，包括社區更新與建設等，都不十分重視成果維護。原因很多，缺乏維護的意識是最根本的一項。維護意識缺乏的原因包括知識的缺乏，能力的限制，私心作祟，以及缺乏奉獻與服務的精神與習慣等，這些心理缺陷大致也因教育不佳所使然。維護意識的缺乏與不足，就不會有維護行動的表現，雖有表現也不良好。常見過去花費龐大費用所建設過的社區，許多公共設施與公物未能善作維護，水溝不通、路面破壞缺修、活動中心缺乏管理，以致亂堆雜物、以及路樹乾枯。經過短短的時日，原先剛建設完成的新氣象便喪失殆盡。

㈡缺乏合理的內部管理組織與制度

社區更新與建設要能有效維護，不能僅靠少數人的單打獨鬥，而需要有整體的管理組織及具體的管理制度。臺灣鄉村社區內部對於社區更新與建設的管理組織與制度，一般都還相當鬆懈，缺乏長期計畫，組織與制度也不夠完善健全，建設成果的維護乃失去成效。

社區在更新與建設時，多半設有委員會負責推動，這個委員會常與村里社區的地方自治行政組織相仿或重疊。在建設方案推動之初，這類建設委員會的組織通常較為積極活躍，動機之一是可從政府等外界爭取經費補助。一旦這種任務達成後，組織存在的目的性減弱，也就逐漸鬆懈。

一般的農村社區於更新或建設之後常無基金保存，續辦成果維護須再重新捐募款項。負責處理的組織領導者倍極辛苦，故鮮有人願意出面領導，此也為維護社區成果的組織變弱或缺乏之主要原因。缺乏維護組織或組織不健全，也就缺乏健全的維護制度。

㈢缺乏長期連續性的維護經費

社區更新與建設成果的維護不是一日即成，而是長期連續性的工作；這種維護工作常需要實質經費的支出。但通常政府只有提供建設經費的支援，卻缺乏維護經費的提供；維護經費通常須要由社區居民自籌，但社區居民對於這種長期性的經費負擔，卻不見得樂於支持，經費太大也無能力負擔，因此維護經費通常都很空乏。若無維護經費作為後盾，要維護也只能由社區居民以義務勞動的力量來達成。但這種維護力量通常較有限制，當需要物質與經費的維護資源時，只靠勞力的提供並無法達成。缺乏經費確是社區建設工程難以維護的重要原因，也是問題的根源之一（徐震，74年，263頁）。

㈣缺乏長期性的行政監督與輔導

有許多種社區建設，包括社區更新的計畫在內，都由政府機構加以規劃與推動。因有政府的物力及人力投入，這種建設才能完成。然而政府投入的物力及人力常於建設計畫或方案完成之時結束，未再有長期的後續行政監督與輔導計畫。政府所以未能延伸這種後續的監督與輔導，實也因為人力及財力的限制之故。許多新社區建設計畫待辦，有限的建設人力與經費通常都投進新的目標上，而不繼續投入在已完成建設的社區上。如此做法可表示建設的周延性、公平性與普及性，應也無可厚非；但因為策略上把後續的維護監督與輔導工作視為次要、甚或不列入考慮，許多社區建設後的後續維護工作，也因缺乏行政監督與輔導，而趨於散漫與無助，維護的成效不佳。

第二節　維護農村社區建設成果首要建立精神倫理基礎

　　由前面的分析與說明可知，農村社區更新與建設的成果需要加以維護，但目前許多農村社區對於這種成果維護工作都未重視，也未盡力。維護工作至今尚未能完美實施，顯出其問題的複雜性，而最根本的問題之一是，鄉村居民尚未建立維護的意識與價值觀念。如能建立強烈的此種意識與價值觀念，其他的問題也都可以較容易解決。社區意識及價值觀念的建立，屬社區心理與社區精神文化層面的課題，這種課題涵蓋的範圍頗廣，也可伸及社區的精神健康及犯罪問題等 (Rappaport, 1977)，於此僅對有關維護社區建設成果的精神倫理建立方面加以討論。

　　為能有效維護社區建設成果，農村社區居民需要建立的重要精神倫理約有下列四項：㈠視美化及健全社區的環境外貌為重要的價值，㈡視社區的公共事物為本身事物的一部分的觀念，㈢願意為社區出錢出力的倫理觀念，㈣樂於服從多數公意並表現團體行動的精神。茲再就這幾方面的精神倫理，在維護社區建設上的意義與重要性上進一步說明之。

一、視美化及健全社區的環境外貌為重要的價值

　　社區更新與建設的維護，固然也包含許多無形的精神或行為面，但於此強調的更新與建設成果維護，通常是指有形的實質建設維護，特別是對各種公共設施與環境的維護。而維護的目的在使能健全盡其功能及美化，譬如維護水溝的目的在使排放的污水能暢流及有益觀瞻，路樹之栽植目的則在使能淨化空氣及美化環境，道路維護之目的則在能便利交通及維護外觀的完美。社區居民必須先在精神意識上能夠接受並建立這種維護公共實質環境條件之價值，而後才能在行動上表現維護環境建設之行為。價值觀念實為行為與行動的基礎，故社區建設的維護行動乃建立在社區居民維護及美化社區環境的價值與心理上。

　　至於維護環境外貌的倫理價值如何培養與建立，則是觸及心理建設更深一層的步驟與過程。在開始的階段需要對社區居民施以教育，灌輸價值觀念。繼之社區居民本身更需要將被動受教轉為主動學習培養這種精神與觀念。在培養過程

圖14-1　精神倫理建設要從教育做起。

中，若能夠多找機會觀摩在實質建設上已作良好維護的模範社區，就可對自己所屬社區的建設維護產生興趣、需要與信心。

二、視社區的公共事物為本身事物的一部分的觀念

　　社區建設成果的維護，一部分是指在自己的住宅庭院內部的維護工作，這種工作必然是要由個別家庭自己負責做起；但大部分更需要維護的社區建設成果，是在個別家園之外的，屬於公共性的。社區居民對於這類公共事物必須也能視如己物，才能誠心想去維護。能興起愛護公物的精神，便是公德心，今日農村社區的居民與社會大眾的公德心一般都甚欠缺，以致

愛護公物之心不足，需要加強。

　　要增強社區居民將公物視為己物的公德心，應需由教育與感化的過程做起。有效教育與感化的重要途徑是，經由領導人物以身作則，消極地不對公物加以損害，積極地則更進一步出錢出力來加以維修建設成果。由少數人感化多數人，而至全村人。一旦全村人都能有視公物為己物的公德心，社區建設成果的公共設施部分之維護就不難達成。

三、願意為社區出錢出力的倫理觀念

　　社區建設的維護很需要人力、財力與物力的投入才能有效。當政府的輔導單位未能長期供應這種維護的人力、物力與財力時，這種維護的資源需由社區居民自籌與奉獻。而籌措與累積這些維護用的財物與人力的前提則是，社區居民能有願為社區維護工作出錢出力的倫理觀。這種為公奉獻倫理觀念的培養與建立，社區民眾必須先能減輕私心與私慾，並對社區整體的重要性充分認同。

　　在當今功利的社會，一般人的心理上很難去私存公，但若能得到適當有心人士的呼籲與運作，則也不無發展的可能。社區中去私存公的領導與示範人物的發現以及這種精神倫理價值的推廣，很需要經由社區組織的運作並盡功能。在社區組織的集會與活動中，如能及時發現領導人才並加以培養，則可發揮示範與凝聚作用，終有可能影響全村多數人，使其願意割捨私利，並為公出錢出力。

　　有時這種公益心理與文化的培養，也常經由對缺乏者加以批評與懲戒的方式，收到增進的效果。唯這種迫人勉強接受公益觀的作法，並不如由正面激發其發展來得可靠與平順。故為培植村人的公益心，還是以正面誘導與鼓勵為妥。

四、樂於服從多數公意並表現團體行動的精神

　　社區建設的維護過程中，需有一致性的行動才能有效。故在維護的規劃與實際行動過程中，非常需要集中的意見與做法。如果不幸有人違背公

意，又不能參與團體行動，就很可能影響大家的行動意願，弄得一事無成。故社區居民若為社區維護的成效與前途著想，則在諸多場合與情況下，必要服從公意並表現團體行動的精神，不能任意堅持己見，以致危害社區的團結。

　　個人服從公意並表現團體行動的精神培養，有待從修身養性做起。培養社會感、視個人為社會的一分子，但不能與社區大眾同流合污，也不能膨脹自我、自以為是、或不將別人看在眼裡。一旦發現自己有違公意，就應能即時修正，以免變為大眾的公敵，成為團體行動的禍害。人人能以此胸懷自制，社區才能團結，社區公共建設成果的維護也才能達成。

第三節　經由組織化使精神倫理基礎轉化為實際的維護行動

　　社區組織是社區發展與建設的一種方法、手段與策略。國外以**社區組織** (community organization) 為名的書籍甚多 (Murphy, 1954; Happern Row, 1955; Hillman, 1959; Rubin & Rubin, 1986)，乃因社區組織概念之重要。前述各種社區維護的精神倫理基礎，必須經過社區的行動表現，才能發揮實際促進社區建設或更新的維護效果。而這種社區行動的表現，經由社區組織最可保證有效。社區組織行動的內涵是指，首先組設推動建設維護的人事關係架構，而後由組織經計畫來實施維護的工作，以達實際的維護功能。茲就社區組織化與行動化這兩個重要步驟的要點，再進一步論述如下：

一、社區建設維護工作的組織化

　　前述有關社區建設維護的各種精神倫理基礎的培養與發展，經社區組織的過程施行最能收效。個人在參與社區組織的活動中，最能體認團體的意義與價值，也最能接納去私存公及犧牲奉獻的觀念。社區居民若能培養出這種精神倫理，則已為社區建設維護工作奠立了良好的成功基礎。唯在社區實際進入組織化的過程中，首先需成立組織的架構。組織的架構是指人事關係的安排，以及職位任務關係的設定。在名分上，若能組織一個社區建設維護委員會，在推動維護工作上最為適當。若社區中已有相近的組織存在，如社區委員會或社區建設委員會等，也可將建設維護的工作附著在現存的類似委員會上，由其負責推動，以免造成組織重複的現象，降低成員參與的興趣。

　　在組織的架構中有關職位與任務安排，最重要的事是設定重要的職位，包括主席或最高領導者或管理者，以及分工負責的各幹部等，並規定由適當的人擔任。至於整個組織成員的範圍，以能涵蓋社區的所有分子或所有家庭為宜，雖然不是使每個社區成員或家庭代表都成為維護組織的領導者或幹部，但其可以歸屬在不同的幹部或領導者之下。為使組織能涵蓋所有或最多數的社區成員，則組織或許有必要分設部門。例如分為對外尋找資源組、內部收費組、維護工作規劃組、技術指導組、以及文書報告工作組等。

二、社區建設維護工作的行動化

　　社區建設的維護工作經由組織行動，將比個人漫無組織孤軍奮戰更有效率。但組織不能僅停留在職位架構的安排階段，必須進入實際的維護行動。至於整個維護工作的行動，應是連續性的，但也必需有階段性，接合許多工作行動的階段，而成為一種持久的連續行動工作。在每個行動階段的過程中，可以細分為下列四個重要的行動程序：(1)尋求與設定維護目標，(2)計畫達成目標的方法與資源，(3)採取可達成目標的動作，(4)對於現成維護工作的評估與檢討。最後的階段完成後，應即可回頭再尋求與設定新的維護目標。如此循環不斷，社區建設的維護工作即能長久持續。

第四節　樹立合理化的維護管理制度

　　社區建設維護的組織化與行動化，可看為是維護管理制度的一部分，但應注意樹立一個可以管理及監督所有整個組織與行動過程的管理制度，以此制度來牽制組織的行動，使其不致走樣。這種制度雖可考慮依附在社區建設維護委員會等組織中，但以能超越這種委員會的層次為宜，以便使管理制度也能涵蓋對組織本身的監督與管理。

　　管理制度的主要內容是，對組織結構與功能的監控與引導，以及對維護行動的檢討與矯正。制度也包含組織中各種職位的產生、任期、職責、以及對其任務成績的評定及獎懲等。一套嚴謹的制度，以能用書面寫成為宜；在農村社區中，可用社區建設維護公約或規則之名訂定。有此書面的制度規定為鏡，組織中的職位與角色就較明白清楚，各職位與角色對建設的維護工作，也能較容易而適當地出力。

　　制度中對於社區維護工作表現得力者，應給予適當的鼓勵與表揚。有良好的制度，對於增進社區居民各項維護社區建設的相關精神倫理必有幫助，對於維護建設的實際成效也必大有助益。獎勵與表揚的內容最好不用金錢或財物，而以精神鼓勵為佳。因為社區建設的維護工作是一種服務性的工作，而非為營利性的工作，故對於服務有功的人給予精神象徵性的鼓勵，遠比給予金錢財物的獎勵更為適當，也更具意義。

　　服務性組織團體職位的領導者與幹部的職位，也以任期制為宜，且任期不應過長。因為這是一種服務奉獻的職務，僅有榮譽而無實物補償，由一人擔任太久，容易感到疲勞，故以能維持較高的流動性者為宜。如此也可以加重每個社區居民的責任，使其都有能為社區建設維護的公務效力的機會。

　　總之，社區建設的維護是社區更新與其他建設工作不可或缺的一環，此種工作應由社區居民全面參與才能見效。為能使社區居民參與社區建設維護工作，必須使其先具有愛護社區的精神倫理。這種精神倫理的培養與發展，若經由社區組織行動來促成，也最能收效。社區建設成果要能有效維護，除了社區居民應先建立為公奉獻等的重要精神倫理價值觀念外，也需要有較具體的社會組織及制度為助。這些必備的條件與基礎，都需要由社區居民共同發揮關愛社區的情懷，並確實付之行動才能見效。社區居民對此應能重視，輔導工作人員也應能加以正視，並從旁協助社區居民達成之。

本章參考文獻

1. 內政部 (2002)，《社政年報》，中華民國 90 年 1 月至 12 月。

2. 內政部 (2003)，《社政法規彙編》。

3. 內政部 (1991)，《社會福利政策綱領（社區發展）之研究》。

4. 臺灣省政府地政處編印 (1992)，《農漁村社區更新作業手冊》。

5. 臺灣省政府地政處編印 (1992)，「臺灣省如何加強推動農漁村社區更新工作」，《省政業務研討會實錄》。

6. 臺灣省政府地政處編印 (1991)，《臺灣省農漁村社區更新業務簡介》。

7. 林梓聯 (1991)，《社區更新配合產業發展的構想》，農委會。

8. 徐震 (1985)，《社區發展——方法與研究》，中國文化大學出版部。

9. 蔡宏進 (1992)，「農村社區更新如何配合農村產業發展」，《農訓雜誌》，9 卷 5 期，12–13 頁。

10. Hillman, Arthur (1950), *Community Organization and Planning*, New York: Macmillan Company.

11. Murphy, Compbell (1954), *Community Organization Practice*, Boston, New York, Chicago, Dallas, Atlanta, San Francisco: Houghton Mifflin Company.

12. Rappaport, Julian (1977), *Community Psychology, Values, Research and Action*, New York, Chicago: Holt, Rinehart and Winston.

13. Ross, Murray G. (1955), *Community Organization*, New York, Evanston, and London: Theory and Principles, Harper and Row Publishers.

14. Rubin, Herbert J., and Rubin, Irene (1986), *Community Organization and Development*, Columbus, Toronto, London, Sydney: Merrill Publishing Company, A Bell and Howell Company.

第十五章
臺灣鄉村社區發展的檢討與展望

第一節　研究的背景、目的與方法

一、背　景

　　現階段政府的施政，已較以往更重視社會福利措施。一來國家的經濟能力已較前大為改善，故財政預算中能被編列成為社會福利費用者大為增加；二來國民及政治或社會的次級團體，如在野黨或各種民間組織對於社會福利重視程度也大為提高。政府為使社會福利措施能夠生效，必須設定合適的政策綱領，作為依據與引導。

　　臺灣的社會福利政策，最先出現於民國五十三年國民黨通過的民生主義現階段社會政策，中央政府於民國五十四年訂定，政策的精神是加強社會福利措施、增進人民生活實施方針。重要內容包括：㈠社會保險，㈡國民就業，㈢社會救助，㈣國民住宅，㈤福利服務，㈥社會教育，㈦社區發展。其中有關社區發展部分，共列四條重要的實施方針，包括：⑴採社區發展方針，發展居民自動自治之精神，配合政府措施，改善居民生活，增進人民福利。⑵設立社區福利中心，由社區居民推薦熱心公益事業人士組織理事會，並僱用曾受專業訓練之社會工作員，負責推進各項工作。⑶加強公共衛生暨康樂設施，尤應積極推廣道路橋樑之修築，暨公井、公廁、公園、游泳池、體育場之設施。⑷鼓勵社區內人民，以合作方式辦理消費、副業生產、運銷暨公用福利等事業。

　　政府對於各項社會福利措施的推動，計畫以實施都市平均地權所增收入之地價稅，設立社會福利基金。此外並鼓勵人民捐資與興辦福利事業，以豁免其所捐部分之所得稅與遺產稅作為鼓勵。至於所需人才，則以儘量任用各大學有關社會工作系之畢業生為主要來源，對現有工作人員則應隨時辦理在職訓練，增加其專業知識，以改進其工作方法。（劉脩如，77 年，327–330 頁）

　　政府為使社區發展工作推行起來容易落實，乃於民國五十七年由行政院頒布「社區發展工作綱要」。五十八年臺灣省政府訂頒社區發展八年計畫，在臺灣地區普遍推行。民國七十二年行政院頒布社區發展工作綱要，民國八十年五月一日，內政部又發布較新的社區發展工作綱要，共有二十四條，內容包括目標、範圍、主管機關、相關組織與職能、工作步驟、資料的建立、工作項目、計畫、設施、經費、評鑑考核及獎勵等。同年內政部也頒布社區發展協會章程範本，供各社區參考之用。

由於社會變遷快速，民眾需求與能力的變化也快，因此政府民國八十年發布的社區發展工作綱要，已無法完全符合社會需要，面對目前複雜的社會組織與生活，以及人民對於政府實施福利政策上的更多需求，政府感到有必要隨時修訂社會福利政策綱領，乃於八十年十二月制定社會福利綱領中有關社區發展的綱領部分，以作為未來制定或修正周延社區發展綱要之依據。由於都市社區與鄉村社區在基本性質上有諸多不同，故政策綱領也有必要分開列舉。鑑於此種背景因素，筆者乃撰寫此章，供為推行社會福利政策的最高行政部門——內政部社會司在修訂社區發展政策綱領，及其他相關政府部門在推行有關鄉村社區發展事務時之參考依據。

二、目的與方法

本章之目的是為因應上述背景情勢，僅先對鄉村社區發展做一現況檢討與分析，而後預估未來環境變化，再進一步提出政策措施方案及草擬政策綱領條文。

為能完成上述研究的目的，本章寫作時所用資料，主要依靠回顧相關研究與政府計畫的內容及其成果，此外也補充了筆者觀察與體驗後獲得的成果。

第二節　現況的檢討與分析

鄉村社區發展的現況性質極其錯綜複雜，發展的事項繁多，推動發展的過程中，居民間的互動關係並不單純，推動發展的主體也不只一個，故

要對目前鄉村社區發展作一系統周全的檢討與分析，也頗為不易。不過為
能從錯綜複雜的發展過程中理出一個較為清晰的體系，使檢討與分析結果
能配合政策綱領的修訂，本文將從三大方面著手。這三方面的檢討與分析
包括：㈠對政府社會行政部門推行的鄉村社區發展之檢討與分析，㈡對政
府非社會行政部門所推行鄉村社區發展事績的檢討與分析，㈢對民間推動
或運作的鄉村社區發展的檢討與分析。以下乃針對這三方面的檢討與分析，
重點放在推行目標與方法的成效與問題上。

一、政府社會行政部門推行「鄉村社區發展」的成效與問題

　　政府以往推行鄉村與都市的社區發展時，把發展項目分為三大類，即
政府指定的項目、政府推薦的項目及社區自創的項目。其中指定的項目推
行的層面較為廣闊，因是政府支持的重點，故也有較明顯的成果。這三大
指定項目是：㈠公共設施建設，包括新（修）建活動中心，社區環境衛生
及垃圾之改善與處理，社區道路與水溝之修護，停車場設施之整理與添設，
社區綠化與美化及其他。㈡生產福利建設，重要細項包括社區生產基金之
設置，社會福利之推動，及社區托兒所之設置及其他。㈢精神倫理建設，
這方面的重要項目包括：⑴加強改善社會風氣，重要措施及國民禮儀範例
之倡導與推行；⑵鄉土文化、民俗技藝之維護與發揚；⑶社區交通秩序之
建立；⑷社區公約之制定；⑸社區守望相助之推動；⑹社區藝文康樂隊之
設立；⑺社區長壽俱樂部之設置；⑻社區媽媽教室之設置；⑼社區志願服
務團隊之成立；⑽社區圖書館之設立；⑾社區全民運動之倡導；⑿其他。

　　上列政府社政單位指定的三類十餘項的社區發展工作，雖多少有一些
成果，但其間成就的差別甚大，有些工作項目相對較為普及，有些項目的
普及率則較低。一般看來，公共設施建設是相對較普及的發展工作項目，
因為這些項目是有形可見的，較易立竿見影，故也較易被社區居民及政府
視為優先發展的工作項目，社區居民也較能配合實行。又在各種發展工作
項目中，有關生產福利及精神倫理建設的諸項目，則相對較不普及，也是
較少有具體成就者。在諸多生產福利的項目中較有成效者，或許只托兒所

一項；其餘兩項，包括社區生產建設基金的設置，及社會福利之推動，則相對較為難行，因而較不普及。

以往研究社區發展的專家，對於臺灣地區的社區發展成效，曾有評鑑並提出展望，而其所評鑑與展望的社區發展工作，都係關於政府社區單位所推動者。就這些評鑑與展望摘其要點於後，也可當為本研究對鄉村社區已發展的現況加以檢討與分析的參考依據。

民國七十四年時徐震教授所著《社區發展——方法與研究》一書，書中含有〈臺灣省十年來社區發展成效之評鑑及未來發展之研究〉一章，其中對於以往工作成效的評鑑，係以訪問社區決策人員及居民對於整體工作及分類工作的滿意程度為依據。對於整體工作的評鑑結果是，不論社區居民或決策人士，大多數對社區發展都表示滿意，且大多數也認為社區發展對社區生活有所改善；此外，大多數人也認為社區發展應繼續辦理。至於社區居民及決策者，對於三大建設貢獻順序的認定是：社區基礎工程建設的貢獻第一，社區精神倫理建設第二，而社區生產福利建設第三。（徐震，74 年，242–265 頁）

徐震書中對以往社區發展工作的評鑑，除注意到工作目標的成效外，也對工作方法多方面提出檢討，包括：⑴組織方面，⑵經費運用，⑶訓練工作，⑷工作項目，⑸規劃工作，⑹持續發展，及⑺工作方式等。檢討時指出了各種重要的問題與困難，內容頗為實際，應可供為於今再檢討時之參考。雖然有些早期的困難與問題，於今已被克服或減輕，但畢竟仍值得大家注意與了解。以下特摘要徐氏研究中對社區發展手段或方法的檢討：㈠在社區組織方面重要的問題或困難包括：⑴各縣市的業務單位協調困難，⑵理事會的組織功能與力量不大，⑶缺乏推動社區志願工作制度；㈡在社區經費運用方面的重要問題是，財力較差的縣份編列社區發展預算時有困難；㈢社區訓練方面的重要問題則包括：⑴參加訓練次數太多，⑵社區發展訓練的內容不夠多元化；㈣在工作項目方面的重要問題是，不同社區需求不一，且普遍較重視實質建設的需求，而較忽略對倫理建設的需求；㈤在社區規劃方面也有若干重要問題，包括社區範圍過小、缺乏資源，以及行政人員與其他人員，對適當社區範圍太小的看法不一；㈥在社區持續發展方面重要的問題是，發展成果難以維護，主要因為缺乏計畫、經費與人力；㈦在推動方式方面也有不少問題，重要者有：⑴推行目標太重量而不重質，⑵社區資源不足，仍需要依賴補助。針對上述工作方法上的諸多缺點，徐氏的研究也指出了許多能切合實際的建議。

　　徐震教授再於民國七十八年時，在內政部所編印的《社區發展國情化論見選輯》一書中，發表〈我國社區發展的回顧〉一文。文中「我國社區發展工作的檢討」部分，其對於過去工作方面的缺失，更扼要的分成組織體系及業務活動方面檢討，對前者指出兩項缺失，而對後者則指出四項缺點。兩項組織體系方面的缺失是：⑴政府缺乏協調單位，⑵社區缺乏組織力。而四項業務活動方面的缺點則為：⑴過分重視物質建設，⑵缺乏社區規劃能力，⑶過於重視行政管理，⑷建設成果不易維護。這些缺失與前文所指的各種困難與問題，大致相互吻合，只提的更明確簡要而已，甚可作為當前再檢討並對未來求改進的參考依據。（徐震，78 年，150–151 頁）

　　陸光教授也於七十八年發表〈社區發展之展望〉一文，文中對於社區發展研究發展重點、工作方案及工作方法提出展望與建議，由這些展望與建議的內容，大致可看出背後所隱藏的問題。其中對於研究發展重點的展望與建議是，方案與方案要配合，以及社區發展工作方案，要注意由下而上的溝通等，而發展方法上的展望，則建議今後應多用專業人員，運用專業方法與觀點來執行。至於工作方案方面之展望，他認為原則上以社區發展工作綱領為最高範本，應採多元化方式，訂定具體項目。至於對發展方向重點之展望，陸教授則提出下列五項：⑴運用社區工作專業方法推展；⑵加強社區福利服務；⑶與地方基層建設配合；⑷推展文化建設面，特別注意軟體建設；⑸提高社區生活素質。在工作方法上的展望，也分從發展原則及努力方向上提出建議，原則上社區發展與其他方法如調查、教育、組織、訓練、群體合作等方法配合；而在努力方面上，則建議應加強組織機構及建立社區基金制度等。（陸光，78 年，159–170 頁）總之，陸教授所展望與建議者，都是針對當時社區發展的若干缺失而提。雖然其論文中未對社區發展問題多作檢討，但由其展望，卻也可看出所提建議背後問題之性質。

　　臺北市政府於民國七十八年，印行一冊《臺北市社區工作之回顧與展望》，內容係針對臺北市社會局以往推行社區發展工作之概況、成果與困難等，作一回顧與檢討，而後作成改進與建議等。這本專冊雖然係針對都市地區發展工作的回顧與展望，但其中若干被發現或指出的問題，相信在鄉村地區的社區發展工作也同樣存在。若干鄉村與都市可能共同存在的問題或困難、也是其缺點者，計有：「流於形式，缺乏彈性」，「居民參與不足」，「理事會組織不健全」，「各自為政，協調不夠」，「未能有效掌握需求」，「社工員身兼數職，無法專精」。上列諸問題與缺點，係經調查臺北市 70 個社工人員與社區輔導員，由其指出較為嚴重者。這些困難與缺點，很可能也存在鄉村社區發展工作中。（臺北市社會局，78 年，167–169 頁）

　　內政部於民國九十一年五月印行的《社政年報》中，第五部分係有關政府對社區發展的施政報告及檢討。據該報告所稱，迄九十年十二月底，臺灣已成立的社區發展協會有 9,596 個，運作推動社區發展，繼續推行社區公共設施、生產福利、精神倫理建設。在九十年時社區發展工作的主要措施共有六項，即：(1)設置社區活動中心，共已設有 4,120 所，供為召開會議、辦理地方性青少年、婦女及老人活動，並作為社區居民平日休憩聚會之場所。(2)辦理精神倫理建設活動，目的在凝聚社區居民意識，提升社區居民精神生活；活動方式包括辦理各種生活講座、社區刊物、兒童及青少年育樂休閒活動、婦女及老年健康活動、媽媽教室、民俗文化技藝活動、社區性福利服務等。(3)辦理社區守望相助；活動方式經由利用現代保全服務的提供或傳統的街坊巡邏，強調共同體的概念，以促進社區居民更好、更安全的生活環境。(4)推動社區志願服務；鼓勵社區內退休人員、家庭主婦、青年學生等參與社區服務，利用餘暇，加入組織，激發潛能，協助社區自助自治。(5)辦理社區發展工作評鑑；目的在了解社區遭遇的困難，執行發展工作的缺失，據以改進。自九十年八月至九月間，全臺灣共評定 27 個優等、53 個甲等社區。

　　政府在推動社區發展的同時，也著重推動社會福利社區化。包括興建硬體機構及推展軟體的服務方案，後者著重在推行兒童、少年、婦女、老人及身心障礙之服務等。此外也舉辦福利社區化的工作講習，宣導實施福利社區化的觀念及實務，曾經選定文山、蘇澳、鹿港、安平、鳳山等社區作為實驗辦理示範觀摩會，共有六百餘人參加示範觀摩。

　　內政部對於今後推行社區發展工作重點，指出八點要項，也當為展望。此八個重點是：(1)加強社會福利社區化。(2)加強輔導社區發展協會。(3)拓展社區產業。(4)加強推動社區倫理建設。(5)培養社區志工，參與社區建設。(6)充實社區工作幹部的專業能力。(7)促進各相關推動單位之間的協調與聯繫。(8)辦理社區發展工作評鑑。

　　政府社會行政最高當局的內政部，對於推動社區發展工作的報告與展望，都較偏向報導正面的推行成效，對未來的展望也都持較樂觀的看法，對其推行過程中遭遇的困難與問題較少檢討。然而因為其規劃工作重點的背後，都有預算的支援；故可預見在未來，政府規劃或著重的推動重點也將會有較顯著的成效。

二、政府非社區部門推行鄉村社區發展的成效與問題

　　社會行政系統是推行社區發展的主要政府機關，在都市如此，鄉村亦然。但是社會行政系統，並不是推行鄉村社區發展的唯一行政系統。政府的其他部門，如衛生、教育、建設、交通、水利與農業系統或部門，也都可以直接或間接推動促進鄉村社區發展的事功。其中農業行政系統，上起農委會，下至省政府農林廳、縣政府的農業局、而至鄉鎮公所的建設課等，都曾陸續推展鄉村社區的多層面發展事務，包括農村的有形建設、農業生產福利、農民心理與文化改造等。過去農政機關推動的農村發展與建設計畫中，有數項與社政機關所推行的社區發展具有高度的吻合與一致性。這些農建的計畫與項目有：「綜合發展示範村計畫」，「現代化農村建設」與「吾愛吾村」計畫等。農政機關所推動的鄉村社區發展，一樣包含有形建設、生產福利及精神倫理建設等多方面的發展目標，此外在發展的策略與方法

上，主要經政府之外力的設計與援助，但也強調社區內部自動自發與自助。由社區居民自定需求，自食其力，經由互助合作來謀求進步與發展。

農委會所推行的「綜合發展示範村」、「現代化農村發展」、及「吾愛吾村」的鄉村發展計畫不無成效，但與社政機關推行的社區發展重點略有不同，特別注重在生產福利建設上。因係由農政機關所推動者，故重點放在農業建設上，其主要目標在使推動村里內的農戶，能採用合理的農業經營制度，實施共同作業及農場經營，以增進農業生產，並辦理農產共同運銷，以提高農業收益。可見此種社區發展的重點，是放在生產福利建設上（李崇道，65年，21頁），正可與社政機關推行的鄉村社區發展的重點互補。

綜合發展示範村的鄉村社區發展計畫，自民國六十四年首次辦理推動，先選擇四村里辦理，以後陸續推行。每年工作的主要內容，包括注重農業發展及農村有形建設與農民生活改善，特別是物質生活改善。在推行方法上，則注重經由加強農民教育與農民組織而達成之。民國六十六年時農發會農業推廣專家陳錦文為文介紹綜合發展示範村的工作，在檢討其成就時提出，一般反應都尚佳，且成效卓著。但是此一計畫推行下來也有缺點，包括農民多存依賴政府補助的心理，也缺乏利害與共的觀念與合作精神。（陳錦文，66年，54頁）可見由農政單位推行的此種鄉村社區發展策略，並未能充分達到自力自助的紮根型發展境界。

政府農政機關繼推行「綜合發展示範村」之後，又自民國六十九年起，依據「提高農民所得加強農村建設方案」及「加強基層建設提高農民所得方案」，而訂定「現代化農村發展計畫」，可說是推動農村社區發展的後續計畫與行動，在這項計畫下，至民國七十二年度止，計選定405個村里（社區）實施，重點工作包括農業推廣教育、改進農業產銷、改善農村環境、及輔導農村青年。在此計畫之下，也積極倡導「吾愛吾村」的觀念與計畫，故「吾愛吾村」可說是現代化農村發展計畫下的一項發展運動。各界對現代化農村發展工作，咸認為是一種計畫性、持續性、綜合性、整體性的農村社會改進運動，藉著政府的輔導與鼓勵，加強農民心理建設，對於改善農業生產環境與農村生活環境，協助提高農民所得，提升農民生活素質與

增進農民福利上，都漸見績效。（林淵煌，72 年，19 頁）

三、民間推動與運作的社區發展

臺灣鄉村社區發展，除政府社政部門所推動及其他政府部門所推動者外，尚有由民間的組織或民眾所推動或運作者。其中重要的民間團體，以宗教組織最為主要。此外，社區民眾也可能有自發性的發展行動與運作。先就宗教組織所推動與運作的社區發展成效、問題與缺失，加以扼要檢討分析，而後再述及社區自發性的發展運動。

(一)宗教團體推動的鄉村社區發展成效與問題

各種宗教團體，包括教會、寺廟等，對於鄉村社區發展事務都有相當程度的介入，包括教育社區居民、改進農業生產技術與經營計畫、改善衛生環境、以及解決社區內共同或個別家庭問題等。常見天主教與基督教的傳教人員活動於山區、濱海等偏遠的鄉村社區，指導並服務民眾從事各種社區事務的發展與社區問題的解決，而其中從事傳教與促進社區發展的宗教界人士中，不乏外國人。至於佛教與道教團體，則常透過寺廟組織發揮推動社區發展與社區服務的功能，且此類宗教團體較常見於臺灣平地的鄉村地區，其推動的社區發展功能，以醫療服務與社會救濟最為常見。

黃俊傑在論〈天主教與社區發展〉一文中，指出天主教對社區影響，可從宗教倫理與其機構功能方面去探討。前者包括增進家庭教育、促進敦親睦鄰守望相助，以及增進倫理道德與服務他人等；而後者的主要貢獻則透過其實際參與社區的社會工作，從事社會慈善事業，服務婦女、兒童、殘障者、勞工乃至一般社區居民等。黃氏進而認為，天主教強調懺悔的特性，也有助於消除犯罪。（黃俊傑，78 年，46-47 頁）

劉光弼也著文討論宗教宣介對社區發展的影響，他廣泛的論及佛教、回教、道教、基督教等教義中與宗教活動中，諸多足以促進精神建設、平衡心理及身心健康以助社區發展者。（劉光弼，78 年，10-15 頁）

張培耕在其〈宗教活動對社區發展的影響〉論文中，指出宗教是社區發展團結互利的基礎，可以增進社區和諧、家庭和樂、個人修身，且宗教活動有益社區精神建設。（張培耕，78 年，38–41 頁）

由上舉三位宗教學者所論，各種宗教的教義與活動在理論或實際上，都能促進社區發展，尤其有助於社區的精神倫理建設。此種效能是政府運用行政力量來推動社區發展時，所較缺乏的功能。從前舉學者的論文中，並未能看出有關宗教在推動社區發展上所顯露的弱點或遭遇的問題與困難，料想這種弱點或困難與問題在所難免，如宗教活動過程中有時難免強調傳教，以致社區居民失去接受有助於社區發展的教義之興趣與機會。此外，宗教團體或活動對社區發展所能達成的功能，多較注重在精神倫理建設方面，卻少能擴大到社區的實質建設與生產福利，這或許是其長處，但也是缺點所在。

(二)社區民眾自發性的社區發展行動與運作

檢討與分析鄉村發展時，不能忽略社區民眾自發性的社區發展行動與運作過程，因為社區發展的理想境界是社區居民能自動自發謀求發展。由政府及社會團體來推動社區發展，畢竟都是藉外力之助，一旦外力撤退，則社區發展就可能會停頓或終止。唯有社區內民眾自發性的社區發展行動，才能保證其具有較深厚的根基與持續性。臺灣鄉村社區民眾自發性的社區發展動作時可見之，重要的表現起於社區內的青年、社區事務領導者，如獅子會會員等所發揮的社區服務。其他社區領袖如村里長等較熱心人士，也常為社區公共建設與事務而奔走，出錢出力，促進建設與解決問題。不少社區公共建設或公共事務的發展、公共問題的解決，也常可經由村里集會討論之後，獲得社區民眾的支持，進而以行動表示並達成。然而從另一角度觀察，不少鄉村社區因為缺乏領導力、缺乏資源以及因為人心偏私，而難以有效完成公共建設並解決公共問題，以致難能有效發展社區。

第三節　未來環境預估

　　二十世紀以來，臺灣鄉村與整個社會的變遷驟急，未來社會環境的變遷也不會太緩慢,故可預料未來鄉村社區仍將處於快速變遷的社會環境中。影響社區內部的每種成分與元素，也都會有顯著的變化，包括社區的人口因素、自然環境與資源因素、社會組織、社會價值與其他文化體系、以及公共問題等，都將會有持續性的顯著變遷，影響社區發展的目標與方法也應因時修正與調整，否則不能符合實際。以下就社區的人口、自然環境、社會組織、社會價值與文化等四方面社區環境要素的變遷，及其對鄉村社區發展可能造成的影響，略述個人的淺見。

一、人口因素的變遷及其影響

　　人口為社區的一項重要元素，也是社區發展的一項重要影響因素。未來臺灣鄉村的人口仍將有值得注意的可觀變化，也將影響社區發展的目標取向、效率程度與方法措施等。未來鄉村地區的人口變遷現象不一而足，其重要者有數量變化以及年齡老化兩項，都可能對社區變遷及社區發展的目標、速率與方法產生影響或衝擊，茲將之說明並分析如下：

㈠社區人口數量的變化及其影響

　　鄉村社區人口因素變化與社區發展,最有關係者莫非是其數量的變化；而變化的現象有增多與減少的雙重可能，兩種不同方向的變化對社區影響也絕然不同。茲分別加以分析之：

　　未來多半鄉村社區人口的數量仍會增加，僅較少數社區會減少。可能增加的社區中，少部分會有較大幅度增加的可能，這些鄉村社區係位於鄰近都市或有重要工業或其他公共工程之設置，也可能是在交通要道、學校及休憩地點分布所在地或其附近。這樣的鄉村社區的就業機會較多，謀生與居住環境也有較大幅度改善的可能，因而人口可以不至外流，甚至很有可能內流，甚至社區總人數有大幅增加之可能。

　　在人口穩定成長的社區，也將呈平穩的發展現象；而在人口將較驟增的鄉村社區，有形建設與物質生活條件的改善與發展將會大有可為；住宅興建、道路修築、用水用電、學校、醫院、市場、公園、車站等等公共設施，也都將有較大量增添的可能，因而社區景象將繁榮蓬勃；然而公共性的社區問題也將變為繁多與複雜。可以預見到的問題，包含排水不良、垃圾增多及交通擁擠等，致使處理問題的困難加大。社區中無形的社會關係與社會秩序，也將變為更加複雜與紛亂，有時難免會使社區居民感到困擾。關心社區發展的人士，包括當地的社區領袖，必須先作預見，未雨綢繆，設法預防或圖謀改善。

　　另一類鄉村社區未來的人口數量不但不會增加，反而有減少之可能。這類社區多半處於較偏遠地區，資源缺乏，謀生困難，人口嚴重外流。過去近三十年來人口大量並快速流失，如今總量已不如往昔之多，未來人口數量仍有再減少之可能。

　　這類社區未來仍難免呈現蕭條寂靜的命運，村中可能出現房宅失修、商店減少、缺乏活力、發展的希望渺茫。若干非增添不可的設施，通常依賴政府之助，也有可能由外移人口返鄉回饋贊助而得。這類社區由於人口外流，也將呈現人力與人才缺乏，故內在的發展能力不佳，社區的變化緩慢。

(二)人口老化及其影響

　　未來老化的程度將會更為加深，其中人口外流嚴重、內流無望的社區，人口老化的現象將更特別嚴重。這樣的社區，在發展能力上將少有可為。但社區中有關老人福利的需求、待解決的

圖 15-1　隨著人口老化漸趨嚴重，社區中適合老人使用的設施也越形必要。

老人問題以及其衍生的問題，都將會增加。社區的發展活動取向，也與老人的偏好與需求有關。重要的需求與問題包括老人休憩設施、醫療服務、喪葬用地與服務、以及老人生活起居的奉養與照顧等。

二、自然環境與資源的變遷及其影響

　　鄉村地區自然環境及資源可能發生的重大變遷是，土地利用方式的改變及環境污染兩項，此兩項重要的自然環境與資源的變遷，都將對鄉村社區發展產生舉足輕重的影響。就其變遷性質與影響，分別預測於後：

㈠土地利用的變化及其影響

　　鄉村地區土地利用的變化，主要係受人口成長、工業化與都市化的影響而引發，變化的性質並不單純，因而其對社區發展的影響也頗複雜。為便於說明，乃將土地利用方式可能產生的較重要變化歸納成兩大類型，即：(1)農業用地變為工業用地、建築用地、休閒用地、或公共工程用地等。(2)農業用地的利用方式，由自耕變為委託代耕、委託經營，地上作物或其他農產品的種類也會有所改變，一方面變為更多具有價值的種類，另一方面則變為更少使用勞力的種類，後者也可能變為粗放利用。

　　上述兩大重要的農地利用改變，對於社區居民的生活、社區發展事務、與社區問題都有關聯。土地由農業用途變為非農業用途，可能使部分農村社區居民致富，乃更具經濟發展能力，但生活方式或許可能因而大為改變。土地用途變更的過程中，亦有可能為原本平靜的農村社區帶來紛爭與激盪的衝擊，包括炒地皮、奪財產、乃至於暴發浪費等行為與情事，亦有可能因為變為工業用地後，增加污染而遺害其他的農地及農民的生計等。

　　農地由自營自耕為主的方式，變為普遍委託代耕與委託經營之後，一方面有利於社區的新分工合作方式的形成，以利解決社區的新問題，也可能影響社區組織體系之改變，使原來長久衍展下來的生產與生活習慣，所形成的鄉里與氏族社會關係中，又加多了一層因新農業經營型態而建立的互助合作關係。

農地資源因工業化與都市化的影響，而一方面變為作更高價值利用，另一方面又變為少用勞力的粗放經營。這種雙元性利用方式的變遷趨勢，將社區居民心理態度與行為方式變成複雜的土地情結，包括對土地把持過度的依賴而導出投機心態，以及因受土地牽連負荷而導致的不平等與不滿情懷。這種複雜的新農民性格，對農村社區居民的做人處世與治事方法都會有所影響。

再從另一角度看，土地是社區發展的資源，社區的更新及公共建設，都需動用到土地。未來土地價值變高，卻增添徵收土地作為公共建設的困難，社區發展乃將受到某種程度的阻礙。

㈡環境污染及其影響

未來農村地區自然環境污染的程度，可能因工業化與都市化程度不斷提高而有增無減。污染的範圍包括水、空氣、土地、與食品等，此種環境性質的變遷，極有可能損傷農村社區居民的生產福利與身心健康，故其對於社區發展的影響將是負面較多、正面較少。環境污染帶給社區發展，如果也有正面的影響，則是可能導致社區反污染的凝聚力增強，進而增進改善環境條件的集體行動與意識。此種行動與意識，可被應用與發揮到有關社區實質建設與精神倫理的發展上，使社區發展有所收穫。

三、社會組織因素的變遷及其影響

鄉村社區的社會組織因素，包含社區內部的組織與社區外的社會組織等。大致言之，未來組織的種類與數量，可能變為更為繁多與分殊化。但在人口萎縮的社區，內部社會組織的數量也有減少之可能。

社區內外的組織數量與種類增加的結果，對於社區的發展都有正反兩面的影響。一方面可以促使社區更加分殊化與專門化，而有利於社區的社會發展；另方面則使社會組織分殊化，連帶影響社區內部的事務及其對外關係趨於複雜，以致糾纏不清，衝突迭起，無助於社區的和諧與協調。

總之，未來鄉村社區的社會組織因素的變化是複雜的、多元的，即可助社區的發展，也會妨害社區之發展。能否使其助力多於阻力，則有賴社區居民及其領導者善加運用與應對而定。

四、社會價值與其他文化因素之變遷及其影響

　　未來臺灣鄉村社區的價值系統與其他文化因素之變化勢所難免，可預測的價值觀念之改變是，變得更為功利、現實、物質主義、自由主義、以及崇尚個人成就，因而也可能致使社區居民變得更為自私。這些因素可能刺激社區中的個人更加努力上進，力求發展，以致社區的許多有形的建設有望更為完善。但功利主義、現實主義、物質主義、與個人主義的興起，可能引發社會糾紛與社會衝突，破壞社區秩序與和諧，而有礙社區順利發展。

　　社會價值以外的文化因素還有很多，重要者包括文字運用、宗教信仰、風俗習慣、以及社會禮節等，未來鄉村社區居民在這些其他文化層面，很可能因為教育水準的提升，以及經濟條件的改善，而有所改良，成為社區發展的一部分內涵。唯其中若干不良的傷風敗俗，因其傳統的根深蒂固，很難預期會有重大突破，以致在社區發展的規劃與推行過程中，仍將成為不利的阻礙因素，有待推行單位的體認與克服，更有待社區居民之深思與覺悟，才能獲得改善。

第四節　政策措施方案

　　未來鄉村社區發展工作的行政措施方案之確定，在邏輯上應該根據三項基礎，其一是參照以往的推行架構及其績效，其二是避免以往的缺失與錯誤，其三是參照未來的環境變遷趨向與理想目標。由前面的檢討分析與說明，讀者對於以往臺灣地區鄉村社區發展工作的推行架構、績效、缺失、錯誤、以及未來的環境變遷應略有所知，然而因為未來鄉村社區居民的理想部分尚欠缺具體的資料，尚有待業務主管單位在研擬政策措施之前針對此一問題廣泛收集資料，包括經由實地調查研究等。於今筆者在提出政策

措施方案建議時，只能根據前述的三項訊息經邏輯推敲而得。個人將思索所得列舉說明如下，以供決策與推行單位之參考。

1.鄉村社區發展仍應列為未來的重要社政措施

經由前面的檢討，鄉村社區發展的工作與措施，對於鄉村社區居民的居住環境與生活品質的改善，頗有正面的效果，值得社會行政等機關繼續努力推行。為使此一良好的政策與措施更有成效，在預算費用及工作人力方面，非但不應減少，反而應該增加，且應由加強鼓勵此方面的研究，來促進工作成效的改善。

2.未來社區發展工作內容，應加重對以往成效較差方面的措施

在前面現況檢討與分析部分，筆者已指出社政機關所推行的鄉村社區發展工作，在推行的三大目標中，實質建設的成效相對較佳；生產福利與精神倫理建設方面的成效，則相對較差。今後的工作，似有必要對於以往推行成效較差的生產福利與精神倫理建設，特別加以強調。加強之道，首重細密的規劃，進而則要講究有效的推行策略與方法。

3.推行的手段與方法極待加強

迄今社區發展的推行工具、手段與方法問題多端，缺失不少，極待加以改善，否則發展工作便難見成效。前已指出當前鄉村社區發展工作在工具上、手段上的重要，缺失包括缺乏人力、經費及資源，有關部門之間也缺乏協調溝通，執行的組織鬆懈、規劃也不周延等，這些手段上與方法上的缺失，都極待推行單位設法改善與加強。

4.協調其他推行系統，納入整體規劃與推行架構之中

前已提及當今推行鄉村社區發展的部門與單位，除社會行政系統以外，尚有政府的農政及其他部門；此外，還包括政府系統以外的民間組織。然而其間彼此各自為政，雖都具有高度的一致性，但因缺乏橫向溝通與協調，難免會有浪費或形成工作死角的問題。為使有限的工作資源，能發揮最大的效果，主導性的社政機關，有必要多與其他推行部門連繫協調，妥作整體性的工作規劃。

5.具備較彈性的工作計畫以應對未來複雜的環境變化

　　未來的社區環境變化多端，將影響鄉村社區發展，乃需要作較彈性的計畫，才能配合環境條件，滿足社區居民的新需求與新期望。故未來在社區發展的工作上，隨時有必要加入重要的新內容與新項目；在工作方法上，也需要順應環境的變化，吸取新資源並採用適合新環境的策略與方法。其中加強老人福利一項，即將是未來的重要新工作方向之一；而老人資源的開發與利用，更將是社區工作方法上需要注意採用的重要項目。

6.加強民眾教育與啟發，藉使發展能生根

　　鄉村社區發展的終極目標，在實現富麗的農村；而理想的實施動力，應是自發性的。為能達成這種理想境界，有必要經由加強對民眾的教育、並啟發其心智做起。由政府主動規劃與推行的種種工作目標與內容，都是補助性的，亦是示範性的。因為鄉村發展的資源缺乏，故絕對有必要由政府補助；但就長遠考慮而言，由使用教育來啟發人心的做法將更形重要，今後社政單位應以此方向為努力重點。

第五節　政策綱領條文草擬

　　參照現有社區發展工作綱要，以及本文對鄉村社區發展現況的檢討與分析、未來環境預估、及對政策措施方案的建議等資料之後，筆者試擬鄉村社區發展的政策綱領如下：

中華民國鄉村社區發展政策綱領草案

　　鄉村社區發展為社會福利之一環，其有形的基礎建設、生產福利與精神倫理建設等，關係居民之福利與鄉村之發展。為求鄉村社區有效發展，配合社會福利政策之目標，特訂定本綱領。

(一)總　則

　　1.鄉村社區發展工作，係經由推動基礎建設、生產福利、及精神倫理

建設等途徑，以達成社區全面平衡發展的總目標。

　　2.加強鄉村社區基礎建設，改善鄉村社區居民居住環境及生活品質，以期每一社區都有現代化的公共設施，如道路、排給水系統、垃圾處理場、路燈、集會所等。

　　3.提倡社區生產福利措施，改進生產條件，促進農業及加工副業等生產效率，增加社區居民收益以改善生活。

　　4.加強精神倫理建設，提升鄉村社區居民道德水準及氣質，以改善鄉村居民的精神生活水準與品質。

㈡實質建設

　　5.規劃社區必要的公共設施，包括道路、排給水系統、路燈、垃圾處理場、學校、集會場所、堤防及休憩場所等。對於破舊或不理想之設施，則計畫加以整修改善，對於欠缺之設施則設法補充。

　　6.輔導鄉村居民整建及修繕住宅，改善社區外貌及居民居住條件。

　　7.建立社區建設成果維護制度，經由社區居民同意並實踐，以維護實質建設成果。

㈢生產福利

　　8.改善農業生產環境，建設灌溉渠道，疏導排水系統，改善農產品運輸道路，消除水資源污染，設立公私晒穀場及改善農家農產品儲藏設備，增進農家的農業經營效益。

　　9.推行農業推廣教育，實施農業合作制度，增進農民生產及經營農業的技術與理念，提高農業產量與產值，改善農家生計。

　　10.引導工業下鄉，以利增加鄉村社區居民就業與兼業機會，增加其收入並改善其生活。

　　11.加強鄉村社區居民就業訓練，輔導及服務其順利就業或兼業，以利農家改善收益與生活。

　　12.普及農民健康保險，投保對象包括其眷屬，以利鄉村居民患病時能普遍就醫，維護身體健康。

　　13.建立貧困鄉村社區特殊福利制度，實施生產補助，增進其生產能力。

(四)精神倫理建設

　　14.改善社區文教設施，充實圖書、刊物及其他文化資料，提供社區居民閱讀機會，藉以增進知識改善氣質，充實精神生活。

　　15.舉辦精神倫理講座，提升社區居民道德觀念水準，淨化社會生活風氣。

　　16.輔導鄉村居民革除不良風俗習慣，避免浪費金錢及腐蝕心靈健康。

　　17.推動社區康樂活動，改善鄉村居民歌唱、演奏、及文藝創作與吸收能力。

　　18.表揚社區德高望重及表現好人好事居民，建立道德規範，提升社區的道德水準。

(五)輔　導

　　19.建立經常性輔導社區發展制度，充實專業輔導人員，促進鄉村社區持續發展。

　　20.充實各級政府推動及輔導鄉村社區發展的經費預算，增進實質推動與輔導的能力與效果。

　　21.建立義務輔導人員制度，補充政府專業輔導人力之不足。

(六)組　織

　　22.加強政府推動鄉村社區發展系統的組織，改善相關部門與單位間的溝通與連繫，提高推動效能。

　　23.健全社區發展委員會，並充實領導者及幹部，協助政府推動社區發展功能。

　　24.上級社政機關應協調其他有關行政部門，整合鄉村社區發展計畫與推行措施，提高發展效率。

25.邀請專家學者並結合社區人才，從事社區資料之整理及社區問題之研究，增進了解社區的能力，研擬適當的社區發展方案，促進社區發展效率。

26.運用各種有關的組織，對外爭取發展資源，協助社區增進發展能力與成效。

㈦計畫與執行

27.建立社區發展年度計畫，確立各階段的具體發展方案，以利發展推動與實施。

28.社區發展計畫由地方政府社政機關，會同社區的領袖及居民共同完成。

29.社區計畫的執行，由全體社區居民共同表現適當的行動達成之。

㈧成果的考評與維護

30.建立連續性的社區發展成果考評制度，由輔導人員會同社區組織，訂定參與考評的人選與考評規則。

31.加強社區發展成果的維護，建立維護制度，包括倡導維護教育及建立獎懲辦法等。

▶▶▶ 本章參考文獻

1.中華民國社區發展研究訓練中心 (1986)，《社區發展的回顧與展望》。

2.內政部 (1991)，《社區發展工作綱要》。

3.李崇道 (1976)，「綜合發展示範村工作的推行展望」，《農友》，27 卷，20–21 頁。

4.林淵煌 (1977)，「開創農村新面貌建設現代化農村」，《農業推廣文彙》，22 輯，44–59 頁。

5.徐震 (1985)，《社區發展——方法與研究》，中國文化大學出版部，民國 74 年。

6.徐震 (1989)，「我國社區發展的回顧」，收錄於內政部社會司編印，《社區發展國情化論見選輯》，125–158 頁。

7. 陸光 (1989)，「社區發展之展望」，收錄於內政部社會司編印，《社區發展國情化論見輯》，159–170 頁。

8. 陳錦文 (1977)，「綜合發展示範村」，《農業推廣文彙》，22 輯，44–59 頁。

9. 張培耕 (1989)，「宗教活動對社區發展的影響」，《社區發展季刊》，47 期，38–43 頁。

10. 黃俊傑 (1989)，「天主教與社區發展」，《社區發展季刊》，47 期，46–78 頁。

11. 劉光弼 (1989)，「宗教宣介對社區發展的影響」，《社區發展季刊》，47 期，10–15 頁。

12. 劉脩如 (1988)，《社會政策與社會行政》，五南圖書出版公司，327–330 頁。

13. 臺北市政府社會局編印 (1989)，《臺北市社區工作之回顧與展望》。

14. 臺灣省政府社會處編印 (1989)，《臺灣省社政法規彙編》。

第十六章
臺灣漁業社區現代化與休閒漁業發展

第一節　漁業變遷與漁村的發展目標與理由

一、漁業變遷

　　我國的漁業行政，向來與農業行政大致採取同一步調，也即長期間以來都側重在生產事業的發展，以能提供充裕的糧食供應為首要任務或至上目標。近年來臺灣地區漁業的處境大有改變，生產事業不再是漁業行政的主要目標。近來我國漁業處境的重要改變有如下五項：㈠漁業生產技術已達高程度，單位產量已達甚高水準，再求生產升級或突破甚為不易；㈡漁產品進口量日增，顯示進口更為容易，逼使生產的重要性漸失。臺灣漁產品的進口與美、日乃至東南亞各國平衡貿易有關，也受中國大陸轉口輸入及偷運進入的數量顯著增加的影響之故；㈢遠洋漁業生產遭遇國際的阻擾而日趨困難，常見我國漁船被外國軍艦扣押襲擊或與國外漁船衝突之情事；㈣近海及養殖漁業因為水污染日趨嚴重及捕撈殆盡而難再有效增產；㈤漁業勞動力因工業化及勞動基準法的保護等因素而漸難獲得，致使漁業生產事業漸難經營，於是漁船乃有閒置不用或變更用途。總之上述漁業處境的變化使漁業事業緩慢成長。

　　民國七十九年至八十年間，漁業總產量的成長率呈負數，達 –9.5%。各項不同類型的漁業生產中，與漁村生計最有直接關係的近海漁業及沿岸漁業也都呈負成長，在民國八十一年至八十二年間，近海漁業產量的成長率為 –7.8%。沿岸漁業的成長率則為 –4.3%（農委會，83 年，23 頁）。臺灣漁業的總產量自 1990 年達最高峰以後，大致逐漸減低。至二〇〇一年時沿岸漁產量共為 49,559 噸，比一九八六年最高產量的 56,736 噸減少 7,177 噸。面對漁業生產事業的成長緩慢，求漁民與漁村的所得提高，改善生活良非易事。漁業行政當局除注意探討阻礙漁業生產的因素，謀求改進外，必需另立方向，尋找再創漁業發展謀求改善漁村與漁民生活的途徑。其中經由福利性的措施及順應社會發展的趨勢，由推動漁村現代化及發展休閒漁業將是兩項最為切合實際的有效措施。漁業行政當局現正考慮推動漁村現代化及休閒漁業發展為建設的目標。

二、漁村的發展目標與理由

㈠現代化的目標與理由

現代化是一種進步的象徵，現時社會各階層各部門都普遍把現代化當為理想與目標追求，漁業與漁村的革新亦不能例外。現代化的涵義與範圍極為廣泛，包括社會中各種有形物質與用具更加豐富、新穎與方便，以及無形的觀念、價值與精神更為科學、有效，與積極等。漁村現代化的意義亦為有形物質及無形精神心理的進步，包括有形架構的堅實和技術的進步及精神與思想的革新等。臺灣漁村現代化具有時代的必要性，茲將其三點重要理由略作分析如下：

1.社區基礎建設零亂

臺灣鄉村社區包括農村與漁村等，社區聚落外形結構普遍零亂，品質不高。臺灣省政府地政處於民國八十年一月編印一本《農村社區更新計畫作業手冊》，在前言部分即有這樣的說明：「……唯農村社區聚落因缺乏整體規劃改善及地籍整理，不但社區道路狹隘，排水不良，公共設施不足，造成環境品質低落，且因社區地屬祭祀公業共有土地或因多年未辦理繼承登記，導致土地經界不明，地形畸零不整，權屬關係複雜，為改善上述情況，對於住宅多年老舊窳陋、公共設施缺乏、當地居民參與更新意願高之地區依『臺灣省農村社區試辦土地重劃要點』，辦理更新，藉地籍整理使各宗土地均成坵塊方整、面臨道路、適合建築使用之土地，並配置必要之公共設施，同時結合農宅輔建、整建、社區發展、守望相助、防治公害、美化環境等作法，以提升居民精神生活，強化民眾社區意識，促進整體力量之發揮，達成社區更新盡善盡美之目標」。（臺灣省政府地政處，80 年，1–2 頁）

根據地政處的說明，可知當時社區更新在客觀條件上確有其必要，至於全盤推行，因經費關係，實施上頗有困難，故局部建設則較可行，現時農漁村社區都有基礎建設計畫，有者已有所成。未來社區外形建設當為現代化的第一要項，包括拓寬整修道路，增加現代化的公共設施等，如公園綠地，集會所，排水溝，污水處理場等。

2.漁民倫理文化落後

漁村現代化和農村現代化相同，不僅應注意外形的革新與建設，也應注意無形的漁民心理與精神方面的現代化。現時政府社會行政部門推動的社區發展內容，包括三大方面，其中一大項目是為精神倫理建設，強調居民精神心理等文化的現代化應為重要途徑之一。欲求建設漁村社區居民的精神與文化，則首要條件應即消除其不合理的心理障礙，並發展進步的心理性質。一般漁民心理上較為落伍而有礙進步的重要因素是迷信、缺乏計畫與效率、偶爾也涉及走私及忽略環境倫理等不合法、不合理行為。心理建設在消極方面必須破除這些落伍或不合理的行為，積極方面則應增進知識，講求科學、效率及遵守法律，崇尚倫理等。

3.生計福利面臨困境

漁村居民以漁為生，近因漁業勞力短缺、水污染及國際力量的干擾，生產趨於困難，但漁村現代化的途徑不能不致力一般開創生產福利，否則社區外形的建設將會落空，精神倫理建設也難獲成效。隨著漁業生產環境惡化，漁業生產福利的開創也倍加困難，經由技術生產的進步及力求漁業管理與運銷制度的更新改進仍屬有效的途徑。此外需要漁業外的保護組織，例如加強海軍海上巡邏以保護漁民海上作業的安全，加強工業及社區水污染的監控措施，以改善養殖與近海漁業的生產環境，及建立較健全的水產運銷制度以增加生產者的利益等。

漁民的生產福利措施除仍延續舊有途徑由增加水產收入外，應同時輔導轉業，參加工業生產獲得工資與收入。原生產貝類的濱海漁區，現為許多重大工程建設占領，例如新設工業區、海港、碼頭等，使漁業生產基地及機會減少，漁民就近轉業的機會大為增加，其生產福利資源將會發生變化。今後規劃漁村社區現代化時，需將此點生產環境變化加以考慮。此外，對發展休閒漁業也應加以重視，其理由如下。

㈡休閒漁業發展的目標與理由

臺灣休閒漁業正處於開創階段，客觀上有其發展的必要性。重要的理由為⑴工業化與都市化達相當程度後，眾多的休閒需求者以農村及漁村為最理想的去處，⑵漁業生產因種種條件的限制，日趨沒落，引起漁民另謀生路，用漁民區的資源開發成休閒區，由原來的生產生計變為尋求服務生計。

休閒漁業如何發展，其模式的細節將另加討論，此處先提示其重要工作方向：⑴先整理沿海漁區，以吸引遊客前往度假旅遊，漁民可向遊客直接銷售水產及提供其他服務以增加收入，⑵利用沿海及水域資源，增添其與漁業生產與服務有關的娛樂設施與活動，藉以吸引遊客前往，前述兩項工作為今後漁業行政機關規劃發展休閒漁業的重要目標，同時也需要漁會組織參與推動。

圖 16-1　現代的漁港已有許多漁船加入休閒漁業的行列，釣客只要付得出租金，就可以與三五好友乘船出海釣魚。

第二節　漁會參與漁村現代化及休閒漁業發展的必要性

漁會組織必須參與推動漁村現代化及休閒漁業，其必要性可從兩大方面觀察與詮釋，其一是依據漁會法設定的宗旨及任務看，其二是從其與漁業行政機關的互助互動以造福漁民漁村的觀點看。茲就這兩大方面觀察漁會參與推動現代化的必要性分述如下：

一、從漁會組織的十九項任務分析

中華民國漁會法對漁會組織的宗旨與任務有明確的規定。此法最初於民國十八年十一月十一日由國民政府公布全文二十九條，於十九年七月一日實施。迄今已修訂十一次，最近一次修訂並公布的時間在民國九十三年六月。全部法條共分十章，五十條，另加施行細則六十條。其中的第一條明定漁會宗旨，第四及第五條則規定其任務。依照第一條的規定，漁會的宗旨是「以保障漁民權益，提高漁民知識、技能、增加漁民生產收益，改善漁民生活，促進漁業現代化，並謀其發展。」而第四條有關其任務，則共細列十九項。這十九項幾乎每項都與漁村現代化有關，證明漁會有必要參與推動漁村現代化的法律依據。茲逐條（共十八條）列舉並附註其與前面漁村社區發展因素之關聯性。若與社區基礎建設較有關係者簡註為「建」，若與生產福利較有關係者，則簡註為「產」，而與精神倫理文化較有關係者簡註為「文」，關係兩種以上者則註明兩項，若三項都適合者則都加註明。

(一)保障漁民權益、傳播漁業法令及調解漁事糾紛（產、文）。

(二)辦理漁業改進及推廣（產）。

(三)配合辦理漁民海難及其他事故之救助（產、文）。

(四)接受委託辦理報導漁汛、漁業氣象及漁船通訊（產）。

(五)協助設置、管理漁港設施或專用漁區內之漁船航行安全設施及漁業標誌（產、文）。

(六)辦理水產品之進出口、加工、冷藏、調配、運銷及生產地與消費地批發、零售市場經營（建、產）。

(七)辦理漁用物資進出口、加工、製造配售、漁船修造及會員生活用品供銷（產）。

(八)協助設置、管理國外漁業基地及有關國際漁業合作（產）。

(九)辦理會員金融事業（產）。

(十)辦理漁村文化、醫療衛生、福利、救助及社會服務事業（產、文）。

(十一)倡導漁村副業、輔導漁民增加生產，改善生活（產）。

㈢倡導漁村及漁業合作事業（產、文）。

㈢協助漁村建設及接受委託辦理會員住宅輔建（建）。

㈣配合漁民組訓及協助海防安全（產、文）。

㈤配合辦理保護水產資源及協助防治漁港、漁區水污染（建、產）。

㈥接受委託辦理漁業保障事業及協助有關漁民保險事業（產）。

㈦接受政府或公私團體之委託事項（建、產、文）。

㈧漁村及漁港旅遊、娛樂漁業（產、文）。

㈨經主管機關特准辦理之事項（建、產、文）。

（行政院，93 年）

漁會法所規定的十九項漁會任務都與漁村社區現代化有關，其中多數的項目都與漁村社區發展中的生產福利較有關係。較少關係漁村社區發展中的基礎建設及精神倫理與文化方面者，顯然這兩方面的發展與現代化應有加強之必要。

二、從漁會與漁業行政機關的互動分析

臺灣地區的各級漁會與漁業行政機關的關係密切，兩者間的密切互助與互動，經常造福漁民與漁村。在漁會法第二章任務的第十七及十九條分別規定漁會的任務包括接受政府及公私團體之委託事項及漁會要求的特准辦理事項。可見漁會與漁業主管機關之間的關係是一方面漁會得應漁業主管機關的要求，接受辦理委託事項，另方面漁會也可要求漁業主管機關准其辦理應辦之特殊事項。現時漁業行政機關基層人手缺乏，必須漁會的協助，許多漁業行政工作才可推動。因此，地方漁會常協助主管機關辦理多種漁業行政事務。地方漁會在輔導漁民漁村辦理漁業改進及漁村建設時，遇財力不足及技術與資訊欠缺等問題，常需要漁業主管機關的協助。總之，基於漁會對漁業行政的扮演不可缺乏的協助角色，乃免不了要參與推動漁村現代化的各種事務。

第三節 漁會在漁村社區現代化過程中的任務與功能

漁村社區的現代化需要結合漁業行政機關，漁會組織及漁村社區的居民（大多數為漁民）等共同努力，才能生效。其中漁會的功能，任務及角色等對漁村現代化的成敗影響至鉅。參照組織管理學原理，漁會在漁村現代化過程中能盡及應盡的功能有多種。（許士軍，72 年，78–199 頁）計畫、執行、輔導、補助及監督等應是重要者，茲將這些重要的任務與功能列舉並分析說明如下：

一、計畫的任務與功能

漁村建設需要由社區居民主動提出計畫，計畫的內容包括主題，目標，內容，方法，人力，推行步驟進度及預算等。如果漁村社區中有聰明熱心且能力極佳的領導者，即可由其結合村民提出良好的發展計畫或方案，透過漁會轉呈漁業主管機關，報備核准進而申請經費及人力等方面的支援。

如漁村社區居民不熟稔計畫技巧與過程，未能寫作計畫書，需要漁會輔導支援，則漁會的推廣或輔導人員等乃責無旁貸需要協助其編製漁村社區發展或現代化的計畫書。漁村社區若能提出良好的發展計畫書，便有較多機會獲得發展資源，包括所需經費及技術援助等。

漁會對漁業主管機關之委託事項，執行前也應先作計畫，包括對象或範圍、執行方式或方法、期間與過程、對執行計畫的考評或監督，以及執行成果的報告與推廣等。這些計畫有時由漁會中的推廣部門的人員擬訂，有時則須由漁會的主管擬定。總之要把主管機關的委託業務做好，必須先有良好的計畫。

二、執行的業務與功能

漁會在參與推行漁村社區現代化的過程中，第二項重要業務或功能是執行計畫，包括執行漁會本身擬定的發展工作計畫及執行漁業行政機關委託或交辦事項的計畫，執行業務的內容依計畫的內容而定。一般重要的執行業務包括組織與動員部分或全部漁村的居民，運用可供利用的財力與物力，進行各項社區的更新或改善業務，其中包括有形的物質建設與發展，無形的精神倫理與文化建設，以及生產福利措施等。執行過程中漁會可處於領導者、輔導者、觸媒者、觀察者、或監督者等角色。至於扮演何種角色最為合宜，全視漁村居民的組織與工作能力而定。當漁村居民的組織能力與工作能力均佳時，漁會的職員便可少作干預，若漁村居民多數被動無能，漁會工作人員的角色則應多加參與，發揮領導的功能，使計畫落實。

漁會在執行漁村社區現代化的計畫時，最需要與漁村居民溝通，不論其扮演的角色是領導者、觸媒者、建議者、觀察者、或監督者，都應注意觀察社區居民的意願，設法使其發展的成效都達到最高程度。

三、輔導的業務與功能

漁會參與推動漁村現代化或各項建設發展時，經常需扮演推廣者與輔導者的角色。輔導與推廣業務可能夾雜在執行的過程中。當漁會扮演推動漁村現代化的執行者任務與角色時，難免也包含克盡推廣者與輔導者的任務。當漁會在扮演推廣者與輔導者的角色時，卻不一定要扮演計畫的執行者的角色。此意指漁會的推廣及輔導人員可提供漁村居民各種發展的訊息、知識、技術與方法，但實際推動社區發展的領導及執行的任務可由漁村社區中的居民來擔任。事實上基層漁會的推廣人員或輔導人員在推動漁村建設與現代化時，多數都僅扮演教育者與輔導者的角色，而將社區建設及領導工作的任務交由社區居民來擔任。

四、補助的業務與功能

臺灣各級漁會，每年來自各種生產收入、業務費、管理費及代收手續費等。此外也由政府漁業主管機構或其他政府部門及社會財團等獲得財源或物資，供作補助漁村及漁民改善漁業生產設備及重要漁村實質建設或無形的福利文化生產所需的經費或物質資源。依照臺灣省漁會編印的民國七十八年度省漁會督導工作總報告，全年 36 個各級漁會全部收入費用計有：㈠管理費用 369,133,673 元，㈡業務費 20,385,316 元，㈢代收漁港修護費 26,815,328 元，㈣代收勞保備付金 92,836,116 元，㈤代收漁業發展基金 275,213 元，㈥製冰冷藏收入 20,974,569 元，㈦漁業共同運銷手續費 38,775,188 元，㈧漁船油轉售代辦費收入 9,810,366 元，㈨代管漁港加油站代辦費收入 2,002,919 元，㈩漁用鹽轉售代辦費收入 1,230,257 元，㈪漁船上架場收入 5,005,498 元，㈫供銷部毛利 4,082,183 元，㈬搬運船收入 683,797 元，㈭福利社包括日用品供銷部理髮室、浴室旅社、碾米廠等收入 331,938 元，㈮漁民醫療所收入 4,501,470 元，㈯漁民幼稚園收入 1,671,060 元，㈰漁業電臺收入 17,979,000 元。上述各項漁會收入的總數可觀，當可補助漁村漁民推動社區現代化建設所需費用。依照同一報告，七十八年度全省 36 個各級漁會共有盈餘 75,799,335 元。這些盈餘雖未全數用於漁村建設事業，但根據漁會法的規定，漁會總盈餘中用於「漁業改進推廣、訓練及文化、福利事業費不得少於百分之六十二」。各漁會如有意協助漁村現代化，即可使用這百分之六十二的盈餘中的一部分充為補助漁村建設費用。

五、監督的業務與功能

漁會對補助漁村發展的經費及資源或接受漁業主管與其他政府部門的委託就近輔導漁村的建設，應負起監督的職責，監督任務有按計畫行事，不浪費不循私、不偷工減料等，使社區發展的人事、財務健全。這種監督任務就如同漁會本身接受政府主管單位之監督一般。

漁會監督漁村社區發展時，尤應側重對於社區發展組織中領導人物或小組之職責與管理行為的監督。包括監督領導團體如社區委員會是否認真推行發展業務。發展實務是否符合社區民意，包工者與施工單位是否遵守契約規定，費用及施工品質上是否遵守信用，社區委員會對人事及財務管理是否健全公正等。

漁會對於社區發展的監督還應注意發展成果維護的監督，包括監督社區對實質基礎設施、精神倫理文化及生產福利等的建設成果有否建立維護的制度，有無實際維護行動。如監督過程中發現社區對成果有缺乏維護或維護不力的情形，即應向社區組織如社區委員會反映，為了要求監督職責受到重視，漁會應制訂有效控制的獎懲辦法，在獎勵的方面如增加補助或報請政府主管機關贈給獎牌及獎金，在懲罰方面或可採用取消或減去補助經費的辦法，或消極地不再同意甚至拒絕申請參加社區發展方案。

第四節　漁會在休閒漁業發展過程中的任務與功能

休閒漁業是漁業主管單位仍在策劃並擴大推動中的一種新漁業發展事務，將運用漁業資源使符合國民休閒需求，並增加漁民收益及生活品質改善為目的。此項由漁業行政單位策劃中的新漁業發展事業，現時尚未完成其具體構想與行動模式，政府漁業主管單位尚在多處努力發展。對此項未來重要的漁業行政措施，各地漁會也應參與，而其參與的業務與功能也和參與推動「漁村社區現代化」一般，可以擔任的職務包括計畫、執行、輔導、補助與監督等。茲就漁會在參與休閒漁業發展過程中，如何發揮這些業務與功能，略述看法與建議，所作建議係參考漁會法內漁會應盡的業務及功能的經驗而得。

一、計畫的業務與功能

漁會在發展休閒漁業過程中可能擔負的計畫業務或功能有二。其一是結合較富有發展意願的漁民共同研究發展的計畫。其二是由漁會獨立擬定發展計畫。第一種計畫型態漁會僅居於輔導角色與任務，實際上經營的主體是漁民。第二種計畫型態，漁會本身即為經營主體。

漁會對發展漁業的計畫，在最先階段是從本身管轄的範圍內選取可供發展休閒漁業的據點及發展的粗略構想，提報漁業主管機關初審。若初審通過，漁會即會同漁業主管機關選定，或由漁會單獨選定規劃的單位。規劃單位參考經營主體的意見再加上本身的專業知識，研定開發休閒漁業區的規劃報告，供為漁業主管單位決定經費或技術協助之根據，也供為實行開發行動的依據或參考。

漁會在規劃轄區內休閒漁業區的過程中，若遇申請的地區多於可以供選定的地區時，則需經過縝密的比較分析而後選定，對選定的理由要有明白的交代，以使落選地區的漁戶信服。選定休閒漁業區的因素應包括：㈠休閒價值與條件高，㈡經營者的開發潛力強，㈢開發的困難度低，㈣開發的成效大，包括對漁會或經營者漁民及消費者雙方面的效益均高。

規劃單位從事休閒漁業區的開發規劃時，漁會需要扮演多種角色或克盡多種業務與功能。第一，如果參與開發經營的單位多於一位漁民或業主時，則漁會最先就需要協調這些可能投入共同開發與經營的業主，溝通觀念取得整體性開發與經營的共識與同意，確定開發的範圍，以便規劃單位便於進行規劃。第二，協助漁民或業主解決各種疑難問題，包括傳達漁業主管單位對於休閒漁業的發展政策與辦法。第三，協助漁民或業主決定開發與經營構想，提供規劃單位據以撰成規劃報告。

二、執行的業務與功能

漁會在執行休閒漁業區的開發與經營業務與功能方面將有兩種不同的類型，一種是本身為開發與經營主體，另一種是接受漁業主管機關委託，執行補助與輔導轄區內漁民開發和經營休閒漁業，茲分別說明如下：

㈠漁會本身執行休閒漁業區的開發與經營

由於漁會的經營能力與財力都比個別漁民為佳，故部分漁會可能單獨開發及經營休閒漁業區，有如臺南縣農會及彰化縣農會分別開發走馬瀨農場及東勢林場。漁會成為開發與經營休閒漁業的主體後，則在開發經營過程中，需負起業主的任務與功能。

開發階段必須執行的開發業務與功能，較重要者有：(1)籌備資本，(2)採購材料，(3)按開發計畫施工，(4)監督施工人員，控制工程進度及工程品質，⑸洽請主管機關援助與鼓勵，⑹驗收開發成果等。

　　開發完成進入經營階段時，經營主體的漁會需執行下列重要的經營業務：⑴營業申請與登記，⑵人員編制與管理，⑶財務編定與收支管理，⑷營運的宣傳與開發，及⑸内部事務管理等。每一方面的經營管理均可再細分成許多更細緻的内容。民國八十一年公布、九十三年修正的「休閒農業輔導管理辦法」中有關經營主體職責的規定，可供休閒漁業經營主體的漁會的參考依據。

㈡輔導漁民開發休閒漁業區的開發與經營

　　如果漁會並非開發與經營休閒漁業的主體，而漁會轄區内卻有漁民個別或合作經營休閒漁業區，漁會便有輔導漁民開發與經營的職責。茲將執行的兩個不同階段應盡的業務與功能分別說明如下：

　　在開發階段，漁會的重要工作包括：⑴提供有關開發地區的漁業及相關資料供規劃單位參考，⑵提供漁民有關休閒漁業區的知識與技能，⑶聯繫或傳達漁業主管機關給予有關的協助，⑷協助並監督漁民所委託的開發工程或技術單位，⑸協助漁業主管機關監督漁民及其聘僱的工程單位進行開發工作。

㈢教育觀念與知識

　　休閒漁業開發後進入經營階段時，漁會執行的工作為提供漁民有關休閒漁業的觀念和知識，供為休閒漁業區創造吸引顧客的機會，聯繫休閒漁業區内參與合作經營的漁民及其他漁民，加強合作，為休閒漁業區及經營主體的漁民創造利潤。

㈣監督與仲裁

　　仲裁合作經營的漁村社區居民間的糾紛及衝突，並矯正參與經營者的偏差行為。

三、輔導的業務與功能

休閒漁業區展開之後，漁會的推廣人員不但需要輔導參與開發與經營的漁民，也對暫不參與開發與經營的漁民甚至消費者，推廣有關的各種知識與技能。由於休閒漁業的市場有一定限度，不能無限量擴充增加。推廣教育的目的則在使漁民知悉此種新型態的漁業服務業，使其能夠作適當的調適，包括使消費者也能適當利用等。教育非漁民的消費者的主旨在使他們了解休閒漁業的目的與性質，能作適當的利用與表示支持與協助。

四、輔助的業務與功能

漁會對轄區內的休閒漁業應視為一項重點經營業務，可用盈餘的一部分予以補助，補助金額的決定應由漁會領導人全體充分討論並獲得共識後決定。例如經由漁會理事會乃至於代表會同意，避免偏私不公，圖利少數人的藉口。

五、監督的業務與功能

作為漁民經營休閒漁業的輔導單位，漁會對漁民也有監督之職。監督權得自漁會提供補助，或漁業主管機關的補助與委託，如希望監督任務生效必須准許漁會有相當權力處分不守規矩的經營者漁民，如取消費用補助或貸款等。漁會對表現良好的漁民應予以實質及精神上的獎勵。

第五節 漁村社區與休閒漁業如何現代化

漁村社區現代化是當前漁會注入推展的一項重要業務。漁村社區現代化應朝向何種模式較為合適必需再加說明，在此對現代化模式的討論僅界定在應做何項發展的課題上。

參照政府指定的社區發展的工作項目，漁村社區現代化與發展的重要層面，約可分成三大層面，即：㈠外形實質建設，㈡生產福利，㈢精神倫理與文化。（內政部，80 年，第十二條）茲再就這三大層面，發展與建設的目標或類型說明於後，供今後漁會等推動漁村現代化之參考。

一、外形實質建設

此項發展與建設可朝兩種不同的方向進行，㈠漁村社區更新，㈡分項充實改善漁村社區的外形建設。茲就這兩類發展或建設模式的重點，再作進一步的解析。

㈠漁村社區更新

此種發展模式因為涉及的幅度大，漁村居民所受的影響程度也深，且執行的難度較大，故不宜全面推行，只適合選擇性少數的發展。較適合辦理全面或部分更新的漁村社區應具備的重要條件：⑴社區的住宅相對破舊零亂，如不加整理既不美觀也不衛生，更新之後將有可觀的改善效果；⑵村民辦理更新的意願高，負擔能力強；⑶主辦及輔導機構如鄉鎮公所及區漁會等執行意願強；⑷執行難度較少，且都能克服。

漁村社區更新的內容包括：

⑴**地籍重劃**。重劃的原則是使其整齊、合理，重劃時往往都會將社區基地範圍作適當的擴大。

⑵**住宅拆建**。占用道路或其他公共設施用地的住宅及簡陋破舊的住宅都有必要拆除重建。

⑶**整理重修**。凡道路彎曲不直及狹窄者均需整直拓寬。

⑷**整理或重建公共設施**。重要者包括社區活動中心、學校、供水設施、排水系統、電路系統、車站、公共電話、路燈、市場、垃圾收集或處理場、公園、綠地或休息場所等。

社區更新過程中可能擔任輔導或主辦的漁會應做的工作有：⑴計畫，⑵協調，⑶執行，⑷教育，⑸監督，及⑹呈報等。其中最為困難而必須克服者是「協調」，使漁民同意交換或割售土地及負擔成本費用。原擬附上兩份地圖範例供今後漁會主辦或協辦漁村社區更新時設計的參考。此兩份地圖是同一農村在更新前及更新後的地籍圖。圖中的農村是臺東縣鹿野鄉瑞源社區。此一社區被臺灣省政府地政處評定為八十年度第一優先辦理更新的農村社區，地圖面積太大而從略。

㈡分項充實改善漁村社區的外形建設

此種建設模式有異於社區更新，僅作部分的基礎性或外形方面的建設，對漁村的地籍不便變更。重要的基礎建設包括：⑴道路的整治、拓寬或加鋪柏油路面，⑵擴建活動中心，⑶整理排水溝，⑷增設路燈與擴建自來水供應設施，⑸擴建公園、綠地、遊憩場所、或垃圾處理場。前述基礎建設均係公共性的設施。漁村社區建設模式除公共性的基礎建設外，也包括部分私人住宅的翻修與新建。

漁會推動漁村社區實質建設時，應提供新建住宅的樣本模式，供漁民參考，以免漁民另請建築師設計繪製建築模型圖。農委會為推動農宅更新計畫曾委託農村住宅設計專家繪製三種現代化農村住宅建築範例，可供漁會推動漁村住宅更新或新建的參考。

現代化漁村的民宅建築在品質上，應較傳統農漁村住宅為佳，特別考慮舒適、衛生、美觀與實用。傳統的農漁村住宅，衛生舒適不足，通常缺乏衛浴設施及紗窗的設置，高度也嫌不足，低矮通氣欠佳。今後漁村住宅更新或改建時，除有足夠的高度外，也應有較現代化的室內設備。住宅現代化設施則要有良好的經濟能力，為使漁村漁民能做好住宅等實質建設，必先有效增進其生產福利。

二、生產福利及設施現代化

漁村生產福利的增進與改善，應由政府輔導向多方面發展，其一是漁業生產技術轉移或改進，其二為管理與運銷制度的改善，其三為政府輔導單位的支援，其四為政府對漁民兼業轉業的鼓勵。先就漁業革新發展模式說明。

(一)漁業生產技術之改進

臺灣地區的漁業生產日漸衰落，但並不表示漁業已至完全不可為而需要全面放棄。面對日漸惡劣的生產環境，漁村與漁民如要繼續依賴漁業為生，則需要將漁業生產作更現代化的革新與發展。

漁民生產福利要能改善，必先提高其生產效率，而生產效率的提高有賴於生產技術的改進。臺灣地區過去漁業生產技術曾有相當可觀的進步，再加以投資量的增加，使戰後總漁產量由民國三十九年的 84.206 公噸，增加至八十二年的 1,423.971 公噸，（農委會，83 年，23 頁）約增加 17 倍之多。唯至最近漁業生產的成長率呈緩慢的趨勢，至九十年時，減至 1,318.744 公噸。漁業如要求再發展，必須促進產量的增加，生產技術的改進是增進產量的基本因素。未來漁業投資的增加及漁業養殖面積的擴增，漁業生產技術改進乃擔負了重要的使命。

漁業生產技術改進方向不外乎是(1)優良品種的培育，(2)漁業養殖方法的改進，及(3)漁業災害的控制等。這些方面的技術有待臺灣省水產試驗所及各分所的繼續不斷地努力，雖然養殖技術上水產試驗所過去已有很大的成果，漁會方面亦應鼓勵與協助漁民自謀改善。

(二)漁業管理與運銷制度的改善

漁產的運銷制度必須健全，漁民才能從生產中獲得較多的福利。漁產品和果菜等生產品一般，在運銷過程中利益很容易流入運銷商之手。運銷通路也容易因為市場組織及國際政治的情勢而受到阻礙，影響出路。健全的漁產運銷制度必須化除運銷過程中的種種阻礙與剝削，使產地價格與消費地的價差減到最少，使漁民從售價中獲得較大部分的收入與所得。這種運銷制度健全化的工作，有賴漁會替漁民向漁貨運銷商及消費者爭取較多的所得分配。

為替漁民爭取較多的利益，漁會的任務除應努力健全運銷制度外，還應努力於其他多種漁業市場業務，包括對生產者漁民的管理，對漁會內部員工及財物之管理及對於其他與漁民產銷有關的人員及市場的管理等。近年來漁民的產業或生產環境被嚴重污染，致使其生產及收入大受威脅，漁會機構面臨很大的挑戰需承受新的責任，去替漁民與工業等污染機構相抗爭。漁會管理業務是新增的一項重要的變數，值得漁會重視並去調適這項業務與功能。

當前漁會為能增進漁民收益，則在漁產運銷的輔導與服務中，有必要加強冷凍與加工業務。若干漁會缺乏製冰廠，冷凍廠及加工廠的設備，使銷售漁產品的利益又有部分落入冷凍及加工廠商的手中。如果漁會能在這些運銷設施與服務上求改進，對增進漁民的生產福利將大有助益。

(三)政府輔導單位的支援

除農漁產主管單位外，可以輔佐漁業增產及增進漁民福利的政府單位尚有很多，這些單位包括：(1)環保單位可以控制及整治水污染，促進漁業生產，(2)工業主管單位可以監督或控制水污染工業的設置，改善漁業生產環境，(3)外交主管單位可協助減少漁民在海上進行捕魚作業時受外國軍艦或私船之騷擾，(4)軍事及警政單位可加強對海上盜匪艦隻的查緝，保障漁民的安全與福利，(5)財經金融單位可由放寬漁業資金貸款，促進漁業投資與漁業生產，(6)市場與運銷單位可由健全組織制度，提供良好的漁產運銷與交易條件，以增進漁民的生產及所得。此外，非政府的許多私人機關與部門與漁業生產福利有關者頗多，如能獲得這些私人機關的相助，漁業生產福利也可獲得有效改善。漁會組織有責任去徵求這些相關機關或部門來為漁業生產福利出力。

(四)政府對漁民兼業與轉業的鼓勵

增進漁民之生產福利，應由輔導漁民兼業與轉業著手，這或許比革新漁業生產等措施更為有效，漁民由工商業界獲得的工資收入往往較從事漁業生產的收入為佳，漁民兼業獲得的收入可作為漁業生產資金，故對漁業發展可能甚有幫助，但轉業則將離開漁業生產單位，個人將無助於漁業發展，但也可能有助於漁業經營規模的擴大。漁會為能有效輔導漁民兼業與轉業則有必要做好規劃與設計，使之合乎漁民的意願，也符合社會的需求。

三、倫理與文化建設現代化

　　一般漁會的業務都較注重經濟性，忽略漁民與漁村的精神倫理與文化建設。因這方面的推廣人才較為缺乏，過去也較少有這方面的工作。但也可能因為無多餘經費因而未辦或少辦。真正現代化的漁村與漁民必須在精神倫理與文化方面有良好的程度與水準，否則即使能在經濟改善方面有所建樹與收效，而未能擴及精神文化面，其現代化的程度是不足的。

　　漁村在精神倫理與文化方面究應建設或發展成何種現代化？則化除心理迷信、講究科學效率、遵守法律及崇尚人際及環境倫理等，都為重要的措施。這些方面的改善，不可能僅用教育或講習就可達成，而需要漁民整個知識水準及道德體系的提升，這可由漁會設計，並與地方教育文化機關聯繫，共同努力推動。

　　在現階段農業調整方案中，已注意列入農漁村文化建設一項，目前辦理單位卻都較側重傳統固有文化物之保存與復興，例如努力收集並展覽舊農漁具及日常生活用具，以及鼓勵農漁村歌謠、文學、藝術等的表演。這些作法雖亦頗為具體，但忽略了促進難度較高的現代新文化的創設，乃因後者較為困難之故。今後漁會除推廣舊文物的保存展覽及對通俗的歌謠藝術以外，亦應同時注意對精神道德倫理的增進及氣質水準的提升。

四、休閒漁業的發展

　　在前節論及漁會在休閒漁業發展過程中的業務與功能時，提到由漁會推動發展的休閒漁業有兩種經營方式，其一是由漁會輔導漁民經營合作性的休閒漁業區，其二是由漁會本身獨立計畫經營休閒漁業區。這兩種不同的經營方式，雖然主體有別，但其發展模式應無太大差別，主要目標都在發揮漁業資源的潛能，注入趣味化的設施與活動項目，使能獲利。同時也寓漁業教育與發展於休閒之間，使休閒漁業區的開發與經營模式不能脫離漁業的本色與軌跡。考慮前述這些目標與性質，則未來休閒漁業區內的設施與活動必須含有下列重要的漁業要素：㈠漁生產資源，如魚池、河流、海域及漁民；㈡漁業生產物，包括各種魚、蝦及貝類等；㈢與漁業有關的活動，例如觀賞魚蝦及其他水產，捕捉垂釣或飼養各種魚產及貝類；㈣漁產物的銷售及消費項目，包括提供海鮮大餐等；㈤在漁村建設遊樂及運動休閒設施與民宿等，增進遊客的休閒與旅遊趣味；㈥有關漁業的學術與文化活動，如設立漁業博物館或樣本卡，及辦理漁業的文藝創作等。

　　此種休閒漁業發展模式或可供為漁會輔導休閒漁業區的藍本。各區漁會欲在休閒漁業的推展上有所建樹，有必要根據發展地區的特有條件，選擇並配合發展模式中所提各種設施和活動，使配合情況達最好的境界，一方面吸引消費者的興趣，另方面也使經營者獲益。

第六節　結　語

　　臺灣地區漁會組織已有長久歷史，對臺灣漁業的發展與漁民生活改善的貢獻至鉅。當前漁業所處環境已有改變，漁會的組織、功能與業務都需要調整，漁會的組織功能與業務可調整的方向很多。本章特別指出其在功能與業務上應強調注意推動漁村社區現代化與休閒漁業的發展。這兩方面的發展都有其客觀的需要性，也都為漁會的功能與業務上所應為及所可為者。漁會若能在這兩方面善盡推動的功能與業務，便可以反映其組織健全，其存在的價值也高。

　　今後臺灣各漁會在推動漁村社區現代化及發展休閒漁業時，最令人關切的第一個大問題是，漁會應發揮何種功能與業務，針對此一問題，本文曾分析漁會應盡的功能與業務應包括：㈠計畫，㈡執行，㈢推廣與輔導，㈣補助，㈤監督等。

　　第二個問題是推動漁會社區現代化應向三個層面發展，即：(1)有形的實質建設，(2)生產福利改善，(3)精神倫理與文化建設。

　　漁會推動休閒漁業區的發展，應不脫離漁業的基本性質與色彩。在休閒漁業區應陳列有關資料，包括漁業資源、漁產物及漁類活動等、漁產的銷售及消費、以及發展漁業的藝術與文化等。使消費者能滿足對漁業的興趣，也使生產者能增加利益。

本章參考文獻

1. 內政部編印 (1991)，《社區發展工作綱要》，共二十四條。

2. 臺灣省漁會編印 (1989)，《省漁會督導工作總報告》。

3. 臺灣省政府地政處編印 (1991)，《農村社區更新計畫作業手冊》。

4. 行政院農業委員會編印 (1994)，《中華民國農業統計要覽》。

5. 許士軍 (1983)，《管理學》，東華書局。

6. CEPD (2002), *Taiwan Statistical Data Book.*

附 錄 一

社區發展工作綱要

中華民國八十年五月一日
內政部臺內社字第九一五二六一號令發布
中華民國八十八年十二月十四日
內政部臺（八八）內中社字第八八一四四五四號令修正發布

第 一 條　為促進社區發展，增進居民福利，建設安和融洽，團結互助之現代化社
　　　　　會，特訂定本綱要。

　　　　　社區發展之組織與活動，除法律另有規定外，依本綱要之規定。

第 二 條　本綱要所稱社區，係指經鄉（鎮、市、區）社區發展主管機關劃定，供
　　　　　為依法設立社區發展協會，推動社區發展工作之組織與活動區域。

　　　　　社區發展係社區居民基於共同需要，循自動與互助精神，配合政府行政
　　　　　支援、技術指導，有效運用各種資源，從事綜合建設，以改進社區居民
　　　　　生活品質。

　　　　　社區居民係指設戶籍並居住本社區之居民。

第 三 條　社區發展主管機關：在中央為內政部；在直轄市為直轄市政府；在縣(市)
　　　　　為縣（市）政府；在鄉（鎮、市、區）為鄉（鎮、市、區）公所。

　　　　　主管機關辦理社區發展業務單位，應加強與警政、民政、工務、國宅、
　　　　　教育、農業、衛生及環境保護等相關單位協調聯繫、分工合作及相互配
　　　　　合支援，以使社區發展業務順利有效執行。

第 四 條　各級主管機關為協調、研究、審議、諮詢及推動社區發展業務，得邀請
　　　　　學者、專家、有關單位及民間團體代表、社區居民組設社區發展促進委
　　　　　員會；其設置要點由各級主管機關分別定之。

第 五 條　鄉（鎮、市、區）主管機關為推展社區發展業務，得視實際需要，於該
　　　　　鄉（鎮、市、區）內劃定數個社區區域。

　　　　　社區之劃定，以歷史關係、文化背景、地緣形勢、人口分布、生態特性、
　　　　　資源狀況、住宅型態、農、漁、工、礦、商業之發展及居民之意向、興
　　　　　趣及共同需求等因素為依據。

第 六 條　鄉（鎮、市、區）主管機關應輔導社區居民依法設立社區發展協會，依

章程推動社區發展工作；社區發展協會章程範本由中央主管機關定之。

社區發展工作之推動，應循調查、研究、諮詢、協調、計畫、推行及評估等方式辦理。

主管機關對於前項工作應遴派專業人員指導之。

第　七　條　社區發展協會設會員（會員代表）大會、理事會及監事會。

另為推動社區發展工作需要，得聘請顧問，並得設各種內部作業組織。

第　八　條　會員（會員代表）大會為社區發展協會最高權力機構，由下列會員（會員代表）組成：

一、個人會員：由社區居民自動申請加入。

二、團體會員：由社區內各機關、機構、學校及團體申請加入。團體會員依章程推派會員代表一至五人。

社區外贊助本社區發展協會之其他團體或個人，得申請加入為贊助會員。贊助會員無表決權、選舉權、被選舉權及罷免權。

第　九　條　理事會、監事會由會員（會員代表）於會員（會員代表）大會中選舉理事、監事分別組成之。

第　十　條　社區發展協會置總幹事一人，並得聘用社會工作人員及其他工作人員若干人，推動社區各項業務。

第 十 一 條　社區發展協會應根據社區實際狀況，建立下列社區資料：

一、歷史、地理、環境、人文資料。

二、人口資料及社區資源資料。

三、社區各項問題之個案資料。

四、其他與社區發展有關資料。

第 十 二 條　社區發展協會應針對社區特性、居民需要，配合政府社區發展指定工作項目、政府年度推薦項目、社區自創項目，訂定社區發展計畫、編訂經費預算、積極推動。

前項社區發展指定工作項目如下：

一、公共設施建設：

㈠新（修）建社區活動中心。

㈡社區環境衛生及垃圾之改善與處理。

㈢社區道路、水溝之維修。

㈣停車設施之整理與添設。

㈤社區綠化與美化。

㈥其他。

二、生產福利建設：

㈠社區生產建設基金之設置。

㈡社會福利之推動。

㈢社區托兒所之設置。

㈣其他。

三、精神倫理建設：

㈠加強改善社會風氣重要措施及國民禮儀範例之倡導與推行。

㈡鄉土文化、民俗技藝之維護與發揚。

㈢社區交通秩序之建立。

㈣社區公約之制訂。

㈤社區守望相助之推動。

㈥社區藝文康樂團隊之設立。

㈦社區長壽俱樂部之設置。

㈧社區媽媽教室之設置。

㈨社區志願服務團隊之成立。

㈩社區圖書室之設置。

(十一)社區全民運動之提倡。

(十二)其他。

政府年度推薦項目由推薦之政府機關函知，社區自創項目應配合政府年度社區發展工作計畫。

第十三條　社區發展計畫，由社區發展協會分別配合主管機關有關規定辦理，各相關單位應予輔導支援，並解決其困難。

第十四條　社區發展協會應設社區活動中心，作為舉辦各種活動之場所。

主管機關得於轄區內設置綜合福利服務中心，推動社區福利服務工作。

第十五條　社區發展協會應與轄區內有關之機關、機構、學校、團體及村里辦公處加強協調、聯繫，以爭取其支援社區發展工作並維護成果。

第十六條　社區發展協會辦理各項福利服務活動得經理事會通過後酌收費用。

第十七條　社區發展協會之經費來源如下：

一、會費收入。

二、社區生產收益。

三、政府機關之補助。

四、捐助收入。

五、社區辦理福利服務活動之收入。

六、基金及其孳息。

七、其他收入。

第 十 八 條　社區發展協會為辦理社區發展業務，得設置基金；其設置規定，由直轄市、縣（市）主管機關定之。

第 十 九 條　第十二條第一項政府指定及推薦之項目，由指定及推薦之政府機關酌予補助經費；社區自創之項目，得申請有關機關補助經費。

第 二 十 條　各級政府應按年編列社區發展預算，補助社區發展協會推展業務，並得動用社會福利基金。

第二十一條　各級主管機關對社區發展工作，應會同相關單位辦理評鑑、考核、觀摩，對社區發展工作有關人員應舉辦訓練或講習。

第二十二條　推動社區發展業務績效良好之社區，各級主管機關應予下列之獎勵：

一、表揚或指定示範觀摩。

二、頒發獎狀或獎品。

三、發給社區發展獎助金。

第二十三條　本綱要施行前已成立之社區理事會，於本綱要發布施行後，由主管機關輔導其依法設立為社區發展協會，但理事會任期未屆滿者，可繼續行使職權至屆滿時辦理之。

第二十四條　本綱要自發布日施行。

附 錄 二

社區發展協會章程範本

中華民國八十年十月二十四日
內政部臺（八十）內社字第八○七九○○九號函頒

第一章　總　則

第　一　條　本會名稱為○○縣（市）○○鄉（鎮、市、區）○○社區發展協會（以下簡稱本會）。

第　二　條　本會為依法設立、非以營利為目的之社會團體，以促進社區發展，增進居民福利，建設安和融洽，團結互助之現代化社會為宗旨。

第　三　條　本會以○○縣○○鄉（鎮、市、區）公所劃定○○社區區域為組織區域。

第　四　條　本會會址設於本社區之區域內。

第　五　條　本會之任務如下：

　　一、根據社區實際狀況，建立下列社區資料：

　　　　㈠歷史、地理、環境、人文資料。

　　　　㈡人口資料及社區資源資料。

　　　　㈢社區各項問題之個案資料。

　　　　㈣其他與社區發展有關資料。

　　二、針對社區特性、居民需要，配合政府社區發展指定工作項目，政府年度推薦項目、社區自創項目，訂定社區發展年度計畫並編訂年度經費預算，積極推動執行（依照社區發展工作綱要具體列出）。

　　三、設立社區活動中心，作為社區活動場所。

　　四、辦理社區內各項福利服務活動。

　　五、與轄區有關之機關、機構、學校、團體及村里辦公處加強協調、聯繫，以爭取其支援社區發展工作並維護成果。

　　六、其他符合本會宗旨之事項。

第二章　會　員

第　六　條　本會會員分下列三種：

一、個人會員：凡本社區居民年滿二十歲贊同本會宗旨，得填具入會申請書，經理事會通過，並繳納會費後，為個人會員。

二、團體會員：凡本社區內各機關、機構、學校及團體，贊同本會宗旨者，得填具入會申請書，經理事會通過，並繳納會費後，為團體會員。團體會員按繳納常年會費比例推出代表〇人（得一～五人），以行使權利。

三、贊助會員：凡社區外之個人或機關、機構、學校及團體，贊同本會宗旨，並對本會有所贊助者，得經理事會通過為贊助會員。

前項會員名冊應報主管機關備查。

第 七 條 會員（會員代表）有違反法令、章程或不遵守會員大會決議時，得經理事會決議，予以警告或停權處分，其危害團體情節重大者，得經會員大會決議予以除名。

第 八 條 會員有下列情事之一者，為出會：

一、喪失會員資格者（含死亡）。

二、經會員大會決議除名者。

第 九 條 會員得以書面敘明理由向本會聲明退會，但應於〇個月（得明定為六個月以下）前預告。

第 十 條 會員（會員代表）有表決權、選舉權、被選舉權與罷免權。每一會員（會員代表）為一權。但「贊助會員」無上述各權。

第 十一 條 會員有遵守本會章程、決議，及繳納會費之義務。

第三章　組織及職員

第 十二 條 本會以會員（會員代表）大會為最高權力機構，會員大會閉會期間由理事會代行職權；監事會為監察機構。

會員（會員代表）數超過三百人以上時，得分區比例選出會員代表，再召開會員代表大會，行使會員大會職權，會員代表選舉辦法由理事會擬訂，報請主管機關核備後行之。

第 十三 條 會員大會之職權如下：

一、訂定與變更章程。

二、選舉或罷免理事、監事。

三、議決入會費、常年會費、事業費及會員捐款之數額及方式。

四、議決年度工作計畫、報告及預算、決算。

五、議決會員（會員代表）之除名處分。

六、議決財產之處分。

七、議決團體之解散。

八、議決與會員權利義務有關之其他重大事項。

第 十 四 條　本會置理事十五人、監事五人，由會員（會員代表）選舉之，分別成立理事會、監事會。

選舉前項理事、監事時，得同時選出候補理事五人，候補監事一人。

遇理事、監事出缺時，分別依序遞補之。

本屆理事會得提出下屆理事、監事候選人參考名單。

第 十 五 條　理事會之職權如下：

一、召開會員大會及執行其決議事項。

二、審定會員（會員代表）之資格。

三、選舉或罷免理事長。

四、議決理事、理事長之辭職。

五、聘免工作人員。

六、擬定年度工作計畫、報告及預算、決算。

七、擬定各種內部作業組織之組織簡則。

八、議決辦理各項社區福利服務活動辦法及收費標準。

九、其他應執行事項。

第 十 六 條　理事會置理事長一人，由理事互選之。

理事長對內綜理督導會務，對外代表本會，並擔任會員大會、理事會主席。

理事長因事不能執行職務時，應指定理事一人代理之，不能指定時，由理事互推一人代理之。

理事長出缺時，應於一個月內補選之。

第 十 七 條　監事會之職權如左：

一、監察理事會工作之執行。

二、審核年度工作計畫暨預、決算。

三、選舉或罷免常務監事。

四、議決監事或常務監事之辭職。

五、其他應監察事項。

第 十 八 條　監事會置常務監事一人，由監事互選之，監察日常會務，並擔任監事會
　　　　　　　主席。常務監事因事不能執行職務時，應指定監事一人代理之，不能指
　　　　　　　定時，由監事互推一人代理之。

　　　　　　　常務監事出缺時，應於一個月內補選之。

第 十 九 條　理事、監事均為無給職，任期○年（不得逾四年），連選得連任。理事
　　　　　　　長之連任，以一次為限。

　　　　　　　理事、監事之任期自召開本屆第一次理事會之日起計算。

第 二 十 條　理事、監事有下列情事之一者，應即解任：

　　　　　　　一、喪失會員（會員代表）資格者。

　　　　　　　二、因故辭職經理事會或監事會決議通過者。

　　　　　　　三、被罷免或撤免者。

　　　　　　　四、受停權處分期間逾任期二分之一者。

第二十一條　本會置總幹事一人，承理事長之命處理本會事務，並得置社會工作員及
　　　　　　　其他工作人員若干人，由理事長提名經理事會通過後聘免之，並報主管
　　　　　　　機關備查，但總幹事之解聘應先報主管機關核備。

　　　　　　　前項工作人員不得由選任之職員擔任。

第四章　會　議

第二十二條　會員大會每年召開一次，由理事長召集，召集時除緊急事故之臨時會議
　　　　　　　外應於十五日前以書面通知之。

　　　　　　　定期會議每年召開一次，臨時會議於理事會認為必要，或經會員（會員
　　　　　　　代表）五分之一以上之請求，或監事會函請召集時召開之。

第二十三條　會員（會員代表）不能親自出席會員大會時，得以書面委託其他會員（會
　　　　　　　員代表）代理，每一會員（會員代表）以代理一人為限。

第二十四條　會員大會之決議，以會員（會員代表）過半數之出席，出席人數較多數
　　　　　　　之同意行之。但下列事項之決議以出席人數三分之二以上同意行之：

　　　　　　　一、章程之訂定與變更。

　　　　　　　二、會員（會員代表）之除名。

　　　　　　　三、理事、監事之罷免。

　　　　　　　四、財產之處分。

五、團體之解散。

六、其他與會員權利業務有關之重大事項。

第二十五條　理事會每○個月召開一次，監事會每○個月召開一次，必要時得召開聯席會議或臨時會議（理監事會議應至少每六個月召開一次）。

前項會議召集時除臨時會議外，應於七日前以書面通知，會議之決議，各以理事、監事過半數之出席，出席人數較多數之同意行之。

第二十六條　理事、監事應出席理事、監事會議。理事會、監事會不得委託出席；理事、監事連續二次無故缺席理事會、監事會者，視同辭職。

第五章　經費及會計

第二十七條　本會經費來源如下：

一、入會費：

(一)個人會員新臺幣　　　　　　　　　　　　　　　　元。

(二)團體會員　　　　　　　　　　　　　　　　　　　元。

二、常年會費：

(一)個人會員新臺幣　　　　　　　　　　　　　　　　元。

(二)團體會員按社區代表人數，每一代表　　　　元。

三、社區生產收益。

四、政府機關之補助。

五、捐助收入。

六、社區辦理福利服務活動之收入。

七、基金及其孳息。

八、其他收入。

第二十八條　本會會計年度以配合政府會計年度為準。

第二十九條　本會年度預決算書應提經會員大會通過，報請主管機關核備（大會未能如期召開者，先報主管機關）。

第 三 十 條　本會於解散後，剩餘財產歸屬所在地之主管機關或主管機關指定之機關團體所有。

第六章　附　則

第三十一條　本章程未規定事項，悉依有關法令規定辦理。

第三十二條　本章程經會員（會員代表）大會通過，報經主管機關核備後施行，變更
　　　　　　時亦同。

第三十三條　訂定及變更本章程之會員（會員代表）大會年月日、屆次如下：
　　　　　　〇年〇月〇日第〇屆第〇次會員（會員代表）大會通過。

附　錄　三

社會福利政策綱領

行政院九十三年二月十三日

院臺內字第〇九三〇〇八一八八二號函修正核定

　　社會福利政策是我國的基本國策之一，早在民國五十四年政府即通過「民生主義現階段社會政策」，作為我國因應工業化起步下的經濟與社會均衡發展的指針。此後，隨著政治經濟與社會的變遷，迭有修正，如五十八年的「現階段社會建設綱領」、六十八年的「復興基地重要建設方案」、七十年的「貫徹復興基地民生主義社會經濟建設方案」。而最近一次的通盤檢討則屬八十三年的「社會福利政策綱領」，事隔已近十載。

　　民國八十年代，我國的社會福利發展在政治民主化、民間社會的倡導、新知識的引進，以及國民社會權利意識覺醒等因素的影響下，迎頭趕上，包括新的社會立法的修正與通過，社會福利預算的成長，以及社會福利方案的推陳出新，而有社會福利「黃金十年」之稱。然而當代社會、政治、經濟變化迅速，各工業先進國家均面對二十一世紀新的挑戰，我國亦不例外。面對來自人口老化、家庭功能萎縮、政府財政困難，以及社會價值變遷的挑戰；復加上全球化、後工業化帶來之生產結構丕變、勞動彈性化、經濟低度成長、貧富差距擴大、跨國人口流動，以及失業率攀高等全球風險曝露的升高，調整國家社會政策圖求因應，實已不得不然。但是，因應之道，絕非唯有緊縮社會福利一途，整合資源、調節供需、提升效率、積極回應等都是良方。

　　國家興辦社會福利之目的在於保障國民之基本生存、家庭之和諧穩定、社會之互助團結、人力品質之提升、經濟資本之累積，以及民主政治之穩定，期使國民生活安定、健康、尊嚴。基於憲法保障國民基本人權之精神，因應政治經濟社會變遷的挑戰，吸納工業先進國家的經驗，回應民間社會完善我國社會福利體系的呼聲，遂依以下原則訂定本綱領：

一、人民福祉優先：以人民的需求為導向，針對政治、經濟、社會快速變遷下的人民需求，主動提出因應對策，尤其首要保障弱勢國民的生存權利。

二、包容弱勢國民：國家應積極介入預防與消除國民因年齡、性別、種族、宗教、性傾向、身心狀況、婚姻有無、社經地位、地理環境等差異而可能遭遇的歧視、剝削、遺棄、虐待、傷害，以及不正義，以避免社會排除；並尊重多元文化差異，營造友善包容的社會環境。

三、支持多元家庭：各項公共政策之推動應尊重因不同性傾向、種族、婚姻關係、家庭規模、家庭結構所構成的家庭型態，及價值觀念差異，政府除應支持家庭發揮生教養衛功能外，並應積極協助弱勢家庭，維護其家庭生活品質。

四、建構健全制度：以社會保險維持人民基本經濟安全，以社會救助維護國民生活尊嚴，以福利服務提升家庭生活品質，以就業穩定國民之所得安全與社會參與，以社會住宅免除國民無處棲身之苦，以健康照護維持國民健康與人力品質，再以社區營造聚合眾人之力，建設美好新故鄉。

五、投資積極福利：以積極的福利替代消極的救濟，以社會投資累積人力資本，以社會公平與團結促進經濟穩定成長，以經濟成長回饋人民生活品質普遍之提升。

六、中央地方分工：中央與地方應本於夥伴關係推動社會福利，全國一致的方案應由中央規劃推動；因地制宜之方案由地方政府負責規劃執行。然而，中央政府應積極介入縮小因城鄉差距所造成的區域不正義。

七、公私夥伴關係：公部門應保障人民基本生存、健康、尊嚴之各項福利；民間能夠提供之服務，政府應鼓勵民間協力合作，以公私夥伴關係提供完善的服務。

八、落實在地服務：兒童、少年、身心障礙者、老人均以在家庭中受到照顧與保護為優先原則，機構式的照顧乃是在考量上述人口群的最佳利益之下的補救措施；各項服務之提供應以在地化、社區化、人性化、切合被服務者之個別需求為原則。

九、整合服務資源：提升社會福利行政組織位階，合併衛生與社會福利主管部門，並結合勞動、教育、農業、司法、營建、原住民等部門，加強跨部會整合與績效管理，俾利提供全人、全程、全方位的服務，以及增進資源使用的效率。

　　參酌國際慣例大抵以社會保險、社會救助、社會服務、醫療保健、就業服務、社會住宅，以及教育為社會政策之主要內容；復考量我國社會福利政策的歷史傳承與實施現況，爰以社會保險與津貼、社會救助、福利服務、就業安全、社會住宅與社區營造、健康與醫療照護等六大項目為本綱領之內涵，依序臚列如次：

一、社會保險與津貼

㈠國家應建構以社會保險為主，社會津貼為輔，社會救助為最後一道防線的社會安全體系。

㈡社會保險之目的在於保障全體國民免於因年老、疾病、死亡、身心障礙、生育，以及保障受僱者免於因職業災害、失業、退休，而陷入個人及家庭的經濟危機，據此，其體系應涵蓋職業災害保險、健康保險、年金保險、就業保險等。

㈢社會保險應兼顧個人與家庭的所得安全，以及社會中各人口群、職業別，及家戶所得組間的所得重分配效果，以減緩所得分配不均的現象。

㈣社會保險之保險費除職業災害保險應由雇主全額負擔外，其餘各種保險之保險費應由被保險人與其雇主依比例分攤，其中被保險人之保險費分攤比例不得高於雇主之分攤比例；若無雇主者，其保費應由本人自行負擔；政府再依公平正義原則對無所得者與低所得者提供保險費之補助。

㈤社會保險的給付應考量適足性，不宜偏低，以免無法維持被保險人及其家庭的經濟安全；給付亦不宜過高，以免保險費負擔過重。

㈥全民普及之社會保險給付水準，不宜因職業、性別、所得因素而有所差異；與所得相關之保險給付，倘若因不同職業別、所得等級間所造成的給付水準、所得替代率、給付條件之差距，政府應積極介入使其差距儘可能縮小。

㈦參與勞動市場就業之國民的退休給付，應以年金化、年資可隨當事人移轉的社會保險原則為優先來設計。

㈧為健全社會保險體系之財務，保險費率、給付水準、支付制度、行政費用等均應翔實評估，並避免浪費。

㈨國民年金制度之設計應足以保障國民因老年、身心障礙，及死亡等事故發生後之基本經濟安全，以及達到國民互助、社會連帶、世代間公平合理的所得重分配為原則。

㈩社會津貼應針對社會保險未涵蓋之給付項目，因國民特殊的需求而設計，非以所得高低作為發放與否的根據。

(十一)政府應明定社會保險、社會津貼、社會救助三者之功能區分，避免發生保障重複、過當、片斷、不公等情事。

二、社會救助

㈠社會救助之設計應以能維持人民在居住所在地區可接受的生計水準為目的。

㈡政府應定期檢討社會救助的請領資格、給付水準，及行政程序，以確保有需要的人口得到適切的救助。

㈢國家應積極協助低收入家庭累積人力資本與資產形成，以利其家庭及早脫貧。

㈣國家應提供低所得家庭多元社會參與管道，豐富其社會資源。

㈤政府應建立失業給付與社會救助體系間的銜接，以紓緩失業者及其家庭之經濟困境。

㈥社會福利提供者應結合社會救助與福利服務體系，以滿足低所得家庭的多元需求。
㈦政府對於人民因重大災難所造成的損害，應施予災害救助，以利人民儘速生活重建。

三、福利服務

㈠國民因年齡、性別、身心狀況、種族、宗教、婚姻、性傾向等社會人口特質而有之健康、照顧、保護、教育、就業、社會參與、發展等需求，政府應結合家庭與民間力量，提供適當的服務，以促進其身心健全發展。
㈡國家應與他國建立互惠協議，以保障因婚姻、工作、學習、旅遊等因素而居住在他國的本國國民之人權。
㈢國家對於因婚姻、工作、學習、旅遊等因素居住於本國之外國人，應提供適當的對待與協助。
㈣國家針對經濟弱勢之兒童、少年、身心障礙者、老人、婦女、原住民、外籍或大陸配偶等民眾的社會服務應有專案協助，以提升生活品質。
㈤各項健康與福利服務之提供應以容易接近、連續性、權責分明、費用負擔得起，以及滿足全人需求為原則規劃之。
㈥政府與社會應協力營造有利於兒童與少年身心健全發展之家庭、學校、社區、及社會環境。當原生家庭不利於兒童與少年的身心健全發展時，政府應保護之，並協助其安置於其他適當之住所，以利其健康成長；不論兒童及少年在自家或家外被養育，其照顧者若有經濟、社會與心理支持之需求時，政府應給予協助。
㈦政府應整合社會福利、衛生、教育等部門，提供兒童早期療育服務。
㈧政府應保障兒童及少年獲得整合之教育與照顧機會，並對處於經濟、文化、區域、族群發展等不利條件下的兒童及少年提供額外之協助。
㈨政府應結合民間部門協助少年擁有建立自尊、培養社區歸屬感、熱愛生命、因應生活壓力、學習獨立自主，及發展潛能等之機會與環境。
㈩政府應積極推動無障礙之社區居住及生活環境。
(十一)國家應協助身心障礙者公平接近教育、就業、醫療與福利等服務機會，並使其轉銜無礙。
(十二)政府與民間應積極維護老人尊嚴與自主，形塑友善老人的生活環境。
(十三)以居家式服務和社區式服務作為照顧老人及身心障礙者的主要方式，再輔以機構式服務；當老人及身心障礙者居住於家內時，政府應結合民間部門支持其家庭照顧者，以維護其生活品質。

㈭為保障兩性工作權之平等，消除性別歧視，促進兩性地位實質平等，國家應積極推動防止性別歧視、性騷擾，以及促進工作平等之措施。

㈮政府應積極推動性別平等教育，以提升婦女社會、經濟、政治地位。

㈯政府應完備保障婦女人身安全之法令，且建構反性別暴力之安全網，確保被害人人身安全、尊嚴與權益。

㈰配合社會變遷與政府改造，檢討社會福利行政體系，合理調整中央與地方社會福利行政之分工，以及社會福利工作人力之配置。

四、就業安全

㈠政府應加強社政、勞政、教育、原住民行政部門的協調與合作，建立在地化的就業服務體系，強化教育與職業訓練的連結，提升人力資本投資的效益。

㈡政府應整合失業給付、職業訓練與就業服務體系，健全就業與轉業輔導，流通就業資訊管道，促進就業媒合，以利人民參與勞動市場。

㈢因應勞動市場彈性化的趨勢，政府應保障各類勞工之勞動基準。

㈣政府應保障勞工不因種族、語言、思想、宗教、黨派、籍貫、性別、婚姻、容貌、性傾向、身心狀況、以往工會會員身分而有就業歧視。

㈤政府應結合雇主與勞工積極投入職業災害之預防，並提供職業災害勞工復健與職業重建的協助。

㈥政府應保障就業弱勢者如中高齡者、原住民、身心障礙者、低收入者、負擔家計婦女及更生保護人等之就業機會與工作穩定。

㈦針對原住民族各族群之文化特色，政府應推動符合族群特性之職業訓練、就業服務、就業與創業機會的開發。

㈧為促進國民就業，政府積極鼓勵雇主僱用本國勞工，除非為補充本國勞動力之不足，不得引進外籍勞工。

五、社會住宅與社區營造

㈠為保障國民人人有適居之住宅，政府對於低所得家庭、身心障礙者、獨居或與配偶同住之老人、受家庭暴力侵害之婦女及其子女、原住民、災民、遊民等家庭或個人，應提供適合居住之社會住宅，其方式包括以長期低利貸款協助購置自用住宅或自建住宅，或提供房屋津貼補助其向私人承租住宅，或以低於市價提供公共住宅租予居住，以滿足其居住需求。

㈡政府應結合民間力量，以各種優惠方式，鼓勵民間參與興建各類型之社會住宅，作為非營利用途。

㈢政府應於都市計畫中配合劃設社會福利設施用地；政府提供之社會住宅應保留一定坪數作為社會福利或社區活動之用。

㈣政府應補助低所得家庭維修住宅，以維持其所居住社區可接受之居住品質。

㈤政府應保證社會住宅所在之社區有便利之交通、資訊、社會服務等支持系統，以利居民滿足生活各面向之需求。

㈥政府對於因重大災難造成之房屋損害，應有妥善之社區與住宅重建計畫。

㈦各級政府應鼓勵社區居民參與社區發展，活化社區組織，利用在地資源，營造活力自主的公民社會。

㈧政府應整合觀光旅遊、工商業、農漁業、文化產業、環境保護、城鄉發展、古蹟維護、教育、衛生、社會福利等資源推動社區家園永續發展。

㈨政府應結合原住民部落文化與生態特色，推動新部落總體營造工程。

六、健康與醫療照護

㈠政府應以建設健康城鄉為己任，營造有利國民身心健康之生活環境。

㈡政府應積極推動國民保健工作，落實民眾健康行為與健康生活型態管理，預防疾病，促進國民健康。

㈢政府應依據社區之醫療保健需求，整合社區醫療保健資源，全面提升醫療品質，發展優質、安全、可近性之全人的醫療照護體系。

㈣政府應建置以社區防疫為基礎之傳染病防治體系，強化疫病通報與防治工作，並嚴密篩選疫病境外之傳入，以防範傳染疾病之擴散。

㈤政府應建構以社區為基礎的心理衛生服務系統，推動分級預防工作。

㈥政府應增進藥事服務資源的利用，建構一元化之藥物食品管理體系，保障民眾飲食衛生與用藥安全。

㈦政府應建置完善之管制藥品管理，並防治物質濫用，以維護國民健康。

㈧政府應鼓勵醫療產業參與生物科技產業之研發，建立生物醫療科技品質標準，並改善臨床試驗環境，以提升國民健康水準。

㈨政府應結合民間共同促進國際醫療科技交流與合作，以提升本國醫療保健之水準。

索　引

八　劃

九　劃

十　劃

十一劃

十二劃

十三劃

社會學概論

蔡文輝、李紹嶸／編著

　　本書由社會學大師蔡文輝與李紹嶸聯合編著，透過簡明生動的文字，搭配豐富有趣的例子，帶領讀者一步步進入社會學的知識殿堂。本書修訂新版的特色在於：採取社會學理論最新的發展趨勢，以綜合性理論的途徑，精闢分析國外與臺灣的社會現象與社會問題；此外，每章結尾並附有選擇題和問答題供讀者複習與反思之用，是一本值得您一讀再讀的社會學入門書籍。

人口學

蔡宏進／著

　　人口學是社會科學的基礎學科之一，更是社會學領域的重要學門。作者以淺顯易懂的文字，開啟讀者對人口研究的認識之門。本書論述人口研究的重要性與發展趨勢，並論及人口研究的方法與理論、歷史與變遷、人口與其他多項重要變數的關聯。全書架構完整，囊括人口學的重要議題，為對人口學有興趣的讀者必讀之佳作。

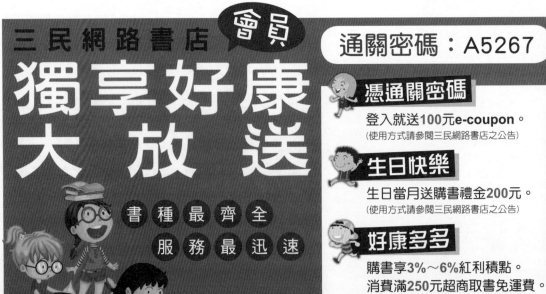